O PODER DO
HÁBITO

OBJETIVA

CHARLES DUHIGG

O PODER DO
HÁBITO

Por que fazemos o que
fazemos na vida e nos negócios

Tradução
Rafael Mantovani

OBJETIVA

Todos os direitos desta edição reservados à
EDITORA OBJETIVA LTDA.
Rua Cosme Velho, 103
Rio de Janeiro – RJ – CEP: 22241-090
Tel.: (21) 2199-7824 – Fax: (21) 2199-7825
www.objetiva.com.br

Título original
The Power of Habit

Capa
Adaptação de Pronto Design sobre design original

Imagem de capa
Getty Images / Popular Science / Business & Management

Crédito das ilustrações
p. 202 — Andrew Pole
Todas as outras ilustrações — Anton Ioukhnovets

Revisão
Mariana Freire Lopes
Rita Gogoy
Raquel Correa

Editoração eletrônica
Filigrana

PRISA EDIÇÕES

CIP-BRASIL. CATALOGAÇÃO-NA-FONTE
SINDICATO NACIONAL DOS EDITORES DE LIVROS, RJ

D913p

Duhigg, Charles
    O poder do hábito: por que fazemos o que fazemos na vida e nos negócios /
Charles Duhigg; tradução Rafael Mantovani. - Rio de Janeiro: Objetiva, 2012.

    Tradução de: *The power of habit*
    407p.   ISBN 978-85-390-0411-9

    1. Hábito (Psicologia). 2. Mudança (Psicologia). 3. Mudança de hábitos. I. Título.

12-5515.   CDD: 158.1
                            CDU: 159.947

Para Oliver, John Harry,
John e Doris,
e, eternamente, para Liz.

SUMÁRIO

● ● ●

PARTE TRÊS
Os hábitos de sociedades

● ● ●

PRÓLOGO

A cura do hábito

Ela era a participante de estudo favorita dos cientistas.

Lisa Allen, de acordo com sua ficha, tinha 34 anos, começara a fumar e beber aos 16, e lutara com a obesidade durante a maior parte da vida. Chegou a um ponto, aos 20 e poucos anos, em que órgãos de cobrança começaram a persegui-la para recuperar mais de 10 mil dólares em dívidas. Um velho currículo listava que seu emprego mais longo durara menos de um ano.

A mulher que estava diante dos pesquisadores naquele dia, no entanto, era esbelta e vibrante, com as pernas tonificadas de uma corredora. Parecia uma década mais nova que as fotos em seu prontuário, e capaz de aguentar mais exercícios do que qualquer outra pessoa no recinto. Segundo o relatório mais recente em seu arquivo, Lisa não tinha dívidas, não bebia e estava em seu 39º mês numa empresa de design gráfico.

"Quanto tempo faz desde o seu último cigarro?", um dos médicos perguntou, dando início à lista de perguntas que Lisa respondia toda vez que vinha a esse laboratório perto de Bethesda, Maryland.

"Quase quatro anos", ela disse, "e perdi 27 quilos e corri uma maratona desde então". Ela também começara um mestrado e comprara uma casa. Tinha sido um período cheio de acontecimentos.

O grupo de cientistas na sala incluía neurologistas, psicólogos, geneticistas e um sociólogo. Durante os últimos três anos, com verba dos Institutos Nacionais de Saúde, eles vinham investigando Lisa e mais de vinte outros indivíduos que haviam deixado de ser fumantes, comedores compulsivos, bêbados problemáticos, viciados em compras e possuidores de outros hábitos destrutivos. Todos os participantes tinham uma coisa em comum: haviam reconstruído suas vidas em períodos relativamente curtos. Os pesquisadores queriam entender como. Por isso mediram os sinais vitais de cada um, instalaram câmeras de vídeo dentro de suas casas para observar suas rotinas, sequenciaram trechos de seus DNAs e, com tecnologias que lhes permitiam espiar dentro da cabeça das pessoas em tempo real, observaram o sangue e os impulsos elétricos fluírem através de seus cérebros enquanto eram expostos a tentações como fumaça de cigarro e refeições fartas.[1] O objetivo dos pesquisadores era descobrir como os hábitos funcionam num nível neurológico — e o que era necessário para fazê-los mudar.

"Sei que você já contou essa história umas dez vezes", disse o médico para Lisa, "mas alguns dos meus colegas só a ouviram em segunda mão. Você se importaria em descrever de novo como parou de fumar?".

"Claro", disse Lisa. "Começou no Cairo." As férias tinham sido uma decisão um tanto impulsiva, ela explicou. Alguns meses antes, seu marido chegara do trabalho e anunciara que ia deixá-la porque estava apaixonado por outra mulher. Lisa levou um certo tempo para processar a traição e assimilar o fato de que estava realmente se divorciando. Houve um período de luto, depois um período em que ela o espionava obsessivamente, seguia sua nova namorada pela cidade, ligava para ela depois da meia-noite e batia o telefone. Depois houve a noite em que Lisa apareceu na casa da namorada, bêbada, esmurrando a porta dela e gritando que ia queimar o prédio inteiro.

"Não foi uma época muito boa para mim", disse Lisa. "Eu sempre quisera ver as pirâmides, e ainda não tinha estourado o limite dos meus cartões de crédito, então..."

Em sua primeira manhã no Cairo, Lisa acordou com o raiar do dia ao som do chamado para oração de uma mesquita ali perto. Estava escuro como breu dentro de seu quarto de hotel. Meio cega, e com o fuso horário alterado, ela pegou um cigarro.

Estava tão desorientada que não percebeu — até sentir o cheiro de plástico queimado — que estava tentando acender uma caneta, não um Marlboro. Lisa passara os últimos quatro meses chorando, comendo compulsivamente, sem conseguir dormir, e sentindo-se envergonhada, desamparada, deprimida e furiosa, tudo ao mesmo tempo. Deitada na cama, ela entrou em colapso. "Foi como se aquela onda de tristeza me engolisse", ela disse. "Senti como se tudo o que eu jamais quisera tivesse desmoronado. Eu nem conseguia fumar direito.

"E então comecei a pensar no meu ex-marido, e em como seria difícil arranjar outro emprego quando eu voltasse, e como eu ia odiar esse emprego e como me sentia pouco saudável o tempo todo. Levantei e derrubei uma jarra d'água que se estilhaçou no chão, e comecei a chorar ainda mais. Senti um desespero, como se tivesse que mudar algo, tivesse que achar pelo menos uma coisa que eu fosse capaz de controlar."

Tomou uma ducha e saiu do hotel. Enquanto Lisa passava pelas ruas esburacadas do Cairo num táxi e depois pelas estradas de terra que levavam à Esfinge, às pirâmides de Gizé e ao vasto, interminável deserto ao redor delas, sua autocomiseração cedeu por um breve instante. Ela precisava de um objetivo na vida, pensou. Algo pelo qual pudesse batalhar.

Então ela decidiu, sentada dentro do táxi, que voltaria ao Egito e faria uma trilha pelo deserto.

Lisa sabia que era uma ideia maluca. Estava fora de forma, com excesso de peso e sem dinheiro no banco. Não sabia o nome do deserto para onde estava olhando, ou mesmo se uma tal viagem era possível. Nada disso importava, no entanto. Ela precisava de alguma coisa em que se focar. Lisa decidiu que se daria um ano para se preparar. E para sobreviver a uma expedição daquelas, tinha certeza de que precisaria fazer sacrifícios.

Principalmente, ela teria que parar de fumar.

Quando Lisa finalmente cruzou o deserto 11 meses depois — só que numa excursão motorizada com ar-condicionado, junto com meia dúzia de outras pessoas —, a caravana levava tanta água, comida, barracas, mapas, aparelhos de GPS e rádios bidirecionais que acrescentar um pacote de cigarros não teria feito muita diferença.

Mas no táxi, Lisa não sabia disso. E para os cientistas no laboratório, os detalhes da sua viagem não eram relevantes. Pois, por motivos que eles só estavam começando a entender, aquela pequena mudança na percepção de Lisa naquele dia no Cairo — a convicção de que precisava parar de fumar para realizar seu objetivo — desencadeara uma série de transformações que acabariam refletindo em todas as partes de sua vida. Ao longo dos seis meses seguintes, ela substituiria o cigarro pela corrida, e isso, por sua vez, mudou o jeito como ela comia, trabalhava, dormia, guardava dinheiro, organizava seus dias de trabalho, fazia planos para o futuro, e assim por diante. Ela começaria a correr meias-maratonas, depois uma maratona, voltaria a estudar, compraria uma casa e ficaria noiva. Por fim ela foi recrutada para o estudo dos cientistas, e quando os pesquisadores começaram a examinar imagens do cérebro de Lisa, viram algo notável: um conjunto de padrões neurológicos — seus antigos hábitos — tinha sido suplantado por padrões novos. Eles ainda podiam ver a atividade neural de seus antigos comportamentos, porém esses impulsos estavam superados por uma série de novos desejos. Conforme os hábitos de Lisa mudaram, seu cérebro mudara também.

Os cientistas acreditavam que não tinha sido a viagem ao Cairo que provocara a mudança, nem o divórcio ou a travessia do deserto, mas o fato de que primeiro Lisa se concentrara primeiramente em mudar um único hábito: o fumo. Todos os participantes do estudo haviam passado por um processo semelhante. Focando-se num único padrão — o que é conhecido como um "hábito angular" —, Lisa também ensinara a si mesma a reprogramar as outras rotinas automáticas de sua vida.

Não só os indivíduos são capazes de mudanças como essa. Quando as empresas se concentram em mudar hábitos, organizações inteiras podem se transformar. Empresas como a Procter & Gamble, a Starbucks, a Alcoa e a Target já tiraram proveito dessa revelação para influenciar o modo como o trabalho é feito, como os funcionários se comunicam, e — sem que os clientes percebam — o jeito como as pessoas fazem compras.

"Quero lhe mostrar uma de suas tomografias mais recentes", um pesquisador disse a Lisa perto do final de seu exame. Ele exibiu uma figura numa tela de computador que mostrava imagens do interior da cabeça dela. "Quando você vê comida, estas áreas" — ele apontou para um lugar perto do centro do cérebro dela —, "que são associadas a anseios e fome, ainda estão ativas. Seu cérebro ainda produz os impulsos que faziam você comer em excesso.

"No entanto, tem atividade nova nesta área" — ele apontou para a região mais perto de sua testa —, "onde acreditamos que a inibição comportamental e a autodisciplina começam. Essa atividade foi se tornando mais acentuada a cada vez que você veio aqui".

Lisa era a participante favorita dos cientistas porque suas tomografias eram muito convincentes, muito úteis para criar um mapa no qual os padrões comportamentais — os hábitos — residem dentro de nossas mentes. "Você está nos ajudando a entender como uma decisão se torna um comportamento automático", o médico lhe disse.

Todas as pessoas no recinto sentiam que estavam no limiar de alguma coisa importante. E estavam mesmo.

Quando você acordou hoje de manhã, qual foi a primeira coisa que fez? Você foi direto para o chuveiro, checou seu e-mail ou pegou um donut no balcão da cozinha? Escovou os dentes antes ou depois de se enxugar? Amarrou o sapato esquerdo ou o direito primeiro? O que você disse para os seus filhos antes de sair de casa? Que caminho pegou para ir ao trabalho? Quando você chegou à sua mesa, respondeu e-mails, conversou com um colega ou foi logo escrever um memorando? Salada ou hambúrguer no almoço? Quando chegou em casa, calçou tênis e saiu para correr, ou pegou um drinque e foi jantar na frente da TV?

"Toda a nossa vida, na medida em que tem forma definida, não é nada além de uma massa de hábitos", escreveu William James em 1892.[2] A maioria das escolhas que fazemos a cada dia pode parecer fruto de decisões tomadas com bastante consideração, porém não é. Elas são hábitos. E embora cada hábito signifique relativamente pouco por si só, ao longo do tempo, as refeições que pedimos, o que dizemos a nossos filhos toda noite, se poupamos ou gastamos dinheiro, com que frequência fazemos exercícios, e o modo como organizamos nossos pensamentos e rotinas de trabalho têm impactos enormes na nossa saúde, produtividade, segurança financeira e felicidade. Um artigo publicado por um pesquisador da Duke University em 2006 descobriu que mais de 40% das ações que as pessoas realizavam todos os dias não eram decisões de fato, mas sim hábitos.[3]

William James — assim como inúmeros outros, de Aristóteles a Oprah Winfrey — passou boa parte de sua vida tentando entender por que os hábitos existem. Porém só nas últimas duas décadas os neurologistas, psicólogos, sociólogos e marqueteiros realmente começaram a entender como os hábitos funcionam — e, mais importante, como eles mudam.

Este livro é dividido em três partes. A primeira parte é focada em como os hábitos surgem dentro de vidas individuais. Ela explora a neurologia da formação dos hábitos, os meios de formar novos hábitos e mudar antigos, e os métodos, por exemplo, que certo publicitário usou para transformar a escovação de dentes, antes uma prática obscura, numa obsessão nacional. Ela mostra como a Procter & Gamble transformou um spray chamado Febreze num negócio de um bilhão de dólares tirando proveito dos impulsos habituais dos consumidores, como os Alcoólicos Anônimos reformam vidas atacando hábitos que estão no cerne do vício, e como o técnico Tony Dungy reverteu a sorte do pior time da National Football League (Liga Nacional de Futebol Americano) fazendo com que as reações automáticas de seus jogadores focassem deixas sutis em campo.

A segunda parte examina os hábitos de empresas e organizações bem-sucedidas. Ela mostra em detalhes como um executivo chamado Paul O'Neill — antes de se tornar secretário da Fazenda — converteu uma produtora de alumínio em dificuldades na empresa de mais alto desempenho do índice Dow Jones, enfocando um hábito angular, e como a Starbucks transformou um menino que largara o ensino médio num alto gerente, incutindo hábitos projetados para tonificar sua força de vontade. Ela descreve por que mesmo os cirurgiões mais talentosos podem cometer erros catastróficos quando os hábitos organizacionais de um hospital deterioram-se.

A terceira parte examina os hábitos de sociedades. Reconta como Martin Luther King Jr. e o movimento pelos direitos civis tiveram êxito, em parte, por mudarem os hábitos sociais arraigados dos moradores de Montgomery, Alabama — e por que um foco semelhante ajudou um jovem pastor chamado Rick Warren a construir a maior igreja do país em Saddleback Valley, Califórnia. Por fim, ela explora questões éticas delicadas, tais como se um assassino na Grã-Bretanha deve ser libertado caso possa argumentar de forma convincente que seus hábitos o levaram a matar.

Todos os capítulos giram em torno de um argumento central: hábitos podem ser mudados, se entendermos como eles funcionam.

Este livro é baseado em centenas de estudos acadêmicos, entrevistas com mais de trezentos cientistas e executivos, e pesquisas realizadas em dezenas de empresas. (Para um índice de fontes, veja as notas do livro e o site http://www.thepowerofhabit.com.) Ele aborda os hábitos em sua definição técnica: as escolhas que todos fazemos deliberadamente em algum momento, e nas quais paramos de pensar depois mas continuamos fazendo, normalmente todo dia. Em certo momento, todos nós decidimos conscientemente o quanto iríamos comer e quando sairíamos para correr. Depois paramos de fazer escolhas, e o comportamento tornou-se automático. É uma consequência natural da nossa neurologia. E entendendo como isso acontece, você pode reconstruir esses padrões do jeito que quiser.

Comecei a me interessar pela ciência dos hábitos oito anos atrás, quando estava trabalhando como repórter de jornal em Bagdá. As forças armadas dos Estados Unidos, como me ocorreu enquanto eu as observava em ação, são um dos maiores experimentos de formação de hábitos da história.[4] O treinamento básico ensina aos soldados uma série de hábitos cuidadosamente projetados: como atirar, pensar e se comunicar sob fogo. No campo de batalha, cada comando emitido se baseia em comportamentos praticados a ponto de virarem automáticos. A organização inteira depende de rotinas ensaiadas inúmeras vezes para construir bases, definir prioridades estratégicas e decidir como reagir a ataques.

Naqueles primeiros dias da guerra, quando a insurreição se alastrava e o número de mortos crescia, os comandantes estavam buscando hábitos que pudessem incutir entre soldados e iraquianos, para assim criar uma paz duradoura.

Fazia cerca de dois meses que eu estava no Iraque quando ouvi falar de um oficial que realizava um programa improvisado de modificação de hábitos em Kufa, uma pequena cidade a 150 quilômetros da capital. Ele era um major do Exército que analisara fitas de vídeo de tumultos recentes e identificara um padrão: a violência geralmente era precedida por uma multidão de iraquianos que se reunia numa praça ou outro espaço aberto e, ao longo de várias horas, aumentava. Os vendedores ambulantes de comida apareciam, assim como os espectadores. Então alguém jogava uma pedra ou uma garrafa, e o caos corria solto.

Quando o major se reuniu com o prefeito de Kufa, fez um pedido estranho: será que eles podiam manter os ambulantes afastados das praças? Claro, disse o prefeito. Umas poucas semanas depois, uma pequena multidão reuniu-se perto da Masjid al-Kufa, ou Grande Mesquita de Kufa. Ao longo da tarde, ela foi inchando de tamanho. Algumas pessoas começaram a entoar frases de protesto. A polícia iraquiana, pressentindo problemas, falou com a base por rádio e pediu que as tropas americanas ficassem de sobreaviso. Quando escureceu, a multidão começou a ficar inquieta e faminta. As pessoas procuraram os vendedores de kebab que geralmente enchiam a praça, mas não encontraram nenhum. Os espectadores se foram. Os protestantes ficaram desanimados. Às oito da noite, todo mundo tinha ido embora.

Quando visitei a base perto de Kufa, conversei com o major. As pessoas não pensam necessariamente na dinâmica de uma multidão em termos de hábitos, ele me disse. Mas passara toda sua carreira sendo treinado na psicologia da formação de hábitos.

No acampamento militar, ele assimilara hábitos para carregar sua arma, adormecer numa zona de guerra, manter o foco em meio ao caos da batalha e tomar decisões enquanto estava exausto e sobrecarregado. Frequentara aulas que lhe ensinaram hábitos para economizar dinheiro, se exercitar todo dia e se comunicar com os colegas de dormitório. Conforme foi avançando de posto, ele aprendeu a importância dos hábitos organizacionais para garantir que os subordinados pudessem tomar decisões sem pedir permissão o tempo todo, e como as rotinas certas tornavam mais fácil trabalhar ao lado de pessoas que ele normalmente não suportava. E agora, na tarefa improvisada de construir uma nação, ele estava vendo como multidões e culturas seguiam muitas das mesmas regras. Num certo sentido, ele disse, uma comunidade era um aglomerado gigante de hábitos que ocorriam entre milhares de pessoas e que, dependendo da forma como estas são influenciadas, podia resultar em violência ou em paz. Além de retirar os vendedores ambulantes, promovera dezenas de experimentos diferentes em Kufa para influenciar os hábitos dos moradores. Não houvera um único tumulto desde que chegara.

"Entender os hábitos foi a coisa mais importante que aprendi no Exército", o major me disse. "Isso mudou tudo no modo como vejo o mundo. Você quer adormecer rápido e acordar se sentindo bem? Preste atenção aos seus padrões noturnos e ao que faz automaticamente quando acorda. Quer fazer com que correr seja fácil? Crie estímulos para transformar isso numa rotina. Treino meus filhos com esse tipo de pensamento. Minha mulher e eu escrevemos planos de hábitos para o nosso casamento. É só nisso que falamos em reuniões de comando. Ninguém em Kufa teria me dito que podíamos influenciar multidões retirando as barraquinhas de kebab, mas uma vez que você vê tudo como um monte de hábitos, é como se alguém te desse uma lanterna e um pé de cabra e você pudesse pôr as mãos à obra."

O major era um homem pequeno da Geórgia. Estava o tempo todo cuspindo sementes de girassol ou tabaco mascado numa xícara. Ele me disse que, antes de entrar para as Forças Armadas, sua melhor opção de carreira era consertar linhas telefônicas ou, possivelmente, virar traficante de metanfetamina, caminho que alguns de seus colegas de ensino médio tinham escolhido com menos êxito. Agora, ele supervisionava oitocentas tropas numa das organizações de guerra mais sofisticadas do planeta.

"Estou te dizendo, se um caipira como eu pode aprender essas coisas, qualquer pessoa pode. Eu falo para os meus soldados o tempo todo, não tem nada que você não possa se criar os hábitos certos."

Na última década, nossa compreensão da neurologia dos hábitos e do modo como os padrões funcionam dentro de nossas vidas, sociedades e organizações expandiu-se de maneira que não poderíamos ter imaginado cinquenta anos antes. Agora sabemos por que os hábitos surgem, como eles mudam, e a ciência que há por trás de sua mecânica. Sabemos como dividi-los em partes e reconstruí-los de acordo com nossas especificações. Entendemos como fazer as pessoas comerem menos, se exercitarem mais, trabalharem de forma mais eficiente e levarem vidas mais saudáveis. Transformar um hábito não é necessariamente fácil nem rápido. Nem sempre é simples.

Mas é possível. E agora entendemos como.

PARTE
UM

Os hábitos dos indivíduos

1

O LOOP DO HÁBITO

Como os hábitos funcionam

I.

No outono de 1993, um homem que mudaria radicalmente muito do que pensamos sobre os hábitos entrou num laboratório em San Diego para uma consulta previamente marcada. Era um senhor idoso, pouco mais de 1,80 metro de altura, bem alinhado numa camisa azul de botão.[1] Seus cabelos brancos espessos teriam causado inveja em muitos reencontros de cinquenta anos de formatura. A artrite o fazia mancar de leve enquanto percorria os corredores do laboratório segurando a mão da mulher, andando devagar, como se receoso do que cada novo passo traria.

Cerca de um ano antes, Eugene Pauly, ou "E.P.", como ele ficaria conhecido na literatura médica, estava em sua casa em Playa del Rey, preparando-se para o jantar, quando sua mulher mencionou que o filho deles, Michael, estava vindo visitá-los.

"Quem é Michael?", perguntou Eugene.[2]

"Seu filho", disse a mulher, Beverly. "Aquele que nós criamos, sabe?"

Eugene olhou para ela com um olhar vazio. "De quem você está falando?", perguntou.

No dia seguinte, ele começou a vomitar e se contorcer de cólica abdominal. Dentro de 24 horas, sua desidratação estava tão grave que Beverly, em pânico, o levou ao pronto-socorro. Sua temperatura começou a subir, atingindo 40 graus enquanto ele transpirava, formando uma mancha amarela de suor nos lençóis do hospital. Ele ficou delirante, depois violento, gritando e empurrando quando as enfermeiras tentavam dar uma injeção intravenosa em seu braço. Só depois de sedá-lo é que um médico conseguiu cravar uma agulha comprida entre duas vértebras da base de sua coluna e extrair umas poucas gotas de líquido cefalorraquidiano.

O médico que realizou o procedimento percebeu na mesma hora que havia um problema. O fluido ao redor do cérebro e dos nervos espinhais é uma barreira contra infecções e ferimentos. Em indivíduos saudáveis, ele é translúcido e corre rapidamente, movendo-se num fluxo quase sedoso através de uma agulha. A amostra da coluna de Eugene era turva e pingava devagar, como se estivesse cheia de sujeira microscópica.[3] Quando os resultados voltaram do laboratório, os médicos de Eugene descobriram por que ele estava doente: estava sofrendo de encefalite viral, uma doença relativamente comum que causa feridas, bolhas e infecções leves na pele. Em casos raros, no entanto, o vírus pode traçar um caminho até o cérebro, provocando lesões catastróficas conforme devora as delicadas dobras de tecido onde nossos pensamentos, sonhos — e, de acordo com alguns, nossas almas — residem.

Os médicos de Eugene disseram a Beverly que não havia nada que eles pudessem fazer para reverter o estrago já feito, porém uma grande dose de medicamentos antivirais talvez evitasse que o vírus se espalhasse. Eugene entrou em coma e durante dez dias esteve à beira da morte. Aos poucos, conforme as drogas foram combatendo a doença, sua febre baixou e o vírus desapareceu. Quando ele finalmente acordou, estava fraco e desorientado, e não conseguia engolir direito. Não conseguia formar frases e às vezes ficava ofegante, como se tivesse esquecido momentaneamente como se respira. Mas ele estava vivo.

Por fim, Eugene estava bem o bastante para passar por uma bateria de testes. Os médicos ficaram surpresos ao descobrir que seu corpo

— incluindo seu sistema nervoso — parecia em boa parte ileso. Ele conseguia mexer os membros e reagia a sons e luzes. Tomografias cerebrais, no entanto, revelaram sombras nefastas próximas do centro de seu cérebro. O vírus destruíra um trecho oval de tecido perto de onde o crânio encontrava a coluna vertebral. "Talvez ele não seja mais a pessoa que você lembra", um dos médicos avisou a Beverly. "Você precisa estar preparada caso o seu marido não exista mais."

Eugene foi transferido para outra ala do hospital. Dentro de uma semana, já engolia com facilidade. Mais outra semana e ele começou a falar normalmente, pedindo gelatina e sal, mudando de canal na televisão e reclamando das novelas chatas. Quando foi enviado a um centro de reabilitação cinco semanas depois, Eugene andava pelos corredores e oferecia aos enfermeiros conselhos não solicitados sobre seus planos para o fim de semana.

"Acho que nunca vi alguém voltar desse jeito", um médico disse a Beverly. "Não quero alimentar suas esperanças, mas isso é surpreendente."

Beverly, no entanto, continuava preocupada. Na clínica de reabilitação, ficou claro que a doença havia alterado seu marido de modos perturbadores. Por exemplo, Eugene era incapaz de lembrar que dia da semana era, ou os nomes de seus médicos e enfermeiros, por mais vezes que eles se apresentassem. "Por que eles não param de me fazer todas essas perguntas?", ele perguntou a Beverly um dia, depois que um médico saiu de seu quarto. Quando finalmente voltou para casa, as coisas ficaram ainda mais estranhas. Eugene não parecia se lembrar dos amigos deles. Tinha dificuldade de acompanhar conversas. Às vezes, de manhã, saía da cama, andava até a cozinha, fritava bacon e ovos para comer, depois voltava para debaixo das cobertas e ligava o rádio. Quarenta minutos depois, fazia a mesma coisa: levantava, fritava bacon e ovos, voltava para a cama e mexia no rádio. Depois fazia tudo de novo.

Assustada, Beverly procurou a ajuda de especialistas, entre os quais um pesquisador da Universidade da Califórnia, em San Diego, especializado em perda de memória. E foi assim que, num dia ensolarado de outono, Beverly e Eugene se viram num prédio indistinto no campus da universidade, lentamente caminhando de mãos dadas por um corredor. Eles foram conduzidos a uma pequena sala de exames. Eugene começou a conversar com uma moça que estava usando um computador.

"Trabalhei com eletrônica ao longo dos anos e fico impressionado com tudo isso", ele disse, apontando para a máquina em que ela estava digitando. "Quando eu era mais novo, essa coisa teria sido instalada em dois suportes de 1,80 metro, ocupando essa sala inteira."

A mulher continuou digitando. Eugene deu uma risadinha.

"Isso é incrível", ele disse. "Todos esses circuitos impressos e díodos e tríodos. Na época em que eu trabalhava com eletrônica, teria dois suportes de 1,80 metro segurando essa coisa."

Um cientista entrou na sala e se apresentou. Perguntou a Eugene que idade ele tinha.

"Oh, vejamos, 59 ou 60?", Eugene respondeu. Ele tinha 71 anos.

Os cientistas começaram a digitar no computador. Eugene sorriu e apontou para a máquina. "Isso é mesmo formidável", ele disse. "Sabe, quando eu trabalhava com eletrônica, teria dois suportes de 1,80 metro segurando essa coisa!"

O cientista era Larry Squire, 52 anos, um professor que passara as últimas três décadas estudando a neuroanatomia da memória. Sua especialidade era explorar como o cérebro armazena acontecimentos. Seu trabalho com Eugene, no entanto, logo lhe revelaria um novo mundo e para centenas de outros pesquisadores que remodelaram nossa compreensão de como os hábitos funcionam. Os estudos de Squire mostrariam que mesmo alguém incapaz de lembrar sua própria idade ou de quase qualquer outra coisa pode desenvolver hábitos que parecem inconcebivelmente complexos — até você perceber que todo mundo depende de processos neurológicos semelhantes todos os dias. A pesquisa dele e dos outros ajudaria a revelar os mecanismos subconscientes que impactam as inúmeras escolhas que parecem ser fruto de um pensamento racional, mas na verdade são influenciadas por impulsos que a maioria de nós mal reconhece ou compreende.

Quando Squire conheceu Eugene, já fazia semanas que ele vinha estudando imagens de seu cérebro. Os exames indicavam que quase toda a lesão dentro do crânio de Eugene se limitava a uma área de 5 centímetros perto do centro da cabeça. O vírus destruíra quase inteiramente seu lobo temporal medial, uma faixa de células que os cientistas suspeitavam ser responsável por todo tipo de tarefa cognitiva, tais como a lembrança do passado e a regulação de algumas emoções. A totalidade da destruição não surpreendeu Squire — a encefalite viral consome tecido com uma precisão cruel, quase cirúrgica. O que o deixou chocado era como as imagens pareciam familiares.

Trinta anos antes, quando era doutorando no MIT, Squire trabalhara junto com um grupo que estudava um homem conhecido como "H.M.", um dos pacientes mais famosos da história da medicina. Quando H.M. — seu nome verdadeiro era Henry Molaison, mas os cientistas protegeram sua identidade ao longo de toda a sua vida — tinha 7 anos, foi atropelado por uma bicicleta e caiu, batendo a cabeça com força.[4][5][6] Logo em seguida, passou a ter ataques epiléticos e começou a desmaiar. Aos 16 anos, teve sua primeira crise tônico-clônica, o tipo de convulsão que afeta o cérebro inteiro; em pouco tempo, ele estava perdendo a consciência até dez vezes por dia.

Quando completou 27 anos, H.M. estava desesperado. Os medicamentos anticonvulsivos não tinham ajudado. Ele era inteligente, mas não conseguia permanecer num emprego.[7] Ainda morava com os pais. H.M. queria levar uma vida normal. Por isso procurou a ajuda de um médico cuja tolerância com experimentos era maior que seu medo de cometer um erro médico. Estudos haviam sugerido que uma área do cérebro chamada hipocampo talvez exercesse um papel nos ataques epiléticos. Quando o médico propôs fazer uma incisão na cabeça de H.M., levantar a seção frontal de seu cérebro e, com um pequeno canudo, sugar de dentro de seu crânio o hipocampo e parte do tecido ao redor, H.M. deu seu consentimento.[8][9]

A cirurgia aconteceu em 1953, e quando H.M. se recuperou, seus ataques epiléticos diminuíram. Quase de imediato, no entanto, ficou claro que seu cérebro tinha sido alterado radicalmente. H.M. sabia seu nome e que sua mãe era irlandesa. Lembrava da queda da bolsa de 1929 e de noticiários sobre a invasão da Normandia. Mas quase tudo o que veio depois — todas as lembranças, experiências e esforços da maior parte da década antes da cirurgia — tinha sido apagado. Quando um médico começou a testar a memória de H.M. mostrando-lhe cartas de baralho e listas de números, ele descobriu que H.M. era incapaz de reter qualquer informação nova por mais de uns vinte segundos.

Desde o dia de sua cirurgia até sua morte em 2008, cada pessoa que H.M. encontrava, cada música que ouvia, cada sala em que entrava era uma experiência completamente nova. Seu cérebro tinha congelado no tempo. Todo dia, ele ficava perplexo com o fato de que alguém podia mudar o canal de televisão apontando um retângulo preto de plástico para a tela. Ele se apresentava repetidamente para os médicos e enfermeiras, dezenas de vezes por dia.[10]

"Eu adorava aprender sobre H.M., pois a memória parecia um jeito tão palpável e instigante de estudar o cérebro", Squire me disse. "Cresci em Ohio, e ainda lembro, na primeira série, da minha professora distribuindo gizes de cera para todo mundo, e comecei a misturar todas as cores para ver se ia dar preto. Por que guardei essa memória, mas não consigo lembrar o rosto da professora? Por que meu cérebro decide que uma memória é mais importante que outra?"

Quando Squire recebeu as imagens do cérebro de Eugene, ficou espantado com a semelhança entre aquele cérebro e o de H.M. Havia pedaços vazios, do tamanho de nozes, no meio da cabeça de ambos. A memória de Eugene — assim como a de H.M. — tinha sido removida.

Conforme Squire começou a examinar Eugene, no entanto, viu que aquele paciente era diferente de H.M. em alguns aspectos cruciais. Enquanto quase todo mundo percebia, minutos após conhecer H.M., que havia alguma coisa muito estranha, Eugene conseguia travar conversas e realizar tarefas que não alertariam um observador casual de que havia algo errado. Os efeitos da cirurgia de H.M. tinham sido tão debilitantes que ele passou o resto da vida internado. Eugene, por outro lado, morava em casa com a mulher. H.M. não conseguia travar conversas de verdade. Já Eugene tinha a habilidade impressionante de conduzir quase qualquer diálogo para um tema que ele ficasse à vontade para discutir longamente, tal como satélites — ele trabalhara como técnico para uma empresa aeroespacial — ou as condições climáticas.

Squire começou a examinar Eugene perguntando a ele sobre sua juventude. Eugene falou da cidade onde crescera no centro da Califórnia, do tempo que servira na marinha mercante, de uma viagem que fizera à Austrália quando era jovem. Lembrava da maior parte dos acontecimentos de sua vida que tinham se passado antes de cerca de 1960. Quando Squire perguntava sobre décadas posteriores, Eugene educadamente mudava de assunto e dizia que tinha dificuldade de lembrar de alguns acontecimentos recentes.

Squire realizou alguns testes de inteligência e descobriu que o intelecto de Eugene ainda era aguçado para um homem incapaz de se lembrar das três últimas décadas. Além disso, ele ainda tinha todos os hábitos que adquirira na juventude, por isso sempre que Squire lhe dava um copo d'água ou o elogiava por uma resposta especialmente detalhada, Eugene agradecia e retribuía o elogio. Sempre que alguém entrava na sala, se apresentava e perguntava como tinha sido seu dia.

Mas quando Squire pediu que Eugene memorizasse uma série de números ou descrevesse o corredor em frente à porta do laboratório, o médico descobriu que seu paciente não conseguia reter nenhuma informação nova por mais de um minuto. Quando alguém mostrava a Eugene fotos de seus netos, ele não fazia ideia de quem eram. Quando Squire perguntava se ele se lembrava de ter ficado doente, Eugene dizia que não tinha lembrança alguma de sua doença nem da estada no hospital. Na verdade, Eugene quase nunca lembrava que estava sofrendo de amnésia. Sua imagem mental de si mesmo não incluía a perda de memória, e já que ele não conseguia se lembrar da lesão, não conseguia conceber que havia algo de errado.

Nos meses após conhecer Eugene, Squire realizou experimentos que testavam os limites de sua memória. A essa altura, Eugene e Beverly tinham se mudado de Playa del Rey para San Diego para ficar mais perto da filha, e Squire muitas vezes os visitava para fazer exames. Um dia, Squire pediu que Eugene esboçasse uma planta de sua casa. Ele foi incapaz de desenhar um mapa rudimentar mostrando onde ficava a cozinha ou o quarto. "Quando você levanta da cama de manhã, como sai do quarto?", Squire perguntou.

"Olha", disse Eugene, "não sei direito".

Squire tomou notas em seu laptop, e enquanto o cientista digitava, Eugene se distraiu. Olhou de relance para o outro lado da sala e então se levantou, andou até um corredor e abriu a porta do banheiro. Uns poucos minutos depois, Squire ouviu a descarga, a torneira aberta, e Eugene, enxugando as mãos nas calças, voltou para a sala e sentou-se outra vez na cadeira ao lado de Squire. Esperou pacientemente pela próxima pergunta.

Na época, ninguém se perguntou como um homem incapaz de desenhar um mapa de sua própria casa conseguia achar o banheiro sem hesitação. Mas essa pergunta, e outras parecidas, acabariam levando a uma série de descobertas que transformaram nossa compreensão do poder dos hábitos.[11] Isso ajudaria a deflagrar uma revolução científica que hoje envolve centenas de pesquisadores que estão aprendendo, pela primeira vez, a entender todos os hábitos que influenciam nossas vidas.

Quando Eugene sentou-se à mesa, olhou para o laptop de Squire.

"Isso é impressionante", ele disse, apontando para o computador. "Sabe, quando eu trabalhava com eletrônica, teria dois suportes de 1,80 metro segurando essa coisa."

Nas primeiras semanas depois que eles se mudaram para a casa nova, Beverly tentava tirar Eugene de casa todo dia. Os médicos haviam lhe dito que era importante que ele se exercitasse, e se Eugene ficava dentro de casa por muito tempo, deixava Beverly maluca, fazendo as mesmas perguntas inúmeras vezes, num loop infinito. Por isso, toda manhã e toda tarde ela o levava para dar um passeio no quarteirão, sempre juntos e sempre seguindo o mesmo itinerário.

Os médicos tinham avisado a Beverly que ela precisaria monitorar Eugene constantemente. Disseram que, se ele algum dia se perdesse, nunca mais conseguiria achar o caminho de casa. Mas certa manhã, enquanto ela se vestia, Eugene saiu despercebido pela porta da frente. Ele tinha uma tendência a perambular de um cômodo para o outro, por isso Beverly levou um tempo para perceber que ele tinha sumido. Quando percebeu, entrou em pânico. Correu para rua e tentou enxergá-lo. Não conseguiu vê-lo. Foi até a casa dos vizinhos e esmurrou as janelas. As casas eram parecidas — será que Eugene tinha se confundido e entrado em outra? Ela correu até a porta e tocou a campainha até alguém atender. Eugene não estava lá. Ela correu de volta para a rua, seguindo o quarteirão, gritando o nome de Eugene. Estava chorando. E se ele tivesse ido a algum lugar com trânsito? Como diria a alguém onde morava? Ela já estava fora fazia 15 minutos, procurando em toda parte. Então correu para casa a fim de ligar para a polícia.

Quando ela entrou afoita pela porta, encontrou Eugene na sala, sentado em frente à televisão, assistindo ao History Channel. As lágrimas dela o deixaram confuso. Ele disse que não lembrava de ter saído, não sabia onde estivera e não conseguia entender por que ela estava tão perturbada. Então Beverly viu uma pilha de pinhas na mesa, como as que vira no quintal de um vizinho mais adiante na rua. Ela se aproximou e olhou as mãos de Eugene. Seus dedos estavam melados de seiva. Foi então que ela se deu conta de que Eugene tinha saído sozinho para caminhar. Ele tinha andado até o final da rua e catado alguns souvenirs.

E achara o caminho de casa.

Em pouco tempo, Eugene estava saindo para caminhar toda manhã. Beverly tentava impedi-lo, mas era inútil.

"Mesmo se eu falasse para ele ficar em casa, uns poucos minutos depois ele não lembrava mais", ela me disse. "Eu o segui algumas vezes para garantir que ele não ia se perder, mas ele sempre voltava são e salvo." Às vezes voltava com pinhas ou pedras. Uma vez voltou com uma carteira; outra, com um cachorrinho. Nunca se lembrava de onde essas coisas tinham vindo.

Quando Squire e seus assistentes ficaram sabendo dessas caminhadas, começaram a suspeitar que estava acontecendo alguma coisa dentro da cabeça de Eugene que não tinha nada a ver com a sua memória consciente. Então projetaram um experimento. Uma assistente de Squire visitou a casa um dia e pediu que Eugene desenhasse um mapa do quarteirão onde morava. Ele não conseguiu. Mas onde a casa dele estava situada na rua?, ela perguntou. Ele desenhou um pouquinho, depois se esqueceu da tarefa. Ela pediu que ele apontasse qual porta dava para a cozinha. Eugene olhou o cômodo à sua volta. Disse que não sabia. Ela perguntou a Eugene o que ele faria se estivesse com fome. Ele levantou, andou até a cozinha, abriu um armário e tirou um pote de amendoins.

Mais tarde naquela semana, um visitante acompanhou Eugene em sua caminhada diária. Eles andaram por cerca de 15 minutos pela eterna primavera do sul da Califórnia, com o ar carregado do cheiro de bougainvílleas. Eugene não falou muito, mas sempre guiava o caminho e parecia saber aonde estava indo. Nunca pedia informações. Quando eles dobraram a esquina perto da casa dele, o visitante perguntou a

Eugene onde ele morava. "Não sei exatamente", respondeu. Então seguiu pela sua calçada, abriu sua porta da frente, entrou na sala e ligou a televisão.

Ficou claro para Squire que Eugene estava absorvendo informações novas. Mas onde dentro de seu cérebro estavam morando essas informações? Como alguém podia achar um pote de amendoins quando não sabia dizer onde ficava a cozinha? Ou achar o caminho de casa quando não fazia ideia de qual casa era a sua? Como, Squire se perguntou, os novos padrões comportamentais estavam se formando dentro do cérebro avariado de Eugene?

II.

Dentro do prédio que abriga o departamento de Ciências Cerebrais e Cognitivas do Massachusetts Institute of Technology há laboratórios que contêm o que, para um observador leigo, pareceriam salas de cirurgia de uma casa de bonecas. Lá existem bisturis minúsculos, pequenas brocas e serras em miniatura de menos de 6 milímetros de largura presas a braços robóticos. Mesmo as mesas de operação são muito pequenas, como se preparadas para cirurgiões do tamanho de crianças. As salas são sempre mantidas numa temperatura de 15 graus, pois um toque gelado no ar estabiliza os dedos dos pesquisadores durante procedimentos delicados. Dentro desses laboratórios, os neurologistas abrem os crânios de ratos anestesiados, implantando sensores minúsculos capazes de registrar as menores alterações dentro de seus cérebros. Quando os ratos acordam, mal parecem notar que agora há dezenas de fios microscópicos espalhados, como teias de aranha neurológicas, dentro de sua cabeça.

Esses laboratórios tornaram-se o epicentro de uma revolução silenciosa na ciência da formação de hábitos, e os experimentos realizados aqui explicam como Eugene — assim como você, eu e todo mundo — desenvolveu os comportamentos necessários para sobreviver a cada dia. Os ratos desses laboratórios esclareceram os processos complexos que acontecem dentro de nossas cabeças sempre que fazemos algo tão mundano como escovar os dentes ou tirar o carro da garagem em marcha a ré. E para Squire, esses laboratórios ajudaram a explicar como Eugene conseguiu aprender novos hábitos.

Quando os pesquisadores do MIT começaram a trabalhar com hábitos nos anos 1990 — mais ou menos à mesma época em que Eugene foi acometido de sua febre —, eles ficaram curiosos sobre um nó de tecido neurológico conhecido como gânglios basais. Se imaginarmos o cérebro humano como uma cebola, composto de camadas sobrepostas de células, então as camadas de fora — as mais próximas do couro cabeludo — são geralmente os acréscimos mais recentes de um ponto de vista evolutivo. Quando você cria uma nova invenção ou ri da piada de um amigo, são as partes mais externas do seu cérebro que estão em ação. É lá que acontecem os pensamentos mais complexos.

Mais fundo dentro do cérebro e mais perto do tronco cerebral — onde o cérebro encontra a coluna — há estruturas mais antigas, mais primitivas. Elas controlam nossos comportamentos automáticos, como respirar e engolir, ou a reação de susto que sentimos quando alguém pula de trás de um arbusto. Mais para o centro do crânio há um nó de tecido do tamanho de uma bola de golfe, que é parecido com aquilo que se encontra dentro da cabeça de um peixe, réptil ou mamífero.[12] Esses são os gânglios basais, um oval de células que, durante anos, os cientistas não entendiam muito bem, a não ser por suspeitas de que ele desempenhava um papel em doenças como o mal de Parkinson.[13 14]

No começo dos anos 1990, os pesquisadores do MIT começaram a cogitar que os gânglios basais talvez pudessem ser essenciais para os hábitos também. Notaram que animais com lesões nos gânglios basais de repente começavam a ter problemas com tarefas como aprender a atravessar labirintos ou memorizar como abrir recipientes de comida.[15] Decidiram fazer experimentos usando novas microtecnologias que lhes permitiam observar, nos mínimos detalhes, o que estava acontecendo dentro da cabeça de cada rato enquanto ele realizava dezenas de rotinas. Numa cirurgia, inseria-se no crânio do rato algo parecido com um pequeno joystick com dezenas de fios minúsculos. Depois disso, o animal era colocado num labirinto em formato de T com chocolate numa das pontas.

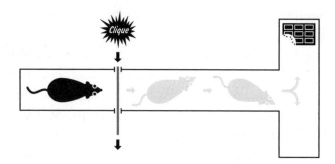

O labirinto era estruturado de modo que cada rato ficasse posicionado atrás de uma divisória, que se abria fazendo um clique alto.[16] No começo, quando um rato escutava o clique e via a divisória desaparecer, geralmente ia e voltava pelo corredor do meio, farejando os cantos e arranhando as paredes. Parecia sentir o cheiro do chocolate, mas não conseguia descobrir como achá-lo. Quando chegava ao topo do T, muitas vezes virava à direita, afastando-se do chocolate, e depois acabava indo para a esquerda, às vezes fazendo uma pausa sem nenhum motivo óbvio. Por fim, a maioria dos animais descobria a recompensa. Mas não havia padrão discernível no caminho deles. Era como se cada rato estivesse dando um passeio descontraído, sem pensar.

As sondas nas cabeças dos ratos, no entanto, contavam uma história diferente. Enquanto cada um deles percorria o labirinto, seu cérebro — e em particular, seus gânglios basais — trabalhava intensamente. Cada vez que um rato farejava o ar ou arranhava uma parede, seu cérebro explodia de atividade, como se analisando cada novo cheiro, imagem e som. O rato estava processando informações durante todo o tempo em que perambulava.

Os cientistas repetiram o experimento diversas vezes, observando como a atividade cerebral de cada rato se alterava conforme percorria centenas de vezes a mesma rota. Uma série de mudanças lentamente surgiu. Os ratos pararam de farejar cantos e virar para o lado errado. Em vez disso, atravessavam o labirinto cada vez mais depressa. E dentro de seus cérebros, algo inesperado aconteceu: conforme cada rato aprendia a se orientar no labirinto, sua atividade mental *diminuía*. À medida que o caminho se tornava cada vez mais automático, os ratos começaram a pensar cada vez menos.

Era como se, nas poucas vezes em que um rato explorava o labirinto, seu cérebro tivesse que trabalhar com força total para dar conta de todas as informações novas. Mas após alguns dias percorrendo o mesmo caminho, o rato não precisava mais arranhar as paredes nem farejar o ar, e por isso a atividade cerebral associada aos atos de arranhar e farejar ia cessando. Ele não precisava escolher para que direção virar, portanto os centros de tomada de decisão do cérebro ficavam em silêncio. Só o que ele tinha que fazer era lembrar o caminho mais rápido até o chocolate. Dentro de uma semana, até as estruturas cerebrais relacionadas à memória tinham se aquietado. O rato havia internalizado como atravessar o labirinto correndo, num tal grau que quase não precisava pensar.

Porém essa internalização — correr reto, dobrar à esquerda, comer o chocolate — dependia dos gânglios basais, como as sondas cerebrais indicavam. Essa minúscula e primitiva estrutura neurológica parecia assumir o comando conforme o rato corria cada vez mais depressa e seu cérebro trabalhava cada vez menos. Os gânglios basais eram essenciais para recordar padrões e agir com base neles. Os gânglios basais, em outras palavras, armazenavam hábitos mesmo enquanto o resto do cérebro adormecia.

Para observar essa capacidade cerebral, considere este gráfico, que mostra a atividade dentro do crânio de um rato quando ele se depara com o labirinto pela primeira vez.[17] Inicialmente, o cérebro está trabalhando duro o tempo todo:

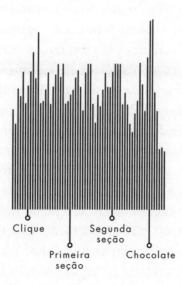

Depois de uma semana, quando o caminho fica conhecido e a corrida se torna um hábito, o cérebro do rato se acalma enquanto ele percorre o labirinto:

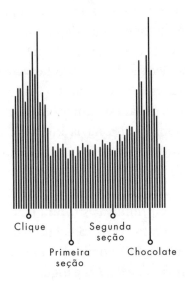

Clique
Segunda
seção
Primeira
seção
Chocolate

Este processo — em que o cérebro converte uma sequência de ações numa rotina automática — é conhecido como "chunking" (agrupamento) e está na raiz de como os hábitos se formam.[18] Há dezenas — se não centenas — de blocos (chunks) comportamentais dos quais dependemos todos os dias. Alguns são simples: você automaticamente põe pasta de dente na escova antes de colocá-la na boca. Alguns, tais como se vestir ou preparar o almoço das crianças, são um pouco mais complexos.

Outros são tão complicados que é espantoso pensar que um pequeno pedaço de tecido que evoluiu há milhões de anos possa chegar a transformá-los em hábitos. Pensemos no ato de tirar o carro da garagem em marcha a ré. Quando você aprendeu a dirigir, fazer isso exigia uma grande dose de concentração, e por um bom motivo: a tarefa envolve abrir a garagem, destrancar a porta do carro, ajustar o banco, inserir a chave na ignição, girá-la em sentido horário, mexer nos retrovisores e conferir se não há obstáculos, colocar o pé no freio, engatar a marcha a ré, tirar o pé do freio, estimar mentalmente a distância entre a garagem e a rua enquanto você mantém as rodas alinhadas e observa o trânsito no sentido contrário, calcular como as imagens refletidas nos espelhos se traduzem em distâncias reais entre o para-choque, as latas de lixo e as cercas, tudo isso enquanto você aplica uma leve pressão ao acelerador e o freio e, muito provavelmente, pede ao passageiro que por favor pare de mexer no rádio.

Hoje em dia, no entanto, você faz tudo isso cada vez que sai para a rua, quase sem pensar. A rotina acontece por hábito.

Milhões de pessoas executam esse intricado balé toda manhã, sem pensar, pois, assim que sacamos as chaves do carro, nossos gânglios basais entram em ação, identificando o hábito que armazenamos em nosso cérebro referente a tirar um carro para a rua em marcha a ré. Uma vez que esse hábito começa a se desenrolar, nossa massa cinzenta está livre para ficar em silêncio ou dar sequência a outros pensamentos, e é por isso que temos capacidade mental suficiente para perceber que o Jimmy esqueceu a lancheira dentro de casa.

Os hábitos, dizem os cientistas, surgem porque o cérebro está o tempo todo procurando maneiras de poupar esforço. Se deixado por conta própria, o cérebro tentará transformar quase qualquer rotina num hábito, pois os hábitos permitem que nossas mentes desacelerem com mais frequência. Este instinto de poupar esforço é uma enorme vantagem. Um cérebro eficiente exige menos espaço, o que permite uma cabeça menor, tornando o parto mais fácil e portanto causando menos mortes de bebês e de mães. Um cérebro eficiente também nos permite parar de pensar constantemente em comportamentos básicos, tais como andar e escolher o que comer, de modo que podemos dedicar energia mental para inventar lanças, sistemas de irrigação e, por fim, aviões e video games.

Mas preservar o esforço mental é uma questão complicada, pois se nossos cérebros desligam no momento errado, talvez deixemos de notar algo importante, como um predador escondido nos arbustos ou um carro em alta velocidade enquanto saímos para a rua. Por isso nossos gânglios basais desenvolveram um sistema inteligente para determinar quando devem permitir que os hábitos assumam o comando. É algo que acontece sempre que um bloco de comportamento começa ou termina.

Para ver como isso funciona, observe de novo atentamente o gráfico do hábito neurológico do rato. Note que a atividade cerebral atinge seus picos no começo do labirinto, quando o rato ouve o clique antes que a divisória comece a se mexer, e outra vez no final, quando ele acha o chocolate.

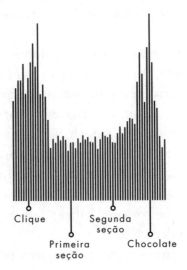

Esses picos são o modo como o cérebro determina quando deve ceder o controle a um hábito, e qual hábito deve usar. De trás de uma divisória, por exemplo, é difícil para um rato saber se ele está dentro de um labirinto conhecido ou de um armário desconhecido com um gato à espreita do lado de fora. Para lidar com essa incerteza, o cérebro despende muito esforço no começo de um bloco de comportamento, procurando alguma coisa — uma deixa — que lhe forneça uma pista de qual hábito usar. De trás de uma divisória, se um rato ouve um clique, ele sabe que deve usar o hábito do labirinto. Se ouve um miado, escolhe um padrão diferente. Ao final da atividade, quando a recompensa aparece, o cérebro desperta e confere se tudo correu como esperado.

Esse processo dentro dos nossos cérebros é um loop de três estágios. Primeiro há uma *deixa*, um estímulo que manda seu cérebro entrar em modo automático, e indica qual hábito ele deve usar. Depois há a *rotina*, que pode ser física, mental ou emocional. Finalmente, há uma *recompensa*, que ajuda seu cérebro a saber se vale a pena memorizar este loop específico para o futuro:

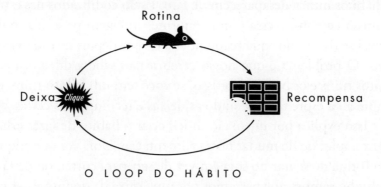

O LOOP DO HÁBITO

Ao longo do tempo, este loop — deixa, rotina, recompensa; deixa, rotina, recompensa — se torna cada vez mais automático. A deixa e a recompensa vão se entrelaçando até que surja um poderoso senso de antecipação e desejo. Por fim, seja num laboratório gelado do MIT ou na garagem da sua casa, um hábito nasce.[19]

Os hábitos não são inevitáveis. Como explicam os dois capítulos seguintes, eles podem ser ignorados, alterados ou substituídos. Mas a descoberta do loop do hábito é tão importante porque revela uma verdade básica: quando um hábito surge, o cérebro para de participar totalmente da tomada de decisões. Ele para de fazer tanto esforço, ou desvia o foco para outras tarefas. A não ser que você deliberadamente lute contra um hábito — que encontre novas rotinas —, o padrão irá se desenrolar automaticamente.

No entanto, apenas entender como os hábitos funcionam — aprender a estrutura do loop do hábito — já os torna mais fáceis de controlar. Assim que você divide um hábito em seus componentes, está apto a brincar com as engrenagens.

"Fizemos experimentos em que treinamos ratos para atravessar um labirinto até que virasse um hábito, e depois eliminamos o hábito mudando a localização da recompensa", me disse Ann Graybiel, uma cientista do MIT que supervisionou muitos dos experimentos com os gânglios basais. "Então um dia colocamos a recompensa no lugar antigo, soltamos o rato e aí está: o velho hábito ressurge imediatamente.

Os hábitos nunca desaparecem de fato. Estáo codificados nas estruturas do nosso cérebro, e essa é uma enorme vantagem para nós, pois seria terrível se tivéssemos que reaprender a dirigir depois de cada viagem de férias. O problema é que nosso cérebro não sabe a diferença entre os hábitos ruins e os bons, e por isso, se você tem um hábito ruim, ele está sempre ali à espreita, esperando as deixas e recompensas certas."[20]

Isso explica por que é tão difícil criar o hábito de fazer exercícios, por exemplo, ou de mudar nossa alimentação. Uma vez que adquirimos uma rotina de sentar no sofá em vez de sair para correr, ou de fazer um lanchinho sempre que passamos por uma caixa de donuts, esses padrões continuam para sempre dentro das nossas cabeças. Segundo a mesma regra, no entanto, se aprendermos a criar novas rotinas neurológicas que sejam mais poderosas que esses comportamentos — se assumirmos o controle do loop do hábito —, podemos forçar essas tendências nocivas a ficar em segundo plano, assim como fez Lisa Allen após sua viagem ao Cairo. Estudos demonstraram que, uma vez que alguém cria um novo padrão, sair para correr ou ignorar os donuts se torna tão automático quanto qualquer outro hábito.

Sem os loops dos hábitos, nossos cérebros entrariam em pane, sobrecarregados com as minúcias da vida cotidiana. Pessoas cujos gânglios basais são prejudicados por lesões ou doenças muitas vezes ficam mentalmente paralisadas. Têm dificuldade de realizar atividades básicas, como abrir uma porta ou decidir o que comer. Perdem a capacidade de ignorar detalhes insignificantes — um estudo, por exemplo, descobriu que pacientes com lesões nos gânglios basais eram incapazes de reconhecer expressões faciais, inclusive medo e nojo, porque nunca sabiam direito em qual parte do rosto deviam se focar. Sem os gânglios basais, perdemos acesso às centenas de hábitos de que dependemos todos os dias. Você parou hoje de manhã para decidir se amarrava o sapato esquerdo ou o direito primeiro? Teve problemas para decidir se devia escovar os dentes antes ou depois de tomar banho?

É claro que não. Essas decisões são habituais, não exigem esforço. Contanto que seus gânglios basais estejam intactos e as deixas continuem constantes, os comportamentos acontecerão sem pensar. (Se bem que, quando você sai de férias, talvez se vista de maneiras diferentes ou escove os dentes num outro momento da rotina matinal sem perceber.)

Ao mesmo tempo, no entanto, a dependência do cérebro de rotinas automáticas pode ser perigosa. Muitas vezes, os hábitos são tanto uma maldição quanto um benefício.

Pense no caso de Eugene, por exemplo. Os hábitos lhe deram sua vida de volta depois que ele perdeu a memória. E então levaram tudo embora de novo.

III.

Conforme Larry Squire, o especialista em memória, passava cada vez mais tempo com Eugene, foi ficando convencido de que seu paciente estava de algum modo aprendendo comportamentos novos. Imagens do cérebro de Eugene mostravam que seus gânglios basais tinham escapado da lesão causada pela encefalite viral. Seria possível, perguntou-se o cientista, que Eugene, mesmo com a grave lesão cerebral, ainda pudesse usar o loop *deixa-rotina-recompensa*? Será que esse antigo processo neurológico poderia explicar como Eugene era capaz de dar uma volta no quarteirão e achar o pote de amendoins na cozinha?

Para testar se Eugene estava formando novos hábitos, Squire criou um experimento. Pegou 16 objetos diferentes — pedaços de plástico e peças de brinquedos com cores vivas — e os colou em retângulos de papelão. Então os dividiu em oito pares, opção A e opção B. Em cada par, um dos pedaços de papelão, escolhido aleatoriamente, tinha um adesivo na parte de baixo onde se lia "correto".[21]

Squire colocou Eugene sentado à mesa, deu-lhe um par de objetos e pediu que escolhesse um deles. Em seguida, pediu que Eugene virasse o papelão escolhido para ver se havia um adesivo dizendo "correto" na parte de baixo. Este é um jeito comum de medir a memória. Já que há apenas 16 objetos, e eles são sempre apresentados nos mesmos oito pares, a maioria das pessoas consegue memorizar qual item é "correto" após umas poucas repetições. Macacos são capazes de memorizar todos os itens "corretos" depois de oito a dez dias.

Eugene não conseguia lembrar nenhum dos itens "corretos", por mais vezes que fizesse o teste. Ele repetiu o experimento duas vezes por semana durante meses, olhando quarenta pares por dia.

"Você sabe por que está aqui hoje?", perguntou um pesquisador no começo de uma sessão, algumas semanas depois do início do experimento.

"Acho que não", disse Eugene.

"Vou lhe mostrar uns objetos. Você sabe por quê?"

"Tenho que descrevê-los para você, ou dizer para que eles servem?" Eugene não lembrava absolutamente nada das sessões anteriores.

Mas conforme as semanas se passaram, o desempenho de Eugene melhorou. Depois de 28 dias de treinamento, escolhia os objetos "corretos" 85% das vezes. Aos 36 dias, acertava 95% das escolhas. Certo dia, depois de um teste, Eugene olhou para a pesquisadora, desconcertado com seu sucesso.

"Como estou fazendo isso?", ele perguntou a ela.

"Me diga o que está acontecendo na sua cabeça", a pesquisadora disse. "Você diz para si mesmo: 'Eu me lembro de ver esse?'"

"Não", disse Eugene. "A coisa está aqui de algum jeito ou de outro" — ele apontou para sua cabeça — "e a mão vai atrás".

Para Squire, no entanto, aquilo fazia todo o sentido. Eugene era exposto a uma deixa: um par de objetos sempre apresentados na mesma combinação. Havia uma rotina: ele escolhia um objeto e olhava para ver se havia um adesivo embaixo, mesmo não fazendo ideia de por que se sentia impelido a virar o papelão. Então havia uma recompensa: a satisfação que ele obtinha após achar um adesivo proclamando "correto". Por fim, um hábito surgia.

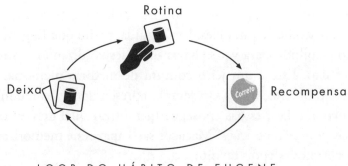

LOOP DO HÁBITO DE EUGENE

Para se certificar de que aquele padrão era realmente um hábito, Squire realizou mais um experimento. Pegou todos os 16 itens e os pôs na frente de Eugene ao mesmo tempo. Pediu que colocasse todos os objetos "corretos" numa mesma pilha.

Eugene não fazia ideia de por onde começar. "Minha nossa, como vou lembrar isso?", ele perguntou. Estendeu a mão para pegar um objeto e começou a virá-lo. A pesquisadora o deteve. Não, ela explicou. A tarefa era pôr os itens em *pilhas*. Por que ele estava tentando virá-los?

"É só um hábito, eu acho", ele disse.

Ele não conseguiu fazer aquilo. Os objetos, quando apresentados fora do contexto do loop do hábito, não faziam sentido para ele.

Essa era a prova que Squire procurava. Os experimentos demonstravam que Eugene tinha a capacidade de formar novos hábitos, mesmo quando eles envolviam tarefas ou objetos dos quais ele era incapaz de lembrar por mais de uns poucos segundos.[22] Isso explicava como Eugene conseguia sair para passear toda manhã. As deixas — certas árvores nas esquinas ou a localização de caixas de correio específicas — eram consistentes toda vez que ele saía, e por isso, embora ele fosse incapaz de reconhecer sua casa, seus hábitos sempre o guiavam de volta para a porta da frente. Isso também explicava por que Eugene tomava café da manhã três ou quatro vezes por dia, mesmo que não estivesse com fome. Contanto que as deixas certas estivessem presentes — como seu rádio, ou a luz da manhã entrando pelas janelas —, ele automaticamente seguia o roteiro ditado por seus gânglios basais.

Além disso, havia dezenas de outros hábitos na vida de Eugene que as pessoas só perceberam quando começaram a procurar. A filha de Eugene, por exemplo, muitas vezes passava na casa deles para dar um oi. Falava com o pai na sala por um tempo, depois entrava na cozinha para ficar com a mãe, e então ia embora, despedindo-se com um aceno ao sair pela porta. Eugene, que já tinha esquecido a conversa anterior deles quando ela saía, ficava bravo — por que ela estava indo embora sem conversar com ele? — e depois esquecia por que estava chateado. Porém o hábito emocional já havia começado, e por isso sua raiva persistia, inflamada e além da sua compreensão, até se consumir por si só.

"Às vezes ele batia na mesa ou falava palavrões, e se alguém perguntava por quê, ele dizia 'Não sei, mas estou bravo!'", Beverly me contou.

Ele chutava a cadeira, ou era ríspido com quem quer que entrasse na sala. Então, poucos minutos depois, ele sorria e falava do tempo. "Era como se, uma vez que a frustração começava, ele tivesse que levá-la até o fim", ela disse.

O novo experimento de Squire também mostrou outra coisa: que os hábitos são surpreendentemente delicados. Se as deixas de Eugene sofressem mesmo a menor alteração, seus hábitos caíam em desarranjo. Por exemplo, nas poucas vezes em que ele dava a volta no quarteirão e havia algo de diferente — a prefeitura estava fazendo obras na rua, ou uma ventania tinha soprado galhos por toda a calçada — Eugene se perdia, por mais perto que estivesse de casa, até que um vizinho gentil lhe mostrasse o caminho até sua porta. Se sua filha parasse para conversar com ele por dez segundos antes de sair, seu hábito de raiva nunca surgia.

Os experimentos de Squire com Eugene revolucionaram a compreensão da comunidade científica de como o cérebro funciona, provando de uma vez por todas que é possível aprender e fazer escolhas inconscientes sem ter nenhuma lembrança da lição ou da tomada de decisão. Eugene mostrou que os hábitos, tanto quanto a memória e a razão, são a raiz do nosso comportamento. Talvez não nos lembremos das experiências que criam nossos hábitos, mas, uma vez que estão alojados dentro dos nossos cérebros, eles influenciam o modo como agimos — muitas vezes sem percebermos.

Desde que o primeiro artigo de Squire sobre os hábitos de Eugene foi publicado, a ciência da formação de hábitos se transformou num grande campo de estudo. Pesquisadores das universidades de Duke, Harvard, UCLA, Yale, USC, Princeton, Pensilvânia, e de todas as escolas no Reino Unido, Alemanha e Holanda, assim como cientistas corporativos trabalhando para a Procter & Gamble, Microsoft, Google e centenas de outras empresas, estão focados em compreender a neurologia e psicologia dos hábitos, suas forças e fraquezas, por que eles surgem e como podem ser mudados.

Os pesquisadores descobriram que as deixas podem ser quase qualquer coisa, desde um estímulo visual, como um doce ou um comercial de tevê, até certo lugar, uma hora do dia, uma emoção, uma sequência de pensamentos, ou a companhia de pessoas específicas. As rotinas podem ser incrivelmente complexas ou fantasticamente simples (alguns hábitos, como aqueles relacionados a emoções, são medidos em milissegundos). As recompensas podem variar desde comida ou drogas que causam sensações físicas, até compensações emocionais, tais como os sentimentos de orgulho que acompanham os elogios ou as autocongratulações.

E em quase todos os experimentos, os pesquisadores viram ecos das descobertas de Squire com Eugene: Os hábitos são poderosos, mas delicados. Podem surgir fora da nossa consciência ou ser arquitetados deliberadamente. Muitas vezes acontecem sem a nossa permissão, mas podem ser remodelados se manipularmos suas peças. Eles dão forma a nossa vida muito mais do que percebemos — são tão fortes, na verdade, que fazem com que nossos cérebros se apeguem a eles a despeito de todo o resto, inclusive o bom-senso.

Numa série de experimentos, por exemplo, pesquisadores afiliados ao National Institute on Alcohol Abuse and Alcoholism (Instituto Nacional do Abuso do Álcool e do Alcoolismo) treinaram camundongos para apertar alavancas em resposta a certas deixas, até que o comportamento se tornasse um hábito. Os camundongos eram sempre recompensados com comida. Então, os cientistas envenenaram a comida para que deixasse os bichos violentamente enjoados, ou eletrificaram o chão, de modo que, quando os camundongos andavam em direção à recompensa, levavam um choque. Os camundongos sabiam que a comida e a jaula eram perigosas — quando recebiam as bolinhas envenenadas numa tigela ou viam os painéis eletrificados no chão, mantinham distância. No entanto, quando viam suas antigas deixas, apertavam a alavanca sem pensar e comiam a comida, ou andavam pelo chão, mesmo enquanto vomitavam ou pulavam por causa da eletricidade. O hábito estava tão arraigado que os camundongos não conseguiam evitar.[23]

Não é difícil encontrar um caso análogo no mundo humano. Pense no fast-food, por exemplo. Faz sentido — quando as crianças estão morrendo de fome e você está dirigindo para casa depois de um longo dia — parar, só esta vez, no McDonald's ou no Burger King. As refeições não são caras. O sabor é tão bom. Afinal, uma única dose de carne processada, batatas fritas salgadas e refrigerante cheio de açúcar representa um risco relativamente pequeno para a saúde, certo? Você não faz isso o tempo todo.

Porém os hábitos surgem sem a nossa permissão. Estudos indicam que em geral as famílias não *pretendem* comer fast-food regularmente. O que acontece é que um padrão de uma vez por mês lentamente se torna uma vez por semana, e então duas vezes por semana — conforme as deixas e recompensas criam um hábito — até que as crianças estão consumindo uma quantidade de hambúrgueres e fritas que é prejudicial à saúde. Quando pesquisadores da Universidade do Norte do Texas e de Yale tentaram entender por que as famílias gradualmente aumentavam o consumo de fast-food, encontraram uma série de deixas e recompensas que a maioria dos consumidores nunca soube que estava influenciando seu comportamento.[24] Eles descobriram o loop do hábito.

Todo McDonald's, por exemplo, possui a mesma aparência — a empresa deliberadamente tenta padronizar a arquitetura das lanchonetes e o que os funcionários dizem aos clientes, de modo que tudo seja uma deixa consistente para desencadear rotinas de compra. Em algumas redes, os alimentos são especificamente concebidos para proporcionar recompensas imediatas — as batatas fritas, por exemplo, são projetadas para começar a se desintegrar no momento em que encostam na sua língua, para fornecer uma dose de sal e gordura o mais rápido possível, ativando seus centros de prazer e prendendo seu cérebro no padrão. Muito melhor para estreitar o loop do hábito.[25]

No entanto, mesmo esses hábitos são delicados. Quando uma lanchonete de fast-food fecha, as famílias que antes comiam lá muitas vezes passam a jantar em casa, em vez de procurar um lugar alternativo. Mesmo pequenas alterações podem acabar com o padrão. Mas já que frequentemente não reconhecemos estes loops de hábitos enquanto crescem, não enxergamos nossa capacidade de controlá-los. Aprendendo a observar as deixas e recompensas, no entanto, podemos mudar as rotinas.

IV.

Em 2000, sete anos após a doença, a vida de Eugene atingira uma espécie de equilíbrio. Ele saía para caminhar toda manhã. Comia o que queria, às vezes cinco ou seis vezes por dia. Sua mulher sabia que, contanto que a televisão estivesse ligada no History Channel, Eugene se instalaria na sua poltrona felpuda e ficaria assistindo, fossem reprises ou programas novos. Ele não percebia a diferença.

Conforme foi ficando mais velho, no entanto, os hábitos de Eugene começaram a ter impactos negativos na sua vida. Ele era sedentário, às vezes assistia televisão durante horas a fio, pois nunca se entediava com os programas. Seus médicos ficaram preocupados com seu coração. Disseram a Beverly que o mantivesse numa dieta restrita de comidas saudáveis. Ela tentou, mas era difícil influenciar a frequência com que ele comia ou o que comia. Ele nunca se lembrava das advertências dela. Mesmo se a geladeira estivesse abarrotada de frutas e legumes, Eugene fuçava até achar o bacon e os ovos. Essa era sua rotina. E conforme Eugene envelhecia e seus ossos ficavam mais frágeis, os médicos disseram que ele precisava tomar mais cuidado ao passear pela rua. Na cabeça de Eugene, no entanto, ele ainda tinha vinte anos a menos. Nunca se lembrava de pisar com cuidado.

"Fui fascinado pela memória durante toda a minha vida", Squire me disse. "Então conheci E.P. e vi como a vida pode ser rica mesmo se você não pode se lembrar dela. O cérebro tem esta capacidade espantosa de encontrar a felicidade mesmo quando as memórias dela não estão mais lá.

"Porém é difícil desligar isso, o que acabou se voltando contra ele."

Beverly tentou usar sua compreensão dos hábitos para ajudar Eugene a evitar problemas conforme envelhecia. Descobriu que podia causar um curto-circuito em alguns de seus piores padrões, inserindo novas deixas. Se ela não guardasse bacon na geladeira, Eugene não comeria vários cafés da manhã gordurosos. Quando ela punha uma salada perto da poltrona dele, Eugene às vezes a beliscava, e conforme a refeição foi se tornando um hábito, parou de procurar guloseimas na cozinha. Sua dieta aos poucos melhorou.

Apesar desses esforços, no entanto, a saúde de Eugene piorou mesmo assim. Um dia de primavera, Eugene estava assistindo televisão quando de repente deu um grito. Beverly entrou correndo e o viu com a mão no peito. Ela chamou uma ambulância. No hospital, foi diagnosticado um pequeno ataque cardíaco. A essa altura, a dor tinha passado e Eugene estava lutando para sair da maca. Naquela noite ele ficou o tempo todo arrancando os sensores presos a seu peito para poder deitar de lado e dormir. Alarmes soavam e enfermeiras entravam correndo. Elas tentavam fazer com que parasse de mexer nos sensores, prendendo-os no lugar com esparadrapo e dizendo que iam amarrá-lo se ele continuasse se mexendo. Nada funcionava. Ele esquecia as ameaças logo depois que eram feitas.

Então sua filha disse a uma enfermeira que tentasse elogiá-lo por cooperar e ficar quieto, e repetisse o elogio inúmeras vezes, sempre que o via. "Sabe como é, queríamos apelar para o orgulho dele", me disse sua filha, Carol Rayes. "Dizíamos: 'Ah, pai, você está mesmo fazendo uma coisa importante pela ciência, deixando estes negocinhos no lugar.'" As enfermeiras começaram a paparicá-lo. Ele amou. Depois de alguns dias, ele fazia o que quer que elas pedissem. Eugene voltou para casa uma semana depois.

Então, no outono de 2008, quando atravessava a sala de estar, Eugene tropeçou numa saliência perto da lareira, caiu e quebrou o quadril. No hospital, Squire e sua equipe recearam que ele fosse ter crises de pânico por não saber onde estava. Por isso deixaram bilhetes ao lado de sua cama explicando o que acontecera e colaram fotos de seus filhos nas paredes. Sua mulher e seus filhos vinham visitá-lo todo dia.

Eugene, no entanto, nunca ficou preocupado. Nunca perguntava por que estava no hospital. "Àquela altura, ele parecia estar conciliado com a incerteza", disse Squire. "Fazia 15 anos que perdera a memória. Era como se parte de seu cérebro soubesse que havia algumas coisas que ele jamais entenderia, e aceitasse isso bem."

Beverly vinha ao hospital todos os dias. "Eu passava um tempão falando com ele", ela disse. "Dizia que o amava, e falava dos nossos filhos e da vida boa que tínhamos. Apontava para as fotos e dizia como ele era querido. Fomos casados durante 57 anos, e 42 deles foram um casamento normal de verdade. Às vezes era difícil, porque eu queria tanto o meu velho marido de volta. Mas pelo menos eu sabia que ele estava feliz."

Umas poucas semanas depois, sua filha veio visitá-lo. "Qual é o plano?", Eugene perguntou quando ela chegou. Ela o levou para fora numa cadeira de rodas, até o gramado do hospital. "O dia está lindo", disse Eugene. "Que tempo ótimo, né?" Ela falou para ele sobre suas crianças, e eles brincaram com um cachorro. Ela achou que ele talvez pudesse voltar para casa em breve. O sol estava se pondo. Ela começou a se preparar para levá-lo para dentro.

Eugene olhou para ela.

"Tenho sorte de ter uma filha como você", ele disse. Ela foi pega desprevenida. Não conseguia se lembrar da última vez em que ele dissera uma coisa tão carinhosa.

"Tenho sorte de você ser meu pai", ela disse.

"Puxa, o dia está lindo", ele disse. "O que você está achando do tempo?"

Naquela noite, à uma da manhã, o telefone de Beverly tocou. O médico disse que Eugene sofrera um ataque cardíaco grave e os funcionários tinham feito o possível, mas não tinham conseguido reanimá-lo. Ele falecera. Depois de sua morte, ele seria celebrado pelos pesquisadores, e imagens de seu cérebro seriam estudadas em centenas de laboratórios e escolas de medicina.

"Sei que ele teria ficado muito orgulhoso de saber o quanto contribuiu para a ciência", Beverly me disse. "Ele me disse uma vez, logo depois de casarmos, que queria fazer alguma coisa importante com sua vida, algo que fizesse diferença. E ele fez. Apenas nunca se lembrou de nada disso."

2

O CÉREBRO ANSIOSO

Como criar novos hábitos

I.

Um dia no começo da década de 1900, um bem-sucedidos executivo americano chamado Claude C. Hopkins foi abordado por um velho amigo com uma nova ideia comercial. O amigo explicou que descobrira um produto incrível, que ele estava convencido de que seria um sucesso. Era uma pasta de dente, uma preparação mentolada e espumante que ele chamava de "Pepsodent". Havia alguns investidores duvidosos envolvidos — um deles tinha uma série de negócios agrários fracassados; outro, segundo os boatos, estava ligado à máfia —, mas o amigo prometeu que aquele empreendimento seria gigantesco. Isso, é claro, se Hopkins consentisse em ajudar a criar uma campanha de promoção nacional.[1]

Hopkins, na época, estava no topo de uma indústria em rápida expansão que mal existia umas poucas décadas antes: a publicidade. Ele era o homem que convencera os americanos a comprar cerveja Schlitz alardeando que a empresa limpava suas garrafas "com vapor vivo", enquanto deixava de mencionar que todas as outras empresas usavam exatamente o mesmo método. Ele seduzira milhões de mulheres a comprar sabonete Palmolive afirmando que Cleópatra se banhara com ele, apesar dos protestos veementes de historiadores indignados. Ele tornara o cereal matinal Puffed Wheat famoso dizendo que era "disparado com armas" até que os grãos inchassem "até oito vezes o tamanho normal". Ele transformara dezenas de produtos antes desconhecidos — a aveia Quaker, os pneus Goodyear, a "vassoura mágica" Bissell, o porco com feijão da Van Camp — em nomes comuns em todos os lares. E nesse processo, ficara tão rico que sua autobiografia, o best-seller *My Life in Advertising* Minha vida na publicidade, dedicava longas passagens às dificuldades para gastar tanto dinheiro.

No entanto, Claude Hopkins era mais conhecido por uma série de regras que criou, explicando como formar novos hábitos entre consumidores. Essas regras transformariam indústrias inteiras e acabariam se tornando uma sabedoria convencional entre marqueteiros, reformadores pedagógicos, profissionais da saúde pública, políticos e diretores executivos. Mesmo hoje, as regras de Hopkins influenciam tudo, desde como compramos produtos de limpeza até os recursos que os governos usam para erradicar doenças. Elas são fundamentais à criação de qualquer nova rotina.

No entanto, quando esse velho amigo abordou Hopkins para falar da Pepsodent, o publicitário demonstrou apenas um leve interesse. Não era segredo que a saúde dentária dos americanos estava em rápido declínio. Conforme a nação se tornara mais endinheirada, as pessoas haviam começado a comprar maiores quantidades de produtos com açúcar e processados.[2] Quando o governo passou a recrutar homens para a Primeira Guerra Mundial, tantos recrutas tinham dentes podres que os oficiais diziam que a má higiene dentária era um risco para a segurança nacional.

No entanto, como Hopkins sabia, vender pasta de dente era um suicídio financeiro. Já havia um exército de vendedores de porta em porta oferecendo duvidosos pós e elixires dentais, a maioria deles à beira da falência.

O problema era que quase ninguém comprava pasta de dente porque, apesar dos problemas dentários da nação, quase ninguém escovava os dentes.[3]

Por isso Hopkins refletiu um pouco sobre a proposta do amigo, e então a recusou. Disse que continuaria com os sabonetes e cereais. "Não vi um jeito de educar os leigos sobre as teorias técnicas da pasta de dente", explicou Hopkins em sua autobiografia. O amigo, no entanto, foi persistente. Voltou inúmeras vezes, apelando para o considerável ego de Hopkins, até que por fim o publicitário acabou cedendo.

"Finalmente concordei em realizar a campanha se ele me desse uma opção de seis meses num bloco de ações", escreveu Hopkins. O amigo concordou.

Seria a decisão financeira mais sábia da vida de Hopkins.

Cinco anos após firmada essa parceria, Hopkins transformou a Pepsodent num dos produtos mais conhecidos do mundo e, nesse processo, ajudou a criar o hábito de se escovar os dentes, que se alastrou pelos Estados Unidos numa velocidade estonteante. Em pouco tempo, todo mundo, de Shirley Temple a Clark Gable, estava se vangloriando de seu "sorriso Pepsodent".[4] Em 1930, a Pepsodent já era vendida na China, África do Sul, Brasil, Alemanha, e em quase todos os lugares onde Hopkins pudesse comprar anúncios.[5] Uma década depois da primeira campanha da Pepsodent, pesquisadores descobriram que escovar os dentes se tornara um ritual diário para mais da metade da população americana.[6] Hopkins ajudara a estabelecer a escovação como uma atividade diária.

O segredo de seu sucesso, Hopkins se gabaria depois, era que ele achara um certo tipo de deixa e recompensa que alimentara um hábito específico. É uma alquimia tão poderosa que, mesmo hoje, os princípios básicos ainda são usados por gigantes dos bens de consumo, criadores de video games, produtores de alimentos, hospitais e milhões de vendedores no mundo todo. Eugene Pauly nos ensinou sobre o loop do hábito, porém foi Claude Hopkins quem mostrou como novos hábitos podem ser cultivados e alimentados.

Então, o que foi, exatamente, que Hopkins fez?

Ele criou um anseio. E esse anseio, como se descobriu, é o que faz com que as deixas e recompensas funcionem. Esse anseio é o que alimenta o loop do hábito.

Ao longo de sua carreira, uma das táticas que se tornaram marca registrada de Claude Hopkins era encontrar estímulos simples para convencer os consumidores a usar seus produtos todos os dias. Ele vendia aveia Quaker, por exemplo, como um cereal matinal capaz de fornecer energia para 24 horas — mas só se você comesse uma tigela toda manhã. Anunciava tônicos que curavam dores de barriga, dores nas juntas, pele ruim e "problemas femininos" — mas só se você tomasse o remédio logo na primeira aparição dos sintomas. Em pouco tempo, as pessoas estavam devorando aveia no raiar do dia ou bebendo goles de garrafinhas marrons sempre que sentiam qualquer indício de fadiga ou indigestão, o que, por sorte, acontecia pelo menos uma vez por dia.

Para vender Pepsodent, então, Hopkins precisava de um estímulo que justificasse o uso diário da pasta de dente. Ele sentou-se com uma pilha de livros técnicos sobre saúde dentária. "Foi uma leitura árida", ele escreveu depois. "Mas no meio de um dos livros achei uma referência às placas de mucina nos dentes, que depois eu chamei de 'a película'. Isso me deu uma ideia atraente. Resolvi anunciar essa pasta de dente como um criador de beleza. Lidar com essa película turva."

Ao focar-se na película dentária, Hopkins estava ignorando o fato de que esta mesma película sempre cobriu os dentes das pessoas e nunca parecera incomodar ninguém. Ela é uma membrana natural, que se forma nos dentes a despeito do que você come ou da frequência com que escova os dentes.[7] As pessoas nunca tinham prestado muita atenção a ela, e não havia muito motivo para que devessem prestar: você pode se livrar da película comendo uma maçã, passando os dedos nos dentes, escovando-os ou fazendo um bochecho vigoroso com algum líquido. A pasta de dente não fazia nada para ajudar a remover a película. Na verdade, um dos principais pesquisadores de saúde dentária da época disse que todas as pastas de dente — especialmente Pepsodent — eram inúteis.[8]

Isso não impediu que Hopkins explorasse sua descoberta. Aqui, decidiu ele, estava uma deixa que podia deflagrar um hábito. Em pouco tempo, cidades estavam cobertas de anúncios de Pepsodent.

"É só você passar a língua nos dentes", dizia um deles. "Vai sentir uma película — é isso que faz seus dentes parecerem 'sem vida' e facilita o apodrecimento."

"Note quantos dentes bonitos são vistos por toda parte", dizia outro anúncio, mostrando beldades sorridentes. "Milhões de pessoas estão usando um novo método de limpeza dentária. Por que uma mulher gostaria de ter uma película opaca nos dentes? Pepsodent remove a película!"[9]

O brilhante desses anúncios era que eles dependiam de uma deixa — a película dentária — que era universal e impossível de ignorar. Dizer para alguém passar a língua nos dentes, na verdade, provavelmente faz com que a pessoa passe a língua nos dentes. E quando fazia isso, provavelmente sentia uma película. Hopkins encontrara uma deixa simples, que existia havia milênios, e era tão fácil de deflagrar que um anúncio podia fazer com que as pessoas obedecessem automaticamente.

Além disso, a recompensa, como Hopkins previu, era ainda mais sedutora. Quem, afinal, não quer ser mais bonito? Quem não quer um sorriso mais bonito? Principalmente quando a única atitude necessária é uma rápida escovada com Pepsodent?

CONCEPÇÃO DE HOPKINS DO
LOOP DO HÁBITO DA PEPSODENT

Após o lançamento da campanha, uma semana calma se passou. Depois duas. Então, na terceira semana, a procura explodiu. Havia tantos pedidos de Pepsodent que a empresa não conseguia dar conta. Em três anos, o produto virou internacional, e Hopkins estava criando anúncios em espanhol, alemão e chinês. Dentro de uma década, a Pepsodent era um dos produtos mais vendidos do mundo.[10] Continuaria sendo a pasta de dente mais vendida dos Estados Unidos durante mais de trinta anos, rendendo bilhões de dólares.[11]

Antes de a Pepsodent surgir, apenas 7% dos americanos tinham um tubo de pasta de dente no armarinho do banheiro. Uma década depois que a campanha publicitária de Hopkins foi veiculada nacionalmente, esse número pulara para 65%.[12] Ao fim da Segunda Guerra Mundial, a preocupação das Forças Armadas com os dentes dos recrutas diminuíra, pois muitos soldados estavam escovando os dentes todos os dias.

"Ganhei um milhão de dólares com a Pepsodent", Hopkins escreveu uns poucos anos depois que o produto surgiu nas prateleiras. O segredo, disse, era que ele "aprendera a psicologia humana certa". Essa psicologia era fundamentada em duas regras básicas.

Primeira: ache uma deixa simples e óbvia.

Segunda: defina claramente as recompensas.

Se você acertasse esses elementos, prometia Hopkins, era como mágica. Veja o caso da Pepsodent: Ele identificara uma deixa — a película dentária — e uma recompensa — dentes bonitos — que tinham convencido milhões de pessoas a começar a praticar um ritual diário. Mesmo hoje, as regras de Hopkins são um ingrediente essencial dos livros de marketing e a base de milhões de campanhas publicitárias.

E estes mesmos princípios já foram usados para criar milhares de outros hábitos — muitas vezes sem que as pessoas se dessem conta de como estão seguindo de perto a fórmula de Hopkins. Estudos sobre pessoas que conseguiram instaurar novas rotinas de exercícios, por exemplo, mostram que é mais provável elas se manterem fiéis a um plano de exercícios se escolherem uma deixa específica, tal como correr assim que chegam do trabalho, e uma recompensa clara, como uma cerveja ou uma noite de TV sem culpa.[13] Pesquisas sobre dietas dizem que criar novos hábitos alimentares exige uma deixa predefinida — como planejar os cardápios com antecedência — e recompensas simples para aqueles que persistem em suas intenções.[14]

"Chegou o momento em que a publicidade, nas mãos de alguns, atingiu o status de uma ciência", escreveu Hopkins. "A publicidade, antigamente um negócio arriscado, tornou-se assim, sob uma direção competente, um dos empreendimentos comerciais mais seguros."

É uma afirmação bastante audaciosa. No entanto, as duas regras de Hopkins na verdade não são suficientes. Também há uma terceira regra que deve ser cumprida para criar um hábito — uma regra tão sutil que o próprio Hopkins se baseava nela sem saber que existia. Ela explica tudo, desde por que é tão difícil ignorar uma caixa de donuts até como uma corrida matinal pode se tornar uma rotina quase sem esforço.

II.

Os cientistas e executivos de marketing da Procter & Gamble estavam reunidos em volta de uma mesa velha numa pequena sala sem janelas, lendo a transcrição de uma entrevista com uma mulher que possuía nove gatos, quando uma pessoa entre eles finalmente disse o que todos estavam pensando.

"Se formos despedidos, o que acontece exatamente?", ela perguntou. "Os seguranças aparecem e nos conduzem para fora, ou recebemos algum tipo de aviso prévio?"

O chefe da equipe, Drake Stimson, outrora um astro em ascensão dentro da empresa, olhou fixo para ela.

"Não sei", ele disse. Seu cabelo estava todo desgrenhado. Seus olhos estavam cansados. "Nunca achei que a coisa fosse ficar tão grave. Eles me disseram que coordenar este projeto era uma promoção."

O ano era 1996, e o grupo sentado à mesa estava descobrindo, apesar das afirmações de Claude Hopkins, como o processo de vender alguma coisa podia se tornar extremamente não científico. Eles todos trabalhavam para uma das maiores empresas mundiais de bens de consumo, a empresa por trás das batatas Pringles, do Oil of Olay, do papel-toalha Bounty, dos cosméticos Cover Girls, da Dawn, da Downy e da Duracell, assim como dezenas de outras marcas. A P&G coletava mais dados que quase todo outro empreendimento do planeta e dependia de métodos estatísticos complexos para criar suas campanhas de marketing. A empresa era incrivelmente boa em descobrir como vender coisas. Só no mercado de produtos para lavar roupa, os produtos da P&G lavavam um em cada dois cestos de roupa suja dos Estados Unidos. Seu faturamento anual ultrapassava os 35 bilhões de dólares.[15 16]

Porém a equipe de Stimson, que fora encarregada de criar a campanha publicitária para um dos novos produtos mais promissores da P&G, estava à beira da derrota. A empresa gastara milhões de dólares desenvolvendo um spray capaz de eliminar odores de quase todo tecido.

E todos os pesquisadores naquela salinha sem janelas não faziam ideia de como convencer as pessoas a comprá-lo.

O spray tinha sido criado cerca de três anos antes, quando um dos químicos da P&G estava trabalhando com uma substância chamada hidroxipropil-beta-ciclodextrina, ou HPBCD, num laboratório. O químico era fumante. Suas roupas geralmente cheiravam a cinzeiro. Um dia, depois de trabalhar com HPBCD, sua mulher o recebeu à porta.

"Você parou de fumar?", ela perguntou.

"Não", ele disse. Ficou desconfiado, fazia anos que ela vinha insistindo para que ele parasse de fumar. Aquilo parecia algum tipo de truque de psicologia invertida.

"É que você não está com cheiro de cigarro", ela disse.

No dia seguinte, ele voltou ao laboratório e começou a experimentar HPBCD com vários odores ruins. Em pouco tempo, tinha centenas de ampolas contendo tecidos com cheiro de cachorro molhado, charutos, meias suadas, comida chinesa, camisas mofadas e toalhas sujas. Quando colocou HPBCD na água e borrifou nas amostras, os odores foram atraídos para dentro das moléculas da substância química. Depois que o borrifo secava, o cheiro sumia.

Quando o químico explicou suas descobertas aos executivos da P&G, eles ficaram extasiados. Durante anos, as pesquisas de mercado vinham dizendo que os consumidores estavam pedindo algo que pudesse eliminar maus cheiros — não só disfarçá-los, mas erradicá-los de uma vez por todas. Quando uma equipe de pesquisadores entrevistara consumidores em suas casas, descobriram que muitos deles deixavam suas blusas ou calças do lado de fora depois de uma noite num bar ou numa festa. "Minhas roupas estão sempre com cheiro de cigarro quando eu chego em casa, mas não quero pagar uma lavagem a seco toda vez que saio", disse uma mulher.

A P&G, detectando uma oportunidade, lançou um projeto ultraconfidencial para transformar o HPBCD num produto viável. Eles gastaram milhões de dólares para aperfeiçoar a fórmula, finalmente produzindo um líquido incolor e inodoro capaz de eliminar qualquer odor desagradável. A ciência por trás do spray era tão avançada que a NASA acabaria usando o produto para limpar os interiores dos ônibus espaciais quando voltavam do espaço. A melhor parte é que o produto era barato de fabricar, não deixava manchas e podia eliminar os odores de qualquer sofá fedido, jaqueta velha ou assento manchado de carro. O projeto tinha sido um grande risco, mas a P&G agora tinha tudo para faturar bilhões — se conseguisse bolar a campanha de marketing certa.

Decidiram batizar o produto de Febreze e convidaram Stimson, um garoto-prodígio de 31 anos com formação em matemática e psicologia, para liderar a equipe de marketing.[17] Stimson era alto e bonito, com um queixo forte, uma voz gentil e um gosto por refeições sofisticadas. ("Preferiria ver meus filhos fumando maconha do que comendo no McDonald's", ele uma vez disse a um colega.) Antes de entrar para a P&G, passara cinco anos em Wall Street construindo modelos matemáticos para escolher ações. Quando se mudou para Cincinnati, onde ficava a sede da P&G, foi recrutado para ajudar a cuidar de linhas de produtos importantes, incluindo o amaciante Bounce e as folhas de secadora Downy. Mas o Febreze era diferente. Era uma chance de lançar uma categoria totalmente nova de produto — de acrescentar ao carrinho de compras do consumidor uma coisa que nunca estivera ali antes. Só o que Stimson precisava fazer era descobrir como transformar o Febreze num hábito, e o produto sumiria das prateleiras. Quão difícil isso podia ser?

Stimson e seus colegas decidiram apresentar o Febreze em uns poucos mercados de teste — Phoenix, Salt Lake City e Boise. Eles foram até essas cidades e distribuíram amostras; então perguntaram às pessoas se podiam ir à casa delas. Ao longo de dois meses, visitaram centenas de lares. Seu primeiro grande avanço aconteceu quando eles visitaram uma guarda florestal em Phoenix. Ela tinha 20 e tantos anos e morava sozinha. Seu trabalho era capturar animais que surgiam vindos do deserto. Ela pegava coiotes, racuns, de vez em quando um puma. E gambás. Montes e montes de gambás. Que muitas vezes a borrifavam quando eram capturados.

"Sou solteira e gostaria de encontrar alguém para ter filhos", a guarda florestal disse a Stimson e seus colegas quando estavam sentados na sala da casa dela. "Saio para vários encontros. Tipo, acho que sou atraente, sabe? Sou inteligente e sinto que sou um bom partido."

Porém sua vida amorosa era prejudicada, ela explicou, pois tudo à sua volta cheirava a gambá. Sua casa, sua picape, suas roupas, suas botas, suas mãos, suas cortinas. Até sua cama. Ela tentara todo tipo de solução. Comprara sabonetes e xampus especiais. Acendera velas e usara máquinas caras para limpar carpetes. Nada tinha funcionado.

"Quando saio para um encontro, sinto alguma coisa cheirando a gambá e começo a ficar obcecada", ela contou. "Começo a me perguntar: será que ele está sentindo? E se eu levá-lo para casa e ele quiser ir embora?

"Saí quatro vezes no ano passado com um cara superlegal, um cara de quem eu gostava de verdade, e esperei um tempão para convidá-lo a ir na minha casa. No fim ele aceitou, e achei que tudo estava indo muito bem. Então no dia seguinte ele disse que queria 'dar um tempo'. Ele foi muito educado, mas eu fico me perguntando: será que foi o cheiro?"

"Bom, fico feliz que você tenha tido uma chance de experimentar o Febreze", disse Stimson. "Você gostou?"

Ela olhou para ele. Estava chorando.

"Quero te agradecer", disse. "Esse spray mudou minha vida."

Após receber amostras de Febreze, ela tinha ido para casa e borrifado o sofá. Borrifou as cortinas, o tapete, a colcha, seus jeans, seu uniforme, o interior do carro. O frasco acabou, então pegou outro e borrifou todo o resto.

"Pedi para todos os meus amigos virem na minha casa", disse a mulher. "Eles não sentem mais o cheiro. O gambá sumiu."

A essa altura, ela estava chorando tanto que uma das colegas de Stimson pôs a mão no seu ombro. "Muito obrigada mesmo", disse a mulher. "Me sinto tão livre. Obrigada. Esse produto é tão importante."

Stimson inspirou fundo dentro da sala dela. Não sentiu cheiro nenhum. *Vamos ganhar uma fortuna com essa coisa*, pensou.

Stimson e sua equipe voltaram para a sede da P&G e começaram a retrabalhar a campanha de marketing que estavam prestes a lançar. Decidiram que o segredo para vender o Febreze era transmitir a sensação de alívio que a guarda florestal sentiu. Precisavam posicionar o Febreze como algo que permitiria às pessoas se livrarem de cheiros constrangedores. Todos estavam familiarizados com as regras de Claude Hopkins, ou suas versões modernas, que enchiam as páginas dos livros didáticos de administração empresarial. Eles queriam manter a simplicidade nos anúncios: achar uma deixa óbvia e definir claramente a recompensa.

Eles criaram dois comerciais de TV. O primeiro mostrava uma mulher falando sobre a área de fumantes de um restaurante. Sempre que ela come lá, seu casaco fica cheirando a cigarro. Uma amiga diz que se ela usar Febreze isso vai eliminar o odor. A deixa: o cheiro de cigarro. A recompensa: o odor eliminado das roupas. O segundo anúncio mostrava uma mulher preocupada com sua cachorra, Sophie, que sempre senta no sofá.[18] "A Sophie sempre vai ter cheiro de Sophie", ela diz, mas com Febreze, "agora meus móveis não precisam mais ter o cheiro dela". A deixa: cheiros de bicho, que é bem conhecido de 70 milhões de lares com animais.[19] A recompensa: uma casa que não cheira como um canil.

Stimson e seus colegas começaram a veicular os comerciais em 1996, nas mesmas cidades de teste. Distribuíram amostras, colocaram anúncios em caixas de correio e pagaram os donos de mercadinhos para montar pilhas de Febreze perto dos caixas. Então se sentaram e ficaram esperando, já imaginando como iam gastar os seus bônus.

Passou-se uma semana. Depois duas. Um mês. As vendas começaram fracas — e ficaram ainda mais fracas. A empresa entrou em pânico e mandou pesquisadores para as lojas para ver o que estava acontecendo. As prateleiras estavam cheias de frascos de Febreze que nunca tinham sido tocados. Eles começaram a visitar donas de casa que tinham recebido frascos grátis.

"Ah, sim!", uma delas disse a um pesquisador da P&G. "O spray! Eu lembro. Vejamos." A mulher se ajoelhou na cozinha e começou a fuçar no armarinho embaixo da pia. "Usei por um tempo, mas depois esqueci. Acho que está aqui atrás em algum lugar." Ela se levantou. "Quem sabe está no armário de limpeza?" Ela foi até lá e empurrou umas vassouras. "Sim! Aqui está! No fundo! Está vendo? Ainda está quase cheio. Você quer de volta?"

O Febreze era um fiasco.

Para Stimson, aquilo era um desastre. Executivos rivais em outras divisões sentiram uma oportunidade no fracasso dele. Ele ouviu boatos de que algumas pessoas estavam fazendo lobby para acabar com o Febreze e fazer com que Stimson fosse realocado para os produtos capilares Nicky Clarke, o equivalente à Sibéria em termos de bens de consumo.

Um dos presidentes de divisão da P&G convocou uma reunião de emergência e anunciou que precisavam diminuir seus prejuízos com o Febreze antes que a diretoria começasse a fazer perguntas. O chefe de Stimson levantou e fez um apelo inflamado. "Ainda há uma chance de reverter tudo", ele disse. "No mínimo, vamos pedir que os Ph. Ds descubram o que está acontecendo." A P&G recentemente contratara cientistas de Stanford, Carnegie Mellon e outras universidades que supostamente eram peritos em psicologia de consumidores. O presidente da divisão concordou em dar ao produto um pouco mais de tempo.

Então um novo grupo de pesquisadores juntou-se à equipe de Stimson e começou a realizar mais entrevistas.[20] Seu primeiro palpite sobre por que o Febreze estava vendendo mal veio quando eles visitaram a casa de uma mulher perto de Phoenix. Sentiram o cheiro dos nove gatos dela antes de entrarem. Por dentro, no entanto, a casa era limpa e organizada. A mulher explicou que era meio obcecada por limpeza. Passava aspirador todo dia e não gostava de abrir as janelas, pois o vento trazia poeira. Quando Stimson e os cientistas entraram na sala da casa, onde os gatos viviam, o cheiro era tão forte que um deles engasgou.

"O que você faz a respeito do cheiro dos gatos?", um cientista perguntou à mulher.

"Geralmente não é problema", ela disse.

"Com que frequência você sente um cheiro?"

"Ah, tipo uma vez por mês", a mulher respondeu.

Os pesquisadores se entreolharam.

"Você está sentindo o cheiro agora?", um cientista perguntou.

"Não", ela disse.

O mesmo padrão se repetiu em dezenas de outras casas malcheirosas que os pesquisadores visitaram. As pessoas eram incapazes de detectar a maioria dos odores em suas vidas. Se você vive com nove gatos, perde a sensibilidade ao cheiro deles. Se você fuma, isso prejudica seu poder olfativo de tal modo que você não sente mais o cheiro do cigarro. O cheiro é algo estranho; mesmo os mais fortes desaparecem com a exposição constante. Stimson se deu conta de que era por isso que ninguém estava usando Febreze. A deixa do produto — aquilo que supostamente deveria deflagrar o uso diário — estava escondida das pessoas que mais precisavam. Os maus cheiros simplesmente não eram notados com frequência suficiente para criar um hábito regular. Consequentemente, o Febreze ia parar no fundo de um armário. As pessoas com maior predisposição a usar o spray nunca sentiam os cheiros que deveriam ter lembrado a eles que a sala precisava de uma borrifada.

A equipe de Stimson voltou à sede e se reuniu na sala de reuniões sem janelas, relendo a transcrição da mulher com nove gatos. A psicóloga perguntou o que acontece se você é demitido. Stimson pôs a cabeça entre as mãos. Se ele não conseguia vender o Febreze para uma mulher com nove gatos, para quem conseguiria vender esse produto? Como você forma um novo hábito quando não há pista para deflagrar o uso, e quando os consumidores que mais precisam não apreciam a recompensa?

III.

O laboratório pertencente a Wolfram Schultz, um professor de neurociência da Universidade de Cambridge, não é um lugar bonito. Sua mesa já foi descrita por colegas como um buraco negro onde documentos se perdem para sempre, ou então como uma placa de Petri onde organismos podem crescer e se proliferar selvagemente sem ser perturbados durante anos. Quando Schultz precisa limpar alguma coisa, o que é incomum, não usa sprays nem produtos de limpeza. Molha um papel-toalha e esfrega com força. Se suas roupas estão cheirando a fumaça ou gato, não percebe. Nem se importa.

No entanto, os experimentos que Schultz realizou ao longo dos últimos vinte anos revolucionaram nossa compreensão de como deixas, recompensas e hábitos interagem. Ele explicou por que algumas deixas e recompensas têm mais poder que as outras, e traçou um mapa científico que explica por que a Pepsodent foi um sucesso, como alguns praticantes de dietas e exercícios conseguem mudar seus hábitos tão depressa, e — no fim das contas — o que era necessário para fazer o Febreze vender.

Nos anos 1980, Schultz fez parte de um grupo de cientistas que estudou os cérebros de macacos conforme aprendiam a realizar certas tarefas, tais como puxar alavancas ou abrir trancas. Seu objetivo era descobrir quais partes do cérebro eram responsáveis por novas ações.

"Um dia, notei uma coisa interessante para mim", Schultz me contou. Ele nasceu na Alemanha, e agora, quando fala inglês, soa um pouco como Arnold Schwarzenegger se o Exterminador do Futuro fosse membro da Royal Society. "Alguns dos macacos que observamos gostavam de suco de maçã, e outros de suco de uva, e então comecei a me perguntar, o que estava se passando dentro dessas cabecinhas de macaco? Por que recompensas diferentes afetam o cérebro de maneiras diferentes?"

Schultz deu início a uma série de experimentos para decifrar como as recompensas funcionam num nível neuroquímico. Com o avanço da tecnologia, ele obteve acesso, na década de 1990, a aparelhos semelhantes aos usados por pesquisadores do MIT. Mais do que os ratos, no entanto, Schultz estava interessado em macacos como Julio, um primata de 4 quilos do gênero Macaca com olhos amendoados, em cujo cérebro foi inserido um eletrodo muito fino que permitia que Schultz observasse a atividade neuronal enquanto ela ocorria.[21]

Um dia, Schultz colocou Julio numa cadeira numa sala pouco iluminada e ligou um monitor de computador. A tarefa de Julio era encostar numa alavanca sempre que formas coloridas — pequenas espirais amarelas, rabiscos vermelhos, linhas azuis — apareciam na tela. Se Julio encostasse na alavanca quando uma forma aparecia, uma gota de suco de amora descia por um tubo pendurado no teto e caía nos lábios do macaco.

Julio gostava de suco de amora.

A princípio, Julio tinha apenas um leve interesse pelo que estava acontecendo na tela. Passava a maior parte do tempo se contorcendo, tentando se libertar da cadeira. Mas assim que veio a primeira dose de suco, Julio ficou muito concentrado no monitor. Conforme o macaco começou a entender, através de dezenas de repetições, que as formas na tela eram uma deixa para uma rotina (encostar na alavanca) que resultava numa recompensa (suco de amora), começou a olhar para a tela com a intensidade de um raio laser. Parou de se contorcer. Quando um rabisco amarelo aparecia, ele procurava a alavanca. Quando surgia uma linha azul, ele entrava em ação. E quando o suco chegava, Julio lambia os lábios, contente.

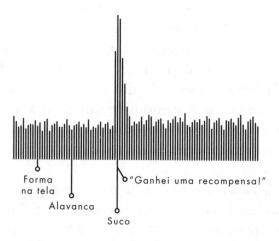

REAÇÃO DE JULIO À RECOMPENSA
QUANDO RECEBE O SUCO

Enquanto monitorava a atividade dentro do cérebro de Julio, Schultz viu um padrão surgir. Sempre que Julio recebia a recompensa, sua atividade cerebral atingia um pico, de um modo que sugeria que ele estava sentindo felicidade.[22] Uma transcrição dessa atividade neurológica mostra como é a aparência de quando o cérebro de um macaco diz, essencialmente: "Ganhei uma recompensa!"

Schultz submeteu Julio diversas vezes ao mesmo experimento, registrando a reação neurológica a cada repetição. Sempre que Julio recebia seu suco, o padrão "Ganhei uma recompensa!" aparecia no computador ligado à sonda na cabeça do macaco. Aos poucos, de uma perspectiva neurológica, o comportamento de Julio tornou-se um hábito.

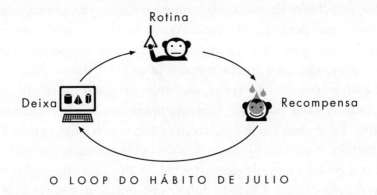

O LOOP DO HÁBITO DE JULIO

O mais interessante para Schultz, no entanto, era como as coisas mudaram à medida que o experimento prosseguiu. Conforme o macaco ganhava mais prática no comportamento — uma vez que o hábito ficava cada vez mais forte —, o cérebro de Julio começou a *antecipar* o suco de amora. As sondas de Schultz começaram a registrar o padrão "Ganhei uma recompensa!" no instante em que Julio via as formas na tela, *antes* de o suco chegar:

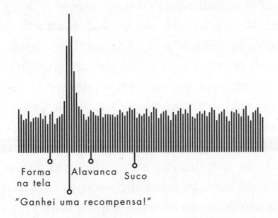

Forma na tela Alavanca Suco

"Ganhei uma recompensa!"

AGORA, A REAÇÃO DE JULIO À RECOMPENSA
ACONTECE ANTES DE O SUCO CHEGAR

Em outras palavras, as formas no monitor tinham se tornado uma deixa não só para puxar uma alavanca, mas também para uma reação de prazer dentro do cérebro do macaco. Julio começou a esperar a recompensa assim que via as espirais amarelas e os rabiscos vermelhos.

Então Schultz alterou o experimento. Antes, Julio tinha recebido suco assim que puxava a alavanca. Agora, às vezes o suco não vinha, mesmo se Julio agisse corretamente. Ou vinha após um pequeno atraso. Ou estava aguado, com apenas metade da quantidade de açucar.

Quando o suco não vinha, ou vinha atrasado ou diluído, Julio ficava bravo e fazia ruídos de descontentamento, ou ficava tristonho. E dentro do cérebro de Julio, Schultz observou o surgimento de um novo padrão: o anseio. Quando Julio esperava o suco, mas não o recebia, um padrão neurológico associado a desejo e frustração surgia dentro de sua cabeça. Quando Julio via a deixa, começava a esperar uma alegria em forma de suco. Porém se o suco não chegava, essa alegria virava um anseio que, caso não fosse satisfeito, levava Julio à raiva ou à depressão.

Pesquisadores em outros laboratórios encontraram padrões semelhantes. Outros macacos foram treinados para esperar suco sempre que viam uma forma numa tela. Então, os pesquisadores tentavam distraí-los. Abriam a porta do laboratório, para que eles pudessem sair e brincar com os amigos. Punham comida num canto, para que os macacos pudessem comer se abandonassem o experimento.

Para aqueles macacos que não tinham desenvolvido um hábito forte, as distrações funcionaram. Eles saíam das cadeiras, iam embora da sala e nunca olhavam para trás. Não tinham aprendido a ansiar pelo suco. No entanto, uma vez que um macaco desenvolvera um hábito — uma vez que seu cérebro já *antecipava* a recompensa —, as distrações não tinham apelo. O animal ficava ali sentado, olhando para o monitor e puxando a alavanca inúmeras vezes, apesar da oferta de comida ou da oportunidade de sair. A antecipação e o senso de anseio eram tão avassaladores que os macacos ficavam colados às telas, assim como um jogador compulsivo continua no caça-níqueis muito tempo depois de ter perdido o que ganhou.[23]

Isso explica por que os hábitos são tão poderosos: eles criam anseios neurológicos. Na maior parte das vezes, esses anseios surgem tão gradualmente que não estamos de fato cientes de que eles existem, e portanto muitas vezes não enxergamos sua influência. Conforme associamos as deixas a certas recompensas, surge em nossos cérebros um anseio inconsciente que coloca o loop do hábito em movimento. Um pesquisador da Cornell, por exemplo, descobriu o poder com que os anseios relacionados a comida e cheiros podem afetar o comportamento, quando notou como as lojas da Cinnabon eram posicionadas dentro dos shoppings. A maioria dos vendedores de comida instala seus quiosques em praças de alimentação, mas a Cinnabon tenta instalar suas lojas *longe* de outras lojas de comida.[24] Por quê? Porque os executivos da Cinnabon querem que o cheiro dos pãezinhos de canela se espalhe por corredores e cantos sem interferência, de modo que os compradores comecem a ansiar inconscientemente por um pãozinho. Quando um consumidor dobra uma esquina e vê a loja da Cinnabon, esse anseio é um monstro desenfreado dentro da sua cabeça e, sem pensar, ele procura a carteira. O loop do hábito está em movimento porque um senso de anseio surgiu.[25]

"Não há nada programado em nossos cérebros que nos faça ver uma caixa de donuts e automaticamente querer algo doce", Schultz me disse. "Mas uma vez que nosso cérebro aprende que uma caixa de donuts contém um açúcar delicioso e outros carboidratos, ele começa a antecipar o efeito do açúcar. Nossos cérebros nos impulsionam em direção à caixa. Então, se não comermos o donut, vamos nos sentir decepcionados."

Para entender esse processo, pense em como o hábito de Julio surgiu. Primeiro, ele via uma forma na tela:

Deixa

Com o tempo, Julio aprendeu que a aparição da forma significava que era hora de executar uma rotina. Então ele puxava a alavanca:

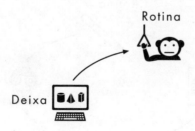

Como resultado, Julio recebia uma gota de suco de amora.

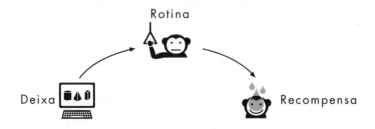

Isso é uma aprendizagem básica. O hábito só surge assim que Julio começa a *ansiar* pelo suco quando vê a deixa. Como esse anseio existe, Julio age automaticamente. Ele segue o hábito:

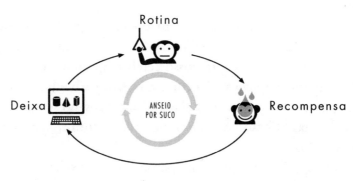

LOOP DO HÁBITO DE JULIO

É assim que novos hábitos são criados: juntando uma deixa, uma rotina e uma recompensa, e então cultivando um anseio que movimente o loop.[26] Pense no exemplo do cigarro. Quando um fumante vê uma deixa — digamos, um maço de Marlboro —, seu cérebro começa a esperar uma dose de nicotina.

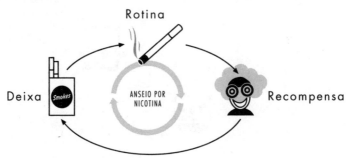

A simples visão de um cigarro é suficiente para que o cérebro anseie por uma dose de nicotina. Se essa dose não chega, o anseio cresce até que o fumante, sem pensar, estenda a mão e pegue o cigarro.

Ou pensemos no e-mail, por exemplo. Quando um computador toca um sininho ou um smartphone vibra com uma nova mensagem, o cérebro começa a antecipar a distração momentânea que abrir um e-mail proporciona. Essa expectativa, se não for satisfeita, pode se acumular até que uma reunião esteja cheia de executivos irrequietos conferindo seus BlackBerries vibrantes embaixo da mesa, mesmo sabendo que provavelmente são só os últimos resultados de um jogo de futebol virtual. (Por outro lado, se alguém desabilita o vibracall — e assim remove a deixa —, as pessoas conseguem trabalhar durante horas sem pensar em conferir sua caixa de entrada.)

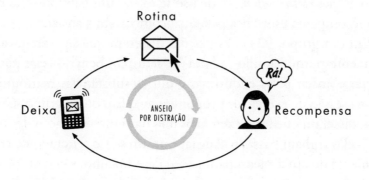

Cientistas estudaram os cérebros de alcoólatras, fumantes e comedores compulsivos, e mediram como sua neurologia — as estruturas de seus cérebros e o fluxo de substâncias neuroquímicas dentro de suas cabeças — se altera conforme seus anseios se tornam arraigados. Hábitos especialmente fortes, escreveram dois pesquisadores da Universidade de Michigan, geram reações semelhantes às de vícios, de modo que "o desejo evolui para um anseio obsessivo" que pode forçar nossos cérebros a entrar em piloto automático, "mesmo diante de fortes desincentivos, incluindo perda de reputação, emprego, lar e família".[27]

No entanto, esses anseios não têm plena autoridade sobre nós. Como explica o próximo capítulo, há mecanismos que podem nos ajudar a ignorar as tentações. Mas para superar o hábito, precisamos reconhecer que anseio está acionando o comportamento. Se não temos consciência do prazer antecipado, então somos como os compradores que, como se atraídos por uma força invisível, acabam entrando na Cinnabon.

Para entender o poder dos anseios na criação de hábitos, pensemos em como surgem os hábitos de fazer exercícios. Em 2002, pesquisadores da Universidade do Estado do Novo México queriam entender por que as pessoas se exercitam habitualmente.[28] Eles estudaram 266 indivíduos, a maioria dos quais se exercitava pelo menos três vezes por semana. O que descobriram era que muitos deles tinham começado a correr ou levantar pesos quase por um capricho, ou porque de repente tinham tempo livre ou queriam lidar com tensões inesperadas em suas vidas. No entanto, o motivo de eles *continuarem* — de isso se tornar um hábito — era devido a uma recompensa específica pela qual começaram a ansiar.

Em um grupo, 92% das pessoas disseram que se exercitavam habitualmente porque aquilo as fazia "se sentirem bem" — elas passaram a esperar e ansiar pelas endorfinas e outras substâncias neuroquímicas que uma sessão de exercícios proporcionava. Em outro grupo, 67% das pessoas disseram que fazer exercícios lhes dava uma sensação de "realização" — elas tinham passado a ansiar por um senso reiterado de triunfo, proveniente do ato de acompanhar seu desempenho, e essa autorrecompensa bastava para transformar a atividade física num hábito.

Se você quer começar a correr toda manhã, é essencial que escolha uma deixa simples (como sempre amarrar os cadarços dos tênis antes do café da manhã, ou deixar suas roupas de corrida ao lado da cama) e uma recompensa clara (como uma guloseima no meio do dia, um senso de realização ao registrar quantos quilômetros você correu, ou a dose de endorfina que uma corrida proporciona). Porém, incontáveis estudos demonstraram que uma deixa e uma recompensa, por si sós, não são suficientes para que um novo hábito dure. Só quando seu cérebro começar a nutrir uma expectativa pela recompensa — ansiar pelas endorfinas ou pelo senso de realização — é que o ato de amarrar os cadarços dos tênis de corrida toda manhã se tornará automático. A deixa, além de deflagrar uma rotina, também precisa deflagrar um anseio para que a recompensa venha.[29]

"Deixa eu te perguntar sobre um problema que tenho", eu disse a Wolfram Schultz, o neurocientista, depois que ele me explicou como o anseio surge. "Tenho um filho de 2 anos e, quando estou em casa dando jantar para ele — nuggets de frango e coisas desse tipo —, pego um sem pensar. É um hábito. E agora estou ganhando peso."

"Todo mundo faz isso", disse Schultz. Ele mesmo tem três filhos, todos adultos agora. Quando os filhos eram novos, beliscava o jantar deles sem pensar. "Em alguns aspectos", ele me disse, "somos como os macacos. Quando vemos frango ou fritas na mesa, nosso cérebro começa a sentir um prazer antecipado por essa comida, mesmo se não estamos com fome. Nossos cérebros estão ansiando por ela. Francamente, eu nem gosto desse tipo de comida, mas de repente é difícil lutar contra o impulso. E assim que eu como, sinto essa onda de prazer quando o anseio é satisfeito. É humilhante, mas é assim que os hábitos funcionam.

"Acho que eu deveria ser grato", ele disse, "pois o mesmo processo me levou a criar bons hábitos. Eu trabalho duro porque espero a recompensa de uma descoberta. Me exercito porque espero me sentir bem depois. Só gostaria de ser capaz de escolher melhor".

IV.

Após a desastrosa entrevista com a mulher dos gatos, a equipe de Drake Stimson na P&G começou a procurar ajuda fora dos canais de sempre. Começaram a ler sobre experimentos como aqueles realizados por Wolfram Schultz. Pediram que um professor da Harvard Business School realizasse testes psicológicos para as campanhas publicitárias do Febreze. Entrevistaram um consumidor após o outro, procurando alguma coisa que lhes desse uma pista de como tornar o Febreze parte integrante da vida dos consumidores.

Um dia, eles foram falar com uma mulher num subúrbio perto de Scottsdale. Ela tinha mais de 40 anos e quatro filhos. Sua casa era limpa, mas não compulsivamente arrumada. Para a surpresa dos pesquisadores, ela adorava Febreze.

"Uso todo dia", ela disse.

"Ah é?", Stimson comentou. A casa não parecia o tipo de lugar com problemas de odores. Não havia nenhum bicho de estimação. Ninguém fumava. "Como? Que cheiros você está tentando eliminar?"

"Na verdade não uso para cheiros específicos", a mulher disse. "Quer dizer, sabe, eu tenho meninos. Eles estão entrando na puberdade, e se eu não limpar o quarto deles, fica com cheiro de vestiário. Mas na verdade eu não uso desse jeito. Uso na limpeza normal — umas duas borrifadas quando termino de limpar um cômodo. É um jeito gostoso de deixar tudo perfumado, como um toque final."

Eles perguntaram se podiam observá-la limpando a casa. No quarto, ela fez a cama, afofou os travesseiros, esticou os lençóis, e então pegou um frasco de Febreze e borrifou a colcha lisa. Na sala, passou o aspirador de pó, recolheu os sapatos das crianças, endireitou a mesinha de centro, e borrifou Febreze no carpete recém-limpo. "É gostoso, sabe?", ela disse. "Borrifar é como uma minicomemoração quando eu termino um cômodo." No ritmo em que usava Febreze, Stimson estimou que ela esvaziaria um frasco a cada duas semanas.

A P&G acumulara milhares de horas de fitas de vídeo de pessoas limpando suas casas ao longo dos anos. Quando os pesquisadores voltaram a Cincinnati, alguns deles passaram uma noite inteira assistindo às fitas. Na manhã seguinte, um dos cientistas pediu que toda a equipe do Febreze o encontrasse na sala de reuniões. Ele mostrou a fita de uma mulher — de 26 anos e com três crianças — arrumando uma cama. Ela alisou os lençóis e endireitou um travesseiro. Então sorriu e saiu do quarto.

"Vocês viram isso?", perguntou o pesquisador, entusiasmado.

Ele colocou outro trecho. Uma mulher mais nova, morena, estendeu uma colcha colorida, arrumou um travesseiro e depois sorriu contemplando sua obra. "Olha aí de novo!", disse o pesquisador. O próximo trecho mostrava uma mulher em roupas esportivas arrumando a cozinha e limpando a bancada antes de fazer um alongamento relaxante.

O pesquisador olhou para os colegas.

"Estão vendo?", ele perguntou.

"Cada uma delas está fazendo alguma coisa relaxante ou feliz quando termina de limpar", ele disse. "Podemos aproveitar isso! E se o Febreze fosse uma coisa que acontecesse no *fim* de uma rotina de limpeza, e não no começo? E se fosse a parte divertida de deixar uma coisa mais limpa?"

A equipe de Stimson fez mais um teste. Originalmente, a publicidade do produto era focada em eliminar odores. A empresa imprimiu novos rótulos que mostravam janelas abertas e lufadas de ar fresco. Foi acrescentado mais perfume à receita, para que em vez de apenas neutralizar odores, o Febreze tivesse sua própria fragrância distinta. Filmaram-se comerciais de TV com mulheres borrifando camas recém-arrumadas e roupas recém-lavadas. O slogan antes era "Tira o mau cheiro de tecidos". Ele foi reformulado como "Limpa os cheiros da vida".

Cada mudança foi projetada para fazer apelo a uma deixa específica diária: limpar um cômodo. Arrumar uma cama. Passar o aspirador num tapete. Em cada uma delas, o Febreze foi apresentado como a recompensa: o cheiro bom que acontece no final de uma rotina de limpeza. Mais importante, cada anúncio foi calibrado para evocar um anseio: o de que as coisas tenham um cheiro tão bom quanto sua aparência quando o ritual de limpeza é concluído. A ironia é que um produto feito para neutralizar odores foi transformado no contrário disso. Em vez de eliminar o cheiro em tecidos sujos, ele tornou-se um perfumador de ar usado como toque final, depois que as coisas já estão limpas.

Quando os pesquisadores voltaram às casas dos consumidores depois de os novos comerciais irem ao ar e os frascos reprojetados serem distribuídos, descobriram que algumas donas de casa no mercado de teste tinham começado a esperar — ansiar — pelo cheiro do Febreze. Uma mulher disse que, quando seu frasco acabava, ela espirrava perfume diluído na roupa lavada. "Agora, se eu não sentir um cheiro bom no final, não parece realmente limpo", disse a eles.

"A guarda florestal com o problema dos gambás nos colocou na direção errada", Stimson me disse. "Nos fez pensar que o Febreze teria sucesso oferecendo uma solução para um problema. Mas quem quer admitir que sua própria casa fede?

"Estávamos encarando a questão toda do jeito errado. Ninguém anseia pela ausência de odores. Por outro lado, muitas pessoas anseiam por um cheiro bom depois que passaram trinta minutos limpando."

O LOOP DO HÁBITO DO FEBREZE

O relançamento do Febreze aconteceu no verão de 1998. Dentro de dois meses, as vendas duplicaram. Dentro de um ano, os consumidores tinham gasto mais de 230 milhões de dólares no produto.[30] Desde então, o Febreze gerou dezenas de subprodutos — perfumadores de ar, velas, sabões para roupa e sprays de cozinha — que, ao todo, agora são responsáveis por vendas de mais de um bilhão de dólares ao ano. Por fim, a P&G começou a mencionar para os consumidores que, além de ter um cheiro bom, o Febreze também pode eliminar odores.

Stimson foi promovido e sua equipe recebeu seu bônus. A fórmula tinha funcionado. Eles haviam encontrado deixas simples e óbvias. Tinham definido claramente a recompensa.

Mas foi só depois de eles criarem uma sensação de anseio — o desejo de fazer com que tudo fique com um cheiro tão bom quanto a aparência — que o Febreze se tornou um sucesso. Esse anseio é uma parte essencial da fórmula para a criação de novos hábitos que Claude Hopkins, o publicitário da Pepsodent, jamais reconheceu.

V.

Em seus últimos anos de vida, Hopkins passou a dar palestras. Suas conferências sobre as "Leis da Publicidade Científica" atraíram milhares de pessoas. Nos palcos, ele muitas vezes se comparava a Thomas Edison e George Washington, e urdia audaciosas previsões para o futuro (os automóveis voadores apareciam com destaque). Porém jamais mencionou anseios ou as raízes neurológicas do loop do hábito. Afinal, ainda se passariam setenta anos antes que os cientistas do MIT e Wolfram Schultz realizassem seus experimentos.

Então como Hopkins conseguiu criar um hábito tão poderoso de escovação de dentes sem o benefício dessas descobertas?

Bem, o fato é que, na verdade, ele se apoiou nos princípios que acabariam sendo descobertos no MIT e no laboratório de Schultz, mesmo que ninguém soubesse disso na época.

As experiências de Hopkins com a Pepsodent não foram tão simples quanto ele narra em suas memórias. Embora tenha se vangloriado de que descobriu na película dental uma deixa incrível, e se gabado de ser o primeiro a oferecer aos consumidores a clara recompensa de dentes bonitos, na verdade Hopkins não foi o criador dessa tática. Nem de longe. Pensemos, por exemplo, em alguns dos anúncios de outros cremes dentais que já apinhavam as revistas e os jornais mesmo antes que Hopkins soubesse que a Pepsodent existia.

"Os ingredientes desta preparação são especialmente projetados para evitar que depósitos de tártaro se acumulem em volta da base dos dentes", dizia um anúncio do dr. Sheffield's Crème Dentifrice, um produto anterior à Pepsodent. "Limpe essa camada de sujeira!"

"Seu esmalte branco está apenas *escondido* por uma camada de película", dizia um anúncio que surgiu enquanto Hopkins estava folheando seus livros didáticos de odontologia. "O creme dental Sanitol restaura rapidamente a brancura original, removendo a película."

"O charme de um sorriso encantador depende da beleza dos seus dentes", proclamava um terceiro anúncio. "Dentes lindos, lisos como cetim, muitas vezes são o segredo da atração de uma menina bonita. Use o creme dental S.S. White!"

Dezenas de outros publicitários já tinham usado a mesma linguagem que a Pepsodent anos antes de Hopkins entrar em campo. Todos os seus anúncios tinham prometido remover a película dental e oferecido belos dentes brancos como recompensa. Nenhum deles tinha funcionado.

Mas depois que Hopkins lançou sua campanha, as vendas de Pepsodent foram às alturas. Por que a Pepsodent era diferente?

Porque o sucesso de Hopkins foi movido pelos mesmos fatores que fizeram o macaco Julio puxar a alavanca e as donas de casa borrifarem Febreze nas camas recém-arrumadas. A Pepsodent criou um anseio.

Hopkins não gasta nenhum espaço em sua autobiografia discutindo os ingredientes da Pepsodent, mas a receita listada no pedido de patente do creme dental e os registros da empresa revelam algo interessante: diferente de outras pastas da época, a Pepsodent continha ácido cítrico, bem como doses de óleo de hortelã e outras substâncias químicas.[31] O inventor da Pepsodent usou esses ingredientes para fazer com que a pasta tivesse um sabor refrescante, mas eles também surtiram outro efeito imprevisto. São substâncias irritantes que criam uma sensação gelada e ardida na língua e gengiva.

Depois que a Pepsodent começou a dominar o mercado, pesquisadores de empresas concorrentes quebraram a cabeça para entender por quê. O que descobriram foi que os consumidores diziam que, se esquecessem de usar Pepsodent, percebiam seu descuido, pois sentiam falta daquela sensação gelada e ardida na boca. Eles esperavam — *ansiavam* — por essa leve irritação. Se isso não estivesse presente, não sentiam que suas bocas estavam limpas.

Claude Hopkins não estava vendendo dentes bonitos. Estava vendendo uma sensação. Uma vez que as pessoas passaram a ansiar por esse ardidinho gelado — uma vez que passaram a associar isso à limpeza —, escovar os dentes tornou-se um hábito.

Quando outras empresas descobriram o que Hopkins realmente estava vendendo, passaram a imitá-lo. Dentro de poucas décadas, quase todas as pastas de dente continham óleos e produtos químicos que faziam as gengivas arderem. Em pouco tempo, a Pepsodent começou a ser superada em vendas. Mesmo hoje, quase todo creme dental contém aditivos com a única função de fazer sua boca arder depois que você escova os dentes.

O VERDADEIRO LOOP DO HÁBITO DA PEPSODENT

"O consumidor precisa de algum tipo de sinal de que um produto está funcionando", me disse Tracy Sinclair, gerente de marca dos cremes dentais Oral-B e Crest Kids. "Podemos fazer um creme dental com sabor de quase tudo — framboesa, chá verde —, e contanto que tenha uma sensação gelada e ardida, as pessoas sentem que sua boca está limpa. A sensação ardida não faz o creme dental funcionar melhor. Só convence as pessoas de que ele está cumprindo sua função."

Qualquer pessoa pode usar essa fórmula básica para criar seus próprios hábitos. Quer fazer mais exercícios? Escolha uma deixa, como ir para a academia assim que acorda, e uma recompensa, como um *smoothie* depois de cada sessão. Então pense nesse *smoothie*, ou na injeção de endorfina que você vai sentir. Permita-se desfrutar antecipadamente da recompensa. Por fim, esse anseio vai acabar fazendo com que seja mais fácil entrar na academia todo dia.

Quer criar um novo hábito alimentar?[32] Quando pesquisadores vinculados ao National Weight Control Registry (Registro Nacional de Controle de Peso) — um projeto envolvendo mais de 6 mil pessoas que perderam mais de 13 quilos — estudaram os hábitos de pessoas que tiveram êxito em suas dietas, descobriram que 78% delas tomavam café da manhã diariamente, uma refeição cuja deixa é um momento do dia. Mas a maioria dessas pessoas *também* tinha em mente uma recompensa específica para se manter na dieta — um biquíni que queriam usar ou o orgulho que sentiam ao subir na balança todo dia, algo que elas escolheram com cuidado e realmente queriam. Focavam no anseio por essa recompensa quando as tentações surgiam, cultivavam o anseio até virar uma pequena obsessão. E seus anseios por essa recompensa, como descobriram os pesquisadores, suplantavam a tentação de largar a dieta. O anseio punha o loop do hábito em movimento.[33]

Para as empresas, entender a ciência dos anseios é algo revolucionário. Há dezenas de rituais diários que *deveríamos* realizar todos os dias e que nunca se tornam hábitos. Deveríamos ficar atentos à ingestão de sal e beber mais água. Deveríamos comer mais verduras e legumes, e menos gorduras. Deveríamos tomar vitaminas e passar filtro solar. Os fatos não poderiam ser mais claros neste último ponto: aplicar um pouco de filtro solar no rosto toda manhã reduz significativamente os riscos de câncer de pele. No entanto, embora todo mundo escove os dentes, menos de 10% dos americanos passam filtro solar todo dia.[34] Por quê?

Porque não existe um anseio que tenha feito do filtro solar um hábito diário. Algumas empresas estão tentando solucionar isso dando aos filtros solares uma sensação ardida ou algo que indique às pessoas que elas passaram o produto na pele. Espera-se que isso vá deflagrar uma expectativa, assim como o anseio pela sensação ardida na boca nos lembra de escovar os dentes. Empresas já utilizaram táticas semelhantes em centenas de outros produtos.

"A espuma é uma enorme recompensa", disse Sinclair, a gerente de marca. "O xampu não precisa fazer espuma, mas acrescentamos substâncias espumantes porque as pessoas esperam isso toda vez que lavam o cabelo. Com o sabão em pó é a mesma coisa. E pasta de dente — agora toda empresa acrescenta lauril éter sulfato de sódio para fazer o creme dental espumar mais. Isso não beneficia em nada a limpeza, mas as pessoas se sentem melhor quando têm um monte de espuma na boca. Uma vez que o cliente começa a criar uma expectativa por essa espuma, o hábito começa a crescer."

São os anseios que impulsionam os hábitos. E descobrir como criar um anseio torna mais fácil criar um novo hábito. Isso é tão verdade hoje quanto era quase um século atrás. Toda noite, milhões de pessoas escovam os dentes para ter uma sensação ardida na boca; toda manhã, milhões calçam sapatos de corrida para receber uma injeção de endorfina pela qual aprenderam a ansiar.

E quando voltam para casa, depois de limpar a cozinha ou arrumar o quarto, alguns deles borrifam um pouco de Febreze.

3

A REGRA DE OURO DA MUDANÇA DE HÁBITO

Por que a transformação acontece

I.

O relógio na outra ponta do campo diz que restam oito minutos e 19 segundos, quando Tony Dungy, o novo treinador-chefe dos Tampa Bay Buccaneers — um dos piores times da National Football League, e talvez da história do futebol americano profissional —, começa a sentir um pequeno lampejo de esperança.[1]

É um fim de tarde de domingo, 17 de novembro de 1996.[2] Os Buccaneers estão jogando em San Diego contra os Chargers, um time que apareceu no Super Bowl no ano anterior. Os Bucs estão perdendo por 17 a 16. Eles vêm perdendo o jogo inteiro. Vêm perdendo a temporada inteira. Vêm perdendo a década inteira. Faz 16 anos que os Buccaneers não vencem um jogo na Costa Oeste, e muitos dos jogadores atuais estavam no ensino fundamental da última vez em que os Bucs tiveram uma temporada vitoriosa. Este ano, até agora, o recorde deles é 2-8. Num desses jogos, o Detroit Lions — um time tão ruim que depois seria descrito como "o passado de um time sem futuro" — venceu os Bucs por 21 a 6, e três semanas depois derrotou-os de novo, por 27 a 0.[3] Um comentarista de jornal começou a chamar os Bucs de "capacho cor de laranja dos Estados Unidos", referindo-se às cores do time.[4] A ESPN está prevendo que Dungy, no emprego apenas desde janeiro, pode ser demitido antes do fim do ano.

Na lateral do campo, no entanto, enquanto Dungy observa seu time se preparar para o próximo jogo, parece que o sol finalmente surgiu entre as nuvens. Ele não sorri. Nunca deixa suas emoções transparecerem durante um jogo. Mas alguma coisa está acontecendo em campo, algo pelo qual ele vem trabalhando há anos. Enquanto as vaias da torcida hostil de 50 mil pessoas chovem em cima dele, Tony Dungy vê algo que ninguém mais vê. Ele vê uma prova de que seu plano está começando a dar certo.

Tony Dungy estava esperando por aquele emprego fazia uma eternidade. Durante 17 anos, ele rondara as laterais dos campos como treinador assistente, primeiro na Universidade do Minnesota, depois para os Pittsburgh Steelers, depois os Kansas City Chiefs, e depois novamente do Minnesota para os Vikings. Quatro vezes na última década, ele tinha sido convidado para entrevistas em cargos de técnico-chefe em times da NFL.

Todas as quatro vezes, as entrevistas não tinham ido bem.

Parte do problema era a filosofia de Dungy como técnico. Em suas entrevistas de emprego, ele explicava pacientemente sua crença de que o segredo da vitória era mudar os hábitos dos jogadores. Dizia que queria fazer com que os jogadores parassem de tomar tantas decisões durante um jogo. Queria que eles reagissem automaticamente, por hábito. Se ele conseguisse incutir os hábitos certos, seu time venceria. E ponto final.

"Os campeões não fazem coisas extraordinárias", explicava Dungy. "Fazem coisas ordinárias, mas as fazem sem pensar, rápido demais para o outro time reagir. Seguem os hábitos que aprenderam."

Como, perguntavam os donos, você vai criar esses novos hábitos?

Oh, não, ele não ia criar novos hábitos, respondia Dungy. Os jogadores passavam a vida inteira formando os hábitos que os levavam à NFL. Nenhum atleta vai abandonar esses padrões só porque algum novo treinador mandou.

Então em vez de criar novos hábitos, Dungy ia *mudar* hábitos antigos dos jogadores. E o segredo de mudar velhos hábitos era usar o que já estava dentro da cabeça deles. Os hábitos são um loop de três etapas — a deixa, a rotina e a recompensa —, e Dungy só queria atacar a etapa do meio, a rotina. Ele sabia por experiência que era mais fácil convencer alguém a adotar um novo comportamento se existe algo familiar no começo e no fim.[5]

Sua estratégia como técnico personificava um axioma, uma Regra de Ouro da mudança de hábito que, segundo mostraram estudos e mais estudos, está entre as ferramentas mais poderosas para gerar mudanças. Dungy reconheceu que nunca se pode realmente eliminar os hábitos ruins.

Em vez disso, para mudar um hábito, você precisa manter a velha deixa e oferecer a velha recompensa, mas inserir uma nova rotina.

Eis a regra: se você usa a mesma deixa, e fornece a mesma recompensa, pode trocar a rotina e alterar o hábito. Quase todo comportamento pode ser transformado se a deixa e a recompensa continuarem as mesmas.

A Regra de Ouro já influenciou tratamentos para alcoolismo, obesidade, transtornos obsessivo-compulsivos e centenas de outros comportamentos destrutivos, e entendê-la pode ajudar qualquer pessoa a mudar seus próprios hábitos. (Tentativas de parar de fazer lanches, por exemplo, muitas vezes fracassam, a não ser que haja uma nova rotina para satisfazer as velhas deixas e anseios por recompensa. Um fumante geralmente não consegue largar o vício se não encontrar alguma atividade para substituir os cigarros quando seu anseio por nicotina é deflagrado.)

Quatro vezes Dungy explicou sua filosofia baseada nos hábitos para dirigentes de times. Quatro vezes eles ouviram educadamente, agradeceram-no por seu tempo e depois contrataram outra pessoa.

Então, em 1996, os lamentáveis Buccaneers o chamaram. Dungy viajou até Tampa Bay e, mais uma vez, apresentou seu plano de como eles podiam vencer. Um dia depois da entrevista final, eles lhe ofereceram o emprego.

A REGRA DE OURO DA MUDANÇA DE HÁBITO

Você não pode eliminar um velho hábito,
só pode mudá-lo.

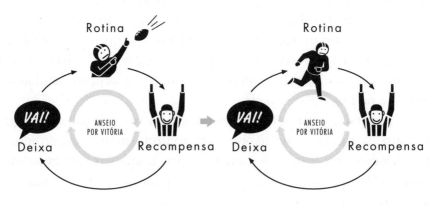

COMO FUNCIONA:
USE A MESMA DEIXA.
FORNEÇA A MESMA RECOMPENSA.
MUDE A ROTINA.

O sistema de Dungy acabaria transformando os Bucs num dos times mais vitoriosos da liga. Ele se tornaria o único treinador da história da NFL a chegar às finais em dez anos consecutivos, o primeiro técnico afro-americano a vencer um Super Bowl, e uma das figuras mais respeitadas do esporte profissional. Suas técnicas como treinador se disseminariam por toda a liga e todo o mundo dos esportes. Sua abordagem ajudaria a esclarecer como se transformam hábitos na vida de qualquer pessoa.

Mas tudo isso ainda estava por vir. Hoje, em San Diego, Dungy só queria vencer.

Do seu banco de técnico, ele olha o relógio: restam oito minutos e 19 segundos de jogo. Os Bucs vêm perdendo o jogo inteiro e desperdiçaram uma oportunidade atrás da outra, como é típico deles. Se a defesa não fizer alguma coisa agora mesmo, este jogo estará perdido de fato.

San Diego está com a bola na sua própria linha de 20 jardas, e o *quarterback*[1] dos Chargers, Stan Humphries, está se preparando para liderar uma investida com a qual ele espera fechar o jogo. O relógio começa a contar, e Humphries está a postos para tomar a bola.

Mas Dungy não está olhando para Humphries. Em vez disso, está observando seus próprios jogadores se alinharem numa formação que passaram meses aperfeiçoando. Tradicionalmente, o futebol americano é um jogo de fintas e contrafintas, dribles e manobras falsas. Os treinadores com os livros de táticas mais volumosos e os esquemas mais complicados geralmente vencem. Dungy, no entanto, adotou a abordagem contrária. Não está interessado em complicações e artimanhas. Quando os jogadores da defesa de Dungy se alinham, fica óbvio para todo mundo qual tática exatamente eles vão usar.

Dungy optou por essa abordagem porque, em tese, ele não precisa de artimanhas. Apenas precisa que seu time seja mais rápido que todos os outros. No futebol americano, os milissegundos importam. Por isso, em vez de ensinar a seus jogadores centenas de formações, ele ensinou-lhes apenas um punhado delas, mas as praticaram inúmeras vezes até que os comportamentos se tornassem automáticos. Quando sua estratégia funciona, seus jogadores conseguem avançar numa velocidade insuperável.[6]

Mas isso é só quando funciona. Se seus jogadores pensarem demais, hesitarem ou questionarem seus instintos, o sistema cai por terra. E até agora os jogadores de Dungy só têm feito besteira.

Desta vez, no entanto, enquanto os Bucs se alinham na linha de 20 jardas, há algo de diferente. Pensemos por exemplo em Regan Upshaw, um *defensive end* dos Buccaneers que se instalou numa posição de três pontos na linha de *scrimmage*. Em vez de percorrer a linha com os olhos, tentando absorver o máximo de informação possível, Upshaw está olhando apenas para as deixas em que Dungy lhe ensinou a se focar. Primeiro ele olha de relance para o pé de fora do *lineman* adversário (seus dedos dos pés estão recuados, o que significa que ele está se preparando para bloquear enquanto o *quarterback* passa); em seguida, Upshaw olha para os ombros do *lineman* (voltados levemente para dentro),

---

[1] *Quarterback, linebacker, running back, safety* etc. são posições de jogadores no futebol americano. (N. do T.)

e o espaço entre ele e o jogador mais próximo (alguns centímetros mais estreito do que o esperado).

Upshaw praticou como reagir a cada uma dessas deixas tantas vezes que, a essa altura, ele não precisa pensar no que fazer. Apenas segue seus hábitos.

O *quarterback* do San Diego se aproxima da linha de *scrimmage* e olha de relance para a direita, depois para a esquerda, grita a contagem e toma a bola. Ele recua cinco passos e fica aprumado, girando a cabeça, procurando alguém livre para receber. Três segundos se passaram desde que a jogada começou. Os olhos do estádio e as câmeras de TV estão voltados para ele.

Por isso, a maior parte dos observadores não enxerga o que está acontecendo entre os Buccaneers. Assim que Humphries tomou a bola, Upshaw entrou em ação. Dentro do primeiro segundo da jogada, ele disparou para a direita, cruzando a linha de *scrimmage*, tão rápido que o *lineman* do ataque não conseguiu bloqueá-lo. No segundo seguinte, Upshaw correu mais quatro passos para a frente, numa velocidade estonteante. Em mais um segundo, Upshaw deu mais três passos largos para perto do *quarterback*, trajetória que o *lineman* do ataque não poderia ter previsto.

Conforme a jogada avança para seu quarto segundo, Humphries, o *quarterback* do San Diego, de repente está exposto. Ele hesita, vê Upshaw com o canto do olho. E é nesse momento que Humphries comete seu erro. Ele começa a *pensar*.

Humphries avista alguém do seu time, um *tight end* novato chamado Brian Roche, 20 jardas mais à frente no campo. Há outro *receiver* do San Diego muito mais perto, agitando os braços, pedindo a bola. O passe curto é a escolha segura. Em vez disso, Humphries, sob pressão, executa uma análise de fração de segundo, inclina o braço para trás e lança a bola para Roche.

Essa decisão apressada é exatamente o que Dungy estava torcendo para acontecer. Assim que a bola está no ar, um *safety* dos Buccaneers chamado John Lynch começa a se mover. A tarefa de Lynch era simples: quando a jogada começou, ele correu para um ponto específico do campo e ficou esperando sua deixa. Há uma enorme pressão para que ele improvise nessa situação. Mas Dungy treinou Lynch até que sua rotina virasse automática. E como resultado, quando a bola sai das mãos do *quarterback*, Lynch está postado a 10 jardas de Roche, esperando.

Enquanto a bola gira no ar, Lynch interpreta suas deixas — a direção do rosto e das mãos do *quarterback*, o espaçamento entre os *receivers* — e começa a avançar antes que fique claro onde a bola vai cair. Roche, o *receiver* do San Diego, pula para a frente, mas Lynch o contorna e intercepta o passe. Antes que Roche consiga reagir, Lynch dispara pelo campo afora rumo à *endzone* dos Chargers. Os outros Buccaneers estão perfeitamente posicionados para abrir caminho para ele. Lynch corre 10, depois 15, depois 20, depois quase 25 jardas antes de ser finalmente empurrado para fora do campo. A jogada inteira durou menos de dez segundos.

Dois minutos depois, os Bucs marcam um *touchdown*, assumindo a liderança pela primeira vez no jogo inteiro. Cinco minutos depois, eles fazem um *field goal*. Nesse meio-tempo, a defesa de Dungy bloqueia cada tentativa do San Diego de reverter o placar. Os Buccaneers vencem por 25 a 17, uma das maiores surpresas da temporada.

Ao fim do jogo, Lynch e Dungy saem do campo juntos.

"Parece que alguma coisa diferente aconteceu ali", Lynch diz enquanto eles entram no túnel.

"Estamos começando a acreditar", responde Dungy.

II.

Para entender como o foco de um treinador na mudança de hábitos foi capaz de transformar um time, é necessário olhar fora do mundo dos esportes. Muito fora, num velho porão no Lower East Side de Nova York em 1934, onde nasceu um dos maiores e mais bem-sucedidos projetos de mudança de hábito em grande escala.

Sentado no porão estava um alcoólatra de 39 anos chamado Bill Wilson.[7][8] Anos antes, Wilson tomara seu primeiro gole de álcool durante o acampamento de treinamento para oficiais em New Bedford, Massachusetts, onde ele estava aprendendo a atirar com metralhadoras antes de ser enviado para a França na Primeira Guerra Mundial. Famílias endinheiradas que moravam perto da base muitas vezes convidavam oficiais para jantar e, certa noite de domingo, Wilson compareceu a uma festa em que foram servidos *rarebit* e cerveja. Ele tinha 22 anos e nunca tinha experimentado álcool antes. A única coisa educada a se fazer, pareceu a ele, era beber o copo que lhe tinha sido servido. Umas poucas semanas depois, Wilson foi convidado para outro evento elegante. Havia homens de fraque e mulheres flertando. Um mordomo veio e pôs um coquetel do Bronx — uma mistura de gim, vermute seco e doce, e suco de laranja — na mão de Wilson. Ele deu um gole e sentiu, como disse depois, que havia encontrado "o elixir da vida".[9]

Já em meados da década de 1930, tendo voltado da Europa, com seu casamento indo de mal a pior, e após ver evaporar a fortuna ganha com a venda de ações, Wilson estava consumindo três garrafas de bebida alcóolica por dia. Numa tarde fria de novembro, enquanto estava sentado na penumbra, um velho parceiro de bebedeiras telefonou. Wilson o convidou para vir a sua casa e preparou uma jarra de suco de abacaxi com gim.[10] Serviu um copo para o amigo.

Seu amigo recusou o drinque. Disse que estava sóbrio havia dois meses.

Wilson ficou estupefato. Começou a descrever sua própria luta contra o álcool, incluindo a briga em que se envolvera num country club e que lhe custara seu emprego. Disse que tentara parar, mas não conseguira dar conta. Passara por uma desintoxicação e tomara pílulas. Fizera promessas para sua mulher e entrara para grupos de abstinência. Nada disso tinha funcionado. Como, perguntou Wilson, seu amigo conseguira fazer aquilo?

"Eu tenho religião", disse o amigo. Ele falou sobre pecado e tentação, o inferno e o diabo. "Perceba que você está no fundo do poço, admita isso, e disponha-se a entregar sua vida nas mãos de Deus."

Wilson achou que o cara estava maluco. "No verão passado era um alcoólatra pirado; agora, eu suspeitava, tinha pirado um pouco na religião", ele escreveu depois. Quando seu amigo foi embora, Wilson tomou o resto da bebida e foi para a cama.

Um mês depois, em dezembro de 1934, Wilson se internou no Charles B. Towns Hospital for Drug and Alcohol Addictions, um centro de desintoxicação de alto nível em Manhattan. Um médico começou a lhe aplicar infusões de hora em hora de uma droga alucinógena chamada beladona, que na época estava em voga para o tratamento do alcoolismo. Wilson perdia e recuperava a consciência no leito de seu quartinho.

Então, num episódio que já foi narrado em milhões de encontros em lanchonetes, centros comunitários e porões de igreja, Wilson começou a se contorcer de agonia. Passou dias tendo alucinações. As dores da abstinência o faziam sentir como se insetos estivessem rastejando por sua pele. Ficava tão enjoado que mal conseguia se mexer, mas a dor era intensa demais para ficar parado. "Se existe um Deus, que Ele se mostre!", Wilson gritava para seu quarto vazio. "Estou disposto a fazer qualquer coisa. Qualquer coisa!" Nesse instante, como ele escreveu depois, uma luz branca inundou seu quarto, a dor passou, e ele sentiu como se estivesse no cume de uma montanha, "e estava soprando um vento que não era de ar, mas de espírito.[11] E então me veio a revelação súbita de que eu era um homem livre. Lentamente, o êxtase foi diminuindo. Fiquei deitado na cama, mas agora por um tempo eu estava em outro mundo, um novo mundo de consciência".

Bill Wilson jamais tomaria outro gole de álcool. Durante os 36 anos seguintes, até morrer de enfisema em 1971, ele se dedicaria a fundar, construir e disseminar os Alcoólicos Anônimos (A.A.), até que se tornasse a maior, mais conhecida e mais bem-sucedida organização de mudança de hábitos do mundo.

Um número estimado de 2,1 milhões de pessoas procuram ajuda do A.A. a cada ano, e até 10 milhões de alcoólatras talvez já tenham alcançado a sobriedade através do grupo.[12][13] Os Alcoólicos Anônimos não funcionam para todo mundo — os índices de sucesso são difíceis de medir, devido ao anonimato dos participantes —, mas milhões dão crédito ao programa por salvar suas vidas. O credo institucional do A.A., os famosos 12 passos, tornou-se um componente cultural incorporado em programas de tratamento para alimentação compulsiva, vício em jogos de azar, dívidas, sexo, drogas, disposofobia, automutilação, tabagismo, vício em video games, dependência emocional e dezenas de outros comportamentos destrutivos. As técnicas do grupo oferecem, em diversos aspectos, uma das fórmulas mais poderosas para a mudança.

Tudo isso é um tanto inesperado, pois o A.A. não tem praticamente nenhum embasamento científico ou nos métodos terapêuticos mais aceitos.

O alcoolismo, é claro, não é apenas um hábito. É um vício físico com raízes psicológicas e talvez genéticas. O interessante no A.A., no entanto, é que o programa não aborda diretamente várias das questões psiquiátricas ou bioquímicas que, segundo os pesquisadores, muitas vezes estão no cerne daquilo que leva os alcoólatras a beberem.[14] Na verdade, os métodos do A.A. parecem ignorar descobertas científicas e médicas de um modo geral, assim como os tipos de intervenção de que muitos psiquiatras dizem que os alcoólatras realmente precisam.[2]

---

[2] A linha que separa os hábitos dos vícios muitas vezes é difícil de medir. Por exemplo, a American Society of Addiction Medicine (Sociedade Americana de Medicina de Adição) define vício como "um distúrbio primário e crônico de recompensa cerebral, motivação, memória e circuitos relacionados (...). O vício é caracterizado por uma debilitação do controle comportamental, anseios, incapacidade de abster-se de forma consistente, e diminuição dos relacionamentos".

Segundo essa definição, observam alguns pesquisadores, é difícil determinar por que gastar cinquenta dólares por semana em cocaína é ruim, mas gastar cinquenta dólares por semana em café não é um problema. Alguém que anseia por um capuccino toda tarde pode parecer clinicamente viciado para um observador que considere que pagar cinco dólares por um café demonstra uma "debilitação do controle comportamental". Uma pessoa que prefere correr a tomar café da manhã com os filhos é viciada em exercícios?

Em geral, dizem muitos pesquisadores, enquanto o vício é complicado e ainda mal compreendido, diversos dos comportamentos que associamos a ele muitas vezes são impulsionados por hábitos. Algumas substâncias, tais como drogas, cigarros ou álcool, podem causar dependência física. Mas esses anseios físicos muitas vezes podem desaparecer rapidamente depois que o uso é interrompido. Um vício físico em nicotina, por exemplo, dura apenas enquanto a substância química está na corrente sanguínea do fumante — cerca de cem horas depois do último cigarro. Muitos dos desejos persistentes que consideramos como acessos de vício em nicotina na verdade são hábitos comportamentais afirmando-se — ansiamos por um cigarro no café da manhã um mês depois não porque precisamos dele fisicamente, mas porque lembramos a sensação agradável que ele costumava proporcionar toda manhã. Foi mostrado, em estudos clínicos, que atacar os comportamentos que consideramos vícios modificando os hábitos relacionados a eles é um dos métodos de tratamento mais eficazes. (Embora valha notar que algumas substâncias químicas, como os opiáceos, podem causar vícios físicos duradouros, e alguns estudos indicam que um pequeno número de pessoas parece predisposto a procurar substâncias viciantes, a despeito de intervenções comportamentais. O número de substâncias que causam vícios físicos de longo prazo, no entanto, é relativamente pequeno, e estima-se que o número de viciados predispostos seja muito menor do que o número de alcoólatras e viciados que procura ajuda.)

O que o A.A. oferece, em vez disso, é um método para atacar os *hábitos* que cercam o consumo do álcool.[15] Os Alcoólicos Anônimos, em essência, são uma máquina gigante para mudar loops de hábitos. E embora os hábitos associados ao alcoolismo sejam extremos, as lições que o A.A. fornece demonstram como quase todo hábito — mesmo o mais persistente deles — pode ser mudado.

Bill Wilson não leu publicações acadêmicas nem consultou vários médicos antes de fundar o A.A. Poucos anos após alcançar a sobriedade, redigiu os 12 passos, agora célebres, numa noite, sentado na cama.[16] Escolheu o número 12 devido aos 12 apóstolos.[17] E alguns aspectos do programa não são apenas não científicos, como também podem parecer simplesmente bizarros.

Pensemos, por exemplo, na insistência do A.A. para que os alcoólatras compareçam a "noventa encontros em noventa dias" — um período que parece ter sido escolhido ao acaso. Ou no foco intenso do programa na espiritualidade, como é articulado no terceiro passo, que diz que os alcoólatras podem alcançar a sobriedade tomando "uma decisão de entregar nossa vontade e nossas vidas aos cuidados de Deus como o compreendemos".[18] Sete dos 12 passos mencionam Deus ou espiritualidade, o que parece insólito para um programa fundado por um ex-agnóstico que, durante sua vida inteira, foi abertamente hostil à religião institucionalizada. Os encontros do A.A. não têm uma programação ou plano de atividades predefinido. Em vez disso, geralmente começam com um membro contando sua história, depois do qual outras pessoas podem opinar. Não há profissionais que orientam as conversas, e há poucas regras sobre como os encontros devem funcionar. Nas últimas cinco décadas, enquanto quase todos os aspectos da psiquiatria e da pesquisa sobre vícios foram revolucionados por descobertas das ciências comportamentais, da farmacologia e da nossa compreensão do cérebro, o A.A. permaneceu congelado no tempo.

Devido à falta de rigor do programa, acadêmicos e pesquisadores muitas vezes o criticaram.[19] A ênfase do A.A. na espiritualidade, alegavam alguns, fazia dele mais um culto do que um tratamento. Nos últimos 15 anos, no entanto, uma reavaliação começou. Pesquisadores agora dizem que os métodos do programa fornecem lições valiosas. Estudiosos de Harvard, Yale, da Universidade de Chicago, da Universidade do Novo México e de dezenas de outros centros de pesquisa descobriram dentro do A.A. um tipo de ciência semelhante ao que Tony Dungy usou no campo de futebol americano. Suas descobertas endossam a Regra de Ouro da mudança de hábito: o A.A. dá certo porque ajuda os alcoólatras a usarem as mesmas deixas e receberem as mesmas recompensas, mas ele altera a rotina.

Os pesquisadores dizem que o A.A. funciona porque o programa obriga as pessoas a identificarem as deixas e recompensas que estimulam seus hábitos alcoólicos, e depois as ajuda a encontrar novos comportamentos. Quando Claude Hopkins estava vendendo a Pepsodent, descobriu um jeito de criar um novo hábito deflagrando um novo anseio. Mas para mudar um velho hábito, você precisa abordar um anseio antigo. Precisa manter as mesmas deixas e recompensas de antes, e alimentar o anseio inserindo uma nova rotina.

Pensemos no quarto passo (fazer "um minucioso e destemido inventário de nós mesmos") e no quinto (admitir "para Deus, para nós mesmos e para outro ser humano a natureza exata dos nossos erros").

"Não fica óbvio pelo modo como eles estão escritos, mas para completar esses passos, a pessoa precisa criar uma lista de todas as coisas que deflagram seus impulsos alcoólicos", disse J. Scott Tonigan, um pesquisador da Universidade do Novo México que estudou o A.A. por mais de uma década.[20] "Quando você faz um inventário de si mesmo, está descobrindo todas as coisas que levam você a beber. E admitir para outra pessoa todas as coisas ruins que você fez é um jeito muito bom de se dar conta dos momentos em que tudo saiu de controle."

Então, o A.A. pede que os alcoólatras procurem as recompensas que o álcool lhes proporciona. Que anseios, pergunta o programa, estão impulsionando seu loop do hábito? Muitas vezes, a embriaguez em si não aparece na lista. Os alcoólatras anseiam por bebida porque ela oferece fuga, relaxamento, companheirismo, alívio de ansiedades e uma oportunidade de libertação emocional. Eles podem ansiar por um drinque para esquecer suas preocupações. Mas não anseiam necessariamente por se sentir bêbados. Os efeitos físicos do álcool muitas vezes são uma das menores recompensas da bebida para um viciado.

"Há um elemento hedonista no álcool", disse Ulf Mueller, um neurologista alemão que estudou a atividade cerebral entre alcoólatras. "Mas as pessoas também usam o álcool porque querem esquecer alguma coisa ou satisfazer outros anseios, e esses anseios por alívio acontecem em partes do cérebro totalmente diferentes do anseio por prazer físico."

Para oferecer aos alcoólatras as mesmas recompensas que obtêm num bar, o A.A. montou um sistema de encontros e companheirismo — o "padrinho" com quem cada membro trabalha — que se esforça para oferecer tanta fuga, distração e catarse quanto um porre de sexta-feira à noite. Se alguém precisa de alívio, pode consegui-lo falando com seu padrinho ou comparecendo a uma reunião de grupo, em vez de brindar com um parceiro de bebida.

"O A.A. força você a criar novas rotinas do que fazer cada noite em vez de beber", disse Tonigan. "Você pode relaxar e extravasar suas ansiedades nos encontros, falando sobre elas. As deixas e recompensas continuam as mesmas, é só o comportamento que muda."

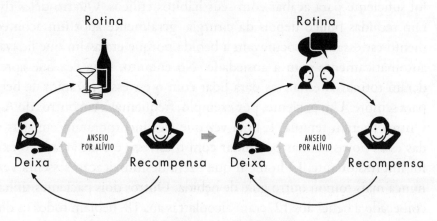

MANTENHA A DEIXA,
OFEREÇA A MESMA RECOMPENSA,
INSIRA UMA NOVA ROTINA

Uma demonstração especialmente dramática de como as deixas e recompensas dos alcoólatras podem ser transferidas para novas rotinas aconteceu em 2007, quando Mueller, o neurologista alemão, e seus colegas da Universidade de Magdeburg implantaram pequenos dispositivos elétricos dentro dos cérebros de cinco alcoólatras que tinham tentado largar a bebida várias vezes.[21] Cada um dos alcoólatras do estudo passara pelo menos seis meses na reabilitação, sem sucesso. Um deles chegara a mais de sessenta desintoxicações.

Os dispositivos implantados nas cabeças dos homens foram posicionados dentro de seus gânglios basais — a mesma parte do cérebro em que os pesquisadores do MIT encontraram o loop do hábito — e emitiam uma carga elétrica que interrompia a recompensa neurológica que deflagra anseios habituais. Depois que se recuperaram da operação, os homens foram expostos a deixas que costumavam deflagrar desejos alcoólicos, tais como fotos de cerveja ou idas a bares. Em circunstâncias normais, resistir a um drinque teria sido impossível para eles. Mas os dispositivos dentro de seus cérebros "anulavam" os anseios neurológicos de cada homem. Eles não tomavam nem uma gota.

"Um deles me disse que o anseio desaparecera assim que ligamos a eletricidade", disse Mueller. "Então a desligamos, e o anseio voltou imediatamente."

Erradicar os anseios neurológicos dos alcoólatras, no entanto, não foi suficiente para acabar com seus hábitos etílicos. Quatro deles tiveram recaídas pouco depois da cirurgia, geralmente após um acontecimento estressante. Procuravam a bebida porque era assim que lidavam automaticamente com a ansiedade. No entanto, uma vez que aprenderam rotinas alternativas para lidar com o estresse, pararam de beber para sempre. Um paciente, por exemplo, frequentava encontros do A.A. Outros fizeram terapia. E uma vez que eles incorporaram em suas vidas essas novas rotinas para lidar com o estresse e a ansiedade, o êxito foi impressionante. O homem que fizera desintoxicação sessenta vezes nunca mais tomou outro gole de bebida. Outros dois pacientes tinham começado a beber aos 12, eram alcoólatras aos 18, bebiam todos os dias, e agora estão sóbrios há quatro anos.

Notemos como esse estudo condiz fortemente com a Regra de Ouro da mudança de hábito: Mesmo quando os cérebros dos alcoólatras foram alterados pela cirurgia, isso não foi suficiente. Os velhos estímulos e anseios por recompensas ainda estavam lá, esperando para dar o bote. Os alcoólatras só mudaram de forma permanente uma vez que aprenderam novas rotinas fundadas nos antigos estímulos e forneciam um alívio já conhecido. "Alguns cérebros são tão viciados em álcool que só uma cirurgia pode deter o vício", disse

Mueller. "Mas essas pessoas também precisam de novas formas de lidar com a vida."

O A.A. oferece um sistema semelhante, embora menos invasivo, para inserir novas rotinas em velhos loops de hábito. Conforme os cientistas começaram a entender como o A.A. funciona, passaram a aplicar os métodos do programa a outros hábitos, tais como birras de crianças de 2 anos, vício em sexo, e até mesmo pequenos tiques de comportamento. Conforme os métodos do A.A. se disseminaram, foram aperfeiçoados em terapias que podem ser usadas para interferir em quase todos os padrões.

No verão de 2006, uma pós-graduanda de 24 anos chamada Mandy entrou no centro de aconselhamento da Universidade Estadual do Mississippi.[22][23] Durante a maior parte de sua vida, Mandy roera as unhas, mordendo-as até sangrarem. Muitas pessoas roem as unhas. Para roedores de unhas crônicos, no entanto, esse é um problema de uma escala diferente. Mandy muitas vezes roía até suas unhas se descolarem da pele embaixo delas. As pontas de seus dedos ficavam cobertas de pequenas crostas. Elas haviam perdido a sensibilidade, sem unhas para protegê-las, e às vezes ardiam ou coçavam, um indício de lesão dos nervos. O hábito de roer unhas tinha prejudicado sua vida social. Ela ficava tão constrangida na presença dos amigos que guardava as mãos nos bolsos e, quando saía em encontros, preocupava-se em fechar as mãos em punhos. Ela tentara parar, pintando as unhas com esmaltes de gosto ruim ou prometendo a si mesma, a partir de *agora mesmo*, que reuniria a força de vontade necessária para largar o hábito. Mas assim que começava a fazer a lição de casa ou assistir televisão, seus dedos iam parar na boca.

O centro de aconselhamento encaminhou Mandy para um estudante de psicologia médica que estava analisando um tratamento conhecido como "treinamento de reversão de hábito".[24] O psicólogo estava bem familiarizado com a Regra de Ouro da mudança de hábito. Sabia que, para mudar o hábito de roer unhas, era necessário inserir uma nova rotina em sua vida.

"O que você sente logo antes de levar a mão à boca para roer as unhas?", ele perguntou.

"Sinto uma certa tensão nos meus dedos", disse Mandy. "Dói um pouco aqui, na borda da unha. Às vezes passo o polegar nas unhas, procurando saliências, e quando sinto alguma coisa pontuda, então a coloco na boca. Faço isso dedo por dedo, roendo todas as bordas irregulares. Depois que começo, a sensação é de que preciso fazer isso com todas."

Pedir aos pacientes que descrevam o que deflagra seu comportamento habitual é o chamado "treinamento de consciência", e, assim como a insistência do A.A. em forçar os alcoólatras a reconhecer suas deixas, esse é o primeiro passo no treinamento de reversão de hábito. A tensão que Mandy sentia nas unhas deflagrava seu hábito de roê-las.

"Na maior parte das pessoas, os hábitos vêm acontecendo há tanto tempo que elas não prestam mais atenção ao que os provoca", disse Brad Dufrene, que tratou Mandy. "Já atendi pessoas gagas e pergunto quais palavras ou situações deflagram sua gagueira, e elas não sabem, pois faz muito tempo que pararam de notar."

Em seguida, o terapeuta pediu que Mandy descrevesse por que roía as unhas. No começo, ela teve dificuldade de dizer os motivos. À medida que conversavam, no entanto, ficou claro que ela roía quando estava entediada. O terapeuta a colocou em algumas situações típicas, como assistir televisão e fazer lição de casa, e ela começava a mordiscar. Quando tinha roído todas as unhas, ela dizia sentir um breve senso de completude. Essa era a recompensa do hábito: um estímulo físico pelo qual ela passara a ansiar.

O LOOP DO HÁBITO DE MANDY

No fim da primeira sessão, o terapeuta mandou Mandy para casa com uma tarefa: carregar sempre consigo uma ficha, e cada vez que sentia a deixa — uma tensão nas pontas dos dedos — fazer uma marca na ficha. Voltou uma semana depois com 28 marcas. Àquela altura, ela estava muito ciente das sensações que precediam seu hábito. Sabia quantas vezes aquilo acontecia durante a aula ou enquanto assistia televisão.

Então o terapeuta ensinou para Mandy o que é conhecido como "reação concorrente". Disse a ela que, sempre que sentisse essa tensão nas pontas dos dedos, devia imediatamente pôr as mãos nos bolsos ou embaixo das pernas, ou agarrar um lápis ou alguma outra coisa que tornasse impossível colocar os dedos na boca. Depois Mandy devia procurar alguma coisa que fornecesse um estímulo físico básico — tal como esfregar o braço ou bater os nós dos dedos numa mesa —, algo que gerasse uma reação física.

As deixas e recompensas continuaram as mesmas. Só a rotina mudou.

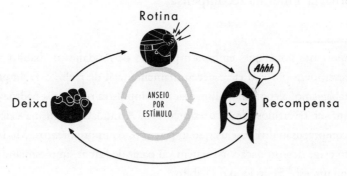

NOVO LOOP DO HÁBITO DE MANDY

Eles praticaram no consultório do terapeuta por cerca de trinta minutos e Mandy foi enviada para casa com uma nova tarefa: continuar com as fichas, mas fazer um tique quando ela sentisse a tensão nas pontas dos dedos e um # quando conseguisse conter o hábito com êxito.

Uma semana depois, Mandy tinha roído as unhas só três vezes e usara a reação concorrente sete vezes. Ela se recompensou com uma sessão de manicure, mas continuou usando as fichas. Depois de um mês, o hábito de roer as unhas sumira. As reações concorrentes tinham se tornado automáticas. Um hábito substituíra o outro.

"Parece ridiculamente simples, mas uma vez que você está ciente de como seu hábito funciona, que reconhece as deixas e recompensas, você está a meio caminho de mudá-lo", disse Nathan Azrin, um dos criadores do treinamento de reversão de hábito.[25] "Parece que isso deveria ser mais complexo. A verdade é que o cérebro pode ser reprogramado. Você só precisa fazer isso de forma deliberada."[3]

Hoje, a terapia de reversão é usada para tratar tiques verbais e físicos, depressão, tabagismo, problemas com jogos de azar, ansiedade, incontinência urinária, procrastinação, distúrbios obsessivo-compulsivos e outros problemas comportamentais.[26][27] E suas técnicas deixam claros os princípios fundamentais dos hábitos: muitas vezes não entendemos realmente os anseios que impelem nossos comportamentos enquanto não procuramos por eles. Mandy nunca se dera conta de que um anseio por um estímulo físico estava causando seu hábito de roer unhas, mas, uma vez que dissecou o hábito, tornou-se fácil achar uma nova rotina que fornecia a mesma recompensa.

---

[3] É importante notar que, embora o processo de mudança de hábito seja fácil de descrever, nem por isso ele é necessariamente fácil de realizar. É simples insinuar que tabagismo, alcoolismo, alimentação compulsiva ou outros padrões arraigados possam ser revertidos sem um esforço real. A mudança legítima exige esforço e autocompreensão dos anseios que impelem os comportamentos. Mudar qualquer hábito exige determinação. Ninguém vai parar de fumar simplesmente porque desenhou um esboço do loop do hábito.

No entanto, entendendo os mecanismos dos hábitos, fazemos descobertas que tornam os novos comportamentos mais fáceis de dominar. Qualquer pessoa lutando com um vício ou comportamento destrutivo pode se beneficiar da ajuda de diversas frentes, incluindo terapeutas treinados, médicos, assistentes sociais e mentores religiosos. Mesmo profissionais dessas áreas, no entanto, concordam que a maioria dos alcoólatras, fumantes e outras pessoas lutando com comportamentos problemáticos param por si próprias, longe de circunstâncias formais de tratamento. Boa parte das vezes, essas mudanças são realizadas porque as pessoas examinam deixas, anseios e recompensas que impulsionam seus comportamentos, e então acham meios de substituir suas rotinas autodestrutivas por alternativas mais saudáveis, mesmo se elas não estiverem totalmente cientes do que estão fazendo nesse momento. Entender as deixas e os anseios que impulsionam seus hábitos não vai fazer com que eles desapareçam de repente — mas vai lhe fornecer um meio de planejar como mudar o padrão.

Digamos que você quer parar de comer fora de hora no trabalho. A recompensa que está buscando é satisfazer sua fome? Ou é interromper o tédio? Se você lancha para ter uma breve libertação, pode facilmente encontrar outra rotina — tal como fazer uma caminhada rápida, ou se dar três minutos na internet — que proporcione a mesma interrupção sem alargar sua cintura.

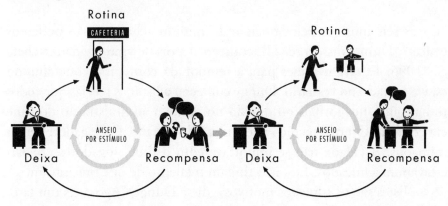

Se você quer parar de fumar, pergunte a si mesmo: você faz isso porque ama a nicotina, ou porque isso proporciona um estímulo rápido, uma estrutura para o seu dia, um jeito de socializar? Se você fuma porque precisa de estímulo, estudos indicam que um pouco de cafeína à tarde pode aumentar suas chances de largar o cigarro. Mais de trinta estudos de ex-fumantes descobriram que identificar as deixas e recompensas que eles associam aos cigarros, e então escolher novas rotinas que forneçam compensações parecidas — um Nicorette, uma rápida série de flexões de braço, ou simplesmente tirar uns poucos minutos para se alongar e relaxar —, aumenta a probabilidade de eles pararem.[28]

Se você identificar as deixas e recompensas, pode alterar a rotina. Pelo menos na maior parte das vezes. Para alguns hábitos, no entanto, há outro ingrediente necessário: fé.

III.

"Eis os seis motivos pelos quais todo mundo acha que não podemos vencer", Dungy disse a seus Buccaneers depois de virar treinador-chefe em 1996. Faltavam meses para a temporada começar e todo mundo estava sentado no vestiário. Dungy começou a listar as teorias que todos tinham lido nos jornais ou ouvido no rádio: a administração do time era confusa. O novo técnico não tinha sido testado. Os jogadores eram mimados. A cidade não se importava com o time. Jogadores cruciais estavam machucados. Eles não tinham o talento de que precisavam.

"Estes são os supostos motivos", disse Dungy. "Agora eis um fato: ninguém vai trabalhar mais que nós."

Dungy explicou que sua estratégia era mudar os comportamentos do time até que o desempenho deles se tornasse automático. Não acreditava que os Buccaneers precisassem do livro de táticas mais grosso. Não achava que tinham que memorizar centenas de formações. Só tinham que aprender umas poucas jogadas essenciais e acertá-las todas as vezes.

No entanto, é difícil atingir a perfeição no futebol americano. "Em toda jogada do futebol — em toda jogada — alguém faz uma besteira", disse Herm Edwards, um dos treinadores assistentes de Dungy em Tampa Bay. "Na maior parte das vezes, não é físico. É mental."[29] Os jogadores fazem besteira quando começam a pensar demais ou questionar suas jogadas. O que Dungy queria era tirar do jogo deles todas essas tomadas de decisão.

E para fazer isso, precisava que eles reconhecessem seus hábitos existentes e aceitassem novas rotinas.

Ele começou observando o modo como o time já jogava.

"Vamos trabalhar no esquema", Dungy gritou certo dia no treino matinal. "Número 55, qual é sua instrução?"

"Estou observando o *running back* e o *guard*", disse Derrick Brooks, um *outside linebacker*.

"O que precisamente você está *olhando*? Onde estão seus olhos?"

"Estou olhando o movimento do *guard*", disse Brooks. "Estou observando as pernas e os quadris do *quarterback* depois que ele pega a bola. E estou procurando espaços na linha, para ver se eles vão passar e se o *quarterback* vai jogar para o meu lado ou para longe."

No futebol americano, essas deixas visuais são conhecidas como "chaves" e consideradas essenciais para qualquer jogada. A inovação de Dungy foi usar essas chaves como deixas para hábitos retrabalhados. Ele sabia que, às vezes, Brooks hesitava por um instante longo demais no começo de uma jogada. Havia tantas coisas para ele pensar — será que o *guard* vai sair da formação? O pé do *running back* indica que ele está se preparando para uma jogada de correr ou de passar? — que às vezes ele ficava mais lento.

O objetivo de Dungy era libertar a mente de Brooks de toda essa análise. Assim como os Alcoólicos Anônimos, ele usou as mesmas deixas a que Brooks já estava acostumado, porém lhe deu rotinas diferentes que, no fim, acabaram acontecendo automaticamente.

"Quero que você use as mesmas chaves", Dungy disse a Brooks. "Mas, primeiro, foque apenas no *running back*. É isso. Faça isso sem pensar. Depois que você estiver em posição, *aí sim* comece a procurar o *quarterback*."

Foi uma mudança relativamente modesta — os olhos de Brooks prestavam atenção nas mesmas deixas, mas, em vez de olhar para vários lugares ao mesmo tempo, Dungy as colocou numa sequência e disse a ele, de antemão, a escolha que deveria ser feita quando ele via cada chave. A parte brilhante desse sistema era que ele eliminava a necessidade de tomar decisões. Permitia que Brooks avançasse mais rápido, porque tudo era uma reação — e por fim, um hábito — e não uma escolha.

Dungy deu instruções semelhantes para todos os jogadores e praticou as formações inúmeras vezes. Levou quase um ano até que os hábitos de Dungy se arraigassem. O time perdeu jogos fáceis no começo da temporada. Os colunistas esportivos perguntavam-se por que os Bucs estavam desperdiçando tanto tempo com charlatanices psicológicas.

Mas lentamente, eles começaram a melhorar. Por fim, os padrões se tornaram tão familiares para os jogadores que aconteciam automaticamente quando o time entrava em campo. Na segunda temporada de Dungy como treinador, os Bucs venceram seus primeiros cinco jogos e foram para as finais pela primeira vez em 15 anos. Em 1999, eles venceram o campeonato da divisão.

O estilo de Dungy como treinador começou a chamar a atenção do país inteiro. A mídia esportiva se apaixonou por sua postura de voz baixa, sua devoção religiosa, e a importância que ele dava para o equilíbrio entre trabalho e família. Reportagens de jornal contavam como ele levava os filhos, Eric e Jamie, ao estádio para que pudessem conviver durante os treinos. Os filhos faziam a lição de casa na sala dele e buscavam toalhas nos vestiários. Parecia que, finalmente, o sucesso tinha chegado.

Em 2000, os Bucs chegaram às finais outra vez, e depois novamente em 2001. Os fãs agora lotavam o estádio toda semana. Locutores falavam do time como candidato ao Super Bowl. Tudo estava se tornando real.

Mas enquanto os Bucs se tornavam uma potência, um problema perturbador surgiu. Eles geralmente jogavam jogos rígidos, disciplinados. No entanto, durante momentos cruciais de grande estresse, tudo caía por terra.[30]

Em 1999, depois de vencer seis partidas seguidas no fim da temporada, os Bucs se deram mal na semifinal contra os St. Louis Rams. Em 2000, só faltava um jogo para entrarem para o Super Bowl quando levaram uma surra dos Philadelphia Eagles, perdendo de 21 a 3. No ano seguinte, a mesma coisa aconteceu de novo, e os Bucs perderam para os Eagles de 31 a 9, estragando sua chance de avançar.

"Nós treinávamos e tudo se encaixava, e então íamos para um jogo importante e era como se o treinamento tivesse sumido", Dungy me disse. "Depois do jogo, meus jogadores diziam: 'Bom, era uma jogada crítica e eu voltei para o que sabia' ou 'Senti que tinha que avançar'. O que eles *realmente* estavam dizendo era que confiavam no nosso sistema na maior parte do tempo, mas quando tudo estava na corda bamba, essa fé se rompia."[31]

Concluída a temporada de 2001, depois de os Bucs novamente terem por pouco ficado de fora do Super Bowl pelo segundo ano seguido, o diretor-geral do time pediu que Dungy viesse a sua casa. Ele estacionou perto de um enorme carvalho, entrou e trinta segundos depois foi demitido.

Os Bucs iriam vencer o Super Bowl no ano seguinte usando as formações e os jogadores de Dungy, e confiando nos hábitos que ele havia modelado. Ele assistiria, pela TV, o treinador que entrara no seu lugar erguer o troféu Lombardi. Mas a essa altura, Dungy já estaria muito longe.

IV.

Cerca de sessenta pessoas — donas de casa com filhos, advogados em horário de almoço, velhos com tatuagens desbotadas e jovens descolados vestindo jeans estreitos — estão sentadas numa igreja, ouvindo a fala de um homem com uma leve pança e uma gravata que combina com seus olhos azul-claros. Ele parece um político bem-sucedido, com o carisma e o calor de quem tem certeza de que será reeleito.

"Meu nome é John", ele diz, "e eu sou alcoólatra".

"Oi, John", todo mundo responde.

"A primeira vez em que decidi procurar ajuda foi quando meu filho quebrou o braço", diz John. Ele está parado atrás de um palanque. "Eu estava tendo um caso com uma mulher do trabalho, e ela me disse que queria terminar. Então fui a um bar e tomei duas vodcas, e voltei para minha mesa, e no almoço fui ao Chili's com um amigo, e tomamos umas cervejas, e então por volta das duas eu e outro amigo saímos e achamos um lugar com happy hour com rodada dupla. Era meu dia de buscar as crianças — minha mulher ainda não sabia sobre o caso; por isso fui até a escola delas e as peguei. Eu estava voltando para casa numa rua onde devo ter passado umas mil vezes e bati numa placa de pare no fim do quarteirão. Subi na calçada e *bam*, dei direto com a placa. Sam, que é meu filho, não tinha colocado o cinto de segurança, por isso foi jogado contra o para-brisa e quebrou o braço. Tinha sangue no painel onde ele bateu o nariz; o para-brisa estava rachado e eu morri de medo. Foi então que decidi procurar ajuda.

"Por isso me internei numa clínica e depois saí, e tudo até que correu bem por um tempo. Durante uns 13 meses, tudo estava ótimo. Eu sentia que estava no controle e ia a encontros a cada dois dias, mas no fim comecei a pensar: *Não sou tão perdedor a ponto de precisar sair com um monte de bêbados.* Por isso parei de ir.

"Então minha mãe teve câncer e me ligou no trabalho, quase dois anos depois de eu ficar sóbrio. Ela estava voltando de carro do consultório e disse: 'Ele me falou que a gente pode tratar, mas já está bem avançado.' A primeira coisa que eu fiz depois de desligar foi procurar um bar e bebi muito durante os dois anos seguintes até que minha mulher saiu de casa, e eu tinha que buscar as crianças de novo.

Eu estava numa situação péssima àquela altura. Um amigo estava me ensinando a usar cocaína, e toda tarde eu cheirava uma carreira dentro da minha sala; cinco minutos depois eu sentia aquela fissura e cheirava outra carreira.

"Enfim, era minha vez de buscar as crianças. Eu estava a caminho da escola e me sentia totalmente bem, como se estivesse no topo do mundo; virei num cruzamento quando o semáforo estava vermelho, e um caminhão enorme deu uma porrada no meu carro. Na verdade o carro deitou de lado. Eu não sofri um arranhão. Saí e comecei a tentar empurrar meu carro de volta, porque pensei: 'se eu conseguir chegar em casa e ir embora antes que a polícia chegue, vou ficar bem'. É claro que isso não deu certo, e quando eles me prenderam por dirigir alcoolizado, me mostraram que o lado do passageiro do carro estava completamente esmagado. Era lá que o Sammy geralmente sentava. Então, se ele estivesse ali, teria morrido.

"Por isso voltei a frequentar os encontros, e meu padrinho me disse que não importava se eu sentia que estava no controle. Sem um poder supremo na minha vida, sem admitir minha impotência, nada daquilo ia funcionar. Eu achava que isso era bobagem — sou ateu. Mas eu sabia que se alguma coisa não mudasse, eu ia matar meus filhos. Por isso comecei a trabalhar nisso, trabalhar em acreditar em alguma coisa maior que eu. E está funcionando. Não sei se é Deus ou outra coisa, mas tem um poder que me tem ajudado a continuar sóbrio há sete anos, e tenho respeito por ele. Não acordo sóbrio toda manhã — quer dizer, faz sete anos que eu não bebo, mas às vezes acordo de manhã sentindo que esse é o dia em que eu vou me render. Nesses dias, procuro o poder supremo, e ligo para o meu padrinho; na maior parte das vezes não falamos de bebida. Falamos da vida, de casamento e do meu emprego, e quando chega a hora de eu tomar banho, minha cabeça está em ordem."

As primeiras falhas na tese de que os Alcoólicos Anônimos tinham êxito meramente reprogramando os hábitos dos participantes apareceram pouco mais de uma década atrás e foram causadas por histórias de alcoólatras como John. Os pesquisadores começaram a descobrir que a substituição de hábitos funcionava bem para muitas pessoas até que os estresses da vida — como descobrir que sua mãe está com câncer, ou que seu casamento está indo por água abaixo — ficavam grandes demais, e nesse ponto os alcoólatras muitas vezes caíam do cavalo. Os acadêmicos se perguntaram por quê; se a substituição de hábitos é tão eficaz, ela parecia falhar em momentos tão críticos. E conforme vasculhavam as histórias dos alcoólatras para responder a essa pergunta, eles descobriram que os hábitos substitutos só se tornam novos comportamentos duráveis quando são acompanhados por mais alguma coisa.

Um grupo de pesquisadores do Alcohol Research Group (Grupo de Estudos sobre o álcool) na Califórnia, por exemplo, notou um padrão nas entrevistas. Inúmeras vezes, os alcoólatras diziam a mesma coisa: identificar deixas e escolher novas rotinas é importante, mas sem outro ingrediente, os novos hábitos nunca se fixam de verdade.

O segredo, diziam os alcoólatras, era Deus.

Os pesquisadores odiavam essa explicação. Deus e espiritualidade não são hipóteses testáveis. As igrejas estão cheias de bêbados que continuam bebendo apesar de sua fé devota. Em conversas com viciados, no entanto, a espiritualidade estava sempre reaparecendo. Por isso em 2005, um grupo de cientistas — desta vez afiliados à Universidade da Califórnia em Berkeley, à Brown University e aos Institutos Nacionais de Saúde — começou a perguntar aos alcoólatras sobre todo tipo de assuntos religiosos e espirituais.[32] Então eles olharam os dados para ver se havia alguma correlação entre a fé religiosa e por quanto tempo as pessoas continuavam sóbrias.[33]

Um padrão surgiu. Os alcoólatras que praticavam as técnicas de substituição de hábito, segundo os dados, podiam muitas vezes ficar sóbrios até que houvesse um acontecimento estressante em suas vidas — e nesse ponto, um certo número começava a beber de novo, não importando quantas rotinas novas eles tivessem adotado.

No entanto, aqueles alcoólatras que acreditavam, como John do Brooklyn, ter algum poder supremo entrado em suas vidas, contavam com uma chance maior de atravessar os períodos de estresse com sua sobriedade intacta.

Não era Deus que importava, descobriram os pesquisadores. Era a própria fé que fazia uma diferença. Uma vez que as pessoas aprendiam a acreditar em alguma coisa, essa habilidade começava a transbordar para outras partes de suas vidas, até que começavam a acreditar serem capazes de mudar. A fé era o ingrediente que transformava um loop de hábito retrabalhado num comportamento permanente.

"Eu não teria dito isso um ano atrás — tão depressa está mudando nossa compreensão", disse Tonigan, o pesquisador da Universidade do Novo México, "mas a fé parece crucial. Você não tem que acreditar em Deus, mas precisa da capacidade de acreditar que as coisas vão melhorar.

"Mesmo que você dê às pessoas hábitos melhores, isso não conserta o motivo que as levou a começar a beber. Em algum momento , vão acabar tendo um dia ruim, e nenhuma nova rotina vai fazer com que tudo pareça estar bem. O que pode fazer uma diferença é *acreditar* que elas são capazes de enfrentar esse estresse sem o álcool."

Colocando os alcoólatras em encontros nos quais a fé é um fato dado — em que, na verdade, a fé é parte integrante dos 12 passos —, o A.A. treina as pessoas a acreditarem em alguma coisa, até elas acreditarem no programa e em si mesmas. Ele permite que as pessoas pratiquem a crença de que as coisas vão melhorar em algum momento, até que elas de fato melhoram.

"Em algum ponto, as pessoas no A.A. olham à sua volta e pensam: *se funcionou para esse cara, acho que pode funcionar para mim*", disse Lee Ann Kaskutas, uma cientista do Alcohol Research Group. "Há algo de poderoso em grupos e experiências compartilhadas. As pessoas talvez sejam céticas sobre sua capacidade de mudar se estiverem por conta própria, porém um grupo pode convencê-las a suspender a descrença. Uma comunidade cria fé."

Quando John estava indo embora do encontro do A.A., perguntei a ele por que o programa tinha funcionado agora, depois de ter falhado para ele antes. "Quando comecei a vir aos encontros depois do acidente com o caminhão, alguém pediu que voluntários ajudassem a guardar as cadeiras", ele me disse. "Eu levantei a mão. Não foi nada de mais, levou uns cinco minutos, mas foi uma sensação boa fazer alguma coisa que não era só para *mim*. Acho que isso me colocou num caminho diferente.

"Eu não estava pronto para me entregar ao grupo da primeira vez, mas quando voltei, estava pronto para começar a acreditar em alguma coisa."

V.

Uma semana depois que Dungy foi despedido pelos Bucs, o dono dos Indianapolis Colts deixou uma mensagem entusiasmada de 15 minutos na secretária eletrônica dele. Os Colts, apesar de possuírem um dos melhores *quarterbacks* da NFL, Peyton Manning, tinham acabado de ter uma temporada horrível. O dono precisava de ajuda. Disse que estava cansado de perder. Dungy se mudou para Indianápolis e virou treinador-chefe.

Ele imediatamente começou a implementar o mesmo plano básico de jogo: transformar as rotinas dos Colts e ensinar os jogadores a usar velhas deixas para formar hábitos retrabalhados. Em sua primeira temporada, os Colts fizeram 10-6 e se classificaram para as finais. Na temporada seguinte, fizeram 12-4 e ficaram de fora do Super Bowl por um único jogo. A fama de Dungy crescia. Perfis de jornal e televisão apareceram no país inteiro. Fãs iam de avião visitar a igreja que Dungy frequentava. Seus filhos tornaram-se figurinhas carimbadas no vestiário dos Colts e nas laterais do campo. Em 2005, Jamie, seu filho mais velho, formou-se no ensino médio e foi fazer faculdade na Flórida.

Enquanto o sucesso de Dungy crescia, no entanto, os mesmos padrões perturbadores surgiam. Os Colts jogavam uma temporada de futebol disciplinado, vitorioso, e depois morriam na praia sob a pressão das finais.

"A fé é a parte mais importante do sucesso no futebol profissional", Dungy me disse. "O time *queria* acreditar, mas quando as coisas ficavam realmente tensas, voltavam para suas zonas de conforto e seus velhos hábitos."

Os Colts terminaram a temporada de 2005 com 14 vitórias e duas derrotas, o melhor resultado da sua história.

Então aconteceu uma tragédia.

Três dias antes do Natal, o telefone de Tony Dungy tocou no meio da noite. Sua mulher atendeu e lhe passou o fone, achando que era um dos jogadores. Havia uma enfermeira na linha. Ela disse que Jamie, o filho de Dungy, tinha sido levado ao hospital mais cedo naquela noite, com ferimentos de compressão no pescoço. Sua namorada o achara pendurado em seu apartamento, com um cinto em volta do pescoço.

Os paramédicos o haviam conduzido às pressas ao hospital, mas os esforços de ressuscitação não tiveram êxito.[34] Ele morrera.

Um capelão pegou um voo para passar o Natal com a família. "A vida nunca mais vai ser a mesma", o capelão lhes disse, "mas vocês não vão sentir para sempre o que estão sentindo agora".

Uns poucos dias depois do enterro, Dungy voltou para o banco de treinador. Ele precisava de algo para se distrair, e sua mulher e seu time o incentivaram a voltar a trabalhar. "Fui dominado pelo amor e apoio deles", escreveu mais tarde. "Como grupo, sempre tínhamos nos apoiado em momentos difíceis; eu precisava deles agora mais do que nunca."

O time perdeu seu primeiro jogo nas finais, encerrando sua temporada. Mas no período logo após eles observarem Dungy durante sua tragédia, "alguma coisa mudou", me disse um de seus jogadores daquela época. "Tínhamos visto o treinador passar por aquela coisa terrível, e todos queríamos ajudá-lo de algum jeito."

É simplista, ou até insolente, sugerir que a morte de um rapaz possa surtir um impacto em jogos de futebol. Dungy sempre disse que nada é mais importante para ele do que sua família. Mas depois que Jamie faleceu, conforme os Colts começavam a se preparar para a temporada seguinte, alguma coisa mudou, dizem seus jogadores. O time rendeu-se à visão de Dungy de como o futebol deveria ser jogado, de um modo que não fizeram antes. Eles começaram a acreditar.

"Eu passara várias temporadas anteriores preocupado com meu contrato e salário", disse um jogador que, como outros, falou desse período sob a condição de anonimato. "Quando o treinador voltou, depois do enterro, queria lhe dar tudo o que podia, acabar com a dor dele. Eu meio que me entreguei para o time."

"Alguns homens gostam de abraçar os outros", me disse outro jogador. "Eu não gosto. Faz uma década que não abraço meus filhos. Mas depois que o treinador voltou, fui até ele e dei o abraço mais longo que pude, porque queria que ele soubesse que eu estava ali para ele."

Depois da morte do filho de Dungy, o time começou a jogar de um jeito diferente. Uma convicção sobre a força da estratégia de Dungy surgiu entre os jogadores. Nos treinos que levaram ao começo da temporada de 2006, os Colts jogaram um futebol rigoroso, preciso.

"A maioria dos times de futebol americano não são times de verdade. São só caras que trabalham juntos", me disse um terceiro jogador daquele período. "Mas nós viramos um *time*. A sensação era incrível. O treinador era a faísca, mas a coisa ia além dele. Depois que ele voltou, a sensação era de que realmente acreditávamos uns nos outros, como se soubéssemos jogar juntos de um jeito que não sabíamos antes."

Para os Colts, uma fé no seu time — na tática de Dungy e em sua capacidade de vencer — começou a brotar a partir da tragédia. Mas em tantos outros casos, uma fé semelhante pode surgir sem nenhum tipo de adversidade.

Num estudo de 1994 de Harvard que examinou pessoas que tinham mudado suas vidas radicalmente, por exemplo, os pesquisadores descobriram que algumas delas tinham reformulado seus hábitos depois de uma tragédia pessoal, como um divórcio ou uma doença com risco de morte.[35] Outros mudaram depois de ver um amigo passar por algo horrível, do mesmo modo que os jogadores de Dungy o viram lutar.

Em tantas outras situações, no entanto, não houve uma tragédia que precedesse as transformações das pessoas. Em vez disso, elas mudavam porque estavam inseridas em grupos sociais que facilitaram a mudança. Uma mulher disse que sua vida inteira mudou quando ela se inscreveu numa aula de psicologia e encontrou um grupo maravilhoso. "Aquilo abriu uma caixa de Pandora", a mulher disse aos pesquisadores. "Eu não podia mais tolerar o status quo. Tinha mudado no meu íntimo." Outro homem disse que encontrou novos amigos entre os quais podia praticar ser uma pessoa sociável. "Quando de fato me esforço para superar minha timidez, sinto que não sou eu quem está agindo, mas sim outra pessoa", ele disse. Mas praticando com seu novo grupo, aquilo parou de parecer um fingimento. Ele começou a acreditar que não era tímido, e então, em certo momento, ele não era mais. Quando as pessoas se juntam a grupos em que a mudança parece possível, o potencial para que ela ocorra se torna mais real. Para a maior parte das pessoas que conseguem pôr sua vida em ordem não há momentos cruciais de desastres que mudam tudo. Há apenas comunidades — às vezes de uma única outra pessoa — que tornam possível acreditar na mudança. Uma mulher disse aos pesquisadores que sua vida se transformou depois de um dia que ela passou limpando privadas — e após semanas discutindo com o resto da equipe de limpeza se ela deveria largar o marido.

"A mudança acontece entre outras pessoas", me disse Todd Heatherton, um dos psicólogos envolvidos no estudo. "Parece real quando podemos ver isso nos olhos dos outros."

Os mecanismos precisos da fé ainda são pouco compreendidos. Ninguém sabe ao certo por que um grupo encontrado numa aula de psicologia pode convencer uma mulher de que tudo é diferente, nem por que o time de Dungy entrou em sintonia depois do falecimento de seu filho.[36] Muitas pessoas falam com os amigos sobre casamentos infelizes e jamais deixam seus cônjuges; muitos times veem seus treinadores passarem por adversidades e nunca se unem.

Porém sabemos que, para os hábitos mudarem de forma permanente, as pessoas precisam acreditar que a mudança é factível. O mesmo processo que torna o A.A. tão eficaz — o poder de um grupo de ensinar indivíduos a acreditar — acontece sempre que as pessoas se juntam para se ajudar mutuamente a mudar. A fé é mais fácil quando acontece dentro de uma comunidade.

Dez meses depois da morte de Jamie, a temporada de 2006 começou. Os Colts jogaram um futebol sem igual, vencendo seus primeiros nove jogos e terminando o ano com 12-4. Venceram o primeiro jogo nas finais e depois derrotaram os Baltimore Ravens na disputa pelo título da divisão. Àquela altura, eles estavam a apenas um passo do Super Bowl, jogando pela semifinal — o jogo que Dungy perdera oito vezes antes.

O confronto aconteceu em 21 de janeiro de 2007, contra os New England Patriots, o mesmo time que duas vezes já podara as aspirações dos Colts ao Super Bowl.

Os Colts tiveram um começo de jogo forte, mas antes do fim do primeiro tempo começaram a vacilar. Os jogadores estavam com medo de cometer erros, ou tão ansiosos para superar o último obstáculo rumo ao Super Bowl que perderam a noção de onde deveriam estar se focando. Eles pararam de confiar nos seus hábitos e começaram a pensar demais. Derrubadas malfeitas levavam à perda da bola. Um dos passes de Peyton Manning foi interceptado e voltou para um *touchdown*. Os adversários, os Patriots, dispararam na frente por 21 a 3. Nenhum time na história do NFL jamais superara um déficit tão grande numa semifinal. O time de Dungy, novamente, ia perder.

No intervalo, o time entrou em fila no vestiário, e Dungy pediu que todo mundo se juntasse. O barulho do estádio vinha filtrado pelas portas fechadas, mas lá dentro todo mundo estava em silêncio. Dungy olhou para os jogadores.

Disse que eles tinham que acreditar.

Enfrentamos essa mesma situação — contra esse mesmo time — em 2003", Dungy disse a eles. Naquele jogo, tinham chegado a uma jarda da vitória. Uma única jarda. "Preparem suas espadas porque desta vez nós vamos ganhar. Esse é *nosso* jogo. É *nossa* vez."[37]

Os Colts saíram no segundo tempo e começaram a jogar como em cada jogo anterior. Começaram focados em suas deixas e hábitos. Executaram cuidadosamente as jogadas que tinham passado os últimos cinco anos praticando até que se tornassem automáticas. Seu ataque, na investida de abertura, venceu 76 jardas ao longo de 14 jogadas e marcou um *touchdown*. Então, três minutos depois de se apoderar da bola outra vez, eles marcaram de novo.

Quando o último quarto do jogo chegava ao fim, os times alternavam o placar. Os Colts empataram, mas nunca conseguiram passar na frente. Com 3:49 restantes de jogo, os Patriots marcaram, colocando os jogadores de Dungy numa desvantagem de três pontos, 34 a 31. Os Colts agarraram a bola e começaram uma investida pelo campo adentro. Avançaram 70 jardas em 19 segundos e entraram na *end zone*. Pela primeira vez os Colts estavam na liderança, 38 a 34. Havia agora sessenta segundos restantes no relógio. Se o time de Dungy conseguisse impedir os Patriots de marcar um *touchdown*, os Colts venceriam.

Sessenta segundos é uma eternidade no futebol americano.

O *quarterback* dos Patriots, Tom Brady, já tinha marcado *touchdowns* em muito menos tempo. E de fato, segundos após o começo da jogada, Brady avançou com seu time até a metade do campo adversário. Com 17 segundos restantes, os Patriots estavam próximos o bastante para atacar, prontos para uma grande jogada final que daria a Dungy outra derrota e acabaria, mais uma vez, com os sonhos do time de ir para o Super Bowl.

Conforme os Patriots se aproximavam da linha de *scrimmage*, a defesa dos Colts assumiu seus postos. Marlin Jackson, um *cornerback* dos Colts, postou-se a 10 jardas da linha. Ele olhou para suas deixas: a largura das frestas entre os *linemen* dos Patriots e a profundidade da posição do *running back*. Ambos os indícios diziam que aquela seria uma jogada de passe. Tom Brady, o *quarterback* dos Patriots, pegou a bola e recuou para passar. Jackson já estava em movimento. Brady inclinou o braço para trás e arremessou a bola. Seu objetivo era passá-la para um *receiver* a 22 jardas de distância, totalmente livre, perto do meio do campo. Se o *receiver* pegasse a bola, era provável que conseguisse chegar perto da *end zone* ou marcar um *touchdown*. A bola voava no ar. Jackson, o *cornerback* dos Colts, já estava correndo no ângulo certo, seguindo seus hábitos. Ele passou correndo pelo ombro direito do *receiver*, entrando na frente dele no instante em que a bola chegou. Jackson colheu a bola do ar para interceptá-la, correu mais uns passos e então se jogou no chão, prendendo a bola junto ao peito. A jogada inteira demorara menos de cinco segundos. O jogo chegara ao fim. Dungy e os Colts tinham vencido.

Duas semanas depois, eles venceram o Super Bowl. Há dezenas de motivos que podem explicar por que os Colts finalmente foram campeões naquele ano. Quem sabe eles tiveram sorte. Talvez fosse simplesmente a vez deles. Mas os jogadores de Dungy dizem que é porque eles *acreditaram*, e porque essa fé fez tudo o que eles tinham aprendido — todas as rotinas que eles tinham praticado até se tornarem automáticas — se fixar, mesmo nos momentos de maior estresse.

"Estamos orgulhosos de ter vencido este campeonato para o nosso líder, o treinador Dungy", Peyton Manning disse para a plateia depois, segurando o troféu Lombardi.

Dungy virou-se para sua mulher. "Conseguimos", ele disse.

Como os hábitos mudam?

Não há, infelizmente, nenhuma série específica de passos que funcione de forma infalível para qualquer pessoa. Sabemos que um hábito não pode ser erradicado — ele deve, em vez disso, ser substituído. E sabemos que os hábitos são mais maleáveis quando a Regra de Ouro da mudança de hábito é aplicada: se mantivermos a mesma deixa e a mesma recompensa, uma nova rotina pode ser inserida.

Mas isso não é suficiente. Para que um hábito continue mudado, as pessoas precisam acreditar que a mudança é possível. E na maior parte das vezes, a fé só surge com a ajuda de um grupo.

Se você quer parar de fumar, descubra uma rotina diferente que vá satisfazer os anseios preenchidos pelo cigarro. Então, encontre um grupo de apoio, uma reunião de ex-fumantes, ou uma comunidade que vá ajudar você a acreditar que pode ficar longe da nicotina, e use esse grupo quando sentir que talvez você tenha uma recaída.

Se você quer perder peso, estude seus hábitos para descobrir por que você *realmente* sai da mesa no trabalho para fazer um lanche todo dia, e então encontre outra pessoa para dar um passeio com você, para bater papo na mesa dela e não na lanchonete, um grupo que acompanhe junto metas de perda de peso, ou alguém que também queira manter por perto um estoque de maçãs e não de batata chips.

A evidência é clara: se você quer mudar um hábito, precisa encontrar uma rotina alternativa, e suas chances de sucesso aumentam drasticamente quando você se compromete a mudar como parte de um grupo. A fé é essencial e cresce a partir de uma experiência comunitária, mesmo que esta comunidade possua apenas duas pessoas.

Sabemos que a mudança *pode* acontecer. Alcoólatras podem parar de beber. Fumantes podem largar o cigarro. Eternos perdedores podem virar campeões. Você pode parar de roer as unhas ou de fazer lanche no trabalho, de gritar com seus filhos, de passar a noite acordado, ou de se atormentar com pequenas preocupações. E, como descobriram os cientistas, não são apenas as vidas individuais que podem ser mudadas quando alguém dedica atenção aos hábitos. São também empresas, organizações e comunidades, como explicam os próximos capítulos.

PARTE
DOIS

Os hábitos de organizações bem-sucedidas

4

HÁBITOS ANGULARES, OU A BALADA DE PAUL O'NEILL

Quais hábitos importam mais

I.

Num dia tumultuoso em outubro de 1987, um enxame de proeminentes investidores e analistas da bolsa de valores de Wall Street reuniu-se no salão de festas de um hotel chique em Manhattan. Estavam lá para conhecer o novo diretor executivo da Aluminum Company of America — ou Alcoa, como era conhecida —, uma corporação que, durante quase um século, vinha fabricando de tudo, desde a embalagem dos Hershey's Kisses e o metal das latas de Coca-Cola até os rebites que sustentam os satélites.[1]

O fundador da Alcoa inventara o processo de fundição de alumínio um século antes, e desde então a empresa se tornara uma das maiores do planeta. Muitas das pessoas na plateia tinham investido milhões em ações da Alcoa e recebido um retorno constante. No ano anterior, porém, os investidores haviam começado a resmungar. Os dirigentes da Alcoa tinham dado um passo em falso atrás do outro, tentando expandir insensatamente com a criação de novas linhas de produtos, enquanto concorrentes roubavam seus clientes e lucros.

Assim, houve um senso de alívio palpável quando a diretoria da Alcoa anunciou que era hora de uma nova liderança. Esse alívio, no entanto, transformou-se em apreensão quando a escolha foi anunciada: o novo diretor executivo seria um ex-burocrata do governo chamado Paul O'Neill. Muita gente em Wall Street jamais tinha ouvido falar dele. Quando a Alcoa marcou essa recepção no salão de festas em Manhattan, todos os principais investidores pediram um convite.

Uns poucos minutos antes do meio-dia, O'Neill subiu ao palco. Ele tinha 51 anos, era um homem aprumado, vestindo um terno cinza de risca de giz e uma gravata vermelha. Seus cabelos eram brancos e sua postura ereta lembrava a de um militar. Ele subiu os degraus depressa e deu um sorriso caloroso. Parecia digno, sólido, confiante. Como um executivo-chefe.

Então ele abriu a boca.

"Quero falar com vocês sobre segurança no trabalho", ele disse. "Todo ano, vários funcionários da Alcoa sofrem ferimentos tão graves que perdem um dia de trabalho. Nosso histórico de segurança é melhor do que a média da mão de obra americana, principalmente levando em conta que nossos empregados trabalham com metais a 1.500 graus e máquinas capazes de arrancar o braço de um homem. Mas ainda não é suficiente. Pretendo fazer da Alcoa a empresa mais segura dos Estados Unidos. Minha meta é um índice zero de acidentes."

A plateia ficou confusa. Estas reuniões geralmente seguiam um roteiro previsível: um novo diretor executivo começava se apresentando, fazia uma falsa piada autodepreciativa — algo sobre como ele passara o curso inteiro da Harvard Business School dormindo — e depois prometia alavancar os lucros e baixar os custos. Em seguida vinha uma severa crítica aos impostos, às normas comerciais e, às vezes, com um fervor que sugeria experiência em primeira mão no tribunal de divórcio, aos advogados. Por fim, o discurso terminava com uma enxurrada de palavras da moda — "sinergia", "proativo" e "coopetição" — e neste momento todos podiam voltar para seus escritórios, novamente confiantes de que o capitalismo estava a salvo por mais um dia.

O'Neill não dissera nada sobre lucros. Não mencionou impostos. Não falou de "usar alinhamento para obter uma vantagem de mercado sinérgica infalível". Até onde as pessoas na plateia sabiam, a julgar por aquele papo sobre segurança no trabalho, O'Neill talvez fosse a favor da pró-regulamentação. Era uma perspectiva apavorante.

"Agora, antes de prosseguir", disse O'Neill, "quero apontar as saídas de emergência deste recinto". Ele indicou com um gesto a parte de trás do salão de festas. "Há duas portas nos fundos, e no caso improvável de um incêndio ou outra emergência vocês devem sair calmamente, descer as escadas até o saguão e deixar o prédio."

Silêncio. O único som era o zumbido do trânsito pelas janelas. Segurança? Saídas de incêndio? Aquilo era uma piada? Um certo investidor na plateia sabia que O'Neill estivera em Washington, D.C., durante os anos 1960. *Esse cara deve ter tomado um monte de drogas*, ele pensou.

Por fim, alguém levantou a mão e perguntou sobre inventários na divisão aeroespacial. Outro perguntou sobre os coeficientes de capital da empresa.

"Não tenho certeza de que vocês me ouviram", disse O'Neill. "Se vocês querem entender a situação da Alcoa, precisam olhar os números de segurança dos nossos locais de trabalho. Se diminuirmos nossos índices de acidentes, não será devido a um esforço motivacional ou às baboseiras que às vezes vocês ouvem de outros diretores executivos. Será porque os indivíduos desta empresa concordaram em se tornar parte de algo importante: dedicaram-se a criar um hábito de excelência. A segurança será um indicador de que estamos fazendo um avanço em mudar nossos hábitos em todo o âmbito da instituição. É assim que deveríamos ser avaliados."

Os investidores quase se atropelaram para sair do salão quando a apresentação terminou. Um deles correu até o saguão, achou um telefone público e ligou para seus vinte maiores clientes.

"Eu disse: 'A diretoria pôs um hippie maluco no comando, e ele vai afundar a empresa'", esse investidor me contou. "Mandei eles venderem as ações imediatamente, antes que todos os outros no recinto começassem a ligar para seus clientes e dissessem para eles fazerem o mesmo.

"Foi literalmente o pior conselho que eu dei em toda a minha carreira."

Em menos de um ano após o discurso de O'Neill, os lucros da Alcoa atingiriam uma alta recorde. Quando O'Neill se aposentou no ano 2000, o faturamento líquido anual da empresa era cinco vezes maior do que antes de ele chegar, e sua capitalização de mercado crescera em 27 bilhões de dólares. Alguém que investiu um milhão de dólares na Alcoa no dia em que O'Neill foi contratado teria ganhado outro milhão de dólares em dividendos enquanto ele liderava a empresa, e o valor das suas ações seria cinco vezes maior quando ele partisse.

Além disso, todo esse crescimento aconteceu enquanto a Alcoa se tornava uma das empresas mais seguras do mundo. Antes da chegada de O'Neill, quase todas as usinas da Alcoa tinham no mínimo um acidente por semana. Uma vez que seu plano de segurança foi implementado, algumas unidades passaram anos sem que um único empregado perdesse um dia de trabalho devido a um acidente. O índice de acidentes no trabalho caiu para um vigésimo da média dos Estados Unidos.

Então como O'Neill transformou uma das maiores, mais antiquadas e mais potencialmente perigosas empresas do país numa máquina de lucros e um bastião da segurança?

Atacando um único hábito e então observando as mudanças se espalharem por toda a organização.

"Eu sabia que precisava transformar a Alcoa", O'Neill me disse. "Mas você não pode *mandar* as pessoas mudarem. Não é assim que o cérebro funciona. Por isso decidi que era melhor começar enfocando uma única coisa. Se eu pudesse começar desmanchando os hábitos relacionados a uma única coisa, isso se alastraria pela empresa toda."

O'Neill acreditava que alguns hábitos têm o poder de iniciar uma reação em cadeia, mudando outros hábitos conforme eles avançam através de uma organização. Ou seja, alguns hábitos são mais importantes que outros na reformulação de empresas e vidas. Estes são os "hábitos angulares" e eles podem influenciar o modo como as pessoas trabalham, comem, se divertem, vivem, gastam e se comunicam. Os hábitos angulares dão início a um processo que, ao longo do tempo, transforma tudo.

Os hábitos angulares dizem que o sucesso não depende de acertar cada mínimo detalhe, mas, em vez disso, baseia-se em identificar umas poucas prioridades centrais e transformá-las em poderosas alavancas. A primeira seção deste livro explicou como os hábitos funcionam, como eles podem ser criados e alterados. No entanto, por onde um aspirante a transformador de hábitos deve começar? Entender os hábitos angulares fornece a resposta para essa pergunta: os hábitos mais importantes são os que, quando começam a mudar, desalojam e reformulam outros padrões.

Os hábitos angulares explicam como Michael Phelps tornou-se um campeão olímpico, e por que alguns estudantes universitários têm um desempenho melhor que o dos colegas. Eles esclarecem por que algumas pessoas, após anos de tentativas, de repente perdem 9 quilos enquanto se tornam mais produtivas no trabalho e ainda conseguem chegar em casa a tempo para jantar com os filhos. E os hábitos angulares explicam como a Alcoa tornou-se uma das ações de melhor desempenho no índice Dow Jones, enquanto também se tornava um dos lugares mais seguros da terra.

Da primeira vez em que a Alcoa abordou O'Neill com a proposta de tornar-se diretor executivo, ele não sabia ao certo se queria o emprego. Já ganhara bastante dinheiro, e sua mulher gostava de Connecticut, onde eles moravam. Não sabiam nada sobre Pittsburgh, onde ficava a sede da Alcoa. Mas antes de recusar a oferta, O'Neill pediu um tempo para pensar. Para se ajudar a tomar a decisão, começou a trabalhar numa lista de quais seriam suas maiores prioridades se aceitasse o cargo.

O'Neill sempre tivera muita fé em listas. Elas eram seu jeito de organizar a vida. Durante o ensino superior em Fresno State — onde ele terminou seu curso em pouco menos de três anos, enquanto ainda trabalhava trinta horas por semana — O'Neill esboçara uma lista de tudo o que esperava realizar ao longo de sua vida, incluindo, perto do topo da lista, "Fazer uma diferença". Após se formar em 1960, incentivado por um amigo, O'Neill pegou um formulário para se candidatar a um estágio no governo federal e, junto com outras 300 mil pessoas, prestou o concurso público. Três mil pessoas foram escolhidas para serem entrevistadas. Trezentas delas receberam ofertas de emprego. O'Neill foi uma dessas pessoas.[2]

Ele começou como gerente de médio escalão na Veterans Administration, onde lhe mandaram aprender sobre sistemas de computação. O'Neill continuou fazendo suas listas o tempo todo, registrando por que alguns projetos eram mais bem-sucedidos que os outros, quais fornecedores faziam as entregas no prazo e quais não faziam. Ele era promovido todo ano. E conforme galgava os escalões da Veterans Administration, construiu um nome para si mesmo como alguém cujas listas sempre pareciam incluir um tópico que resolvia um problema.

Em meados dos anos 1960, havia uma alta demanda por esse tipo de habilidade em Washington, D.C. Robert McNamara havia recentemente reestruturado o Pentágono, contratando uma leva de jovens matemáticos, estatísticos e programadores de computador. O presidente Johnson queria ter suas próprias crianças-prodígio. Por isso O'Neill foi recrutado para o que acabaria sendo conhecido como o Gabinete de Administração e Orçamento, um dos órgãos mais poderosos da capital. Dentro de uma década, aos 38 anos, ele foi promovido a vice-diretor, e de repente estava entre as pessoas mais influentes da cidade.

Foi então que a educação de O'Neill sobre hábitos organizacionais realmente começou. Uma de suas primeiras tarefas foi criar uma estrutura analítica para estudar como o governo estava gastando dinheiro com serviços de saúde. Ele rapidamente descobriu que os esforços do governo, que deveriam estar sendo guiados por regras lógicas e prioridades deliberadas, em vez disso eram orientados por processos institucionais bizarros que, de várias maneiras, funcionavam como hábitos. Burocratas e políticos, em vez de tomar decisões, estavam reagindo a deixas com rotinas automáticas para obter recompensas como promoções ou reeleições. Era o loop do hábito — disseminado entre milhares de pessoas e bilhões de dólares.

Por exemplo, depois da Segunda Guerra Mundial, o Congresso criara um programa para construir hospitais comunitários. Um quarto de século depois, esse programa ainda estava avançando num passo arrastado e, por isso, sempre que a legislação alocava novas verbas para o setor da saúde, os burocratas imediatamente começavam a construir. As cidades que recebiam os novos hospitais não necessariamente *precisavam* de mais leitos para pacientes, mas isso não importava. O que importava era erguer uma grande estrutura que um político pudesse mostrar enquanto pedia votos.[3]

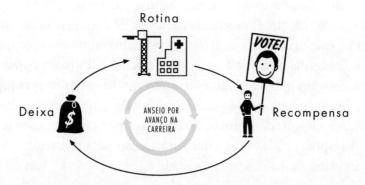

Os funcionários federais "passavam meses debatendo sobre cortinas azuis ou amarelas, pensando se os quartos dos pacientes deveriam ter uma ou duas televisões, projetando postos de enfermeiros, coisas realmente sem sentido", O'Neill me contou. "Na maior parte das vezes, ninguém nem perguntava se a cidade queria um hospital. Os burocratas tinham adquirido o hábito de resolver qualquer problema médico construindo alguma coisa, para que um congressista pudesse dizer: 'Olha o que eu fiz!' Isso não fazia nenhum sentido, mas todo mundo continuava fazendo sempre a mesma coisa."

Os pesquisadores descobriram hábitos institucionais em quase toda organização ou empresa que examinaram. "Os indivíduos têm hábitos; os grupos têm rotinas", escreveu o acadêmico Geoffrey Hodgson, que passou toda sua carreira examinando padrões organizacionais. "As rotinas são o equivalente dos hábitos nas organizações."[4]

Para O'Neill, esses hábitos pareciam perigosos. "Estávamos basicamente cedendo à tomada de decisões para um processo que acontecia sem pensar de verdade", disse O'Neill. Mas em outros órgãos, nos quais a mudança começava a se mostrar, bons hábitos organizacionais estavam gerando sucesso.

Alguns departamentos da NASA, por exemplo, estavam fazendo uma reforma interna, deliberadamente instituindo rotinas organizacionais que incentivavam os engenheiros a correr mais riscos. Quando foguetes não tripulados explodiam no lançamento, os chefes de departamento batiam palmas, para que todos soubessem que sua divisão tentara e falhara, mas pelo menos tentara. Chegou um ponto em que o centro de controle enchia-se de aplausos toda vez que alguma coisa cara explodia. Aquilo tornou-se um hábito organizacional.[5] Ou pensemos na Environmental Protection Agency (EPA), a Agência de Proteção Ambiental, que foi criada em 1970. O primeiro administrador da EPA, William Ruckelshaus, conscientemente projetou hábitos organizacionais que incentivavam seus legisladores a serem agressivos ao fazer cumprir as normas. Quando advogados pediam permissão para abrir um processo ou ação de aplicação de normas, isso passava por um processo de aprovação.[6] A resposta padrão era uma autorização para prosseguir. A mensagem era clara: na EPA, a agressividade é recompensada. Em 1975, ela estava criando mais de 1.500 novas normas ambientais por ano.[7]

"Toda vez que eu olhava para uma parte diferente do governo achava esses hábitos que pareciam explicar por que as coisas estavam dando certo ou indo mal", O'Neill me disse. "Os melhores órgãos entendiam a importância das rotinas. Os piores eram liderados por pessoas que jamais pensavam sobre isso, e depois se perguntavam por que ninguém obedecia às suas ordens."

Em 1977, após 16 anos em Washington, D.C., O'Neill decidiu que era hora de partir. Estava trabalhando 15 horas por dia, sete dias por semana, e sua mulher estava cansada de criar quatro filhos sozinha. O'Neill renunciou ao cargo e conseguiu um emprego na International Paper, a maior empresa de celulose e papel do mundo. Ele acabou se tornando o presidente.

Àquela altura, alguns de seus velhos amigos do governo estavam na diretoria da Alcoa. Quando a empresa precisou de um novo executivo-chefe, eles pensaram em O'Neill, e foi assim que ele acabou fazendo uma lista de suas prioridades caso decidisse aceitar o emprego.

Na época, a Alcoa estava passando por dificuldades. Os críticos diziam que os funcionários da empresa não eram ágeis o bastante e que a qualidade dos produtos era precária. Porém no topo de sua lista, O'Neill não escreveu "qualidade" nem "eficiência" como suas maiores prioridades. Numa empresa tão grande e antiga quanto a Alcoa, você não pode apertar um botão e esperar que todo mundo trabalhe com mais empenho ou produza mais. O diretor executivo anterior tentara impor melhorias por meio de ordens, e 15 mil empregados tinham entrado em greve. A situação ficou tão grave que eles traziam bonecos para os estacionamentos, vestiam-nos como os diretores e os queimavam simbolicamente. "A Alcoa não era uma família feliz", me disse uma pessoa daquela época. "Era mais como a família Manson, mas com o adicional do metal fundido."

O'Neill decidiu que sua maior prioridade, caso aceitasse o emprego, teria que ser algo que todo mundo — tanto os sindicatos quanto os executivos — pudesse concordar ser importante. Ele precisava de um foco capaz de unir as pessoas, algo que lhe desse o poder de mudar o jeito como elas trabalhavam e se comunicavam.

"Pensei no básico", ele me disse. "Todos merecem sair do trabalho tão ilesos quanto chegaram, certo? Ninguém deveria ter medo de morrer sustentando a família. Foi nisso que eu decidi me focar: em mudar os hábitos de segurança de todo mundo."

No topo de sua lista O'Neill escreveu "SEGURANÇA" e traçou uma meta audaciosa: índice zero de acidentes. E não era zero acidentes em fábricas. Era zero acidentes e ponto final. Esse seria seu compromisso, custasse o que custasse.

O'Neill decidiu aceitar o emprego.

"Estou muito feliz de estar aqui", O'Neill disse a uma sala cheia de funcionários numa fundição no Tennessee, uns poucos meses após ser contratado. Nem tudo tinha corrido bem. Wall Street estava em pânico. Os sindicatos estavam receosos. Alguns dos vice-presidentes da Alcoa estavam ofendidos por não terem sido cogitados para o cargo máximo. E O'Neill continuava falando sobre segurança no trabalho.

"Terei prazer em negociar com vocês sobre qualquer coisa", disse O'Neill. Ele estava fazendo um tour pelas usinas da Alcoa nos Estados Unidos, e depois visitaria as instalações da empresa em outros 31 países. "Mas há uma única coisa que nunca vou negociar com vocês, e essa coisa é a segurança. Não quero que vocês digam que algum dia não tomamos todas as providências para garantir que as pessoas não se machuquem. Se vocês quiserem discutir comigo a esse respeito, vão perder."

O aspecto brilhante dessa abordagem era que ninguém, é claro, queria discutir com O'Neill sobre segurança no trabalho. Os sindicatos vinham lutando por melhores normas de segurança havia anos. A diretoria também não queria discutir sobre isso, já que os ferimentos significavam perda de produtividade e baixa motivação.

O que a maioria das pessoas não percebia, no entanto, era que o plano de O'Neill de alcançar um índice zero de acidentes deu início ao realinhamento mais radical da história da Alcoa. O'Neill acreditava que o segredo para proteger os funcionários da Alcoa era entender *por que* os acidentes aconteciam em primeiro lugar. E para entender *por que* os acidentes aconteciam era preciso estudar *como* o processo de fabricação estava dando errado. Para entender *como* as coisas estavam dando errado, era preciso contratar pessoas que pudessem educar os funcionários sobre controle de qualidade e os processos de trabalho mais eficientes, para que fosse mais fácil fazer tudo do jeito certo, já que um trabalho correto também é um trabalho mais seguro.

Em outras palavras, para proteger os funcionários, a Alcoa precisava se tornar a melhor e mais eficiente empresa de alumínio da terra.

O plano de segurança de O'Neill, basicamente, era moldado no loop do hábito. Ele identificou uma deixa simples: um empregado ferido. Então instituiu uma rotina automática: toda vez que alguém se acidentasse, o presidente da unidade tinha que reportar o acidente para O'Neill em até 24 horas e apresentar um plano para garantir que o acidente nunca mais acontecesse.[8][9] E havia uma recompensa: as únicas pessoas que seriam promovidas eram aquelas que adotavam o sistema.

Os presidentes de unidade eram pessoas ocupadas. Para contatar O'Neill dentro de 24 horas após um acidente, precisavam ficar sabendo do acidente, por intermédio de seus vice-presidentes, assim que ele ocorresse. Por isso os vice-presidentes precisavam estar em contato constante com os supervisores. E os supervisores precisavam fazer com que os funcionários dessem avisos logo que detectassem um problema, e deixassem por perto uma lista de sugestões, para que, quando o vice-presidente pedisse um plano, já houvesse uma caixa de ideias cheia de possibilidades. Para fazer tudo isso acontecer, cada unidade precisava criar um novo sistema de comunicação que facilitasse ao funcionário de cargo mais inferior levar uma ideia ao executivo do mais alto escalão, o mais rápido possível. Quase tudo na rígida hierarquia da empresa precisou mudar para se adequar ao programa de segurança de O'Neill. Ele estava formando novos hábitos corporativos.

O LOOP DO HÁBITO INSTITUCIONAL DA ALCOA

Conforme os padrões de segurança da Alcoa mudaram, outros aspectos da empresa também começaram a se transformar numa velocidade surpreendente. Regras às quais os sindicatos vinham se opondo havia anos — como medir individualmente a produtividade dos funcionários — de repente foram aceitas, pois tais medições ajudavam todo mundo a descobrir quando parte do processo de fabricação estava desandando, assim representando um risco para a segurança. Políticas a que os gerentes vinham resistindo havia muito tempo — como dar aos funcionários autonomia para interromper o funcionamento de uma linha de produção quando o ritmo ficava difícil de acompanhar — agora foram bem recebidas, pois esse era o melhor jeito de impedir acidente antes que eles acontecessem. A empresa mudou tanto que alguns empregados acabaram vendo os hábitos de segurança afetarem outras partes de suas vidas.

"Dois ou três anos atrás, eu estava na minha sala, olhando pela janela para a ponte da Ninth Street, e tinha uns caras trabalhando sem usar os procedimentos de segurança corretos", disse Jeff Shockey, o atual diretor de segurança da Alcoa. Um deles estava de pé em cima do parapeito da ponte, enquanto o outro segurava o cinto do primeiro. Eles não estavam usando cinturões de segurança nem cordas. "Os dois trabalhavam para alguma empresa que não tem nada a ver com a gente, mas sem pensar naquilo, levantei da cadeira, desci cinco lances de escada, atravessei a ponte e falei para aqueles caras, ei, vocês estão arriscando sua vida, vocês têm que usar seus cinturões e seu equipamento de segurança." Os homens explicaram que seu supervisor tinha esquecido de trazer o equipamento. Então Shockey telefonou para o escritório local da Administração de Segurança e Saúde Ocupacional e denunciou o supervisor.

"Outro executivo me contou que, um dia, parou numa escavação numa rua perto da sua casa porque eles não estavam usando entivação, e deu a todos uma palestra sobre a importância dos procedimentos corretos. Era um fim de semana, e ele parou o carro, com as crianças no banco de trás, para ensinar aos operários sobre entivação segura. Isso não é natural, mas a questão é justamente essa. Agora fazemos essas coisas sem pensar."

O'Neill nunca prometeu que seu foco na segurança dos funcionários elevaria os lucros da Alcoa. No entanto, conforme suas novas rotinas foram se espalhando por toda a organização, os custos baixaram, a qualidade subiu e a produtividade disparou. Se o metal fundido estava ferindo funcionários quando respingava, então o sistema de derramamento foi redesenhado, o que levou a menos acidentes. Isso também gerou economia, pois a Alcoa perdia menos matéria-prima com respingos. Se uma máquina quebrava constantemente, ela era substituída, o que significava um menor risco de que uma engrenagem quebrada prendesse o braço de um funcionário. Isso também significava produtos de maior qualidade, pois, como a Alcoa descobriu, defeitos de equipamentos eram uma das principais causas de deficiências na qualidade do alumínio.

Pesquisadores também descobriram dinâmicas semelhantes em dezenas de outros cenários, inclusive vidas individuais.

Pensemos, por exemplo, em estudos da década passada investigando os impactos dos exercícios nas rotinas diárias.[10] Quando as pessoas começam a fazer exercícios habitualmente, mesmo com uma frequência baixa, como uma vez por semana, elas começam a mudar outros padrões não relacionados em suas vidas, muitas vezes sem saber disso. Tipicamente, pessoas que fazem exercícios começam a se alimentar melhor e se tornar mais produtivas no trabalho. Elas fumam menos e demonstram mais paciência com colegas e familiares. Usam seus cartões de crédito com menos frequência e afirmam sentir menos estresse. O motivo não é totalmente claro. Mas para muitas pessoas o exercício é um hábito angular que deflagra mudanças disseminadas. "O exercício transborda para outras áreas", disse James Prochaska, um pesquisador da Universidade de Rhode Island. "Há algo nele que facilita os outros hábitos."

Estudos documentaram que famílias com o hábito de jantar juntas parecem educar crianças com melhor aptidão para as lições de casa, melhores notas, maior controle emocional e mais confiança.[11] Arrumar a cama toda manhã é correlacionado com uma produtividade melhor, uma maior sensação de bem-estar, e maior aptidão para se manter dentro do orçamento.[12] Não que uma refeição em família ou uma cama arrumada *cause* melhores notas ou menos despesas supérfluas. Mas, de algum modo, essas mudanças iniciais deflagram reações em cadeia que ajudam outros bons hábitos a se firmarem.

Se você se focar em mudar ou cultivar hábitos angulares, pode gerar mudanças disseminadas. No entanto, identificar hábitos angulares é uma tarefa complicada. Para encontrá-los, você tem que saber onde procurar. Detectar hábitos angulares significa buscar certas características. Os hábitos angulares proporcionam aquilo que é conhecido na literatura acadêmica como "pequenas vitórias". Eles ajudam outros hábitos a prosperar, criando novas estruturas, e estabelecem culturas onde a mudança se torna contagiosa.

Mas como O'Neill e inúmeras outras pessoas descobriram, vencer o hiato entre entender esses princípios e colocá-los em uso exige uma certa engenhosidade.

II.

Quando o despertador de Michael Phelps tocou às seis e meia da manhã de 13 de agosto de 2008, ele saiu de sua cama na Vila Olímpica de Pequim e caiu direto na sua rotina.

Vestiu uma calça de moletom e foi tomar o café da manhã. Ele já ganhara três medalhas de ouro naquela mesma semana — somando nove ao todo em sua carreira — e tinha duas provas naquele dia. Às sete da manhã, ele estava no refeitório, comendo sua refeição normal de dias de prova: ovos, aveia e quatro milk-shakes energéticos, as primeiras das mais de 6 mil calorias que ele consumiria ao longo das 16 horas seguintes.[13]

A primeira prova de Phelps — os 200 metros borboleta, sua prova mais forte — estava marcada para as dez horas. Duas horas antes do disparo da pistola de largada, ele deu início a sua série rotineira de alongamentos, começando com os braços, depois as costas, depois descendo até os tornozelos, que eram tão flexíveis que podiam se esticar mais de 90 graus, mais que uma bailarina nas pontas dos pés. Às oito e meia, ele entrou na piscina e começou sua primeira volta de aquecimento, 800 metros em estilo misto, seguidos de 600 metros de pernadas, 400 metros puxando uma boia entre as pernas, 200 metros de exercícios de braçadas, e uma série de sprints de 25 metros para elevar o batimento cardíaco. O aquecimento levou exatamente 45 minutos.

Às 9h15, ele saiu da piscina e começou a se espremer para entrar em seu LZR Racer, um maiô tão apertado que eram necessários vinte minutos puxando para vesti-lo. Então pôs fones de ouvido, deu play na seleção de hip-hop que ouvia antes de cada prova e ficou esperando.

Phelps começara a nadar aos 7 anos para gastar parte da energia que estava deixando sua mãe e seus professores malucos. Quando um treinador de natação local chamado Bob Bowman viu o torso comprido de Phelps, as mãos grandes e pernas relativamente curtas (que ofereciam menos resistência na água), percebeu que ele podia se tornar um campeão. Porém Phelps era emotivo. Tinha dificuldade de se acalmar antes das provas. Seus pais estavam se divorciando, e não era fácil para ele lidar com o estresse. Bowman comprou um livro de exercícios de relaxamento e pediu que a mãe de Phelps os lesse para ele em voz alta toda noite. O livro continha um roteiro — "Feche seu punho direito bem apertado e depois solte. Imagine a tensão se dissipando" — que tensionava e relaxava cada parte do corpo de Phelps antes de ele cair no sono.

Bowman acreditava que, para um nadador, o segredo da vitória era criar as rotinas certas. Ele sabia que Phelps tinha o físico perfeito para a piscina. Dito isso, todo mundo que acaba competindo numa Olimpíada tem uma musculatura perfeita. Bowman também percebeu que Phelps, mesmo numa idade tão precoce, tinha uma capacidade para a obsessão que fazia dele um atleta ideal. Por outro lado, todos os atletas de elite são obsessivos.

O que Bowman podia dar a Phelps, no entanto — o que o distinguiria de outros competidores —, eram hábitos que fizessem dele o nadador mentalmente mais forte na piscina. Ele não precisava controlar cada aspecto da vida de Phelps. Só o que precisava era focar em uns poucos hábitos que não tinham nada a ver com natação e tudo a ver com criar a mentalidade correta. Ele concebeu uma série de comportamentos que Phelps podia usar para ficar calmo e focado antes de cada prova, para descobrir essas minúsculas vantagens que, num esporte em que a vitória pode vir em questão de milissegundos, fariam toda a diferença.

Quando Phelps era adolescente, por exemplo, ao final de cada treino, Bowman lhe dizia para ir para casa e "assistir à fita de vídeo. Assista antes de dormir e quando acordar".

A fita de vídeo não era real. Na verdade, era uma visualização mental da prova de natação perfeita. Toda noite antes de dormir e toda manhã logo ao acordar, Phelps se imaginava pulando dos blocos e, em câmera lenta, nadando impecavelmente. Visualizava suas braçadas, as paredes da piscina, suas viradas e o momento da chegada. Imaginava o rastro na água atrás de seu corpo, a água pingando de seus lábios quando a boca vinha à tona, qual seria a sensação de arrancar a touca no final. Deitava na cama de olhos fechados e assistia à competição inteira, nos mínimos detalhes, inúmeras vezes, até que soubesse cada segundo de cor.

Durante os treinos, quando Bowman mandava Phelps nadar em velocidade de competição, gritava: "Coloque a fita!", e Phelps se forçava a nadar com toda a força que tinha. A sensação enquanto ele cruzava a água era quase de anticlímax. Ele fizera aquilo tantas vezes na sua imaginação que, agora, parecia uma coisa mecânica. Mas funcionava. Ele foi ficando cada vez mais veloz. Chegou um ponto em que tudo o que Bowman precisava fazer antes de uma prova era sussurrar: "Deixe a fita pronta", e Phelps se acalmava e aniquilava os adversários.

E uma vez que Bowman estabeleceu umas poucas rotinas centrais na vida de Phelps, todos os outros hábitos — sua dieta e seu treinamento, as rotinas de alongamento e de sono — pareceram se ajustar por si próprios. No cerne de por que esses hábitos eram tão eficazes, por que funcionavam como hábitos angulares, estava algo conhecido na literatura acadêmica como uma "pequena vitória".

*

As pequenas vitórias são exatamente o que parecem ser, e são parte de como os hábitos angulares geram mudanças disseminadas. Um enorme corpus de pesquisas demonstrou que as pequenas vitórias têm um poder enorme, uma influência desproporcional às realizações das vitórias em si. "Pequenas vitórias são uma aplicação constante de uma pequena vantagem", escreveu um professor de Cornell em 1984. "Uma vez que uma pequena vitória foi conquistada, forças que favorecem outra pequena vitória são postas em movimento."[14] Pequenas vitórias alimentam mudanças transformadoras, elevando vantagens minúsculas a padrões que convencem as pessoas de que conquistas maiores estão dentro de seu alcance.[15]

Por exemplo, quando as organizações de defesa dos direitos dos gays começaram a fazer campanha contra a homofobia no final dos anos 1960, seus esforços iniciais geraram apenas uma série de fracassos. Eles lutaram para revogar leis usadas para perseguir gays e foram completamente derrotados nas legislaturas estaduais. Professores tentaram criar programas para orientar adolescentes gays e foram despedidos por insinuar que a homossexualidade deveria ser aceita. Parecia que as maiores metas da comunidade gay — acabar com a discriminação e o assédio da polícia, convencer a Associação Psiquiátrica Americana a parar de definir a homossexualidade como um distúrbio mental — estavam fora de alcance.[16]

Então, no começo dos anos 1970, a Força-Tarefa sobre Libertação Gay da Associação de Bibliotecas Americanas decidiu focar uma única meta modesta: convencer a Biblioteca do Congresso a reclassificar os livros sobre o movimento de libertação gay, da seção HQ 71-471 ("Relações Sexuais Anormais, Incluindo Crimes Sexuais") para outra categoria menos pejorativa.[17]

Em 1972, após receber uma carta solicitando a reclassificação, a Biblioteca do Congresso concordou em fazer a mudança, reclassificando os livros numa categoria recém-criada, HQ 76.5 ("Homossexualidade, Lesbianismo — Movimento de Libertação Gay, Movimento Homófilo"). Foi uma pequena alteração num velho hábito institucional referente ao modo como os livros eram classificados, porém o efeito foi eletrizante. Notícias sobre a nova política se espalharam pelo país. Organizações pelos direitos dos gays, mencionando a vitória, deram início a campanhas de arrecadação de verbas. Dentro de uns poucos anos, políticos abertamente gays estavam concorrendo a cargos na Califórnia, Nova York, Massachusetts e Oregon, muitos deles mencionando a decisão da Biblioteca do Congresso como inspiração. Em 1973, a Associação Psiquiátrica Americana, após anos de debate interno, reescreveu a definição de homossexualidade de forma que não fosse mais um distúrbio mental — abrindo caminho para a aprovação de leis estaduais que tornavam ilegal discriminar pessoas devido a sua orientação sexual.

E tudo começou com uma pequena vitória.

"As pequenas vitórias não se combinam de forma clara, linear, serial, com cada passo sendo um passo demonstrável rumo a algum objetivo predefinido", escreveu Karl Weick, um proeminente psicólogo organizacional. "Mais comum é a circunstância em que as pequenas vitórias são dispersas (...) como experimentos em miniatura que testam teorias implícitas sobre resistência e oportunidade, e descobrem tanto recursos quanto obstáculos que eram invisíveis antes de a situação ter sido provocada."

E foi exatamente isso que aconteceu com Michael Phelps. Quando Bob Bowman começou a trabalhar com Phelps e sua mãe nos hábitos angulares de visualização e relaxamento, nem Bowman nem Phelps tinham a mínima ideia do que estavam fazendo. "Nós experimentávamos, tentávamos coisas diferentes até acharmos algo que funcionasse", me contou Bowman. "Por fim, descobrimos que era melhor nos concentrarmos nesses pequenos momentos de sucesso e transformá-los em gatilhos mentais. Fizemos deles uma rotina. Há uma série de coisas que fazemos antes de cada prova que são projetadas para dar ao Michael um senso de vitória crescente.

"Se você perguntasse ao Michael o que está acontecendo dentro da cabeça dele antes da competição, ele diria que na verdade não está pensando em nada. Só está seguindo o programa. Porém não é bem assim. É mais como se seus hábitos tivessem assumido o controle. Quando chega a hora da prova, ele já passou da metade do plano e foi vitorioso em cada estágio. Todos os trechos aconteceram conforme planejado. As voltas de aquecimento foram exatamente como ele visualizou. Seus fones de ouvido estão tocando exatamente o que ele esperava. A prova de verdade é só mais um passo num padrão que começou mais cedo naquele dia e não conteve nada além de vitórias. Vencer é uma extensão natural."

Voltando a Pequim, eram 9h56 — quatro minutos antes do início da prova — e Phelps estava de pé atrás de seu bloco de largada, dando pulinhos nas pontas dos pés. Quando o locutor disse seu nome, Phelps subiu no bloco, como sempre fazia antes de uma prova, e depois desceu, como sempre fazia. Balançou os braços três vezes, como fizera antes de cada prova desde que tinha 12 anos. Subiu nos blocos de novo, assumiu sua postura e, ao ouvir o disparo da pistola, pulou.

Phelps percebeu que havia algo errado assim que caiu na água. Havia umidade dentro de seus óculos. Não sabia dizer se o vazamento era em cima ou embaixo, mas enquanto rompia a superfície da água e começava a nadar, ele torceu para que a infiltração não piorasse muito.[18]

Já na segunda virada, no entanto, tudo estava ficando embaçado. Quando ele se aproximou da terceira virada e da volta final, seus óculos estavam totalmente cheios. Phelps não conseguia enxergar nada. Não via a linha no fundo da piscina, não via o T preto assinalando a parede que se aproximava. Não via quantas braçadas restavam. Para a maior parte dos nadadores, perder a visão no meio de uma final de Olimpíada seria motivo de pânico.

Phelps estava calmo.

Todo o resto, naquele dia, acontecera de acordo com o plano. A infiltração nos óculos era um desvio pequeno, mas para o qual ele estava preparado. Bowman uma vez fizera Phelps nadar numa piscina do Michigan no escuro, pois achava que ele precisava estar pronto para qualquer surpresa. Algumas das fitas de vídeo na mente de Phelps incluíam problemas como aquele. Ele já tinha ensaiado mentalmente como reagiria a um defeito nos óculos. Quando começou a última volta, Phelps estimou quantas braçadas a reta final exigiria — 19 ou vinte, talvez 21 — e começou a contar. Sentiu-se completamente relaxado enquanto nadava com força total. Na metade da volta ele começou a aumentar seu esforço, uma erupção final que se tornara uma de suas técnicas principais para superar os adversários. Após 18 braçadas, ele começou a prever a parede. Ouvia a multidão berrando, mas já que estava cego, não fazia ideia se estavam torcendo para ele ou para outra pessoa. Dezenove braçadas, depois vinte. Parecia que ele precisava de mais uma. Era isso que dizia a fita de vídeo em sua cabeça. Ele deu uma vigésima primeira braçada enorme, deslizou com os braços esticados e encostou na parede. O timing tinha sido perfeito. Quando tirou os óculos e olhou para o placar, estava escrito "recorde mundial" ao lado do seu nome. Ele ganhara outra medalha de ouro.

Depois da prova, um repórter perguntou qual fora a sensação de nadar cego.

"Foi como eu imaginei que fosse", disse Phelps. Foi uma vitória a mais numa vida inteira cheia de pequenas vitórias.[19]

Seis meses depois que Paul O'Neill se tornou diretor executivo da Alcoa, recebeu um telefonema no meio da noite. Um gerente de usina no Arizona estava na linha, em pânico, contando que uma prensa de extrusão tinha parado de funcionar e um dos operários — um jovem que entrara para a empresa umas poucas semanas antes, ansioso pelo emprego porque oferecia plano de saúde para mulher grávida — tentara consertá-la. Ele pulara por cima de uma mureta de segurança amarela que ficava ao redor da prensa e atravessara o poço. Havia um pedaço de alumínio entalado na dobradiça de um braço basculante de quase 2 metros. O rapaz puxou o pedaço de alumínio e o removeu. A máquina foi consertada. Atrás dele, o braço reiniciou seu movimento em arco, oscilando em direção à sua cabeça. Quando o atingiu, o braço esmagou seu crânio. Ele morreu na mesma hora.[20]

Catorze horas depois, O'Neill convocou todos os executivos da usina — assim como os dirigentes da Alcoa em Pittsburgh — para uma reunião de emergência. Durante a maior parte do dia, eles recriaram minuciosamente o acidente, usando diagramas e assistindo às fitas de vídeo inúmeras vezes. Identificaram dezenas de erros que tinham contribuído para a morte, incluindo dois gerentes que tinham visto o homem pular por cima da barreira, mas não o impediram; um programa de treinamento que não enfatizara para o homem que ele não seria culpado por uma quebra de equipamento; falta de instruções de que ele devia procurar um gerente antes de tentar um conserto; e a ausência de sensores que desligassem a máquina automaticamente quando alguém entrasse no poço.

"Nós matamos esse homem", um O'Neill de rosto soturno disse para o grupo. "É uma falha na minha liderança. Eu causei essa morte. E é falha de todos vocês na cadeia de comando."

Os executivos no recinto ficaram desconcertados. Um acidente trágico acontecera, é claro, porém acidentes trágicos faziam parte da vida na Alcoa. Era uma empresa enorme com empregados que lidavam com metal incandescente e máquinas perigosas. "Paul viera de fora, e havia muito ceticismo quando ele falava de segurança", disse Bill O'Rourke, um executivo do alto escalão. "Achamos que aquilo ia durar umas semanas, e então ele ia começar a focar outra coisa. Mas aquela reunião realmente deixou todo mundo abalado. Ele estava levando aquilo a sério, tão a sério que passava noites acordado, preocupado com um empregado que ele nunca tinha visto. Foi então que as coisas começaram a mudar."

Uma semana depois daquela reunião, todas as grades de segurança da Alcoa tinham sido repintadas de amarelo brilhante, e novas políticas tinham sido redigidas. Os gerentes disseram aos empregados que não tivessem receio de sugerir uma manutenção proativa, e as regras foram esclarecidas para que ninguém tentasse consertos arriscados. Essa nova vigilância resultou numa notável diminuição a curto prazo do índice de lesões. A Alcoa viveu uma pequena vitória.

Então O'Neill deu o bote.

"Quero parabenizar a todos por reduzir o número de acidentes, mesmo por apenas duas semanas", ele escreveu num memorando que passou pela empresa inteira. "Não devemos comemorar porque seguimos as regras, nem porque reduzimos um número. Devemos comemorar porque estamos salvando vidas."

Os operários fizeram cópias do texto e as grudaram em seus armários. Alguém pintou um mural retratando O'Neill numa das paredes de uma usina de fundição, com uma citação do memorando escrita embaixo. Assim como as rotinas de Michael Phelps não tinham nada a ver com natação e tudo a ver com seu sucesso, também os esforços de O'Neill começaram, como uma bola de neve, a gerar mudanças que não estavam relacionadas à segurança, mas eram transformações mesmo assim.

"Eu disse para os operários: 'Se sua gerência não estiver atenta às questões de segurança, então liguem para minha casa, este é o meu número'", O'Neill me disse. "Os funcionários começaram a ligar, mas não queriam falar de acidentes. Queriam falar sobre todas essas outras ideias ótimas."

A usina da Alcoa que fabricava revestimento de alumínio para paredes para casas, por exemplo, vinha lutando para se manter havia anos, porque os executivos tentavam prever cores populares e inevitavelmente apostavam errado. Pagavam milhões de dólares a consultores para escolherem tons de tinta e, seis meses depois, o depósito ficava atulhado de "amarelo-sol", enquanto o "verde-exército", que de repente entrara em demanda, estava em falta. Um dia, um empregado de baixo escalão fez uma sugestão que rapidamente chegou aos ouvidos do gerente geral: se eles agrupassem todas as máquinas de tinta, podiam trocar os pigmentos mais depressa e se tornar mais ágeis para reagir a mudanças na demanda dos clientes. Dentro de um ano, os lucros com revestimento de alumínio para paredes tinham dobrado.

As pequenas vitórias que começaram com o foco de O'Neill na segurança criaram um clima em que todos os tipos de novas ideias pipocavam.

"Descobrimos que esse cara vinha sugerindo essa ideia da tinta fazia uma década, mas não tinha contado para ninguém da gerência", me disse um executivo da Alcoa. "Então ele pensou, já que estamos sempre pedindo recomendações de segurança, por que não falar para eles sobre essa *outra* ideia? Foi como se ele tivesse nos dado os números que iam sair na loteria."

III.

Quando o jovem Paul O'Neill estava trabalhando para o governo e criando uma estrutura para analisar as despesas federais em serviços de saúde, uma das questões mais prementes dos agentes era a mortalidade infantil. Os Estados Unidos, na época, eram um dos países mais ricos do mundo. No entanto, o índice de mortalidade infantil era mais alto que o da maior parte da Europa e o de algumas partes da América do Sul. As áreas rurais, em especial, viam um número assustador de bebês morrerem antes de completar o primeiro ano de vida.[21]

O'Neill foi encarregado de descobrir por quê. Ele pediu que outros órgãos federais começassem a analisar dados sobre a mortalidade infantil, e cada vez que alguém voltava com uma resposta, ele fazia outra pergunta, tentando se aprofundar, entender as causas que eram a raiz do problema. Sempre que alguém vinha à sala de O'Neill com alguma descoberta, ele começava a interrogar a pessoa com novas questões. Deixava as pessoas malucas com sua insistência interminável de descobrir mais, de entender o que *realmente* estava acontecendo. ("Eu amo Paul O'Neill, mas não tem dinheiro no mundo que me faria trabalhar para ele de novo", certo agente me disse. "O homem nunca se deparou com uma resposta que ele não consegue transformar em outras vinte horas de trabalho.")

Algumas pesquisas, por exemplo, sugeriam que a maior causa das mortes de recém-nascidos eram nascimentos prematuros. E o motivo pelo qual os bebês nasciam cedo demais era que as mães sofriam de desnutrição durante a gravidez. Por isso, para reduzir a mortalidade infantil, era preciso melhorar a dieta das mães. Simples, certo? Mas para combater a desnutrição, as mulheres tinham que melhorar sua dieta *antes* de engravidar. O que significava que o governo tinha que começar a educar as mulheres sobre nutrição antes que elas se tornassem sexualmente ativas. O que significava que os agentes tinham que criar programas de nutrição dentro do ensino médio.

No entanto, quando O'Neill começou a peguntar como deveria criar esses programas, descobriu que muitos professores do ensino médio em áreas rurais não tinham conhecimentos básicos de biologia suficientes para ensinar nutrição. Então o governo teve que reformular a educação universitária dos professores e lhes dar uma base mais forte em biologia para que eles por fim pudessem ensinar nutrição a garotas adolescentes, para que essas adolescentes se alimentassem melhor antes de começar a fazer sexo e, por fim, estivessem suficientemente nutridas quando tivessem filhos.

A má-formação dos professores, como finalmente descobriram os agentes que estavam trabalhando com O'Neill, era uma causa que se encontrava na raiz da mortalidade infantil. Se alguém pedisse a médicos ou oficiais da saúde pública um plano para combater as mortes de recém-nascidos, nenhum deles teria sugerido mudar a formação dos professores. Não teriam como saber que havia uma relação. No entanto, ensinando biologia a alunos universitários, possibilitou-se que eles por fim transmitissem esse conhecimento a adolescentes, que passaram a se alimentar melhor, e anos mais tarde geraram bebês mais fortes. Hoje, a taxa de mortalidade infantil nos Estados Unidos é 68% menor do que quando O'Neill assumiu o cargo.[22]

As experiências de O'Neill com a mortalidade infantil ilustram o segundo modo como os hábitos angulares fomentam mudanças: criando estruturas que ajudam outros hábitos a prosperar. No caso das mortes prematuras, mudar o currículo universitário dos professores deu início a uma reação em cadeia que acabou modificando o jeito como as garotas eram educadas em áreas rurais, e sua condição nutricional quando elas engravidavam. E o hábito de O'Neill de estar sempre forçando outros burocratas a continuar pesquisando até achar as raízes de um problema reformou o modo como o governo pensava sobre problemas como a mortalidade infantil.

A mesma coisa pode acontecer na vida das pessoas. Por exemplo, até cerca de vinte anos atrás, a sabedoria convencional afirmava que o melhor jeito de uma pessoa perder peso era alterar sua vida radicalmente. Os médicos prescreviam dietas rígidas aos pacientes e lhes diziam para se matricular numa academia, frequentar sessões regulares de orientação — às vezes todos os dias — e mudar suas rotinas diárias subindo escadas, por exemplo, em vez de pegar o elevador. Segundo este modo de pensar, era apenas virando a vida da pessoa de cabeça para baixo que os maus hábitos podiam ser reformados.

Porém quando os pesquisadores estudaram a eficácia desses métodos durante períodos prolongados, descobriram que eram um fracasso. Os pacientes usavam as escadas por uma semana, mas no fim do mês, aquilo dava trabalho demais. Começavam dietas e se matriculavam em academias, mas depois que o entusiasmo inicial arrefecia, eles voltavam rapidamente para seus velhos hábitos de comer mal e assistir TV.[23] Acumular tantas mudanças ao mesmo tempo tornava impossível que qualquer uma delas se firmasse.

Então, em 2009, um grupo de pesquisadores subsidiados por Institutos Nacionais de Saúde publicou um estudo sobre uma abordagem diferente para a perda de peso.[24] Tinham juntado um grupo de 1.600

obesos e pediram que eles se concentrassem em anotar tudo o que comiam pelo menos um dia por semana.

No começo foi difícil. Os sujeitos se esqueciam de carregar os caderninhos, ou comiam fora de hora e não anotavam. Aos poucos, no entanto, as pessoas começaram a registrar suas refeições uma vez por semana — e às vezes com mais frequência. Muitos participantes começaram a manter um registro diário do que comiam. No fim, aquilo se tornou um hábito. Então, algo inesperado aconteceu. Os participantes começaram a olhar os registros e descobrir padrões que eles não sabiam que existiam. Alguns notaram que sempre pareciam fazer lanches por volta das dez da manhã, por isso começaram a deixar uma maçã ou banana na mesa para lanchar no meio da manhã. Outros começaram a usar seus diários para planejar cardápios futuros, e quando chegava a hora do jantar, comiam a refeição saudável que tinham anotado, em vez de comida gordurosa da geladeira.

Os pesquisadores não tinham sugerido nenhum desses comportamentos. Tinham simplesmente pedido que todos anotassem o que comiam uma vez por semana. Mas esse hábito angular — registrar diariamente o que comiam — criou uma estrutura que ajudou outros hábitos a prosperar. Seis meses após o início do estudo, as pessoas que mantinham registros diários do que comiam tinham perdido duas vezes mais peso do que todo o restante.

"Depois de um tempo, o diário entrou na minha cabeça", uma pessoa me disse.[25] "Comecei a pensar nas refeições de um jeito diferente. Isso me deu um sistema para pensar em comida sem ficar deprimido."

Algo semelhante aconteceu na Alcoa depois que O'Neill assumiu o cargo. Assim como os diários forneceram uma estrutura para que outros hábitos prosperassem, os hábitos de segurança de O'Neill criaram uma atmosfera em que outros comportamentos surgiram. Logo no começo, O'Neill tomou a providência incomum de mandar que os escritórios da Alcoa do mundo inteiro se conectassem numa rede eletrônica. Isso foi no início dos anos 1980, quando as grandes redes internacionais geralmente não estavam ligadas aos computadores nas mesas das pessoas. O'Neill justificou essa ordem argumentando que era essencial criar um sistema de dados de segurança em tempo real que os gerentes pudessem usar para compartilhar sugestões. Como resultado, a Alcoa desenvolveu um dos primeiros sistemas de e-mail corporativo legitimamente mundiais.

O'Neill logava no sistema toda manhã e mandava mensagens para conferir se todos os outros também estavam logados. No começo, as pessoas usavam a rede principalmente para discutir questões de segurança. Então, conforme os hábitos de uso de e-mail tornaram-se mais arraigados e confortáveis, eles começaram a postar informações sobre todo tipo de assunto, tais como condições de mercados locais, quotas de vendas e problemas comerciais. Exigiu-se que executivos do alto escalão enviassem um relatório toda sexta-feira, que qualquer pessoa na empresa fosse capaz de ler. Um gerente no Brasil usou a rede para mandar, para um colega em Nova York, dados sobre mudanças no preço do aço. O colega nova-iorquino pegou essa informação e a transformou num lucro rápido para a empresa em Wall Street. Em pouco tempo, todo mundo estava usando o sistema para se comunicar sobre tudo. "Eu mandava meu relatório de acidentes e sabia que todo mundo ia ler, então pensei: por que não mandar dados de preços, ou informações sobre outras empresas?", um gerente me disse. "Era como se tivéssemos descoberto uma arma secreta. A concorrência não conseguia imaginar como estávamos fazendo aquilo."

Quando a internet aflorou, a Alcoa estava numa posição perfeita para se beneficiar dela. O hábito angular de O'Neill — a segurança dos trabalhadores — havia criado uma plataforma que incentivou outra prática — o e-mail — anos antes da concorrência.

Em 1996, já fazia quase uma década que Paul O'Neill estava na Alcoa. Sua liderança tinha sido estudada pela Harvard Business School e pela Kennedy School of Government. Ele era constantemente mencionado como um possível secretário do Comércio ou da Defesa. Tanto seus empregados quanto os sindicatos lhe davam notas altas. Sob a vigilância dele, o preço das ações da Alcoa tinha subido mais de 200%. Ele era, enfim, um sucesso universalmente reconhecido.

Em maio daquele ano, numa reunião de acionistas no centro de Pittsburgh, uma freira beneditina levantou-se durante a sessão de perguntas do público e acusou O'Neill de mentir. A irmã Mary Margaret representava um grupo de defesa de direitos sociais preocupado com os salários e as condições de trabalho dentro de uma usina da Alcoa em Ciudad Acuña, no México. Ela disse que enquanto O'Neill tecia elogios às medidas de segurança da Alcoa, trabalhadores no México estavam adoecendo devido a gases perigosos.

"Isso não é verdade", O'Neill disse a todos no auditório. Em seu laptop, ele acessou os registros de segurança da usina mexicana. "Estão vendo?", ele disse, mostrando a todos os elevados índices de segurança, cumprimento de leis ambientais e pesquisas de satisfação de empregados. O executivo encarregado da usina, Robert Barton, era um dos gerentes mais antigos da Alcoa. Estava na empresa havia décadas e era responsável por algumas de suas maiores parcerias. A freira disse que o público não devia confiar em O'Neill. Ela sentou.

Depois da reunião, O'Neill pediu que ela viesse a sua sala. A ordem religiosa da freira possuía cinquenta ações da Alcoa, e havia meses que eles vinham solicitando uma votação de acionistas sobre uma resolução que repensasse as operações da empresa no México. O'Neill perguntou à irmã Mary se ela tinha estado pessoalmente em alguma das usinas. Ela disse que não. Para se certificar, O'Neill pediu que o diretor de recursos humanos e o conselho geral da empresa fossem ao México para ver o que estava acontecendo.

Quando os executivos chegaram, examinaram os relatórios da usina de Acuña e descobriram registros sobre um incidente que nunca tinham sido enviados à sede. Uns poucos meses antes, houvera um acúmulo de emissões de gases dentro de um prédio. Foi uma ocorrência relativamente desimportante. O executivo da usina, Barton, instalara ventiladores para dissipar os gases. As pessoas que haviam adoecido tinham se recuperado completamente dentro de um ou dois dias.

Mas Barton nunca reportara o problema.

Quando os executivos voltaram para Pittsburgh e apresentaram suas descobertas, O'Neill tinha uma dúvida.

"Bob Barton *sabia* que as pessoas tinham adoecido?"

"Nós não o encontramos", eles responderam. "Mas sim, ficou bem claro que ele sabia."

Dois dias depois, Barton foi demitido.

Essa saída chocou as pessoas de fora. Barton tinha sido mencionado em artigos como um dos executivos mais valiosos da empresa. Sua partida foi um baque para joint ventures importantes.

Dentro da Alcoa, no entanto, ninguém ficou surpreso. Aquilo foi visto como uma extensão inevitável da cultura que O'Neill criara.

"Foi Barton quem demitiu a si mesmo", um de seus colegas me disse. "Nesse caso não houve nem escolha."

Este é o último modo como os hábitos angulares incentivam uma mudança disseminada: criando culturas em que novos valores se tornam arraigados. Os hábitos angulares tornam escolhas difíceis — como despedir um alto executivo — mais fáceis, porque, quando essa pessoa viola a cultura, fica claro que ela precisa ir embora. Às vezes essas culturas se manifestam em vocabulários especiais, cujo uso passa a ser, ele próprio, um hábito que define uma organização. Na Alcoa, por exemplo, havia "Programas Essenciais" e "Filosofias de Segurança", expressões que serviam como valises, contendo conversas inteiras sobre prioridades, objetivos e maneiras de pensar.

"Em outra empresa, talvez tivesse sido difícil demitir alguém que estava lá havia tanto tempo", O'Neill me disse. "Não foi difícil para mim. Era claro o que os nossos valores ditavam. Ele foi demitido porque não relatou o incidente, e ninguém mais teve a oportunidade de aprender com ele. Não compartilhar uma oportunidade de aprender é um pecado capital."

As culturas crescem a partir dos hábitos angulares de toda organização, quer os líderes estejam cientes deles, quer não estejam. Por exemplo, quando pesquisadores estudaram uma classe recém-chegada de cadetes em West Point, mediram suas pontuações médias, aptidão física, habilidades militares e autodisciplina. No entanto, quando correlacionaram estes fatores com o dado de se os alunos desistiam do curso ou se formavam, eles descobriram que nenhum dos fatores importava tanto quanto algo a que os pesquisadores se referiam como "garra", definida por eles como a tendência a trabalhar "com afinco frente aos desafios, mantendo o esforço e o interesse ao longo dos anos apesar de fracassos, adversidades e estagnações no avanço".[26][27]

O mais interessante da garra é o modo como ela surge. Ela cresce a partir de uma cultura que os cadetes criam para si mesmos, e essa cultura muitas vezes surge devido a hábitos angulares que eles adotam em West Point. "Tem tanta coisa difícil nessa escola", um cadete me disse. "Eles chamam o primeiro verão de 'Caserna Bestial', porque querem triturar você. Um monte de gente desiste antes de o ano letivo começar.

"Mas eu achei esse grupo de caras nos primeiros dias aqui, e começamos a fazer essa coisa em que, toda manhã, nos reunimos para conferir se todo mundo está se sentindo forte. Vou falar com eles quando me sinto preocupado ou desanimado, e sei que eles me botam para cima de novo. Nós somos só nove, e nos chamamos de mosqueteiros. Sem eles, acho que não teria durado nem um mês aqui."

Os cadetes que se saem bem em West Point chegam à escola equipados com hábitos de disciplina mental e física. Essas qualidades, no entanto, só podem levá-los até certo ponto. Para ter sucesso, eles precisam de um hábito angular que crie uma cultura — tal como uma reunião diária de amigos com mentalidade semelhante — para lhes ajudar a encontrar a força necessária para superar obstáculos. Hábitos angulares nos transformam criando culturas que deixam claros os valores que, no calor de uma decisão difícil ou de um momento de incerteza, talvez acabássemos esquecendo.

Em 2000, O'Neill se aposentou da Alcoa e, a pedido do presidente recém-eleito George W. Bush, tornou-se secretário da Fazenda.[4] Deixou o cargo dois anos depois, e hoje passa a maior parte do tempo ensinando hospitais a se focarem na segurança dos trabalhadores e em hábitos

---

[4] O mandato de O'Neill na Secretaria da Fazenda não foi tão bem-sucedido quanto sua carreira na Alcoa. Quase imediatamente após assumir o cargo, ele começou a abordar algumas questões centrais, incluindo segurança no trabalho, criação de empregos, prestação de contas do Poder Executivo e o combate à fome na África, entre outras iniciativas. No entanto, a política de O'Neill não estava em sintonia com a do presidente, e ele deu início a uma luta interna contra as reduções tributárias propostas por Bush. Foi convidado a renunciar no fim de 2002. "O que eu achava que era certo para a política econômica era o oposto do que a Casa Branca queria", O'Neill me disse. "Isso não é bom para um secretário da Fazenda, então fui demitido."

angulares que possam baixar os índices de erros médicos, assim como servindo em diversas diretorias corporativas.

Empresas e organizações em todo o território americano, no entanto, já adotaram a ideia de usar os hábitos angulares para retransformar locais de trabalho. Na IBM, por exemplo, Lou Gerstner reconstruiu a empresa concentrando-se inicialmente num único hábito angular: as rotinas de pesquisa e vendas da IBM. Na firma de consultoria McKinsey & Company, uma cultura de melhoria contínua é criada através de um hábito angular de críticas internas abrangentes que são parte crucial de cada tarefa. Na Goldman Sachs, um hábito angular de avaliação de riscos serve de alicerce a cada decisão.

E na Alcoa, o legado de O'Neill continua vivo. Mesmo na ausência dele, o índice de acidentes continua diminuindo. Em 2010, 82% das usinas da Alcoa não perderam um único dia de trabalho de um empregado devido a ferimentos, o que é quase um recorde histórico. Em média, há mais chances de um funcionário se ferir numa empresa de software, fazendo desenhos animados para um estúdio de cinema, ou calculando impostos como contador, do que lidando com alumínio fundido na Alcoa.

"Quando fui promovido a gerente de usina", disse Jeff Shockey, o executivo da Alcoa, "no primeiro dia em que entrei no estacionamento, vi todas essas vagas perto das portas da frente, com nomes de cargos escritos nelas. O chefe disso e daquilo. As pessoas importantes ficavam com as melhores vagas. A primeira coisa que fiz foi mandar um gerente de manutenção apagar todos os cargos. Queria que quem chegasse ao trabalho mais cedo pegasse a melhor vaga. Todo mundo entendeu a mensagem: cada pessoa importa. Era uma extensão do que Paul estava fazendo pela segurança dos funcionários. Isso entusiasmou a usina inteira. Em pouco tempo, todos estavam chegando ao trabalho mais cedo".

5

STARBUCKS E O HÁBITO DO SUCESSO

Quando a força de vontade se torna automática

I.

Na primeira vez que Travis Leach viu seu pai sofrer uma overdose, tinha 9 anos. Sua família acabara de se mudar para um pequeno apartamento no fim de um beco, a mais recente de uma série aparentemente interminável de deslocamentos que os obrigara, havia muito pouco tempo, a abandonar sua casa anterior no meio da noite, carregando tudo o que eles possuíam em sacos pretos de lixo após receber uma ordem de despejo. Pessoas demais entrando e saindo no meio da noite, disse o proprietário. Barulho demais.

Às vezes, em sua casa antiga, Travis voltava da escola e achava os cômodos limpos com capricho, os restos de comida meticulosamente embrulhados na geladeira, e saquinhos de molho de pimenta e ketchup em recipientes de Tupperware. Sabia que isso significava que seus pais tinham temporariamente trocado a heroína pela anfetamina, e passado o dia num frenesi de limpeza. Aquilo costumava terminar mal. Travis se sentia mais seguro quando a casa estava bagunçada e seus pais estavam no sofá, de olhos entreabertos, vendo desenhos animados. Não há caos no fim de um barato de heroína.

O pai de Travis era um homem gentil que adorava cozinhar e, a não ser por um breve período na Marinha, passou a vida inteira a uns poucos quilômetros de distância de seus pais em Lodi, Califórnia. A mãe de Travis, na época em que eles todos se mudaram para o apartamento no beco, estava presa por porte de heroína e prostituição. Seus pais eram basicamente viciados funcionais, e a família mantinha um verniz de normalidade. Iam acampar todo verão, e nas noites de sexta-feira costumavam ir aos jogos de softball dos irmãos dele. Quando Travis tinha 4 anos, foi à Disneyland com o pai e foi fotografado pela primeira vez na vida, por um empregado da Disney. A câmera da família tinha sido vendida a uma loja de penhores alguns anos antes.

Na manhã da overdose, Travis e seu irmão estavam brincando na sala, em cima dos cobertores que eles estendiam no chão toda noite para dormir. O pai de Travis estava se preparando para fazer panquecas quando entrou no banheiro, levando a meia comprida que continha sua agulha, colher, isqueiro e cotonetes. Uns poucos minutos depois ele saiu, abriu a geladeira para pegar os ovos e desabou no chão. Quando os meninos entraram correndo, o pai estava tendo convulsões, o rosto ficando azul.

Os irmãos de Travis já tinham visto uma overdose antes e conheciam o esquema. Seu irmão deitou o pai de lado. A irmã abriu a boca dele para garantir que ele não engasgaria com a própria língua e mandou Travis correr até a casa ao lado, pedir para usar o telefone do vizinho e ligar para 911.

"Meu nome é Travis, meu pai desmaiou e a gente não sabe o que aconteceu. Ele não está respirando", Travis mentiu para o atendente da polícia. Mesmo com 9 anos, ele sabia por que o pai estava inconsciente. Não queria dizer aquilo na frente do vizinho. Três anos antes, um dos amigos do seu pai morrera no porão deles depois de se picar. Quando os paramédicos chegaram para levar o corpo embora, os vizinhos ficaram olhando assustados para Travis e a irmã enquanto seguravam a porta aberta para a maca passar. Um dos vizinhos tinha um primo cujo filho estava na classe dele, e logo todo mundo na escola já estava sabendo.

Depois de desligar o telefone, Travis andou até o final do beco e ficou esperando a ambulância. O pai foi tratado no hospital naquela manhã, indiciado na delegacia à tarde, e já estava em casa de novo na hora do jantar. Ele fez espaguete. Travis completou 10 anos umas poucas semanas depois.

Quando Travis tinha 16 anos, largou o ensino médio. "Eu estava cansado de ser chamado de bicha", ele disse, "cansado de as pessoas me seguirem até em casa e me jogarem coisas. Parecia que tudo era mesmo demais para mim. Era mais fácil largar tudo aquilo e ir para outro lugar". Ele mudou-se para Fresno, duas horas ao sul, e conseguiu emprego num lava-rápido. Foi despedido por insubordinação. Depois arranjou empregos no McDonald's e na Hollywood Video, mas, quando os clientes eram mal-educados — "eu queria *molho barbecue*, seu imbecil!" —, ele perdia o controle.

"Sai do meu drive-thru!", ele gritou para uma mulher, jogando nuggets no carro dela antes que o gerente o puxasse para dentro.

Às vezes ficava tão perturbado que começava a chorar no meio do expediente. Travis muitas vezes chegava atrasado, ou tirava um dia de folga sem motivo algum. De manhã, gritava para sua imagem no espelho, ordenava a si mesmo ser uma pessoa melhor, aguentar o tranco. Mas ele não conseguia se dar bem com as pessoas e não era forte o bastante para suportar o fluxo constante de críticas e insultos. Quando a fila do caixa dele ficava longa demais e o gerente gritava com ele, as mãos de Travis começavam a tremer e ele sentia falta de ar. Ele se perguntava se era assim que os pais dele se sentiam, tão indefesos contra a vida, quando começaram a usar drogas.

Um dia, um cliente habitual da Hollywood Video que acabara conhecendo Travis um pouco melhor sugeriu que ele pensasse em trabalhar na Starbucks. "Estamos abrindo uma loja nova em Fort Washington, e eu vou ser gerente assistente", disse o homem. "Você devia se candidatar." Um mês depois, Travis estava trabalhando como barista no turno da manhã.

Isso foi há seis anos. Hoje, aos 25 anos, Travis é gerente de duas Starbucks, onde supervisiona quarenta empregados e é responsável por um faturamento que supera os 2 milhões de dólares ao ano. Seu salário é de 44 mil por ano, ele tem uma aposentadoria privada e nenhuma dívida. Nunca chega atrasado. Não se irrita no trabalho. Quando uma de suas funcionárias começou a chorar depois que um cliente gritou com ela, Travis a levou de lado.

"Seu avental é um escudo", ele disse. "Nada que uma pessoa diga jamais vai machucar você. Você sempre vai ser tão forte quanto quiser ser."

Ele aprendeu aquele discurso em um de seus cursos de treinamento da Starbucks, um programa de ensino que teve início no seu primeiro dia e continua ao longo da carreira de um empregado. O programa tem estrutura suficiente para que ele possa ganhar créditos na faculdade conforme conclui os módulos. Travis diz que o treinamento mudou sua vida. A Starbucks lhe ensinou a viver, a ter foco, a chegar ao trabalho na hora e a controlar suas emoções. E o mais crucial, lhe ensinou a ter força de vontade.

"A Starbucks é a coisa mais importante que já aconteceu comigo", ele me disse. "Eu devo tudo a esta empresa."

Para Travis e milhares de outros, a Starbucks — assim como uma série de outras empresas — conseguiu ensinar o tipo de preparação para a vida que escolas, famílias e comunidades não foram capazes de proporcionar. Com mais de 137 mil empregados atualmente, e mais de um milhão de ex-alunos, a Starbucks é agora, num certo sentido, uma das maiores instituições de ensino da nação. Todos esses empregados, só em seu primeiro ano, passaram pelo menos cinquenta horas em salas de aula da Starbucks, e outras dezenas em casa com livros didáticos da Starbucks, e conversando com os mentores da Starbucks responsáveis por eles.

A essência desta aprendizagem é uma grande ênfase num hábito importantíssimo: a força de vontade. Dezenas de estudos mostram que a força de vontade é o hábito angular mais importante de todos para o sucesso individual.[1] Num estudo de 2005, por exemplo, pesquisadores da Universidade da Pensilvânia analisaram 164 alunos da oitava série, medindo seu QI e outros fatores, inclusive quanta força de vontade os alunos demonstravam, conforme medido em testes de autodisciplina.

Alunos com níveis mais altos de força de vontade tinham mais chances de tirar notas maiores nas aulas e de ser aceitos em escolas mais seletivas. Tinham menos faltas, passavam menos tempo assistindo televisão e mais horas fazendo lição de casa. "Os adolescentes com maior autodisciplina superaram seus colegas mais impulsivos em todas as variáveis de desempenho acadêmico", escreveram os pesquisadores. "A autodisciplina previu o desempenho acadêmico de forma mais consistente que o QI. A autodisciplina também previu quais alunos melhorariam suas notas ao longo do ano letivo, enquanto o QI não previu.[2] (...) A autodisciplina tem um efeito maior no desempenho acadêmico do que o talento intelectual."

E o melhor modo de aumentar a força de vontade e dar uma vantagem aos alunos, indicam os estudos, é transformar isso num hábito. "Às vezes parece que pessoas com um grande autocontrole não estão se esforçando — mas é porque elas passaram a fazer isso no automático", me disse Angela Duckworth, uma das pesquisadoras da Universidade da Pensilvânia. "Sua força de vontade acontece sem que elas precisem pensar nisso."

Para a Starbucks, a força de vontade é mais que uma curiosidade acadêmica. Quando a empresa começou a esquematizar sua estratégia de crescimento em massa no final dos anos 1990, os executivos reconheceram que, para obter sucesso, era necessário cultivar um ambiente que justificasse pagar quatro dólares por um copo de café sofisticado. A empresa precisava treinar seus empregados para servir um pouco de alegria junto com os *lattes* e *scones*. Por isso, logo desde o início, a Starbucks começou a pesquisar como poderia ensinar os funcionários a moderar suas emoções e aperfeiçoar sua autodisciplina, para servir uma dose de ânimo com cada pedido. Se os baristas não forem treinados a deixar de lado seus problemas pessoais, as emoções de alguns funcionários inevitavelmente vão transbordar para o modo como tratam os clientes. No entanto, se o funcionário souber se manter focado e disciplinado, mesmo no fim de um expediente de oito horas, ele vai proporcionar o nível mais elevado de serviço fast-food que os clientes da Starbucks esperam.

A empresa gastou milhões de dólares desenvolvendo programas para treinar a autodisciplina dos empregados. Executivos escreveram livros didáticos que, na prática, servem como guias para transformar a força de vontade num hábito na vida dos trabalhadores.[3] Esses programas são, em parte, o motivo pelo qual a Starbucks, antigamente uma empresa letárgica de Seattle, cresceu até virar um colosso com mais de 17 mil lojas e um faturamento superior a 10 bilhões de dólares por ano.

Então como a Starbucks faz isso? Como eles pegam pessoas como Travis — um filho de viciados que largou o ensino médio e não conseguia reunir autocontrole suficiente para manter um emprego no McDonald's — e lhes ensinam a supervisionar dezenas de empregados e dezenas de milhares de dólares de faturamento mensal? O que exatamente Travis aprendeu?

II.

Todos que entravam na sala em que o experimento estava sendo realizado na Case Western Reserve University concordavam num ponto: os cookies tinham um cheiro delicioso. Tinham acabado de sair do forno e estavam empilhados numa tigela, cheios de pedacinhos de chocolate. Na mesa ao lado dos cookies havia uma tigela de rabanetes. Durante um dia inteiro, estudantes famintos entraram, sentaram-se em frente às duas tigelas e submeteram-se, sem saber, a um teste de força de vontade que revolucionaria nossa compreensão de como a autodisciplina funciona.

Na época, havia relativamente pouca investigação acadêmica sobre a força de vontade. Os psicólogos consideravam esses tipos de tema como aspectos de algo que chamavam de "autorregulação", porém não era um campo que despertasse grande curiosidade. Havia um único experimento famoso, realizado nos anos 1960, em que cientistas de Stanford tinham testado a força de vontade de um grupo de crianças de 4 anos. Os pesquisadores levaram as crianças para dentro de uma sala e lhes mostraram uma série de guloseimas, incluindo marshmallows. Fizeram uma oferta para elas: podiam comer um marshmallow imediatamente ou, se esperassem alguns minutos, podiam comer dois marshmallows. Então o pesquisador saía da sala. Algumas crianças cediam à tentação e comiam o marshmallow assim que o adulto ia embora. Cerca de 30% delas conseguiram ignorar seus impulsos, e duplicar a recompensa quando o pesquisador voltou 15 minutos depois. Os cientistas, que estavam observando tudo por trás de um espelho falso, registraram cuidadosamente quais crianças tinham autocontrole suficiente para ganhar o segundo marshmallow.

Anos depois, localizaram muitos dos participantes do estudo. A essa altura, eles já estavam no ensino médio. Os pesquisadores perguntaram sobre suas notas e pontuações no SAT,[5] sobre sua capacidade de manter amizades e de "lidar com problemas importantes". Descobriram que as crianças de 4 anos que conseguiam adiar a recompensa por mais tempo acabavam tirando as melhores notas e resultados no SAT que eram 210 pontos mais altos, em média, do que todas as outras. Eram mais populares e usavam menos drogas. Tudo indicava que, se você soubesse evitar a tentação de comer um marshmallow quando estava na pré-escola, também saberia como chegar à aula pontualmente e terminar a lição de casa quando ficasse mais velho, e ainda como fazer amigos e resistir à pressão dos colegas. Era como se as crianças que ignoravam os marshmallows tivessem capacidades autorregulatórias que lhes proporcionassem uma vantagem ao longo de toda a vida.[4]

Cientistas começaram a realizar experimentos semelhantes, tentando descobrir modos de ajudar as crianças a aumentar suas capacidades autorregulatórias. Descobriram que lhes ensinar truques simples — como distrair-se fazendo um desenho, ou imaginando uma moldura em volta do marshmallow, para que parecesse mais uma foto e menos uma tentação real — ajudava-lhes a aprender o autocontrole. Já nos anos 1980, surgira uma teoria que se tornou aceita de um modo geral: a força de vontade é uma habilidade que se pode aprender, algo que pode ser ensinado assim como as crianças aprendem matemática e a dizer "obrigado". Mas as verbas para esses estudos eram escassas. O tema da força de vontade não estava em voga. Muitos dos cientistas de Stanford mudaram para outras áreas de pesquisa.

---

[5] Nos Estados Unidos, teste geral de aptidão para o ensino superior. (N. do T.)

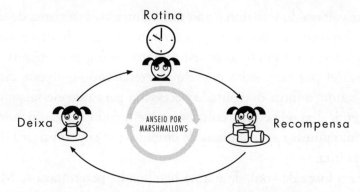

QUANDO AS CRIANÇAS APRENDEM
HÁBITOS PARA ADIAR SEUS ANSEIOS...

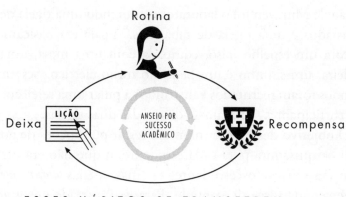

ESSES HÁBITOS SE TRANSFEREM
PARA OUTRAS PARTES DA VIDA

No entanto, quando um grupo de doutorandos em psicologia da Case Western — um dos quais se chamava Mark Muraven — descobriu esses estudos no meio da década de 1990, começaram a fazer perguntas que os pesquisadores anteriores pareciam ter deixado sem resposta. Para Muraven, este modelo de força de vontade como habilidade não era uma explicação satisfatória. Uma habilidade, afinal, é algo que permanece constante de um dia para o outro. Se você tem a habilidade de fazer uma omelete na quarta-feira, ainda saberá fazê-la na sexta-feira.

Na experiência de Muraven, no entanto, a sensação era de que ele se esquecia de exercer sua força de vontade o tempo todo. Havia noites em que voltava do trabalho e não tinha dificuldade alguma de sair para correr. Em outras, não conseguia fazer nada além de deitar no sofá e assistir televisão. Era como se seu cérebro — ou, pelo menos, a parte responsável por fazer com que ele se exercitasse — tivesse esquecido como reunir a força de vontade necessária para que ele saísse de casa. Em alguns dias, ele comia coisas saudáveis. Em outros, quando estava cansado, saqueava as máquinas de comida e se empanturrava de doces e batata frita.

Se a força de vontade é uma habilidade, perguntava-se Muraven, então por que ela não permanece constante de um dia para o outro? Ele suspeitava que essa força era mais complexa que os experimentos mais antigos haviam revelado. Mas como se testa isso num laboratório?

A solução de Muraven foi o laboratório contendo uma tigela de cookies recém-assados e uma tigela de rabanetes. A sala era basicamente um closet com um espelho falso, equipada com uma mesa, uma cadeira de madeira, um sininho e um pequeno forno elétrico. Sessenta e sete graduandos foram recrutados e instruídos a pular uma refeição. Um por um, os participantes sentaram-se diante das duas tigelas.

"O objetivo deste experimento é testar percepções de gosto", dizia uma pesquisadora para cada estudante, o que não era verdade. O objetivo era obrigar os estudantes — mas apenas *alguns* estudantes — a exercer sua força de vontade. Para isso, metade dos graduandos recebeu a instrução de comer os cookies e ignorar os rabanetes; a outra metade foi instruída a comer os rabanetes e ignorar os cookies. A teoria de Muraven era que ignorar cookies é difícil — exige força de vontade. Ignorar rabanetes, por outro lado, não exige praticamente nenhum esforço.

"Lembre", dizia a pesquisadora, "coma só a comida que foi designada a você". Então saía da sala.

Assim que os estudantes se viam sozinhos, começavam a comer. Os comedores de cookies estavam no paraíso. Os de rabanete sofriam uma agonia. Estavam penando muito, forçando-se a ignorar os cookies quentinhos. Através do espelho falso, os pesquisadores observaram um dos comedores de rabanete pegar um cookie, cheirá-lo com um misto de desejo e tristeza, depois colocá-lo de volta na tigela. Outro pegou alguns cookies, devolveu, e depois lambeu dos dedos o chocolate derretido.

Após cinco minutos, a pesquisadora entrava de novo na sala. Segundo a estimativa de Muraven, a força de vontade dos comedores de rabanete tinha sido intensamente posta à prova pela instrução de comer o legume amargo e ignorar a guloseima; os comedores de cookies quase não tinham exercido sua autodisciplina.

"Precisamos esperar cerca de 15 minutos para que a memória sensorial do alimento que você comeu se dissipe", a pesquisadora dizia a cada participante. Para passar o tempo, ela pediu que eles resolvessem um quebra-cabeça. Parecia relativamente simples: traçar um certo padrão geométrico sem tirar o lápis do papel nem passar pela mesma linha duas vezes. Se quiser desistir, dizia a pesquisadora, toque o sino. Ela insinuava que resolver o quebra-cabeça não demoraria muito.

Na verdade, o quebra-cabeça era impossível de resolver.

Aquele quebra-cabeça não era um passatempo; era a parte mais importante do experimento. Era preciso uma enorme força de vontade para continuar tentando resolver o quebra-cabeça, principalmente quando todas as tentativas fracassavam. Os cientistas se perguntaram: será que os estudantes que já tinham gastado sua força de vontade ignorando os cookies iam desistir do quebra-cabeça mais rápido? Em outras palavras, será que a força de vontade era um recurso finito?

De trás do espelho falso, os pesquisadores ficaram observando. Os comedores de cookies, com seus estoques não utilizados de autodisciplina, começavam a trabalhar no quebra-cabeça. De modo geral, pareciam relaxados. Um deles tentou uma abordagem simples, chegou a um beco sem saída, depois começou de novo. E de novo. E de novo. Alguns tentaram por mais de meia hora antes que a pesquisadora dissesse para eles pararem. Em média, os comedores de cookies passaram quase 19 minutos cada um tentando resolver o quebra-cabeça antes de tocar o sino.

Os comedores de rabanete, com sua força de vontade esgotada, agiram de modo completamente diferente. Resmungavam enquanto tentavam resolver o quebra-cabeça. Ficavam frustrados. Um deles reclamou que o experimento todo era uma perda de tempo. Alguns puseram a cabeça na mesa e fecharam os olhos. Houve um que foi ríspido com a pesquisadora quando ela voltou. Em média, os comedores de rabanete se esforçaram durante apenas cerca de oito minutos, 60% menos tempo do que os comedores de cookies, antes de desistir. Quando a pesquisadora perguntou depois como eles se sentiam, um dos comedores de rabanete disse que estava "cansado dessa experiência imbecil".

"Fazendo as pessoas usarem parte de sua força de vontade para ignorar os cookies, nós as tínhamos colocado num estado em que estavam dispostas a desistir muito mais rápido", Muraven me disse. "Já houve mais de duzentos estudos sobre essa ideia desde então, e todos concluíram a mesma coisa. Força de vontade não é só uma habilidade. É um músculo, como os músculos dos seus braços ou pernas, e ela fica cansada quando faz mais esforço, por isso sobra menos força para outras coisas."

Os pesquisadores se basearam nessa descoberta para explicar todo tipo de fenômeno. Alguns sugeriram que isso ajuda a esclarecer por que pessoas bem-sucedidas em outros âmbitos sucumbem a casos extraconjugais (que têm mais chances de começar tarde da noite, após um longo dia exercendo a força de vontade no trabalho) ou por que bons médicos cometem erros primários (o que ocorre com maior frequência depois que um médico terminou uma tarefa longa e complicada que exige concentração intensa).[5] "Se você quer fazer alguma coisa que exige força de vontade — como sair para correr depois do trabalho —, precisa preservar seu músculo da força de vontade durante o dia", Muraven me disse.[6] "Se você gastá-lo cedo demais em tarefas entediantes, como escrever e-mails ou preencher formulários de despesas complicados e chatos, toda a força terá se dissipado quando você chegar em casa."

Mas até onde se estende essa analogia? Será que exercitar os músculos da força de vontade os torna mais fortes, do mesmo modo como usar halteres fortalece os bíceps?

Em 2006, dois pesquisadores australianos — Megan Oaten e Ken Cheng — tentaram responder essa pergunta criando um programa de exercícios de força de vontade. Eles inscreveram 24 pessoas com idades entre 18 e 50 anos num programa de exercícios físicos e, ao longo de dois meses, submeteram-nas a um número cada vez maior de séries de levantamento de pesos, de treinamento de resistência e de atividades aeróbicas.[7] Semana após semana, as pessoas se forçavam a se exercitar com mais frequência, usando cada vez mais força de vontade sempre que iam à academia.

Depois de dois meses, os pesquisadores esquadrinharam o resto da vida dos participantes para ver se o aumento da força de vontade na academia resultava numa maior força de vontade em casa. Antes de o experimento começar, a maioria dos sujeitos era de sedentários assumidos. Agora eles estavam em melhor forma física, é claro. Mas também estavam mais saudáveis em outras partes de suas vidas. Quanto mais tempo passavam na academia, menos cigarros fumavam e menos álcool, cafeína e comida gordurosa consumiam. Estavam dedicando mais horas à lição de casa e menos à televisão. Estavam menos deprimidos.

Talvez, Oaten e Cheng se perguntaram, esses resultados não tivessem nada a ver com a força de vontade. E se o exercício apenas deixar as pessoas mais felizes e com menos fome de fast-food?

Então projetaram outro experimento.[8] Desta vez, inscreveram 29 pessoas num programa de gerenciamento de dinheiro de quatro meses. Definiram metas de poupança e pediram aos participantes que se privassem de luxos, tais como comer em restaurantes ou ir ao cinema. Pediu-se aos participantes que mantivessem registros detalhados de tudo o que compravam, o que foi maçante no começo, mas por fim as pessoas desenvolveram a autodisciplina necessária para anotar cada compra.

As finanças dos participantes melhoraram conforme eles avançavam no programa. E o mais surpreendente, eles também fumaram menos cigarros e beberam menos álcool e cafeína — em média, duas xícaras de café a menos, duas cervejas a menos e, entre os fumantes, 15 cigarros a menos por dia.[9] Comeram menos comida industrializada e ficaram mais produtivos no trabalho e na escola. Era como o estudo dos exercícios físicos: conforme as pessoas fortaleciam seus músculos da força de vontade numa parte de sua vida — na academia, ou num programa de gerenciamento de dinheiro —, essa força transbordava para o que eles comiam ou para seu empenho no trabalho. Uma vez que a força de vontade se tornava mais poderosa, ela afetava tudo.

Oaten e Cheng fizeram mais um experimento. Inscreveram 45 estudantes num programa de melhoria acadêmica focado em criar hábitos de estudo.[10] Previsivelmente, a capacidade de aprendizagem dos participantes melhorou. E os estudantes também fumaram menos, beberam menos, assistiram menos televisão, se exercitaram mais e se alimentaram de forma mais saudável, embora todas essas coisas jamais tivessem sido mencionadas no programa acadêmico. Novamente, conforme seus músculos da força de vontade se desenvolveram, os bons hábitos pareceram transbordar para outras partes de sua vida.

"Quando você aprende a se forçar a ir à academia, a começar sua lição de casa ou a comer uma salada em vez de um hambúrguer, parte do que está acontecendo é que você está mudando o modo como pensa", disse Todd Heatherton, um pesquisador de Dartmouth que trabalhou em estudos sobre a força de vontade.[11] "As pessoas aprendem a controlar melhor seus impulsos. Aprendem a se distrair das tentações. E uma vez que você entrou nesse sulco criado pela força de vontade, seu cérebro tem prática em ajudar você a se concentrar num objetivo."

Há agora centenas de pesquisadores, em quase todas as principais universidades, estudando a força de vontade. Escolas públicas e independentes da Filadélfia, Seattle, Nova York e de outras cidades começaram a incorporar aulas de desenvolvimento da força de vontade aos seus currículos. No KIPP, ou "Knowledge is Power Program" Programa Conhecimento é Poder — um grupo de escolas independentes que atende a estudantes de baixa renda em todo o país —, ensinar autocontrole é parte da filosofia das escolas. (Uma escola KIPP da Filadélfia deu aos alunos camisetas com os dizeres "Não Coma o Marshmallow".) Muitas dessas escolas elevaram drasticamente as pontuações dos alunos nas provas.[12]

"É por isso que colocar as crianças em aulas de piano ou de esportes é tão importante. Não tem nada a ver com criar um bom músico ou um craque do futebol de 5 anos", disse Heatherton. "Quando você aprende a se obrigar a praticar durante uma hora ou correr 15 voltas, começa a construir força de autocontrole. Um menino de 5 anos capaz de seguir a bola durante dez minutos se torna um aluno de sexta série que pode começar a lição de casa na hora certa."[13]

Conforme as pesquisas sobre a força de vontade foram se tornando um assunto em alta nas publicações científicas e em artigos de jornal, isso começou a transbordar para o mundo corporativo nos Estados Unidos. Empresas como a Starbucks — e a Gap, o Wal-Mart, restaurantes, ou quaisquer outros negócios que dependam de funcionários recém-contratados — enfrentam todas um problema em comum: por mais que seus funcionários *queiram* fazer um bom trabalho, muitos fracassam porque carecem de autodisciplina. Chegam atrasados. Brigam com clientes mal-educados. Distraem-se ou são sugados para dentro de dramas no local de trabalho. Pedem demissão sem motivo algum.

"Para vários funcionários, a Starbucks é sua primeira experiência profissional", disse Christine Deputy, que ajudou a supervisionar os programas de treinamento da empresa durante mais de uma década. "Se seus pais ou professores vêm dizendo a você o que fazer sua vida inteira, e de repente há clientes gritando e seu chefe está ocupado demais para orientá-lo, isso pode ser realmente assoberbante. Muitas pessoas não conseguem fazer a transição. Então tentamos descobrir um jeito de dar a nossos empregados a autodisciplina que não aprenderam no ensino médio."

Mas quando empresas como a Starbucks tentaram aplicar ao local de trabalho as lições de força de vontade extraídas dos estudos sobre rabanetes e cookies e sobre exercícios físicos, encontraram dificuldades. Financiaram aulas de perda de peso e ofereceram aos funcionários mensalidades grátis em academias, na esperança de que os benefícios transbordassem para o modo como eles serviam café.[14] A frequência era irregular. Os funcionários reclamavam que era difícil ficar sentado assistindo a uma aula ou ir à academia depois de um dia inteiro de trabalho. "Se uma pessoa tem problemas de autodisciplina no trabalho, provavelmente também vai ter dificuldade de frequentar um programa projetado para fortalecer sua autodisciplina *depois* do trabalho", disse Muraven.

Mas a Starbucks estava decidida a resolver esse problema. Em 2007, no auge de sua expansão, a empresa estava abrindo sete lojas novas por dia e contratando até 1.500 funcionários por semana.[15] Treiná-los para se destacar no atendimento ao cliente — para chegar na hora, não se irritar com os clientes e servir a todos com um sorriso ainda lembrando os pedidos de cada um e, se possível, seu nome — era essencial. As pessoas esperam que um *latte* caro seja servido com certo brilho. "Não estamos no ramo do café servindo pessoas", me disse Howard

Behar, ex-presidente da Starbucks. "Estamos no ramo das pessoas servindo café. Todo o nosso modelo de empresa é baseado num atendimento espetacular. Sem isso, estamos perdidos."

A solução, como a Starbucks descobriu, era transformar a autodisciplina num hábito organizacional.

III.

Em 1992, uma psicóloga britânica entrou em dois dos hospitais ortopédicos mais movimentados da Escócia e recrutou sessenta pacientes para um experimento que, ela esperava, explicaria como alavancar força de vontade de pessoas excepcionalmente resistentes a mudanças.[16]

A média de idade dos pacientes era 68 anos. A maioria ganhava menos de 10 mil dólares por ano e não tinha mais que um diploma do ensino médio. Todos eles haviam passado recentemente por cirurgias de implantação de prótese no quadril ou joelho, mas por serem relativamente pobres e pouco escolarizados, muitos tinham esperado anos para fazer a operação. Eram aposentados, mecânicos idosos e balconistas de lojas. Estavam nos últimos capítulos da vida, e a maioria não tinha vontade de pegar um novo livro.

Recuperar-se de uma cirurgia no quadril ou no joelho é algo incrivelmente penoso. A operação envolve cortar músculos das articulações e serrar ossos. Durante a recuperação, os menores movimentos — mudar de posição na cama ou dobrar uma articulação — podem ser excruciantes. No entanto, é essencial que os pacientes comecem a praticar exercícios quase imediatamente após acordarem da cirurgia. Precisam mexer as pernas e os quadris antes que os músculos e a pele tenham cicatrizado, senão o tecido granular entope a articulação, destruindo sua flexibilidade. Além disso, se os pacientes não começam a se exercitar, correm o risco de ter coágulos sanguíneos. Mas a agonia é tão extrema que é comum as pessoas faltarem às sessões de reabilitação. Os pacientes, principalmente os idosos, muitas vezes se recusam a obedecer às ordens do médico.

Os participantes do estudo escocês eram os tipos de pessoas com mais chances de fracassar na reabilitação. A cientista que realizou o experimento queria ver se era possível ajudá-los a tomar as rédeas de sua força de vontade. Após cada cirurgia, ela dava ao paciente um folheto que detalhava seu cronograma de reabilitação, e no verso havia 13 páginas adicionais — uma para cada semana — com espaços em branco e instruções: "Minhas metas para esta semana são _____? Escreva exatamente o que você vai fazer. Por exemplo, se você vai sair para caminhar esta semana, anote onde e quando você vai caminhar." Ela pediu aos pacientes que preenchessem cada uma dessas páginas com planos específicos. Então comparou a recuperação dos que escreveram metas com a de outro grupo de pacientes que tinham recebido os mesmos folhetos, mas não escreveram nada.

Parece absurdo pensar que o ato de dar às pessoas alguns pedaços de papel em branco pode fazer uma diferença na rapidez com que elas se recuperam de uma cirurgia. Mas quando a pesquisadora visitou os pacientes três meses depois, descobriu uma diferença marcante entre os dois grupos. Os pacientes que tinham escrito planos em seus folhetos haviam começado a andar quase duas vezes mais rápido do que os que não tinham. Eles começaram a sentar e levantar da cadeira, sem ajuda, quase três vezes mais rápido. Estavam calçando os sapatos, lavando roupa e preparando refeições mais depressa que os pacientes que não tinham anotado previamente suas metas.

A psicóloga queria entender por quê. Ela examinou os folhetos e descobriu que a maior parte das páginas em branco tinha sido preenchida com planos específicos e detalhados sobre os aspectos mais mundanos da recuperação. Um paciente, por exemplo, escrevera: "Vou andar até o ponto de ônibus amanhã para encontrar minha mulher quando ela chegar do trabalho", e então anotara a que horas ele iria sair, o caminho que faria, o que vestiria, qual casaco iria levar se estivesse chovendo, e que pílulas tomaria se a dor ficasse intolerável. Outro paciente, num estudo semelhante, escreveu uma série de cronogramas muito específicos referentes aos exercícios que faria toda vez que fosse ao banheiro. Um terceiro escreveu um itinerário detalhado, minuto a minuto, para dar uma volta no quarteirão.

Examinando cuidadosamente os folhetos, a psicóloga viu que muitos dos planos tinham algo em comum: eram focados em como os pacientes lidariam com um momento específico de dor prevista. O homem que se exercitava a caminho do banheiro, por exemplo, sabia que, cada vez que levantava do sofá, a dor era excruciante. Por isso escreveu um plano para lidar com ela: automaticamente dar o primeiro passo, logo de cara, para não sofrer a tentação de sentar outra vez. O paciente que encontrava a mulher no ponto de ônibus tinha medo das tardes, porque aquele passeio era o mais comprido e mais doloroso de cada dia. Então detalhava cada obstáculo com o qual pudesse se deparar e achava uma solução com antecedência.

Dizendo de outro modo, os planos dos pacientes eram criados em volta de pontos de inflexão, quando sabiam que sua dor — e com ela a tentação de desistir — atingiria seu ponto máximo. Os pacientes estavam dizendo a si mesmos como passariam por cima do obstáculo.

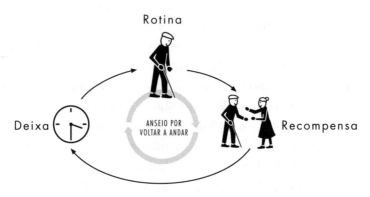

Rotina

Deixa

ANSEIO POR
VOLTAR A ANDAR

Recompensa

OS PACIENTES CRIARAM HÁBITOS DE FORÇA
DE VONTADE PARA AJUDÁ-LOS A SUPERAR
PONTOS DE INFLEXÃO DOLOROSOS

Cada um deles, intuitivamente, pôs em prática as mesmas regras que Claude Hopkins usara para vender a Pepsodent. Identificaram deixas simples e recompensas óbvias. O homem que encontrava sua mulher no ponto de ônibus, por exemplo, identificou uma deixa fácil — *São três e meia, ela está vindo para casa!* — e definiu claramente sua recompensa — *Querida, estou aqui!* Quando surgia a tentação de desisitir no meio da caminhada, o paciente era capaz de ignorá-la, pois transformara a autodisciplina num hábito.

Não há motivo para que os outros pacientes — os que não escreveram planos de recuperação — não pudessem ter agido do mesmo modo. Todos os pacientes tinham sido expostos às mesmas advertências e avisos no hospital. Todos sabiam que os exercícios eram essenciais para sua recuperação. Todos passaram semanas na reabilitação.

Mas os pacientes que não escreveram nenhum plano estavam numa desvantagem significativa, pois nunca pensaram com antecedência em como lidar com pontos de inflexão dolorosos. Nunca criaram deliberadamente hábitos de força de vontade. Mesmo se pretendiam dar uma volta no quarteirão, sua determinação os abandonava quando enfrentavam a agonia dos primeiros passos.

Quando as tentativas da Starbucks de impulsionar a força de vontade dos funcionários através de matrículas em academias e workshops de dietas se mostraram ineficazes, os executivos decidiram que precisavam de uma nova abordagem. Começaram olhando mais de perto o que estava realmente acontecendo dentro de suas lojas. Viram que, como os pacientes escoceses, seus funcionários estavam fracassando quando se deparavam com pontos de inflexão. Aquilo de que precisavam era de hábitos institucionais que tornassem mais fácil excercer sua autodisciplina.

Os executivos chegaram à conclusão de que, em alguns aspectos, vinham pensando na força de vontade por um ângulo totalmente errado. Viram que, na verdade, empregados com lapsos de força de vontade não tinham dificuldade de realizar seu trabalho na maior parte das vezes. Num dia normal, um funcionário com uma deficiência de força de vontade não era diferente dos outros. Mas às vezes, principalmente ao se deparar com tensões ou incertezas inesperadas, esses empregados eram ríspidos com os clientes e seu autocontrole desaparecia. Um cliente talvez começasse a gritar, por exemplo, e uma funcionária normalmente calma perdia a compostura. Uma multidão impaciente talvez sobrecarregasse um barista, e de repente ele estava à beira das lágrimas.[17]

Aquilo de que os funcionários realmente precisavam eram instruções claras de como lidar com os pontos de inflexão — algo semelhante aos folhetos dos pacientes escoceses: uma rotina para os funcionários seguirem quando seus músculos da força de vontade estivessem frouxos. Por isso a empresa desenvolveu novos materiais de treinamento que descreviam rotinas para os funcionários usarem quando enfrentassem turbulências. Os manuais ensinavam os funcionários a reagir a deixas específicas, como um cliente gritando ou uma fila comprida no caixa. Os gerentes praticavam com os empregados, ensaiando com eles até que as reações se tornassem automáticas. A empresa identificou recompensas específicas — um cliente grato, um elogio de um gerente — que os funcionários podiam esperar como prova de um trabalho bem-feito.[18]

A Starbucks ensinou seus funcionários a lidar com momentos de adversidade, proporcionando-lhes loops de hábito de força de vontade.

Quando Travis começou a trabalhar na Starbucks, por exemplo, seu gerente lhe apresentou os hábitos logo de cara. "Uma das coisas mais difíceis neste serviço é lidar com um cliente bravo", o gerente de Travis lhe disse. "Quando alguém vem e começa a gritar com você porque recebeu a bebida errada, qual é sua primeira reação?"

"Não sei", disse Travis. "Acho que eu fico meio assustado. Ou bravo."

"Isso é natural", disse o gerente. "Mas nosso trabalho é proporcionar o melhor atendimento ao consumidor, mesmo quando há pressão." O gerente abriu o manual da Starbucks e mostrou a Travis uma página que estava quase toda em branco. No topo, lia-se: "Quando um cliente está descontente, meu plano é..."

"Este livro de exercícios é para você imaginar situações desagradáveis e anotar um plano de reação", disse o gerente. "Um dos sistemas que usamos é o chamado método *LATTE*. Nós *ouvimos* o cliente *Listen*, *reconhecemos* a reclamação dele *Acknowledge*, *tomamos uma atitude* para resolver o problema *Take action*, *agradecemos* a ele *Thank*, e então *explicamos* por que o problema aconteceu *Explain*.[19]

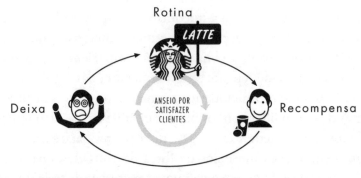

O LOOP DE HÁBITO DO MÉTODO LATTE

"Que tal você tirar alguns minutos para traçar um plano para lidar com um cliente irritado? Use o método *LATTE*. Depois podemos encenar um pouquinho."

A Starbucks tem dezenas de rotinas que os empregados aprendem a usar durante pontos de inflexão estressantes. Há o sistema *O quê, O quê, Por quê* para fazer críticas e o sistema *Conecte, Descubra e Reaja* para receber pedidos quando as coisas ficam caóticas. Há hábitos aprendidos para ajudar os baristas a saber a diferença entre clientes que só querem seu café ("Um cliente com pressa fala num tom de urgência e talvez pareça impaciente ou olhe no relógio") e aqueles que precisam ser paparicados um pouco mais ("Um cliente habitual conhece outros baristas pelo nome e geralmente pede a mesma bebida todo dia"). Em todo manual de treinamento há dezenas de páginas em branco nas quais os funcionários podem anotar planos que preveem como vão superar os pontos de inflexão. Então praticam esses planos, inúmeras vezes, até que se tornem automáticos.[20]

É assim que a força de vontade se torna um hábito: escolhendo certo comportamento de antemão e seguindo uma rotina quando um ponto de inflexão surge. Quando os pacientes escoceses preencheram seus folhetos, ou quando Travis estudou o método *LATTE*, decidiram com antecedência como reagiriam a uma deixa — uma dor no músculo ou um cliente irritado. Quando a deixa chegava, a rotina acontecia.

A Starbucks não é a única empresa a usar esses métodos de treinamento. Por exemplo, na Deloitte Consulting, a maior empresa de serviços financeiros e tributários do mundo, os funcionários são treinados num programa chamado "Momentos Que Importam", que é focado em lidar com pontos de inflexão, como quando um cliente reclama, quando um colega é demitido, ou quando um consultor da Deloitte cometeu um erro. Para cada um desses momentos, há rotinas pré-programadas — *Fique Curioso, Diga o Que os Outros Não Querem Dizer, Aplique a Regra 5/5/5* — que orientam os funcionários sobre como eles devem reagir. Na Container Store, os empregados recebem mais de 185 horas de treinamento só no primeiro ano. Aprendem a reconhecer os pontos de inflexão, tais como um colega bravo ou um cliente desnorteado, e adquirem hábitos, tais como rotinas para acalmar os compradores ou para desarmar um confronto. Quando entra um cliente que parece desnorteado, por exemplo, um funcionário imediatamente pede que ele visualize o espaço da casa que pretende organizar e descreva como vai se sentir quando tudo estiver em seu lugar. "Tivemos clientes que vieram até nós e disseram: 'Isso é melhor que uma consulta psiquiátrica'", o diretor executivo da empresa disse a um repórter.[21]

IV.

Howard Schultz, o homem que levou a Starbucks a se tornar um colosso, não é tão diferente de Travis em alguns aspectos.[22] Ele cresceu num conjunto habitacional público no Brooklyn, dividindo um apartamento de dois quartos com os pais e os dois irmãos. Aos 7 anos, o pai de Schultz quebrou o tornozelo e perdeu o emprego de motorista de caminhão de entrega de fraldas. Isso bastou para lançar a família numa crise. Seu pai, depois que o tornozelo ficou bom, passou por uma série de empregos com salários mais baixos. "Meu pai nunca achou o caminho dele", Schultz me disse. "Vi sua autoestima levar várias surras. Eu sentia que havia tantas outras coisas que ele poderia ter realizado."

A escola de Schultz era um lugar caótico e superlotado, com playgrounds de asfalto e crianças jogando futebol americano, basquete, *softball*, jogo de soco, de tapa, e qualquer outra brincadeira que conseguissem inventar. Quando seu time perdia, podia levar uma hora até chegar sua vez de jogar de novo. Então Schultz fazia questão de que o time sempre vencesse, a qualquer custo. Voltava para casa com arranhões sangrentos nos cotovelos e joelhos, que a mãe limpava cuidadosamente com um pano molhado. "Você não desiste", ela lhe dizia.

Sua competitividade lhe rendeu uma bolsa universitária para jogar futebol americano (quebrou o queixo e nunca disputou nenhum jogo), um diploma em comunicações e por fim um emprego como vendedor da Xerox em Nova York. Ele acordava toda manhã, ia para um novo prédio de escritórios em *midtown*, pegava o elevador até o último andar e ia de porta em porta, perguntando educadamente se alguém tinha interesse em toner ou copiadoras. Então descia um andar de elevador e começava tudo de novo.

No começo dos anos 1980, Schultz estava trabalhando para um fabricante de plásticos quando notou que um varejista pouco conhecido, em Seattle, estava encomendando um número descomunal de coadores de café. Schultz foi de avião até lá e se apaixonou pela empresa. Dois anos depois, quando ficou sabendo que a Starbucks, na época com apenas seis lojas, estava à venda, ele pediu dinheiro para todo mundo que conhecia e a comprou.

Isso foi em 1987. Em três anos, havia 84 lojas; em seis anos, mais de mil. Hoje, há 17 mil lojas em mais de cinquenta países.

Por que Schultz teve um destino tão diferente de todas as outras crianças daquele playground? Alguns de seus antigos colegas de classe hoje são policiais e bombeiros no Brooklyn. Outros estão na prisão. Schultz vale mais de um bilhão de dólares. Ele já foi considerado um dos maiores diretores executivos do século XX. Onde ele achou a determinação — a força de vontade — para escalar de um conjunto habitacional para um jato particular?

"Eu não sei direito", ele me disse. "Minha mãe sempre dizia: 'Você vai ser a primeira pessoa a ir para a faculdade, você vai ser um profissional, vai deixar todos nós orgulhosos.' Ela fazia estas perguntinhas: 'Como você vai estudar hoje? O que vai fazer amanhã? Como você sabe que está pronto para a sua prova?' Isso me treinou a estabelecer metas.

"Na verdade eu dei sorte", ele disse. "E realmente acredito que se você diz às pessoas que elas possuem o que é necessário para dar certo na vida, elas provam que você tem razão."

O foco de Schultz no treinamento de funcionários e atendimento ao cliente fez da Starbucks uma das empresas mais bem-sucedidas do mundo. Durante anos, ele esteve pessoalmente envolvido em quase todos os aspectos da administração da empresa. Em 2000, exausto, ele delegou as operações diárias para outros executivos, e nesse ponto a Starbucks começou a vacilar. Dentro de uns poucos anos, os clientes estavam reclamando da qualidade das bebidas e do atendimento. Os executivos, focados numa expansão frenética, muitas vezes ignoravam as reclamações. Os empregados começaram a ficar descontentes. Pesquisas indicavam que as pessoas estavam começando a pensar na Starbucks como sinônimo de café morno e sorrisos vazios.

Então Schultz voltou ao cargo de executivo-chefe em 2008. Entre suas prioridades estava a reestruturação do programa de treinamento da empresa para renovar seu foco numa série de questões, incluindo o incentivo à força de vontade e autoconfiança dos funcionários — ou "parceiros", no linguajar da Starbucks. "Tivemos que começar a reconquistar a confiança dos clientes e parceiros", Schultz me disse.

Mais ou menos na mesma época, estava surgindo uma nova onda de estudos que abordavam a ciência da força de vontade de um modo ligeiramente diferente. Pesquisadores tinham notado que algumas pessoas, como Travis, eram capazes de criar hábitos de força de vontade com relativa facilidade. Outras, no entanto, penavam para isso, por mais treinamento e apoio que recebessem. O que estava causando a diferença?

Mark Muraven, que a essa altura já era professor na Universidade de Albany, criou um novo experimento.[23] Colocou graduandos numa sala com um prato de cookies quentes, recém-assados, e pediu que os ignorassem. Metade dos participantes foi tratada com gentileza. "Pedimos que vocês por favor não comam os cookies. Tudo bem?", dizia uma pesquisadora. Então ela discutia o propósito do experimento, explicando que era medir a capacidade de eles resistirem a tentações. Ela os agradecia por contribuir com seu tempo. "Se tiverem alguma sugestão ou ideia de como podemos melhorar este experimento, por favor digam. Queremos que você nos ajudem a fazer com que esta experiência seja a melhor possível."

A outra metade dos participantes não foi paparicada do mesmo modo. Simplesmente receberam ordens.

"Vocês *não podem* comer os cookies", a pesquisadora lhes dizia. Ela não explicava o objetivo do experimento, não os elogiava nem demonstrava nenhum interesse no feedback deles. Mandava que seguissem as instruções. "Vamos começar agora", ela dizia.

Os estudantes de ambos os grupos tiveram que ignorar os cookies quentes durante cinco minutos depois que a pesquisadora deixava a sala. Nenhum deles cedeu à tentação.

Então a pesquisadora voltou. Pediu que cada estudante olhasse para um monitor de computador. Ele estava programado para piscar números na tela, um por vez, por quinhentos milissegundos cada um. Pediu-se aos participantes que apertassem a barra de espaço toda vez que vissem um "6" seguido de um "4". Este se tornou um método padrão para medir a força de vontade — prestar atenção a uma sequência monótona de números piscando exige um foco parecido com o de tentar resolver um quebra-cabeça impossível.

Os estudantes que tinham sido tratados com gentileza se saíram bem no teste do computador. Sempre que aparecia um "6" seguido de um "4", eles batiam na barra de espaço. Conseguiram manter o foco durante todos os 12 minutos. Apesar de ter ignorado os cookies, eles tinham força de vontade sobrando.

Os estudantes que tinham sido tratados com rispidez, por outro lado, foram péssimos no teste. Várias vezes esqueciam de apertar a barra de espaço. Diziam que estavam cansados e não conseguiam se concentrar. Os pesquisadores determinaram que seu músculo da força de vontade tinha sido extenuado pelas instruções bruscas.

Quando Muraven começou a explorar por que os estudantes que haviam sido tratados com gentileza tinham mais força de vontade, descobriu que a diferença principal era a sensação de controle que possuíam sobre sua experiência. "Encontramos isso inúmeras vezes", me disse Muraven. "Quando se pede às pessoas que façam algo que exija autocontrole, se acham que estão fazendo isso por motivos pessoais — se sentem que é uma escolha, ou algo que apreciam porque ajuda os outros —, é muito menos cansativo. Se sentem que não têm autonomia, se só estão cumprindo ordens, seus músculos da força de vontade se cansam muito mais rápido. Em ambos os casos, as pessoas ignoraram os cookies. Mas quando os estudantes foram tratados como engrenagens, e não como pessoas, isso exigiu muito mais força de vontade."

Para empresas e organizações, essa descoberta tem implicações enormes. O simples ato de dar aos empregados um senso de autonomia — uma sensação de que estão no controle, de que têm autoridade legítima para tomar decisões — pode aumentar radicalmente o grau de energia e o foco que eles dedicam ao emprego. Um estudo de 2010 numa fábrica de Ohio, por exemplo, examinou funcionários da linha de montagem que receberam autonomia para tomar pequenas decisões sobre seus horários e o ambiente de trabalho.[24] Eles desenharam seus próprios uniformes e tinham autoridade sobre os turnos. Nada mais mudou. Todos os processos de fabricação e escalas de pagamento continuaram iguais. Dentro de dois meses, a produtividade na fábrica cresceu em 20%. Os funcionários estavam fazendo intervalos mais curtos e cometendo menos erros. Dar aos empregados um senso de controle melhorou o grau de autodisciplina que dedicavam a seus empregos.

As mesmas lições se aplicam à Starbucks. Hoje, a empresa foca em dar aos empregados maior senso de autoridade. Eles pediram aos funcionários que reformulassem a disposição das máquinas de espresso e caixas registradoras, que decidissem por conta própria como os clientes devem ser cumprimentados e onde as mercadorias deviam ficar expostas. Não é incomum um gerente de loja passar horas discutindo com seus funcionários onde um liquidificador deve ser colocado.

"Começamos a pedir que os parceiros usem seu intelecto e criatividade, em vez de dizer a eles 'tire o café da caixa, coloque o copo aqui, siga esta regra'", disse Kris Engskov, um vice-presidente da Starbucks. "As pessoas querem estar no controle de suas vidas."

A rotatividade dos empregados diminuiu. A satisfação dos clientes aumentou. Desde a volta de Schultz, a Starbucks alavancou o faturamento em mais de 1,2 bilhão de dólares por ano.

V.

Quando Travis tinha 16 anos, antes de abandonar a escola e começar a trabalhar para a Starbucks, sua mãe lhe contou uma história. Eles estavam no carro, e Travis perguntou por que não tinha mais irmãos. Sua mãe sempre tentava ser totalmente honesta com os filhos e por isso lhe contou que engravidara dois anos antes de Travis nascer, porém fizera um aborto. Explicou que já tinham dois filhos àquela altura e eram viciados em drogas. Não achavam que podiam sustentar mais um bebê. Então, um ano depois, ela engravidou de Travis. Pensou em fazer outro aborto, mas seria um peso grande demais. Era mais fácil deixar que a natureza seguisse seu curso. Travis nasceu.

"Ela me disse que cometera vários erros, mas que eu ter nascido foi uma das melhores coisas que já aconteceram com ela", Travis disse. "Quando seus pais são viciados, você cresce sabendo que não pode contar com eles sempre que precisar. Mas eu dei muita sorte de encontrar chefes que me deram o que estava faltando. Se minha mãe tivesse tido a mesma sorte que eu, acho que as coisas teriam sido diferentes para ela."

Uns poucos anos depois dessa conversa, o pai de Travis telefonou para dizer que uma infecção entrara na corrente sanguínea da mãe dele através de um dos lugares no braço em que ela costumava se picar. Travis pegou o carro e foi imediatamente até o hospital em Lodi, mas ela já estava inconsciente quando ele chegou. Ela morreu meia hora depois, quando retiraram o equipamento de suporte vital.

Uma semana depois, o pai de Travis foi internado com pneumonia. Seu pulmão estava arruinado. Travis foi até Lodi de novo, mas eram 20h02 quando ele chegou ao pronto-socorro. Uma enfermeira lhe disse bruscamente que ele teria que voltar no dia seguinte; o horário de visita estava encerrado.

Travis já pensou muito nesse dia desde então. Ainda não tinha começado a trabalhar na Starbucks. Não aprendera a controlar suas emoções. Não tinha os hábitos que, desde então, passou anos exercitando. Quando pensa em sua vida agora, em como está longe de um mundo em que acontecem overdoses, em que carros roubados surgem na porta de casa e uma enfermeira parece um obstáculo intransponível, ele se pergunta como é possível percorrer uma distância tão longa em tão pouco tempo.

"Se ele tivesse morrido um ano depois, tudo teria sido diferente", ele me disse. Àquela altura, Travis já saberia como insistir calmamente com a enfermeira. Saberia reconhecer a autoridade dela, e então pedir educadamente que abrisse uma pequena exceção. Teria conseguido entrar no hospital. Em vez disso, ele desistiu e foi embora. "Eu disse: 'Só quero falar com ele uma vez', e ela ficava dizendo: 'Ele nem está acordado, já passou do horário de visitas, volte amanhã.' Eu não sabia o que dizer. Me senti tão pequeno."

O pai de Travis morreu naquela noite.

No aniversário da morte do pai, todo ano, Travis acorda cedo, toma um banho mais demorado que de costume, planeja seu dia nos mínimos detalhes e vai de carro para o trabalho. Ele sempre chega na hora.

6

O PODER DE UMA CRISE

Como os líderes criam hábitos através do
acaso e da intenção

I.

O paciente já estava inconsciente quando foi conduzido na maca para a sala de cirurgia do Rhode Island Hospital. O queixo estava frouxo, olhos, fechados, e a extremidade de um tubo de entubação despontava acima de seus lábios. Quando uma enfermeira o conectou a uma máquina que impeliria ar para dentro de seus pulmões durante a cirurgia, um de seus braços escorregou para fora da maca, com a pele salpicada de manchas hepáticas.

O homem tinha 86 anos e, três dias antes, sofrera uma queda em casa. Depois disso, sentira dificuldade de ficar acordado e responder perguntas, então a mulher acabara chamando uma ambulância.[1] No pronto-socorro, um médico lhe perguntou o que tinha acontecido, mas o homem sempre cabeceava de sono no meio das frases. Um mapeamento de sua cabeça revelou o motivo: o tombo fizera com que seu cérebro se chocasse contra o crânio, causando o que é conhecido como hematoma subdural. O sangue se acumulava dentro da parte esquerda do crânio, forçando as delicadas dobras de tecido no interior do osso. O fluido vinha se acumulando havia quase 72 horas, e as partes do cérebro que controlavam a respiração e o coração começavam a falhar. Se o sangue não fosse drenado, o homem morreria.[2]

Na época, o Rhode Island Hospital era uma das mais avançadas instituições médicas dos Estados Unidos, o principal hospital de ensino para a Brown University e o único centro de trauma Nível I no sudeste da Nova Inglaterra. Naquele prédio alto de tijolos e vidro, médicos haviam aperfeiçoado técnicas de ponta, incluindo o uso de ondas de ultrassom para destruir tumores dentro do corpo de um paciente. Em 2002, a Coalizão Nacional de Serviços de Saúde avaliou a UTI do hospital como uma das melhores do país.[3]

Porém na época em que o paciente idoso chegou, o Rhode Island Hospital também tinha outra reputação: a de um lugar cindido por tensões internas. Havia inimizades profundas, corrosivas, entre enfermeiros e médicos. Em 2000, o sindicato dos enfermeiros votara por uma greve, após reclamar que eram obrigados a cumprir turnos perigosamente longos. Mais de trezentos deles postaram-se em frente ao hospital com placas que diziam: "Chega de escravidão" e "Eles não podem tirar nosso orgulho".[4]

"Este lugar pode ser horrível", um enfermeiro se lembra de ter dito a um repórter. "Os médicos conseguem fazer você sentir que não vale nada, que é descartável. Como se devesse agradecer por arrumar a bagunça que eles deixam para trás."

Os administradores acabaram concordando em limitar a hora extra obrigatória dos enfermeiros, mas as tensões continuaram a crescer.[5] Alguns anos depois, um cirurgião estava se preparando para uma cirurgia abdominal de rotina quando uma enfermeira pediu que eles fizessem um intervalo. Essas pausas são um procedimento padrão na maioria dos hospitais, um jeito de os médicos e funcionários garantirem que não vão cometer erros.[6] A equipe de enfermagem do Rhode Island Hospital insistia na questão dos intervalos, principalmente depois que um cirurgião acidentalmente extraíra as amídalas de uma menina que deveria fazer uma cirurgia oftalmológica. Os intervalos serviam para pegar esses erros antes que eles acontecessem.

Na cirurgia abdominal, quando a enfermeira da sala pediu que a equipe se reunisse em volta do paciente para fazer um intervalo e discutir o plano, o médico foi em direção à porta.

"Por que você não assume a liderança?", o cirurgião disse à enfermeira. "Vou sair da sala para dar um telefonema. Bata na porta quando estiverem prontos."

"Você também deveria participar, doutor", ela respondeu.

"Você consegue dar conta", disse o cirurgião, andando até a porta.

"Doutor, eu não acho que isso seja apropriado."

O médico parou e olhou para ela. "Se eu quiser saber sua opinião, eu pergunto", ele disse. "Nunca mais questione minha autoridade. Se não consegue fazer seu trabalho, saia da droga da minha sala de cirurgia."

A enfermeira liderou o intervalo, chamou o médico uns poucos minutos depois, e o procedimento ocorreu sem complicações. Ela nunca mais contradisse um médico, e nunca dizia nada quando outras políticas de segurança eram ignoradas.

"Alguns médicos eram ótimos, outros, uns monstros", me contou uma enfermeira que trabalhou no Rhode Island Hospital em meados dos anos 2000. "Nós o chamávamos de fábrica de vidro, porque a sensação era de que a qualquer minuto tudo podia se estraçalhar."

Para lidar com essas tensões, a equipe desenvolvera regras informais — hábitos exclusivos daquela instituição — que ajudavam a evitar os conflitos mais óbvios. Os enfermeiros, por exemplo, sempre checavam duas vezes os pedidos dos médicos, que tendiam a errar, e em silêncio garantiam que as doses corretas fossem registradas; dedicavam um tempo a mais só para escrever de forma legível nas fichas dos pacientes, para evitar que um cirurgião com pressa fizesse o corte errado. Uma enfermeira me contou que desenvolveram um sistema de cores para alertar uns aos outros. "Escrevíamos os nomes dos médicos em cores diferentes nos quadros brancos", ela dizia. "Azul significava 'legal', vermelho significava 'imbecil', e preto queria dizer 'não o contradiga em hipótese alguma, senão ele corta sua cabeça'."

O Rhode Island Hospital era um lugar tomado por uma cultura corrosiva. Diferente da Alcoa, onde hábitos angulares cuidadosamente projetados com base na segurança dos funcionários haviam gerado cada vez mais acertos, dentro do Rhode Island Hospital, os hábitos surgiam de improviso entre os enfermeiros, tentando compensar a arrogância dos médicos. As rotinas do hospital não eram elaboradas com cuidado. Em vez disso, apareciam por acaso e se disseminavam através de avisos sussurrados, até que padrões nocivos surgissem. Isso pode acontecer dentro de qualquer organização em que os hábitos não são deliberadamente planejados. Assim como escolher os hábitos angulares certos pode gerar mudanças incríveis, escolher os errados pode gerar desastres.

E quando os hábitos dentro do Rhode Island Hospital implodiam, causavam erros terríveis.

Quando os funcionários do pronto-socorro viram as imagens do cérebro do homem de 86 anos com o hematoma subdural, imediatamente mandaram uma mensagem por pager para o neurocirurgião de plantão. Ele estava no meio de uma cirurgia de coluna vertebral, mas quando recebeu a mensagem, afastou-se da mesa de operação e olhou as imagens da cabeça do homem idoso numa tela de computador. O cirurgião mandou seu assistente — um enfermeiro clínico — ir até o pronto-socorro e pedir que a esposa do homem assinasse um formulário de consentimento autorizando a cirurgia. Ele terminou sua cirurgia de coluna. Meia hora depois, o homem idoso foi trazido para a mesma sala de operação.[7]

Os enfermeiros estavam correndo de um lado para o outro. O idoso inconsciente foi colocado na mesa. Um enfermeiro pegou seu formulário de consentimento e sua ficha médica.

"Doutor", disse o enfermeiro, olhando a ficha do paciente. "O formulário de consentimento não diz onde é o hematoma." O enfermeiro folheou os papéis. Não havia uma indicação clara de qual lado da cabeça devia ser operado.[8]

Todo hospital depende de papéis para orientar as cirurgias. Antes que qualquer corte seja feito, o paciente ou um parente seu deve assinar um documento aprovando cada procedimento e verificando os detalhes. Num ambiente caótico, onde até uma dezena de médicos e enfermeiros podem lidar com um mesmo paciente entre o pronto-socorro e o quarto de recuperação, os formulários de consentimento são as instruções que mantêm o controle do que deve acontecer. Exceto em caso de emergência, ninguém deve entrar em cirurgia sem um formulário de consentimento assinado e detalhado.

"Eu vi os exames antes", disse o cirurgião. "Era o lado direito da cabeça. Se não fizermos isso depressa, ele vai morrer."

"Talvez devêssemos puxar as imagens de novo", disse o enfermeiro, andando em direção a um computador. Por motivos de segurança, os computadores do hospital ficavam bloqueados após 15 minutos de inatividade. Levaria pelo menos um minuto até que o enfermeiro logasse no sistema e carregasse as imagens do cérebro do paciente na tela.

"Não dá tempo", disse o cirurgião. "Me disseram que o coração dele está parando. Temos que aliviar a pressão."

"E se nós acharmos a família?", perguntou o enfermeiro.

"Se é isso que você quer, então ligue para a porra do pronto-socorro e ache a família! Enquanto isso, vou salvar a vida dele." O cirurgião arrancou os papéis da mão do enfermeiro, escreveu "direito" no formulário de consentimento e o rubricou.

"Pronto", ele disse. "Temos que operar imediatamente."[9]

O enfermeiro trabalhava no Rhode Island Hospital fazia um ano. Entendia a cultura do hospital. Sabia que o nome daquele cirurgião muitas vezes era escrito em preto no grande quadro branco do corredor, sinalizando aos enfermeiros que tomassem cuidado. As regras tácitas naquele contexto eram claras: o cirurgião sempre vence.

O enfermeiro largou a ficha e afastou-se enquanto o médico posicionava a cabeça do idoso num suporte que fornecia acesso ao lado direito do crânio, raspou o cabelo e aplicou antisséptico. O plano era abrir o crânio e aspirar o sangue acumulado em cima do cérebro. O cirurgião cortou um pedaço do couro cabeludo, expôs o crânio e encostou uma broca no osso branco. Começou a empurrar até a ponta atravessar com um pequeno estalo. Fez mais dois furos e usou uma serra para cortar um pedaço triangular do crânio do homem. Embaixo estava a dura-máter, a membrana translúcida que envolve o cérebro.

"Oh, meu Deus", alguém disse.

Não havia hematoma. Estavam operando do lado errado da cabeça.

"Precisamos virá-lo!", o cirurgião gritou.[10]

O triângulo de osso foi recolocado com pequenas placas e parafusos de metal, e o couro cabeludo do paciente foi suturado. Sua cabeça foi virada para o outro lado, e depois mais uma vez raspada, desinfetada, cortada e perfurada até que um triângulo de crânio pudesse ser removido. Dessa vez, o hematoma estava imediatamente visível, um volume escuro que vazou como um xarope grosso quando a dura-máter foi furada. O cirurgião aspirou o sangue e a pressão dentro do crânio do homem baixou imediatamente. A cirurgia, que deveria ter levado cerca de uma hora, durara quase o dobro.

Depois disso, o paciente foi levado para a UTI, porém jamais recuperou a plena consciência. Duas semanas depois, morreu.

Uma investigação posterior concluiu que era impossível determinar precisamente a causa mortis, mas a família do paciente argumentou que o trauma do erro médico sobrecarregara seu corpo já frágil, que o estresse de retirar dois pedaços de crânio, o tempo adicional de cirurgia e o atraso na evacuação do hematoma o tinham forçado além do limite. Alegavam que, não fosse o erro, o homem talvez ainda estivesse vivo. O hospital pagou um acordo em dinheiro, e o cirurgião foi proibido de trabalhar no Rhode Island Hospital novamente.[11]

Um acidente desse tipo, alguns enfermeiros afirmaram depois, era inevitável. Os hábitos institucionais do Rhode Island Hospital eram tão disfuncionais que era só uma questão de tempo até que um erro grave ocorresse.[6] Não são apenas os hospitais que alimentam padrões perigosos, é claro. Hábitos organizacionais destrutivos podem ser encontrados em centenas de ramos de atividade e em milhares de empresas. E quase sempre são fruto de negligência, de líderes que evitam pensar na cultura e portanto deixam que ela se desenvolva sem orientação. Não existem organizações sem hábitos organizacionais. Há apenas lugares onde eles são concebidos deliberadamente, e lugares onde são criados sem planejamento; por isso muitas vezes brotam de rivalidades ou do medo.

Porém, às vezes, mesmo hábitos destrutivos podem ser transformados por líderes que sabem aproveitar as oportunidades certas. Às vezes, no calor de uma crise, os hábitos certos surgem.

---

[6] Os relatos deste capítulo são baseados em entrevistas com diversas pessoas que trabalharam no Rhode Island Hospital e estiveram envolvidas neste incidente, algumas das quais forneceram versões diferentes dos fatos. Para mais detalhes das respostas dos representantes do hospital e do cirurgião envolvido, favor consultar as notas.

II.

Quando *An Evolutionary Theory of Economic Change* Uma teoria evolucionária da mudança econômica foi publicado pela primeira vez em 1982, muito poucas pessoas fora da academia deram atenção a esse livro. Sua capa sem graça e sua primeira frase desencorajadora — "Neste volume desenvolvemos uma teoria evolucionária das capacidades e comportamento de empresas comerciais operando num ambiente de mercado, e construímos e analisamos uma série de modelos consistentes com essa teoria" — pareciam quase formuladas para afugentar os leitores.[12] Os autores, Richard Nelson e Sidney Winter, professores de Yale, eram mais conhecidos por uma série de artigos intensamente analíticos explorando a teoria de Schumpeter, que mesmo a maioria dos doutorandos não fingia entender.[13]

Dentro do mundo da estratégia comercial e da teoria organizacional, no entanto, o livro explodiu como uma bomba.[14] Ele logo foi aclamado como um dos textos mais importantes do século. Professores de economia começaram a falar dele para seus colegas em escolas de administração de negócios, que começaram a falar dele para diretores executivos em conferências, que logo começaram a citar Nelson e Winter dentro de corporações tão diferentes como a General Electric, a Pfizer e a Starwood Hotels.

Nelson e Winter tinham passado mais de uma década examinando como as empresas funcionam, arrastando-se por pântanos de dados antes de chegar a sua conclusão central: "Boa parte do comportamento de uma empresa", eles escreveram, é melhor "entendida como um reflexo de hábitos gerais e orientações estratégicas provenientes do passado da empresa", e não como "resultado de uma pesquisa detalhada dos ramos remotos da árvore de decisões".[15]

Ou, colocando em termos que se usam fora da economia teórica, pode *parecer* que a maioria das organizações faz escolhas racionais com base na tomada de decisões deliberadas, porém não é, de modo algum, assim que as empresas funcionam. Em vez disso, elas são guiadas por hábitos organizacionais de longa data, padrões que muitas vezes surgem das decisões independentes de milhares de empregados.[16] E esses hábitos têm impactos mais profundos do que qualquer pessoa entendia antes.

Por exemplo, pode parecer que o executivo-chefe de uma confecção de roupas tomou a decisão, no ano passado, de mostrar um cardigã vermelho na capa do catálogo após estudar cuidadosamente dados de vendas e marketing. Mas, na verdade, o que realmente aconteceu foi que o vice-presidente sempre visita sites dedicados a tendências da moda japonesa (onde o vermelho esteve em alta na primavera passada), e os marqueteiros da firma costumam perguntar a seus amigos quais cores estão na moda, e os executivos da empresa, voltando de sua viagem anual aos desfiles de Paris, disseram ouvir falar que os estilistas de empresas rivais estavam usando novos pigmentos magenta. Todos esses pequenos inputs, frutos de padrões descoordenados entre executivos batendo papo sobre concorrentes e conversando com seus amigos, infiltraram-se nas rotinas mais formais de pesquisa e desenvolvimento da empresa, até que um consenso surgiu: o vermelho será popular este ano. Ninguém tomou uma decisão independente, deliberada. Em vez disso, dezenas de hábitos, processos e comportamentos convergiram até que parecesse que o vermelho era a escolha inevitável.

Esses hábitos organizacionais — ou "rotinas", como Nelson e Winter os chamaram — são de uma importância enorme, pois sem eles a maioria das empresas jamais conseguiria fazer trabalho algum.[17] As rotinas fornecem as centenas de regras tácitas de que as empresas precisam para funcionar.[18] [19] Elas permitem que os funcionários experimentem novas ideias sem ter que pedir permissão a cada passo. Proporcionam uma espécie de "memória organizacional", para que os gerentes não precisem reinventar o processo de vendas a cada seis meses nem entrar em pânico toda vez que um vice-presidente sai da empresa.[20] As rotinas reduzem a incerteza — um estudo sobre esforços de recuperação após terremotos no México e em Los Angeles, por exemplo, descobriu que os hábitos dos agentes de assistência (que eles carregavam de um desastre para o outro, e que incluíam coisas como estabelecer redes de comunicação contratando crianças para levar mensagens entre bairros) eram absolutamente cruciais, "pois, sem eles, a formulação e implementação de políticas ficaria perdida numa selva de detalhes".[21]

Mas um dos benefícios mais importantes das rotinas é que elas criam tréguas entre grupos ou indivíduos potencialmente conflitantes dentro de uma organização.[22]

Os economistas em geral estão acostumados a tratar empresas como lugares idílicos onde todos se dedicam a um objetivo comum: ganhar o máximo de dinheiro possível. Nelson e Winter ressaltaram que, no mundo real, não é de modo algum assim que as coisas funcionam. As empresas não são grandes famílias felizes em que todos cooperam gentilmente. Na verdade, a maioria dos locais de trabalho compõe-se de feudos nos quais executivos competem por poder e crédito, muitas vezes em escaramuças ocultas que fazem seu próprio desempenho parecer superior e o dos rivais parecer pior. Departamentos competem por recursos e sabotam uns aos outros para roubar a glória. Os chefes jogam seus subordinados uns contra os outros para que ninguém possa armar um golpe de estado.

As empresas não são famílias. São campos de batalha numa guerra civil.

E, no entanto, apesar dessa propensão a guerras internas, a maioria das empresas segue funcionando em relativa paz, ano após ano, porque tem rotinas — hábitos — que criam tréguas que permitem a todos deixarem suas rivalidades de lado por tempo suficiente para o trabalho do dia ser feito.

Hábitos organizacionais oferecem uma promessa básica: se você seguir os padrões estabelecidos e respeitar a trégua, então as rivalidades não vão destruir a empresa, os lucros vão entrar e, mais cedo ou mais tarde, todo mundo vai ficar rico. Uma vendedora, por exemplo, sabe que pode aumentar sua comissão dando descontos generosos a clientes preferenciais em troca de grandes pedidos. Mas também sabe que, se todo vendedor der descontos generosos, a empresa irá à falência e não haverá comissão nenhuma para distribuir. Então surge uma rotina: os vendedores se reúnem todo mês de janeiro e concordam em limitar quantos descontos vão oferecer para proteger os lucros da empresa, e no fim do ano todo mundo recebe um aumento.

Ou pensemos num jovem executivo aspirante a vice-presidente que, com um telefonema discreto para um cliente importante, poderia frustrar uma venda e sabotar o departamento de um colega, tirando-o do páreo para a promoção. O problema da sabotagem é que, mesmo que seja boa para você, ela geralmente é ruim para a empresa. Por isso, na maioria das empresas surge uma regra tácita: você pode ser ambicioso, mas se jogar pesado demais, seus colegas vão se unir contra você. Por outro lado, se você se concentrar em alavancar o próprio departamento, em vez de solapar seu rival, com o tempo você provavelmente receberá atenção.[23]

ROTINAS CRIAM TRÉGUAS QUE PERMITEM
QUE O TRABALHO SEJA FEITO

As rotinas e tréguas oferecem um tipo de justiça organizacional rudimentar, e por causa delas, escreveram Nelson e Winter, conflitos dentro das empresas geralmente "seguem trajetórias em boa parte previsíveis e mantêm-se dentro de limites previsíveis que são consistentes com a rotina em vigor. (...) A quantidade usual de trabalho é cumprida, as reprimendas e os elogios são feitos com a frequência usual. (...) Ninguém está tentando pilotar o navio organizacional para fazer uma curva fechada, na esperança de derrubar um rival para fora".[24]

Na maior parte do tempo, as rotinas e tréguas funcionam perfeitamente. As rivalidades continuam existindo, é claro, mas, devido aos hábitos institucionais, são mantidas dentro dos limites e a empresa prospera.

No entanto, às vezes mesmo uma trégua se mostra insuficiente. Em outras, como descobriu o Rhode Island Hospital, uma paz instável pode ser tão destrutiva quanto uma guerra civil.

Em algum lugar no seu escritório, enterrado numa gaveta da mesa, provavelmente há um manual que você recebeu no primeiro dia de trabalho. Ele contém formulários de despesas e regras sobre férias, opções de seguro e o fluxo organizacional da empresa. Possui gráficos em cores vivas descrevendo diferentes planos de saúde, uma lista de telefones importantes e instruções de como acessar seu e-mail ou inscrever-se no plano de aposentadoria 401(k).

Agora, imagine o que você diria a um novo colega que pedisse conselhos sobre como *se dar bem* na sua empresa. Suas recomendações provavelmente não incluiriam nada que constasse do manual da empresa. Em vez disso, as dicas que você transmitiria — quem é de confiança; quais secretárias têm mais influência que os chefes; como manipular a burocracia para conseguir alguma coisa — são os hábitos de que depende todo dia para sobreviver. Se pudesse de algum modo fazer um diagrama de todos os seus hábitos no trabalho — e as estruturas informais de poder, relacionamentos, alianças e conflitos que representam — e então sobrepor seu diagrama aos diagramas desenhados pelos seus colegas, isso criaria um mapa da hierarquia secreta da sua empresa, um guia de quem sabe fazer as coisas acontecerem e quem parece nunca estar à frente.

As rotinas de Nelson e Winter — e as tréguas que elas possibilitam — são cruciais para todo tipo de empresa. Um estudo da Universidade de Utrecht na Holanda, por exemplo, analisou rotinas dentro do mundo da moda. Para sobreviver, todo estilista tem que possuir algumas habilidades básicas: criatividade e um talento para a alta-costura, em primeiro lugar. Mas isso não basta para o sucesso.[25] O que faz a diferença entre o sucesso e o fracasso são as rotinas de um estilista — um sistema para conseguir casimira italiana antes que o estoque dos atacadistas se esgote, um processo para achar os melhores costureiros de zíperes e botões, uma rotina para enviar um vestido para uma loja em dez dias e não em três semanas. A moda é um ramo tão complicado que, sem os processos certos, uma nova empresa pode se atolar na logística, e uma vez que isso acontece, a criatividade deixa de importar.

E que novos estilistas possuem mais chances de ter os hábitos certos? Aqueles que formaram as tréguas certas e acharam as alianças certas.[26] Tréguas são tão importantes que novas marcas geralmente dão certo apenas se são lideradas por pessoas que saíram de *outras* empresas de moda em bons termos.

Algumas pessoas talvez pensassem que Nelson e Winter estavam escrevendo um livro sobre teoria econômica pura. Mas o que realmente produziram foi um guia para sobreviver no mundo corporativo norte-americano.

Além disso, as teorias de Nelson e Winter também explicam por que as coisas deram tão errado no Rhode Island Hospital. O hospital tinha rotinas que criavam uma paz incômoda entre enfermeiros e médicos — os quadros brancos, por exemplo, e os avisos que os enfermeiros sussurravam uns para os outros eram hábitos que estabeleciam uma trégua básica. Esses pactos delicados permitiam que a organização funcionasse na maior parte do tempo. Porém tréguas só são duráveis quando criam uma justiça real. Se uma trégua é desequilibrada — se a paz não é real —, então as rotinas muitas vezes falham justamente quando são mais necessárias.

A questão crucial no Rhode Island Hospital era que apenas os enfermeiros estavam cedendo poder para manter uma trégua. Eram os enfermeiros que conferiam duas vezes os medicamentos dos pacientes e faziam um esforço a mais para escrever com clareza nas fichas; eram eles que aguentavam os maus-tratos de médicos estressados; eram eles que ajudavam a separar os médicos gentis dos déspotas, para que o resto dos funcionários soubesse quem tolerava sugestões na sala de operação e quem daria um chilique se você abrisse a boca. Os médicos muitas vezes nem se davam ao trabalho de aprender os nomes dos enfermeiros. "Os médicos estavam no comando, e nós éramos subalternos", me disse uma enfermeira. "Enfiávamos o rabo entre as pernas e sobrevivíamos."

As tréguas no Rhode Island Hospital eram unilaterais. Então, nesses momentos cruciais — por exemplo, quando um cirurgião estava prestes a fazer uma incisão precipitada e um enfermeiro tentou intervir —, as rotinas que poderiam ter evitado o acidente vieram abaixo, e o lado errado da cabeça do homem de 86 anos foi aberto.

Alguns talvez sugiram que a solução são tréguas mais igualitárias. Que, se a administração do hospital cuidasse melhor da atribuição de autoridade, talvez surgisse um equilíbrio de poder mais saudável, e enfermeiros e médicos seriam forçados a se respeitar.

Esse é um bom começo. Infelizmente, não é o bastante. Criar uma organização bem-sucedida não é apenas questão de equilibrar autoridade. Para que uma organização funcione, os líderes precisam cultivar hábitos que tanto criem uma paz real e equilibrada quanto, paradoxalmente, deixem absolutamente claro quem está no comando.

III.

Philip Brickell, um empregado do Metrô de Londres de 43 anos, estava dentro do cavernoso saguão principal da estação King's Cross, numa noite de novembro de 1987, quando um passageiro o interrompeu enquanto recebia bilhetes e disse que havia um lenço de papel pegando fogo na base de uma escada rolante ali perto.[27][28]

King's Cross era uma das maiores, mais suntuosas e mais movimentadas estações de metrô de Londres, um labirinto de longas escadas rolantes, corredores e túneis, alguns dos quais tinham quase um século de existência. As escadas rolantes da estação, em particular, eram famosas por seu tamanho e idade. Algumas se estendiam por até cinco andares subterrâneos e eram feitas com ripas de madeira e corrimãos de borracha, os mesmos materiais utilizados para construí-las décadas antes. Mais de 250 mil passageiros passavam por King's Cross todo dia em seis linhas de metrô diferentes. Durante a hora do rush no fim de tarde, a bilheteria da estação era um mar de gente apressada, sob um teto repintado tantas vezes que ninguém lembrava sua cor original.

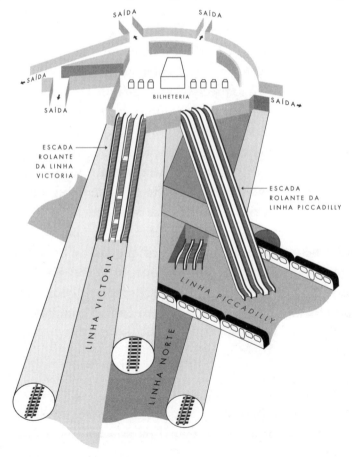

O lenço de papel em chamas, disse o passageiro, estava na base de uma das escadas rolantes mais compridas da estação, servindo a linha Piccadilly. Brickell imediatamente deixou seu posto, desceu pela escada rolante até a plataforma, achou o lenço fumegante e, com uma revista enrolada, apagou o fogo. Então voltou ao seu posto.

Brickell não investigou mais a fundo. Não tentou descobrir por que o lenço estava queimando, ou se ele talvez tivesse voado de um incêndio maior em algum outro lugar dentro da estação. Não mencionou o incidente para outro empregado nem telefonou para os bombeiros. Outro departamento era responsável pela segurança contra incêndios, e Brickell, atento às rígidas divisões que governavam o Metrô, não era bobo de se meter em território alheio. Além disso, mesmo se ele *tivesse* investigado a possibilidade de um incêndio, não saberia o que fazer com qualquer informação que descobrisse. A cadeia de comando severamente estabelecida do Metrô de Londres proibia que ele contatasse outro departamento sem a autorização direta de um superior. E as rotinas do Metrô — transmitidas de funcionário a funcionário — lhe diziam que ele não devia jamais, em nenhuma circunstância, se referir em voz alta a *nada* dentro de uma estação como um "incêndio", para evitar que os passageiros entrassem em pânico. Não era assim que as coisas funcionavam.

O Metrô era governado por uma espécie de regulamento teórico que ninguém nunca tinha visto nem lido — e que na verdade não existia, a não ser nas regras tácitas que regiam a vida de todos os funcionários. Fazia décadas que o Metrô vinha sendo administrado pelos "Quatro Barões" — os chefes de engenharia civil, elétrica, mecânica e de sinalização — e dentro de cada um de seus departamentos havia chefes e subchefes que protegiam sua autoridade com unhas e dentes. Os trens partiam na hora porque todos os 19 mil empregados do Metrô cooperavam num sistema delicado, que passava passageiros e trens entre dezenas — às vezes centenas — de mãos o dia inteiro. Mas essa cooperação dependia de um equilíbro de poder entre cada um dos quatro departamentos e todos os seus subchefes, um equilíbrio que, por sua vez, dependia de milhares de hábitos aos quais os empregados aderiam. Esses hábitos criavam uma trégua entre os Quatro Barões e seus representantes. E dessa trégua surgiam políticas que diziam a Brickell: procurar incêndios não é tarefa sua. Mantenha-se na sua área.

"Mesmo no nível mais alto, um diretor não costumava invadir o território do outro", um investigador observaria depois. "Sendo assim, o diretor de engenharia não se preocupava se os funcionários da operação estavam adequadamente treinados em segurança contra incêndios e procedimentos de evacuação, pois considerava esses assuntos como sendo da alçada da Diretoria de Operações."

Assim Brickell não disse nada sobre o lenço de papel em chamas. Em outras circunstâncias, aquilo talvez fosse um detalhe insignificante. Nesse caso, o lenço era um aviso — um pouco de combustível que escapara de um incêndio maior, escondido —, mostrando que mesmo as tréguas perfeitamente equilibradas podem se tornar perigosas se não forem projetadas da maneira correta.[29]

Quinze minutos depois de Brickell voltar a sua cabine, outro passageiro notou um fio de fumaça enquanto subia pela escada rolante da linha Piccadilly; ele o mencionou a um funcionário do Metrô. O inspetor de segurança da estação King's Cross, Christopher Hayes, por fim foi chamado para investigar. Um terceiro passageiro, vendo fumaça e um clarão vindo de baixo da escada, apertou um botão de parada de emergência e começou a gritar para os passageiros que saíssem da escada rolante. Um policial viu uma leve névoa esfumaçada dentro do túnel comprido da escada rolante e, na metade de baixo, chamas começando a despontar acima dos degraus.

E no entanto Hayes, o inspetor de segurança, não chamou a brigada de incêndio de Londres. Ele próprio não tinha visto fumaça alguma, e outra das regras tácitas do Metrô era que os bombeiros jamais deviam ser acionados a não ser que fosse absolutamente necessário. O policial que percebera a névoa, no entanto, achou que devia contatar a delegacia. Seu rádio não funcionava no subterrâneo, então subiu uma longa escada até o lado de fora da estação e ligou para seus superiores, que por fim transmitiram a mensagem ao corpo de bombeiros. Às 19h36 — 22 minutos após Brickell ter sido alertado sobre o lenço de papel em chamas —, a brigada de incêndio recebeu um chamado: "Pequeno incêndio em King's Cross." Os passageiros passavam pelo policial do lado de fora, falando no rádio. Estavam entrando com pressa na estação, descendo pelos túneis, tentando chegar em casa para o jantar.

Em questão de minutos, muitos deles estariam mortos.

*

Às 19h36, um funcionário do Metrô interditou com cordas a entrada da escada rolante da linha Piccadilly, e outro começou a direcionar as pessoas para outra escada. Havia novos trens chegando em intervalos de poucos minutos. As plataformas pelas quais os passageiros saíam dos vagões do metrô estavam apinhadas. Um engarrafamento começou a se formar na base de uma escadaria aberta.

Hayes, o inspetor de segurança, entrou numa passagem que levava à sala de máquinas da escada rolante da linha Piccadilly. No escuro, havia um conjunto de controles para um sistema de sprinklers, projetado especificamente para combater incêndios em escadas rolantes. Ele fora instalado alguns anos antes, depois que um incêndio em outra estação levara a uma série de relatórios preocupantes sobre os riscos de um incêndio repentino. Mais de vinte estudos e advertências tinham dito que o Metrô estava despreparado para incêndios e que os funcionários precisavam ser treinados no uso de sprinklers e extintores, que ficavam posicionados em todas as plataformas de trem. Dois anos antes, o vice-chefe assistente da Brigada de Incêndio de Londres escrevera ao diretor de operações ferroviárias, reclamando dos hábitos de segurança dos funcionários do Metrô.

"Estou seriamente preocupado", dizia a carta. "Insisto com toda a ênfase possível para que (...) sejam dadas instruções claras de que, a qualquer suspeita de incêndio, a Brigada de Incêndio seja contatada sem demora. Isso pode salvar vidas."

No entanto, Hayes, o inspetor de segurança, nunca viu essa carta, pois ela foi enviada para uma divisão diferente daquela em que ele trabalhava, e as políticas do Metrô jamais foram reescritas de modo a incorporar o aviso. Ninguém dentro de King's Cross entendia como usar o sistema de sprinklers das escadas rolantes, nem estava autorizado a usar os extintores, pois eles eram controlados por outro departamento. Hayes esqueceu completamente que o sistema de sprinklers existia. As tréguas que governavam o Metrô garantiam que cada pessoa soubesse o seu lugar, mas não deixavam espaço para descobrir nada além do que ela tinha a obrigação de saber. Hayes passou correndo pelos controles dos sprinklers sem ao menos olhar de relance para eles.

Quando chegou à sala das máquinas, foi quase vencido pelo calor. O incêndio já era grande demais para ser combatido. Ele correu de volta para o saguão principal. Havia uma fila de gente parada nas máquinas de bilhetes, e centenas de pessoas circulando pelo recinto, indo para as plataformas ou saindo da estação. Hayes achou um policial.

"Temos que parar os trens e tirar todo mundo daqui", ele disse. "O incêndio está fora de controle. Está se espalhando por tudo."

Às 19h42 — quase meia hora depois do lenço de papel em chamas —, o primeiro bombeiro chegou a King's Cross. Ao entrar na bilheteria, viu uma fumaça preta e densa começando a serpentear rente ao teto. Os corrimãos de borracha das escadas rolantes tinham começado a queimar. Conforme o cheiro ardido de borracha queimada se espalhava, os passageiros na bilheteria foram percebendo que havia algo errado. Andavam em direção às saídas enquanto bombeiros abriam caminho entre a multidão, lutando para avançar no contrafluxo.

Lá embaixo, o incêndio estava se alastrando. A escada rolante inteira agora estava em chamas, gerando um gás superaquecido que subiu até o topo do poço, envolvendo a própria escada, onde ele ficou preso contra o teto do túnel, que estava coberto com cerca de vinte camadas de tinta antiga. Alguns anos antes, o diretor de operações do Metrô sugerira que toda aquela tinta talvez representasse um risco de incêndio. Quem sabe, ele disse, as camadas antigas devessem ser removidas antes que uma nova fosse aplicada?

Os protocolos de pintura não eram da sua alçada, no entanto. A responsabilidade pela pintura pertencia ao departamento de manutenção, cujo chefe educadamente agradeceu a recomendação ao colega, e então observou que se ele quisesse interferir em outros departamentos, o favor rapidamente seria retribuído.

O diretor de operações retirou sua recomendação.

Conforme os gases superaquecidos se acumulavam junto ao teto do poço da escada rolante, todas aquelas velhas camadas de tinta começaram a absorver o calor. Cada novo trem que chegava impelia um novo jorro de oxigênio para dentro da estação, alimentando o fogo como um fole.

Às 19h43, um trem chegou e um vendedor chamado Mark Silver desceu. Ele percebeu imediatamente que havia algo errado. O ar estava turvo, a plataforma, abarrotada de gente. A fumaça vinha soprada para onde ele estava, encrespando-se em volta dos vagões de trem parados nos trilhos. Virou para entrar de volta no trem, porém as portas tinham fechado. Ele esmurrou as janelas, mas havia uma política não oficial para evitar atrasos: uma vez que as portas estavam fechadas, não abriam novamente. De uma ponta à outra da plataforma, Silver e outros passageiros gritavam ao motorista para que ele abrisse as portas. O sinal mudou para verde e o trem partiu. Uma mulher pulou nos trilhos, correndo atrás do trem enquanto ele avançava para dentro do túnel. "Me deixem entrar!", ela gritava.

Silver andou pela plataforma até onde um policial estava direcionando todo mundo para longe da escada rolante da linha Piccadilly e rumo a outra escadaria. Havia uma multidão de pessoas em pânico esperando para subir. Todas sentiam o cheiro da fumaça, e todas estavam amontoadas. O lugar estava quente — por causa do fogo, ou por causa da quantidade de pessoas, Silver não tinha certeza. Ele finalmente chegou à base de uma escada rolante que tinha sido desligada. Enquanto subia na direção da bilheteria, sentiu as pernas arderem com o calor de uma parede de 5 metros que o separava do poço da escada da linha Piccadilly. "Olhei para cima e vi bolhas se formando na parede e no teto", ele disse depois.

Às 19h45, um trem que chegava empurrou uma grande lufada de ar para dentro da estação. Conforme o oxigênio alimentava o fogo, as labaredas na escada da linha Piccadilly rugiam. Os gases superaquecidos junto ao teto do poço, alimentados pelo fogo embaixo e pela tinta borbulhante em cima, atingiram uma temperatura de combustão, o que é conhecido como "ponto de inflamação generalizada". Nesse momento, tudo dentro do poço — a tinta, os degraus de madeira da escada rolante e qualquer outro combustível que estivesse presente — se incendiou numa rajada de fogo. A força da incineração repentina funcionou do mesmo modo que a explosão de pólvora na base de um cano de rifle. Começou a empurrar o fogo para cima através do poço comprido, absorvendo mais calor e velocidade conforme o incêndio se expandia, até ser disparado para fora do túnel e para dentro da bilheteria numa muralha de chamas que incendiou metais, ladrilhos e carne humana. A temperatura dentro do saguão subiu 150 graus em meio segundo. Um policial que subia por uma das escadas rolantes laterais disse aos investigadores que viu "um jato de fogo ser disparado para cima e então formar uma espécie de bola". Havia quase cinquenta pessoas dentro do saguão naquele momento.

Acima do chão, na rua, um transeunte sentiu o calor explodir de uma das saídas do metrô, viu um passageiro sair cambaleando e correu para ajudar. "Segurei a mão direita dele com a minha mão direita, mas, quando nossas mãos se tocaram, senti que a dele estava em brasa, e parte da pele saiu na minha mão", disse o homem que o resgatou. Um policial que entrava na bilheteria quando a explosão aconteceu disse depois aos repórteres, de um leito do hospital, que "uma bola de fogo me atingiu no rosto e me derrubou no chão. Minhas mãos pegaram fogo. Estavam simplesmente derretendo".

Ele foi uma das últimas pessoas que saíram com vida do saguão.

Pouco depois da explosão, dezenas de caminhões de bombeiros chegaram. Mas porque o regulamento do corpo de bombeiros os instruía a conectar suas mangueiras aos hidrantes da rua, e não àqueles instalados pelo Metrô dentro da estação, e porque nenhum dos funcionários do Metrô tinha plantas mostrando o layout da estação — todos os mapas ficavam num escritório que estava trancado, e nenhum dos bilheteiros nem o gerente da estação tinha as chaves — os bombeiros levaram horas para apagar as chamas.

Quando o incêndio finalmente foi apagado à 1h46 da manhã — seis horas depois que o lenço em chamas foi percebido —, a contagem estava em 31 mortos e dezenas de feridos.

"Por que me mandaram direto para dentro do incêndio?", perguntou um professor de música de 20 anos no dia seguinte, de uma cama de hospital. "Eu via as pessoas queimando. Ouvia seus gritos. Por que ninguém assumiu o comando?"[30]

Para responder a essas perguntas, pensemos em algumas das tréguas das quais o funcionamento do Metrô de Londres dependia.

Os bilheteiros foram advertidos de que sua jurisdição era estritamente limitada a vender bilhetes, por isso se viam um lenço de papel queimando, não avisavam a ninguém por medo de invadir território alheio.

Os funcionários da estação não eram treinados para usar o sistema de sprinklers nem os extintores, pois esse equipamento era supervisionado por um departamento diferente.

O inspetor de segurança da estação nunca viu uma carta da Brigada de Incêndio de Londres advertindo sobre riscos de incêndio, pois ela foi enviada para o diretor de operações, e informações como essa não eram compartilhadas entre os departamentos.

Os funcionários eram instruídos a contatar a brigada de incêndio apenas como último recurso, para não gerar um pânico desnecessário entre os passageiros.

A brigada de incêndio insistia em usar seus próprios hidrantes de rua, ignorando canos na bilheteria que poderiam ter fornecido água, pois tinham recebido a ordem de não usar equipamento instalado por outros órgãos.

Em alguns aspectos, cada uma dessas regras informais, por si só, faz um certo sentido. Por exemplo, os hábitos que mantêm os bilheteiros focados em vender bilhetes em vez de fazer qualquer outra coisa — inclusive ficar atentos a indícios de incêndio — existiam porque, anos antes, o Metrô tivera problemas de falta de funcionários nas cabines. Os bilheteiros constantemente deixavam seus postos para recolher lixo ou indicar a direção dos trens para turistas e, como resultado, longas filas se formavam. Por isso os bilheteiros receberam a ordem de ficar em suas cabines, vender bilhetes e não se preocupar com mais nada. Isso funcionou. As filas acabaram. Se os bilheteiros viam alguma coisa errada fora de suas cabines — além de seu escopo de responsabilidade —, simplesmente não se intrometiam.

E o hábito de a brigada de incêndio insistir em usar seu próprio equipamento? Isso era resultado de um incidente, uma década antes, quando um incêndio se alastrara em outra estação enquanto os bombeiros gastavam preciosos minutos tentando conectar suas mangueiras a canos que não conheciam. Depois disso, todo mundo decidiu que era melhor se ater ao que eles já sabiam.

Ou seja, nenhuma dessas outras rotinas era arbitrária. Cada uma foi criada por um motivo. O Metrô era tão vasto e complicado que só podia funcionar sem percalços se as tréguas eliminassem possíveis obstáculos. Diferente do que acontecia no Rhode Island Hospital, cada trégua gerava um legítimo equilíbrio de poder. Nenhum departamento estava acima dos outros.

E no entanto, 31 pessoas morreram.

As rotinas e tréguas do Metrô de Londres pareciam todas lógicas, até que brotou um incêndio. Nesse ponto, uma verdade terrível veio à tona: não havia uma pessoa, departamento ou barão que fosse responsável em última instância pela segurança dos passageiros.[31]

Às vezes, uma única prioridade — ou um único departamento, ou pessoa ou meta — *precisa* se sobrepor a todo o resto, por mais que isso seja desagradável ou ameace o equilíbrio de poder que mantém os trens passando na hora certa. Às vezes, uma trégua pode gerar perigos que pesam mais que qualquer paz.

Há um paradoxo nesta observação, é claro. Como uma organização pode implementar hábitos que equilibrem autoridade e, ao mesmo tempo, escolher uma pessoa ou meta que esteja acima de todas as outras? Como os enfermeiros e médicos podem compartilhar autoridade sem que deixe de ficar claro quem está no comando? Como um sistema metroviário evita tornar-se atolado em disputas de territórios sem deixar de garantir que a segurança continue sendo uma prioridade, mesmo que isso signifique que as linhas de autoridade precisem ser retraçadas?

A resposta é aproveitar a mesma vantagem que Tony Dungy encontrou quando assumiu os lamentosos Bucs e que Paul O'Neill descobriu ao tornar-se diretor executivo de uma Alcoa desgovernada. É a mesma oportunidade que Howard Schultz explorou quando voltou para uma Starbucks vacilante em 2007. Todos esses líderes aproveitaram as possibilidades criadas por uma crise. Durante uma turbulência, os hábitos organizacionais se tornam maleáveis o bastante tanto para alocar responsabilidade quanto para criar um equilíbrio de poder mais imparcial. Na verdade, as crises são tão valiosas que às vezes vale a pena avivar um senso de catástrofe iminente em vez de deixar a coisa assentar.

IV.

Quatro meses depois que o idoso com a cirurgia de crânio malfeita morreu no Rhode Island Hospital, outro cirurgião no hospital cometeu um erro parecido, operando o lugar errado da cabeça de outro paciente. O departamento estadual de saúde deu uma advertência ao hospital e lhe aplicou uma multa de 50 mil dólares. Dezoito meses depois, um cirurgião operou a parte errada da boca de uma criança durante uma operação de palato fendido. Cinco meses depois desse fato, um cirurgião operou o dedo errado de um paciente. Dez meses depois, a ponta de uma broca foi deixada dentro da cabeça de um homem. Por essas infrações, o hospital foi multado em outros 450 mil dólares.[32]

O Rhode Island Hospital não é a única instituição médica em que tais acidentes acontecem, é claro, mas eles tiveram o azar de se tornar o exemplo típico desses erros. Jornais locais publicaram relatos detalhados de cada incidente. Emissoras de TV acamparam em frente ao hospital. A mídia nacional também aderiu. "O problema não vai sumir", disse um vice-presidente da organização nacional de credenciamento de hospitais a um repórter da *Associated Press*.[33] As autoridades médicas estaduais declararam que o Rhode Island Hospital era uma instituição caótica.

"Era como trabalhar numa zona de guerra", me disse um enfermeiro. "Havia repórteres de TV emboscando médicos quando estavam a caminho de seus carros. Um garotinho me pediu para garantir que o médico acidentalmente não cortasse seu braço fora durante a cirurgia. Parecia que tudo estava fora de controle."[34]

Com a pressão das críticas e da mídia, um senso de crise surgiu dentro do hospital.[35] Alguns administradores começaram a recear que a instituição fosse perder sua credencial. Outros assumiram uma posição defensiva, atacando as emissoras de TV por transformá-los em alvos. "Achei um bóton dizendo 'Bode expiatório' que eu ia usar no trabalho", me disse um dos médicos. "Minha mulher disse que era uma má ideia."

Então uma administradora, a dra. Mary Reich Cooper, que se tornara agente-chefe de qualidade poucas semanas antes da morte do homem de 86 anos, se pronunciou. Em reuniões com os administradores e funcionários do hospital, Cooper disse que eles estavam encarando a situação de um jeito totalmente errado.

Todas essas críticas não eram uma coisa ruim, ela disse. Na verdade, o hospital tinha em mãos uma oportunidade que poucas organizações recebiam.

"Eu vi aquilo como uma abertura", me disse a dra. Cooper. "Há um longo histórico de hospitais que tentaram atacar esses problemas e fracassaram. Às vezes as pessoas precisam de uma sacudida, e toda essa publicidade negativa foi uma sacudida *séria*. Isso nos deu uma chance de reexaminar tudo."

O Rhode Island Hospital fechou todas as unidades de cirurgia eletiva durante um dia inteiro — uma despesa enorme — e submeteu todos os funcionários a um programa de treinamento intensivo que enfatizava o trabalho em equipe e realçava a importância de dar autonomia aos enfermeiros e à equipe médica. O chefe de neurocirurgia renunciou, e um novo líder foi escolhido. O hospital convidou o Centro de Transformação de Serviços de Saúde — uma coalizão de instituições médicas de liderança — para ajudar a reformular suas medidas de segurança cirúrgica. Os administradores instalaram câmeras de vídeo nas salas de operação para garantir que os intervalos ocorressem, e as checklists tornaram-se obrigatórias em toda cirurgia.[36] Um sistema computadorizado permitia que qualquer empregado do hospital relatasse anonimamente problemas que pusessem em risco a saúde dos pacientes.[37]

Algumas dessas iniciativas tinham sido propostas no Rhode Island Hospital em anos anteriores, mas sempre tinham sido derrubadas. Os médicos e enfermeiros não queriam que ninguém filmasse suas cirurgias nem que outros hospitais dissessem a eles como fazer seu trabalho.

Porém uma vez que o Rhode Island Hospital foi tomado por um senso de crise, todo mundo tornou-se mais aberto à mudança.[38]

Outros hospitais fizeram alterações semelhantes após a ocorrência de erros e reduziram índices de erros que, uns poucos anos antes, tinham parecido impossíveis de melhorar.[39] Assim como o Rhode Island Hospital, essas instituições descobriram que uma reforma geralmente só é possível uma vez que um senso de crise se instala. Por exemplo, um dos hospitais de ensino da Harvard University, o Beth Israel Deaconess Medical Center, passou por uma avalanche de erros e batalhas internas no fim dos anos 1990 que vazou para artigos de jornais e discussões entre enfermeiros e administradores em reuniões públicas. Alguns oficiais do estado chegaram a falar em obrigar o hospital a fechar departamentos até que eles pudessem provar que os erros teriam fim. Então o hospital, sob ataque, uniu-se na busca de soluções para mudar sua cultura. Parte da resposta foram as "rondas de segurança", em que, a cada três meses, um médico experiente discutia uma cirurgia ou diagnóstico específico e descrevia, nos mínimos detalhes, um erro ou situação de risco para uma plateia de centenas de colegas.

"É terrível admitir publicamente um erro", disse o dr. Donald Moorman, que até recentemente era o cirurgião-chefe suplente do Beth Israel Deaconess. "Vinte anos atrás, os médicos se recusavam a fazer isso. Mas agora um verdadeiro senso de pânico alastrou-se pelos hospitais, e mesmo os melhores cirurgiões estão dispostos a comentar como chegaram perto de cometer um grande erro. A cultura da medicina está mudando."

Bons líderes aproveitam crises para reformular hábitos organizacionais. Os administradores da NASA, por exemplo, tentaram durante anos melhorar os hábitos de segurança da agência, mas esses esforços foram em vão até que o ônibus espacial *Challenger* explodiu em 1986. Depois dessa tragédia, a organização conseguiu reformular o modo como fazia cumprir os padrões de qualidade.[40] Pilotos de companhias aéreas também passaram anos tentando convencer os fabricantes de aviões e controladores de tráfego aéreo a redesenhar o layout dos cockpits e a comunicação dos controladores de tráfego. Então, um erro na pista de decolagem na ilha de Tenerife, na Espanha, matou 583 pessoas em 1977 e, em menos de cinco anos, o layout do cockpit, os procedimentos de decolagem e as rotinas de comunicação dos controladores de tráfego foram reformulados.[41]

Na verdade, uma crise é uma oportunidade tão preciosa que um líder sábio muitas vezes prolonga de propósito um senso de emergência. Isso foi exatamente o que aconteceu depois do incêndio na estação King's Cross. Cinco dias depois do ocorrido, o secretário de estado britânico designou um investigador especial, Desmond Fennell, para estudar o incidente. Fennell começou entrevistando os administradores do Metrô de Londres e rapidamente descobriu o que todos já sabiam, havia anos: que a segurança contra incêndios era um problema sério, e no entanto nada mudara. Alguns administradores tinham proposto novas hierarquias que teriam deixado clara a responsabilidade pela prevenção a incêndios. Outros haviam sugerido dar mais poder aos gerentes de estação, para que eles pudessem fazer a ponte entre os diversos departamentos. Nenhuma dessas reformas tinha sido implementada.

Quando o próprio Fennell começou a sugerir mudanças, viu os mesmos tipos de obstáculo — chefes de departamento recusando-se a assumir responsabilidade, ou sabotando-o com ameaças sussurradas contra seus subordinados — começarem a surgir.

Então ele decidiu transformar sua investigação num circo midiático.

Convocou audiências públicas que duraram 91 dias e revelou uma organização que havia ignorado diversos avisos de riscos. Insinuou para repórteres de jornal que os passageiros estavam correndo um grave perigo sempre que andavam de metrô. Comparou depoimentos de dezenas de testemunhas que descreviam uma organização na qual brigas por território importavam mais que a segurança dos passageiros. Seu relatório final, entregue quase um ano após o incêndio, era uma denúncia feroz contra o Metrô, um documento de 250 páginas retratando uma organização debilitada pela incompetência burocrática. "Originalmente uma investigação sobre os eventos de uma única noite", escreveu Fennell, o escopo do relatório "precisou ser ampliado para o exame de um sistema". Ele concluiu com páginas e mais páginas de críticas mordazes e recomendações que, basicamente, sugeriam que boa parte da organização era incompetente ou corrupta.

A reação foi instantânea e esmagadora. Passageiros fizeram piquete nos escritórios do Metrô. Os administradores da organização foram demitidos. Aprovou-se uma série de novas leis, e a cultura do Metrô foi reformulada. Hoje, cada estação tem um gerente cuja responsabilidade primária é a segurança dos passageiros, e cada funcionário tem a obrigação de informar mesmo o menor indício de risco. Todos os trens ainda passam na hora. Mas os hábitos e as tréguas do Metrô ajustaram-se apenas o suficiente para deixar claro quem é o responsável em última instância pela prevenção a incêndios, e todos têm autonomia para agir, por mais que possam estar invadindo território alheio.

Os mesmos tipos de alterações são possíveis em qualquer empresa na qual os hábitos institucionais — por ignorância ou negligência — tenham criado tréguas nocivas. Uma empresa com hábitos disfuncionais não pode mudar de um dia para o outro simplesmente porque um líder manda. Em vez disso, os executivos sábios procuram momentos de crise — ou criam a percepção de uma crise — e cultivam a sensação de que *algo precisa mudar*, até que todos finalmente estejam prontos para reformular os padrões com os quais convivem todos os dias.

"Nunca se deve desperdiçar uma crise séria", disse Rahm Emanuel em uma conferência de executivos-chefes na sequência do colapso financeiro global de 2008, logo após ter sido designado como chefe de gabinete do presidente Obama. "Esta crise oferece a oportunidade de fazermos coisas que não era possível fazer antes." Logo em seguida, a administração Obama convenceu um Congresso antes relutante a aprovar seu plano de incentivo de 787 bilhões de dólares. O Congresso também sancionou a lei de reforma do sistema de saúde, reformulou as leis de proteção ao consumidor e aprovou dezenas de outros estatutos, desde expandir a cobertura de saúde infantil até proporcionar às mulheres, novas oportunidades de processar empregadores por discriminação salarial. Foi uma das maiores reformas políticas desde a Great Society e o New Deal, e isso aconteceu porque, no rastro deixado por uma catástrofe financeira, os legisladores enxergaram oportunidades.

Algo semelhante aconteceu no Rhode Island Hospital após a morte do homem de 86 anos e os outros erros cirúrgicos. Desde que os novos procedimentos de segurança do hospital foram totalmente implementados em 2009, nunca mais fizeram uma cirurgia no lugar errado. O hospital recentemente ganhou um Beacon Award, o mais prestigiado prêmio de enfermagem de tratamento intensivo, e menções honrosas do Colégio Americano de Cirurgiões pela qualidade do tratamento contra o câncer.

O mais importante, dizem os enfermeiros e médicos que trabalham lá, é que o Rhode Island Hospital parece um lugar totalmente diferente.

Em 2010, uma jovem enfermeira chamada Allison Ward entrou numa sala de operação para dar assistência numa cirurgia de rotina. Ela tinha começado a trabalhar na sala de operação fazia um ano. Era a pessoa mais nova e menos experiente do recinto. Antes de a cirurgia começar, toda a equipe cirúrgica reuniu-se em volta do paciente desacordado para fazer um intervalo. O cirurgião foi lendo uma checklist, pregada na parede, que detalhava cada passo da operação.

"Ok, último passo", ele disse antes de pegar o bisturi. "Alguém tem alguma dúvida antes de começarmos?"

O médico já realizara centenas de cirurgias como aquela. Tinha uma sala cheia de diplomas e prêmios.

"Doutor", disse Ward, com seus 27 anos, "quero lembrar a todos que temos que fazer uma pausa entre o primeiro e o segundo procedimento. Você não mencionou isso, e eu só queria garantir que lembrássemos".

Era o tipo de comentário que, uns poucos anos antes, talvez tivesse lhe valido uma reprimenda. Ou acabado com a carreira dela.

"Obrigado por acrescentar isso", disse o cirurgião. "Vou lembrar de mencionar isso da próxima vez."

"Certo", ele disse, "vamos começar".

"Sei que esse hospital passou por períodos difíceis", Ward me disse depois. "Mas agora é um lugar realmente cooperativo. Nosso treinamento, todos os modelos de comportamento — a cultura inteira do hospital é focada no trabalho em equipe. Sinto que posso falar qualquer coisa. É um lugar excelente de se trabalhar."

7

COMO A TARGET SABE O QUE VOCÊ QUER ANTES QUE VOCÊ SAIBA

Quando as empresas preveem (e manipulam) hábitos

I.

Andrew Pole acabara de começar a trabalhar como analista de dados para a Target, quando alguns colegas do departamento de marketing pararam ao lado de sua mesa e fizeram o tipo de pergunta que Pole nascera para responder:

"Seus computadores conseguem descobrir quais clientes estão grávidas, mesmo se elas não quiserem que a gente saiba?"

Pole era estatístico. Sua vida inteira girava em torno de usar dados para entender pessoas. Ele crescera numa pequena cidade de Dakota do Norte, e enquanto os amigos estavam frequentando a 4-H[7] ou montando foguetes de brinquedo, Pole estava brincando com computadores.

---

[7] Organização americana de incentivo ao desenvolvimento de crianças e adolescentes. (N. do T.)

Depois da faculdade, tirou um diploma em estatística e depois outro em economia, e enquanto a maioria de seus colegas do curso de economia da Universidade do Missouri rumavam para empresas de seguros ou órgãos burocráticos do governo, Pole seguiu um caminho diferente. Ficara obcecado pelos modos como os economistas estavam usando a análise de padrões para explicar o comportamento humano. O próprio Pole, na verdade, tentara a sorte em alguns experimentos informais. Uma vez deu uma festa e entrevistou todo mundo perguntando quais eram suas piadas favoritas; então tentou criar um modelo matemático da piada perfeita. Fez um cálculo aproximado da quantidade exata de cerveja que precisava beber para ganhar confiança para falar com mulheres em festas, mas não tanta a ponto de ele fazer papel de idiota. (Esse estudo, em especial, pareceu nunca dar certo.)

Mas ele sabia que aqueles experimentos eram brincadeira de criança, comparados com o modo como as corporações americanas estavam usando dados para investigar a vida das pessoas. Pole queria participar daquilo. Então, quando se formou e ficou sabendo que a Hallmark, a empresa de cartões comemorativos, estava contratando estatísticos em Kansas City, se candidatou, e em breve estava passando os dias esmiuçando dados de vendas para descobrir se imagens de pandas ou de elefantes vendiam mais cartões de aniversário, e se "O que acontece na casa da vovó não sai da casa da vovó" é mais engraçado em tinta vermelha ou azul. Era o paraíso.

Seis anos depois, em 2002, quando Pole ficou sabendo que a Target estava procurando analistas de números, ele deu o salto. Sabia que a Target era uma outra ordem de magnitude em termos de coleta de dados. A cada ano, milhões de consumidores entravam nas 1.147 lojas da Target e forneciam terabytes de informações sobre si mesmos. A maioria deles não fazia ideia de que estava fazendo isso. Usavam seus cartões de fidelidade, trocavam cupons que tinham recebido pelo correio, ou usavam um cartão de crédito, sem saber que a Target podia então relacionar suas compras a um perfil demográfico individual.

Para um estatístico, esses dados eram uma janela mágica para espiar a preferência dos consumidores. A Target vendia de tudo, desde alimentos até roupas, eletroeletrônicos e móveis para jardim, e rastreando de perto os hábitos de compra das pessoas, os analistas da empresa eram capazes de prever o que estava acontecendo dentro de suas casas.

Alguém está comprando toalhas, lençóis, talheres, panelas e comida congelada? Essa pessoa provavelmente acaba de comprar uma casa nova — ou está se divorciando. Um carrinho cheio de repelente, roupa de baixo infantil, uma lanterna, muitas pilhas, a revista *Real Simple* e uma garrafa de Chardonnay? O acampamento de verão está chegando, e a mamãe mal pode esperar.

Trabalhar na Target ofereceu a Pole uma chance de estudar a mais complexa das criaturas — o consumidor americano — em seu habitat natural. Seu trabalho era construir modelos matemáticos capazes de peneirar os dados e descobrir quais casas continham crianças e quais eram de solteirões convictos; quais consumidores gostavam da vida ao ar livre e quem estava mais interessado em sorvete e romances água com açúcar. A função de Pole era tornar-se um leitor de mentes matemático, decifrando os hábitos dos consumidores para convencê-los a gastar mais.

Então, certa tarde, alguns dos colegas de Pole do departamento de marketing pararam ao lado de sua mesa. Disseram que estavam tentando descobrir quais clientes da Target estavam grávidas com base em seus padrões de compras. Afinal, mulheres grávidas e novos pais são o santo graal dos varejistas. Praticamente não existe um grupo mais rentável, mais faminto por produtos e indiferente aos preços. Não são apenas fraldas e lencinhos umedecidos. Pessoas com crianças pequenas ficam tão cansadas que compram tudo aquilo de que precisam — suco e papel higiênico, meias e revistas — onde quer que comprem mamadeiras e papinha. Além disso, se um novo pai ou mãe começa a fazer compras na Target, vai continuar comprando ali durante anos.

Ou seja, descobrir quais clientes estavam grávidas poderia render milhões de dólares para a Target.

Pole ficou intrigado. Quer melhor desafio para um adivinho estatístico do que penetrar não só nas mentes dos consumidores, mas também em seus quartos?

Até o fim do projeto, Pole aprenderia algumas lições importantes sobre os perigos de espionar os hábitos mais íntimos das pessoas. Ele descobriria, por exemplo, que esconder aquilo que se sabe às vezes é tão importante quanto sabê-lo, e que não é toda mulher que se empolga com a ideia de haver um programa de computador esmiuçando seus planos reprodutivos.

Pelo jeito, nem todo mundo acha que usar a matemática para ler as mentes dos outros é uma coisa legal.

"Acho que as pessoas de fora talvez digam que isso é meio como um Big Brother", Pole me disse. "Isso deixa algumas pessoas incomodadas."

Houve um tempo em que uma empresa como a Target nunca teria contratado um sujeito como Andrew Pole. Há vinte anos, os varejistas não realizavam esse tipo de análise intensamente baseada em dados. Em vez disso, a Target, assim como supermercados, shopping centers, vendedores de cartões comemorativos, lojas de roupas e outras empresas, tentava espiar dentro da cabeça dos clientes à maneira antiga: contratando psicólogos que forneciam táticas vagamente científicas que eles alegavam fazer os consumidores gastarem mais.

Alguns desses métodos ainda são usados hoje em dia. Se você entrar num Walmart, Home Depot, ou no shopping center perto da sua casa e prestar atenção, vai ver truques de revendedores que existem há décadas, todos projetados para explorar seu subconsciente de consumidor.

Pense, por exemplo, em como você compra comida.

É provável que as primeiras coisas que você vê quando entra no mercado são as frutas e os legumes dispostos em pilhas fartas, atraentes. Pensando bem, colocar produtos frescos na frente de uma loja não faz muito sentido, pois frutas e legumes se danificam facilmente no fundo de um carrinho de compras; logicamente, deveriam ficar situados perto dos caixas, para serem comprados por último. Mas como os marqueteiros e psicólogos descobriram muito tempo atrás, se *começarmos* nossas compras enchendo o carrinho de alimentos saudáveis, somos muito mais suscetíveis a comprar Doritos, Oreos e pizza congelada quando nos depararmos com eles mais adiante. A sensação subconsciente de virtude que vem de comprar abóbora primeiro torna mais fácil colocar um pote de sorvete no carrinho depois.

Ou pense no modo como a maioria de nós vira à direita após entrar numa loja. (Você sabia que vira à direita? É quase certeza que sim. Há milhares de horas de fitas de vídeo mostrando consumidores virando à direita quando passam pelas portas da frente.) Como resultado dessa tendência, os revendedores enchem o lado direito das lojas com os produtos mais lucrativos que esperam que você compre logo de cara. Ou pense em cereais matinais e sopas: quando eles estão nas prateleiras em ordem não alfabética, mas aparentemente aleatória, nosso instinto é demorar um pouco mais e olhar uma seleção maior. Por isso você raramente encontrará Raisin Bran perto de Rice Chex. Em vez disso, vai ter que procurar o cereal que quer na prateleira, e talvez fique tentado a pegar uma caixa a mais de outra marca.[1]

O problema dessas táticas, no entanto, é que elas tratam cada comprador exatamente do mesmo modo. São soluções um tanto primitivas, tamanho único, para deflagrar hábitos de consumo.

Nas últimas duas décadas, no entanto, conforme o mercado varejista tornou-se mais competitivo, cadeias como a Target começaram a entender que não podiam confiar nos mesmos velhos truques. O único jeito de aumentar os lucros era descobrir os hábitos de cada comprador individual e fazer o marketing para as pessoas uma por uma, com abordagens personalizadas, projetadas para ter apelo às preferências de compra específicas de cada consumidor.

Em parte, essa constatação veio de uma consciência crescente de como é poderosa a influência dos hábitos em quase qualquer decisão de compra. Uma série de experimentos convenceu os marqueteiros de que, se eles conseguissem entender os hábitos de um comprador específico, poderiam fazê-lo comprar quase qualquer coisa.[2] Um estudo registrou consumidores em vídeo enquanto andavam por lojas de alimentos. Os pesquisadores queriam saber como as pessoas tomavam decisões de compras. Especificamente, procuravam compradores que tivessem vindo com listas de compras — que, em tese, já tivessem decidido de antemão o que queriam.

O que descobriram foi que, apesar das listas, mais de 50% das decisões de compra ocorriam no momento em que um cliente via um produto na prateleira, pois, apesar das melhores intenções dos compradores, seus hábitos eram mais fortes que suas intenções escritas. "Vejamos", um comprador murmurou para si mesmo enquanto percorria uma loja. "Aqui estão as batatas chips. Vou pular dessa vez. Peraí. Ah! A batata Lay's está em promoção!", ele pôs um pacote no carrinho.[3] Alguns compradores compravam as mesmas marcas, mês após mês, embora admitissem que não gostavam muito do produto ("Não amo o

Folgers, mas é esse café que eu compro, sabe? Que outra marca existe?", disse uma mulher parada em frente a uma prateleira contendo dezenas de outras marcas de café). Os consumidores compravam mais ou menos a mesma quantidade de comida cada vez que iam às compras, mesmo que tivessem prometido fazer cortes.

"Os consumidores às vezes agem como criaturas de hábito, repetindo automaticamente comportamentos passados com pouca atenção às metas atuais", escreveram dois psicólogos da Universidade do Sul da Califórnia em 2009.[4]

O aspecto surpreendente desses estudos, no entanto, era que, embora todos confiassem em hábitos para orientar suas compras, os hábitos de cada pessoa eram diferentes. O sujeito que gostava de batatas chips comprava um pacote toda vez, mas a mulher que comprava Folgers nunca ia ao corredor dos salgadinhos. Havia pessoas que compravam leite sempre que iam às compras — mesmo que já tivessem o bastante em casa —, e havia pessoas que sempre compravam sobremesas quando diziam que estavam tentando perder peso. Mas os compradores de leite e os viciados em sobremesa geralmente não eram os mesmos.

Os hábitos eram únicos para cada pessoa.

A Target queria tirar vantagem desses traços individuais. Mas quando milhões de pessoas passam pelas suas portas todo dia, como manter controle de preferências e padrões de compras?

Você coleta dados. Quantidades enormes, quase inconcebíveis, de dados.

Há pouco mais de uma década, a Target começou a construir um vasto armazém de dados que atribuía a cada comprador um código de identificação — conhecido internamente como "número do visitante" — que mantém um registro de como cada pessoa comprava. Quando um cliente usava um cartão de crédito emitido pela Target, entregava uma etiqueta de fidelidade no caixa, trocava um cupom recebido em casa pelo correio, preenchia uma pesquisa, devolvia um produto para reembolso, telefonava para o atendimento ao cliente, abria um e-mail da Target, visitava a Target.com ou comprava qualquer coisa on-line, e os computadores da empresa registravam. Um registro de cada compra era ligado ao número do visitante desse comprador, junto com informações sobre todas as outras coisas que ele já tinha comprado até hoje.

Também ligadas a esse número do visitante havia informações demográficas que a Target coletava ou comprava de outras empresas, incluindo a idade do comprador, se ele era casado e tinha filhos, em que região da cidade morava, quanto demorava para chegar de carro à loja, uma estimativa de quanto ganhava, se tinha mudado recentemente, quais sites visitava, os cartões de crédito que carregava na carteira, e seus números de telefone fixo e celular. A Target pode comprar dados que indicam a etnia de um comprador, seu histórico profissional, que revistas lê, se já declarou falência, o ano em que comprou (ou perdeu) sua casa, em qual faculdade ou colégio estudou, e se prefere certas marcas de café, papel higiênico, cereal matinal ou molho de maçã.

Há vendedores de dados, como a InfiniGraph, que "ouvem" as conversas on-line de consumidores em fóruns de discussão da internet e mantêm controle de quais produtos esses consumidores mencionam favoravelmente. Uma firma chamada Rapleaf vende informações sobre as tendências políticas dos consumidores, seus hábitos de leitura, contribuições para obras de caridade, a quantidade de carros que eles possuem e se preferem notícias religiosas ou descontos em cigarros.[5] Outras empresas analisam fotos que os consumidores postam on-line, catalogando se são obesos ou muito magros, altos ou baixos, cabeludos ou carecas, e que tipos de produto talvez queiram comprar devido a isso. (A Target, numa declaração, recusou-se a indicar com quais empresas demográficas lida, e quais tipos de informação estuda.)

"Antigamente, as empresas só sabiam o que seus clientes *queriam* que elas soubessem", disse Tom Davenport, um dos maiores pesquisadores de como as empresas utilizam dados e análises. "Esse mundo ficou muito para trás. Você ficaria chocado se soubesse quanta informação corre por aí — e toda empresa as compra, pois é o único jeito de sobreviver."

Se você usa seu cartão de crédito da Target para comprar uma caixa de picolés uma vez por semana, geralmente por volta das seis e meia da noite, e sacos de lixo gigantes nos meses de julho e outubro, os estatísticos da Target e programas de computador determinam que você tem crianças em casa, tende a parar para comprar comida no caminho de volta do trabalho e tem um gramado que precisa ser aparado no verão, além de árvores que soltam folhas no outono. Vão examinar seus outros padrões de compra e notar que às vezes você compra cereal matinal, mas nunca leite — o que significa que deve estar comprando leite em algum outro lugar. Por isso a Target vai lhe enviar cupons de desconto no leite desnatado e também no chocolate granulado, no material escolar, em móveis para jardim, rastelos e — já que é provável que você queira relaxar após um longo dia de trabalho — cerveja. A empresa vai adivinhar o que você costuma comprar, e então tentar convencê-lo a comprar isso na Target. Ela tem a capacidade de personalizar os anúncios e cupons que envia para cada cliente, embora você talvez nunca perceba que recebeu pelo correio um folheto diferente do de seus vizinhos.

"Com o número do cliente, temos seu nome, endereço e forma de pagamento, sabemos que você tem um cartão Visa Target, um cartão de débito, e podemos relacionar isso as suas compras na loja", Pole disse a uma plateia de estatísticos de varejo numa conferência em 2010. A empresa pode ligar a uma pessoa específica cerca de metade das vendas feitas na loja, quase todas as vendas on-line e cerca de um quarto das visitas ao site.

Nessa conferência, Pole mostrou um slide com uma amostra dos dados que a Target coleta, um diagrama que fez alguém na plateia assobiar de espanto quando ele apareceu na tela:[6]

O problema de todos esses dados, no entanto, é que eles não fazem sentido sem estatísticos que saibam interpretá-los. Para um leigo, dois consumidores que compram suco de laranja parecem iguais. É preciso um tipo especial de matemático para se dar conta de que um deles é uma mulher de 34 anos comprando suco para os filhos (e por isso talvez goste de receber um cupom para um DVD infantil) e o outro é um homem solteiro de 28 anos que bebe suco depois de sair para correr (e assim talvez esteja interessado em descontos em tênis). Pole e os cinquenta outros membros do Departamento de Dados de Cliente e Serviços Analíticos da Target eram os únicos que encontravam os hábitos escondidos nos fatos.

"Chamamos isso de 'retrato do cliente'", Pole me disse. "Quanto mais eu sei sobre alguém, melhor posso adivinhar seus padrões de compra. Não vou adivinhar tudo sobre você toda vez, mas vou acertar mais do que errar."

Quando Pole entrou para a Target em 2002, o departamento de análise já tinha criado programas de computador para identificar lares com crianças e, a cada mês de novembro, mandava aos pais catálogos de bicicletas e patinetes que ficariam perfeitos embaixo da árvore de Natal, assim como cupons de material escolar no início do ano letivo e anúncios de brinquedos para piscina no verão. Os computadores procuravam pessoas que compravam biquínis em abril, e mandavam cupons de filtro solar em julho e livros de dieta em dezembro. Se a Target quisesse, poderia enviar a cada cliente um livro de cupons cheio de descontos em produtos que eles têm quase certeza de que os consumidores comprariam, pois já compraram os mesmos itens antes.

A Target não é a única empresa que deseja prever os hábitos dos consumidores. Quase todos os grandes varejistas, incluindo empresas como Amazon.com, Best Buy, supermercados Kroger, 1-800-Flowers, Olive Garden, Anheuser-Busch, os Correios dos Estados Unidos, Fidelity Investments, Hewlett-Packard, Bank of America, Capital One, e centenas de outras, têm departamentos de "análise previsiva" dedicados a descobrir as preferências dos consumidores. "Mas a Target sempre foi uma das mais espertas nisso", disse Eric Siegel, que organiza uma conferência chamada Predictive Analytics World. "Os dados não significam nada por conta própria. A Target é boa em desvendar as perguntas realmente inteligentes."

Não é preciso um gênio para saber que alguém que está comprando cereal matinal provavelmente também precisa de leite. Mas há outras questões muito mais difíceis — e mais lucrativas — a serem respondidas.

E é por isso que, umas poucas semanas depois que Pole foi contratado, seus colegas perguntaram se era possível determinar quem estava grávida, mesmo essa mulher não querendo que ninguém soubesse.

Em 1984, um professor convidado na UCLA chamado Alan Andreasen publicou um artigo que tentava responder uma pergunta básica: por que algumas pessoas de repente mudam suas rotinas de compras?

A equipe de Andreasen passara o ano anterior realizando pesquisas telefônicas com consumidores da região de Los Angeles, interrogando-os sobre suas compras recentes. Sempre que alguém atendia ao telefone, os cientistas o metralhavam com perguntas sobre quais marcas de pasta de dente e sabão tinham adquirido, e se suas preferências tinham mudado. Ao todo, entrevistaram quase trezentas pessoas. Como outros pesquisadores, descobriram que a maioria das pessoas compra as mesmas marcas de cereal matinal e desodorante semana após semana. Os hábitos eram soberanos.

Exceto quando não eram.

Por exemplo, 10,5% das pessoas que Andreasen entrevistou tinham mudado de marca de pasta de dente nos últimos seis meses. Mais de 15% haviam começado a comprar um novo tipo de sabão em pó.

Andreasen queria saber por que essas pessoas tinham desviado de seus padrões habituais. O que ele descobriu se tornou um pilar da teoria do marketing moderno: os hábitos de compra das pessoas tendem a mudar mais quando elas passam por um grande acontecimento na vida. Quando uma pessoa se casa, por exemplo, tem mais chances de começar a comprar um novo tipo de café. Quando se muda para uma casa nova, está mais propensa a comprar um tipo diferente de cereal matinal. Quando se divorcia, há uma probabilidade maior de que comece a comprar marcas diferentes de cerveja.[7] Os consumidores que estão passando por grandes acontecimentos na vida muitas vezes não percebem, ou não se importam, que seus padrões de compra mudaram. No entanto, os varejistas percebem, e se importam bastante.[8]

"Mudar de casa, casar-se ou divorciar-se, perder ou mudar de emprego, ter alguém chegando ou indo embora de casa", escreveu Andreasen, são mudanças de vida que tornam os consumidores mais "vulneráveis a intervenções de marqueteiros".

E qual é o maior acontecimento na vida da maioria das pessoas? O que causa a maior reviravolta e "vulnerabilidade a intervenções do marketing"? Ter um bebê. Praticamente não existe uma mudança maior para um cliente do que a chegada de um filho. Como resultado, os hábitos dos novos pais são mais flexíveis nesse momento do que em qualquer outro período na vida de um adulto.

Por isso, para uma empresa, mulheres grávidas são minas de ouro.

Novos pais compram muitas coisas — fraldas e lencinhos umedecidos, berços e macacões, cobertores e mamadeiras — que lojas como a Target vendem por um lucro significativo. Uma pesquisa realizada em 2010 estimou que o pai ou mãe médio gasta 6.800 dólares em produtos de bebê antes do primeiro aniversário de uma criança.[9]

Mas essa é apenas a ponta do iceberg das compras. Esses gastos iniciais são insignificantes em comparação com os lucros que uma loja pode obter tirando proveito dos hábitos de compra cambiantes de um novo pai ou mãe. Se mães exaustas e pais insones começam a comprar papinha e fraldas na Target, vão começar a comprar seus mantimentos, produtos de limpeza, toalhas, roupas de baixo e — bem, o céu é o limite — na Target também. Porque é fácil. Para um novo pai, facilidade é o mais importante de tudo.

"Assim que conseguimos fazer com que eles comprem fraldas de nós, começam a comprar todo o resto também", Pole me disse. "Se você está cruzando a loja com pressa, procurando mamadeiras, e passa pelo suco de laranja, vai pegar uma caixa. Oh, e olha aqui esse novo DVD que eu quero. Em pouco tempo, você estará comprando cereal matinal e toalhas de papel de nós, e vai continuar voltando."

Os novos pais são consumidores tão valiosos que os grandes varejistas estão dispostos a fazer qualquer coisa para encontrá-los, inclusive entrar em alas de maternidade, mesmo que seus produtos não tenham nada a ver com crianças pequenas. Um hospital de Nova York, por exemplo, oferece a cada nova mãe uma bolsa de presentes contendo amostras de gel para cabelo, loção facial, espuma de barbear, uma barra de cereais, xampu e uma camiseta de algodão. Dentro dessa bolsa há cupons para um serviço on-line de revelação de fotos, sabão para as mãos e uma academia local. Também há amostras de fraldas e loções para bebê, mas elas se perdem entre os produtos para adultos. Em 580 hospitais de diversas partes dos Estados Unidos, novas mães ganham presentes da Walt Disney Company, que em 2010 inaugurou uma divisão com o objetivo específico de fazer marketing para pais de crianças pequenas. A Procter & Gamble, a Fisher-Price e outras empresas têm programas de brindes semelhantes. A Disney estima que o mercado dos recém-nascidos dos Estados Unidos valha 36,3 bilhões de dólares por ano.[10]

Mas para empresas como a Target, abordar novas mães na ala de maternidade é, em alguns sentidos, tarde demais. A essa altura, elas já estão na tela do radar de todas as outras. A Target não queria competir com a Disney e a Procter & Gamble; queria superá-las. O objetivo da Target era começar a fazer marketing para os pais *antes* de o bebê chegar — e é por isso que os colegas de Andrew Pole o abordaram naquele dia para perguntar sobre a criação de um algoritmo de previsão de gravidez. Se eles conseguissem identificar futuras mães ainda em seu segundo trimestre, poderiam capturá-las antes de qualquer outra empresa.

O único problema era que descobrir quais clientes estão grávidas é mais difícil do que parece. A Target tinha um registro de chás de bebê, e isso ajudava a identificar algumas mulheres grávidas — e além do mais, todas essas futuras mães forneciam de bom grado informações valiosas, como a data prevista do parto, que permitiam à empresa saber quando lhes enviar os cupons para vitaminas pré-natais ou fraldas. Mas só uma pequena parcela das clientes grávidas da Target usava o registro.

Havia também outras clientes que os executivos *suspeitavam* que estivessem grávidas porque compravam roupas para grávidas, móveis para o quarto do bebê e pacotes de fraldas. Suspeitar e saber, no entanto, são coisas diferentes. Como você sabe se alguém que está comprando fraldas está grávida ou está comprando um presente para uma amiga grávida? Além disso, o timing é importante. Um cupom que é útil um mês antes do parto pode ser jogado no lixo umas poucas semanas depois que o bebê chega.

Pole começou a trabalhar no problema esmiuçando as informações do registro de chás de bebê da Target, que o permitia observar como os hábitos de compras da mulher típica mudavam conforme a data do parto se aproximava. O registro era como um laboratório onde ele podia testar palpites. Cada futura mãe fornecia seu nome, o nome do cônjuge e a data prevista para o nascimento. O banco de dados da Target conseguia ligar essas informações aos números de clientes da família. Sendo assim, sempre que uma dessas mulheres comprava alguma coisa numa loja ou pela internet, Pole, usando a data prevista que a mulher fornecera, podia identificar o trimestre em que a compra ocorrera. Em pouco tempo, ele já estava detectando padrões.

As futuras mães, ele descobriu, faziam compras de maneiras um tanto previsíveis. Pensemos, por exemplo, em loções. Muitas pessoas compram loção, mas um analista de dados da Target notou que as mulheres do registro de bebês estavam comprando quantidades atipicamente grandes de loção sem perfume perto do início de seu segundo trimestre. Outro analista notou que, em algum momento das primeiras vinte semanas, muitas grávidas faziam estoque de vitaminas, assim como cálcio, magnésio e zinco. Várias pessoas compram sabão e bolas de algodão todo mês, mas quando alguém de repente começa a comprar muito sabão sem perfume e bolas de algodão, além de desinfetantes para as mãos e um número impressionante de toalhas de mão, tudo de uma vez, uns poucos meses após comprar loções, magnésico e zinco, isso indica que a data do parto está se aproximando.

Conforme o programa de computador de Pole foi peneirando os dados, ele conseguiu identificar cerca de 25 produtos diferentes que, analisados em conjunto, permitiam que ele, em certo sentido, espiasse dentro do útero de uma mulher. E o mais importante, podia adivinhar em que trimestre estava — e estimar a data do parto — para que a Target pudesse lhe mandar cupons quando estivesse prestes a fazer compras novas. Quando Pole terminou o projeto, seu programa podia atribuir a qualquer cliente regular uma pontuação de "previsão de gravidez".

Jenny Ward, uma mulher de 23 anos, de Atlanta, que comprou loção de manteiga de cacau, uma bolsa grande o bastante para servir como porta-fraldas, zinco, magnésio e um tapete azul?[11] Há uma chance de 87% de que ela esteja grávida, e que seu parto esteja previsto para o final de agosto. Liz Alter, do Brooklyn, 35 anos, que comprou cinco pacotes de toalhas de mão, um frasco de sabão em pó para "pele sensível", jeans folgados, vitaminas contendo DHA e um monte de hidratantes? Ela tem uma chance de 96% de estar grávida e provavelmente vai dar à luz no começo de maio. Caitlin Pike, uma mulher de 39 anos, de São Francisco, que comprou um carrinho de bebê de 250 dólares, mas nada além disso? Provavelmente está comprando para o chá de bebê de uma amiga. Além disso, seus dados demográficos mostram que ela se divorciou há dois anos.

Pole aplicou seu programa a todas as consumidoras da base de dados da Target. No fim, ele tinha uma lista com centenas de milhares de mulheres que provavelmente estavam grávidas, e que a Target podia inundar com propagandas de fraldas, loções, berços, lencinhos umedecidos e roupas para grávidas, em momentos em que seus hábitos de compra estavam especialmente flexíveis. Se ao menos uma fração dessas mulheres ou seus maridos começasse a fazer suas compras na Target, isso somaria milhões de dólares ao faturamento da empresa.

Então, quando essa avalanche de propaganda estava prestes a começar, alguém dentro do departamento de marketing fez uma pergunta: como as mulheres vão reagir quando perceberem o quanto a Target sabe?

"Se mandarmos a alguém um catálogo e dissermos: 'Parabéns pelo seu primeiro filho!', e a pessoa nunca nos contou que está grávida, isso vai deixar algumas pessoas incomodadas", Pole me disse. "Somos muito conservadores no que diz respeito a acatar todas as leis de privacidade.

Mas mesmo se você está cumprindo a lei, pode fazer coisas que provocam mal-estar."

Há um bom motivo para esses receios. Cerca de um ano depois que Pole criou seu modelo de previsão de gravidez, um homem entrou numa Target do Minnesota e exigiu falar com o gerente. Trazia um anúncio na mão. Estava muito irritado.

"Minha filha recebeu isso pelo correio!", ele disse. "Ela ainda está no ensino médio, e vocês estão mandando para ela cupons de roupas de bebê e berços? Estão tentando *incentivar* minha filha a engravidar?"

O gerente não fazia ideia do que o homem estava falando. Olhou para o folheto que fora enviado pelo correio. De fato, estava endereçado à filha do homem e continha propagandas de roupas para grávidas, móveis para berçário e fotos de criancinhas sorridentes olhando nos olhos das mães.

O gerente se desculpou profusamente, e então telefonou, alguns dias depois, para se desculpar de novo.

O pai estava meio atônito.

"Tive uma conversa com a minha filha", ele disse. "Pelo jeito, estão acontecendo coisas nesta casa das quais eu não estava totalmente ciente." Ele respirou fundo. "Ela vai ter o filho em agosto. Eu lhe devo um pedido de desculpas."

A Target não é a única empresa que gerou receios entre os consumidores. Outras empresas já foram atacadas por usar dados de maneiras muito menos intrusivas. Em 2011, por exemplo, uma moradora de Nova York processou o McDonald's, a CBS, a Mazda e a Microsoft, alegando que a agência de publicidade dessas empresas monitorava a atividade das pessoas na internet para traçar perfis de seus hábitos de compra.[12] Na Califórnia, há ações coletivas em andamento contra a Target, o Walmart, a Victoria's Secret e outras redes de varejistas por pedir aos clientes que forneçam seus códigos postais ao usar cartões de crédito, e então usar essas informações para descobrir seus endereços.[13]

Pole e seus colegas sabiam que usar dados para prever a gravidez de uma mulher era um possível desastre de relações públicas. Então como podiam fazer com que seus anúncios chegassem às mãos das futuras mães sem parecer que estavam espionando essas mulheres? Como você se aproveita dos hábitos de uma pessoa sem deixar que ela saiba que você está estudando cada detalhe de sua vida?[8]

---

[8] As informações deste capítulo são baseadas em entrevistas com mais de dez funcionários atuais e antigos da Target, muitas delas preservando o anonimato das fontes, que temiam o desligamento da empresa ou outras represálias. Foi oferecida à Target uma oportunidade de examinar e responder às informações deste capítulo, e pediu-se que a empresa disponibilizasse executivos envolvidos no departamento de Análise de Visitantes para entrevistas oficiais. A empresa recusou-se a fazer isso e a responder perguntas de checagem de fatos, exceto em dois e-mails. O primeiro dizia: "Na Target, nossa missão é fazer da Target o estabelecimento de compras preferencial para nossos visitantes, fornecendo um excelente custo-benefício, uma inovação contínua e uma excepcional experiência de compra, cumprindo de forma consistente promessa da marca, 'Receba mais. Pague menos'. Por estarmos tão intensamente focados nessa missão, fizemos investimentos consideráveis para entender as preferências de nossos clientes. Para auxiliar nesse esforço, desenvolvemos uma série de ferramentas de pesquisa que nos permite obter revelações sobre tendências e preferências dentro de diversos segmentos demográficos de nossa população de clientes. Usamos dados provenientes dessas ferramentas para orientar o layout de nossas lojas, a seleção de produtos, promoções e cupons. Essa análise permite que a Target proporcione a experiência de compras mais relevante possível para nossos visitantes. Por exemplo, durante uma transação na loja, nossa ferramenta de pesquisa pode prever ofertas relevantes para um visitante específico com base em suas compras, que podem ser fornecidas junto com sua nota fiscal. Além disso, programas opcionais, como nosso registro de bebês, ajudam a Target a entender como as necessidades dos visitantes evoluem ao longo do tempo, permitindo-nos oferecer cupons de descontos para novas mães. Acreditamos que esses esforços beneficiam diretamente nossos clientes, oferecendo mais daquilo que eles precisam e querem na Target — e beneficiaram a Target criando uma fidelidade mais forte por parte dos clientes, levando a uma maior frequência de compras e gerando um aumento nas vendas e lucratividade." Um segundo e-mail dizia: "Quase todas as suas afirmações contêm informações imprecisas, e publicá-las seria enganoso para o público. Não pretendemos abordar cada afirmação ponto por ponto. A Target leva suas obrigações legais a sério e cumpre todas as leis federais e estaduais aplicáveis, incluindo aquelas referentes a informações de saúde protegidas."

II.

No verão de 2003, um executivo de divulgação da gravadora Arista Records chamado Steve Bartels começou a telefonar para DJs de rádio e lhes falar sobre uma nova música que tinha certeza de que eles iam adorar. O nome da faixa era *Hey Ya!*, do grupo de hip-hop OutKast.

Hey Ya! era uma fusão animada de funk, rock e hip-hop com uma pegada de Big Band, de uma das bandas mais populares do mundo. Era diferente de tudo o que havia no rádio. "Senti um arrepio nos braços da primeira vez que ouvi", Bartels me disse. "Aquilo *soava* como um hit, como o tipo de música que você ouviria em bnei mitzvah e bailes de formatura durante anos." Nos escritórios da Arista, os executivos cantavam o refrão — "shake it like a Polaroid picture" balance como uma foto de Polaroid — uns para os outros nos corredores. *Esta música*, todos eles concordavam, *vai ser um estouro.*

Essa certeza não era apenas baseada numa intuição. Na época, a indústria fonográfica passava por uma transformação semelhante às mudanças baseadas em dados que aconteciam na Target e em outras empresas. Assim como os varejistas usavam algoritmos de computador para prever os hábitos dos consumidores, executivos da música e do rádio utilizavam programas de computador para prever os hábitos dos ouvintes. Uma empresa chamada Polyphonic HMI — um grupo de estatísticos e especialistas em inteligência artificial sediado na Espanha — criara um programa chamado Hit Song Science, que analisava as características matemáticas de uma música e previa sua popularidade. Comparando o andamento, o tom, a melodia, a progressão harmônica e outros fatores de uma música específica com os milhares de hits armazenados na base de dados da Polyphonic HMI, o programa Hit Song Science era capaz de fornecer uma pontuação que previa se uma música tinha chances de fazer sucesso.[14]

O progama havia previsto, por exemplo, que *Come Away with Me*, de Norah Jones, seria um sucesso, depois que a maior parte da indústria musical tinha desprezado o álbum. (Ele acabaria vendendo 10 milhões de cópias e ganhando oito Grammys.) O programa previra que *Why Don't You and I*, de Santana, seria popular, apesar das dúvidas dos DJs. (A música atingiu o terceiro lugar na lista Top 40 da revista *Billboard*.)

Quando executivos de estações de rádio passaram *Hey Ya!* pelo Hit Song Science, a música se saiu bem. Na verdade, saiu-se melhor que bem: a pontuação estava entre as mais altas que qualquer pessoa já tinha visto.

Hey Ya!, de acordo com o algoritmo, seria um hit monstruoso.

No dia 4 de setembro de 2003, no precioso horário das 7h15 da noite, a estação Top 40 WIOQ da Filadélfia começou a tocar *Hey Ya!* no rádio. Ela tocou a música outras sete vezes naquela semana, e um total de 37 vezes ao longo do mês.[15]

Na época, uma empresa chamada Arbitron estava testando uma nova tecnologia que tornava possível descobrir quantas pessoas estavam ouvindo uma certa estação de rádio num dado momento, e quantas mudavam de estação durante uma música específica. A WIOQ era uma das estações incluídas no teste. Os executivos da estação tinham certeza de que *Hey Ya!* manteria os ouvintes grudados aos seus rádios.[16]

Então os dados chegaram.

Os ouvintes não só não gostavam de *Hey Ya!*. De acordo com os dados, eles odiavam a música. Odiavam tanto que quase um terço deles mudava de estação antes dos primeiros trinta segundos. E também não era só na WIOQ. Em todo o país, em rádios de Chicago, Los Angeles, Phoenix e Seattle, sempre que *Hey Ya!* tocava, enormes quantidades de ouvintes mudavam de estação.

"Achei que fosse uma faixa ótima da primeira vez que ouvi", disse John Garabedian, apresentador de um programa de rádio Top 40 independente com mais de 2 milhões de ouvintes todo fim de semana. "Mas não era parecida com outras músicas, e por isso algumas pessoas entravam em parafuso quando ela tocava. Um cara me disse que era a pior coisa que já tinha ouvido.

"As pessoas ouvem o Top 40 porque querem ouvir suas músicas favoritas, ou músicas com um som bem parecido com o das suas favoritas. Quando toca alguma coisa diferente, ficam ofendidas. Não querem nada desconhecido."

A Arista gastara muito dinheiro promovendo *Hey Ya!*. As indústrias da música e do rádio precisavam que ela fosse um sucesso. Os hits valem uma fortuna — não só porque as pessoas compram a música em si, mas também porque um hit pode convencer ouvintes a trocar os video games e a internet pelo rádio. Um hit pode vender carros esportivos na televisão e roupas dentro de lojas da moda. Os hits são a base de dezenas de hábitos de compra de que anunciantes, emissoras de TV, bares, casas noturnas — e mesmo empresas de tecnologia como a Apple — dependem.

Ora, uma faixa apontada como uma das mais promissoras — uma música que os algoritmos tinham previsto que se tornaria o hit do ano — estava se revelando um desastre. Os executivos do rádio estavam desesperados para achar alguma coisa que transformasse *Hey Ya!* num sucesso.[17]

A pergunta — como você transforma uma música num hit? — vem quebrando a cabeça da indústria fonográfica desde os seus primórdios, mas foi só nas últimas décadas que as pessoas tentaram chegar a respostas científicas. Um dos pioneiros foi um ex-diretor de estação chamado Rich Meyer, que em 1985 abriu uma empresa chamada Mediabase, junto com sua mulher, Nancy, no porão de sua casa em Chicago. Eles acordavam toda manhã, pegavam um pacote de fitas de estações que tinham sido gravadas no dia anterior em diversas cidades, e contavam e analisavam cada faixa que tinha sido tocada. Meyer então publicava um informativo semanal que monitorava quais músicas estavam crescendo ou diminuindo em popularidade.

Em seus primeiros anos, o informativo só tinha cerca de cem assinantes, e Meyer e sua mulher lutavam para que a empresa não afundasse. No entanto, à medida que mais estações começaram a usar as descobertas de Meyer para aumentar sua audiência — e, principalmente, a estudar as fórmulas que ele criou para explicar as tendências dos ouvintes —, seu informativo, os dados vendidos pela Mediabase, e depois serviços similares fornecidos por uma indústria crescente de consultores focados em dados, mudaram totalmente o modo como as estações de rádio eram administradas.

Uma das charadas que Meyer mais adorava resolver era descobrir por que, durante algumas músicas, os ouvintes pareciam jamais mudar de estação. Entre os DJs, estas músicas são conhecidas como "grudentas". Meyer tinha monitorado centenas de músicas grudentas ao longo dos anos, tentando desvendar os princípios que as tornavam populares. Sua sala estava cheia de tabelas e gráficos realçando as características de diversas músicas grudentas. Meyer estava sempre buscando novos jeitos de medir o fator "grude", e na época em que *Hey Ya!* foi lançada, ele começou a experimentar com dados dos testes que a Arbitron estava realizando para ver se forneciam alguma nova revelação.

Algumas das músicas mais grudentas da época eram grudentas por motivos óbvios — *Crazy in Love*, de Beyoncé, e *Señorita*, de Justin Timberlake, por exemplo, tinham acabado de ser lançadas e já eram imensamente populares, mas eram músicas ótimas de artistas consagrados, por isso fazia sentido que fossem grudentas. Outras músicas, no entanto, eram grudentas por motivos que ninguém conseguia entender direito. Por exemplo, quando as rádios tocavam *Breathe*, de Blu Cantrell, durante o verão de 2003, quase ninguém encostava no dial. É uma música altamente esquecível, centrada numa única batida, que os DJs achavam tão sem graça que a maioria deles só tocava com relutância, como diziam às publicações musicais. Mas por algum motivo, sempre que ela tocava no rádio, as pessoas ouviam, muito embora, como pesquisas vieram a descobrir depois, estes mesmos ouvintes dissessem que não gostavam muito da faixa. Ou pensemos em *Here Without You*, do 3 Doors Down, ou qualquer música do grupo Maroon 5. Estas bandas são tão desprovidas de personalidade que os críticos e os ouvintes criaram uma nova categoria de música — "bath rock" (rock de chuveiro) — para descrever suas melodias insossas. E no entanto, sempre que elas tocavam no rádio, quase ninguém mudava de estação.

E havia também músicas de que os ouvintes diziam *não gostar* ativamente, mas que eram grudentas assim mesmo. Pensemos em Christina Aguilera ou Celine Dion. Em pesquisa após pesquisa, os ouvintes masculinos diziam que odiavam Celine Dion e não suportavam suas músicas. Mas sempre que uma música dela tocava no rádio, os homens continuavam sintonizados.[18] Dentro do mercado de Los Angeles, as estações que tocavam Celine Dion regularmente no fim de cada hora — momento em que a Arbitron media os ouvintes — podiam confiavelmente alavancar sua audiência em até 3%, um índice enorme no mundo do rádio. Os ouvintes masculinos talvez *achassem* que não gostavam de Celine Dion, mas quando suas músicas tocavam, continuavam sintonizados.

Uma noite, Meyer sentou-se e passou a ouvir uma série de músicas grudentas, uma após a outra, inúmeras vezes. Enquanto fazia isso, começou a notar uma semelhança entre elas. Não era que as músicas fossem parecidas. Algumas eram baladas, outras, músicas pop. No entanto, todas eram semelhantes no sentido de que cada uma soava exatamente como aquilo que Meyer esperava ouvir daquele gênero específico. Elas soavam *familiares* — como todo o resto que havia no rádio —, mas um pouco mais bem-acabadas, um pouco mais próximas da medida áurea da música perfeita.

"Às vezes as rádios fazem pesquisa ligando para os ouvintes e tocando um trecho de uma música, e os ouvintes dizem: 'Ouvi isso um milhão de vezes. Estou totalmente cansado disso'", me disse Meyer. "Mas quando a música toca no rádio, seu subconsciente diz: 'Eu conheço essa música! Ouvi um milhão de vezes! Sei cantar junto!' Músicas grudentas são o que você *espera* ouvir no rádio. Seu cérebro secretamente quer essa música, porque é muito familiar em relação a todo o resto que você já ouviu e gostou. Ela tem o som certo."

Há evidências de que uma preferência por coisas que soam "familiares" é um produto da nossa neurologia. Cientistas examinaram os cérebros de pessoas enquanto elas ouvem música e identificaram quais regiões neurais estão envolvidas na compreensão de estímulos auditivos. Ouvir música ativa diversas áreas do cérebro, incluindo o córtex auditivo, o tálamo e o córtex parietal superior.[19] Estas mesmas áreas também estão associadas ao reconhecimento de padrões e ajudam o cérebro a decidir a quais estímulos ele deve prestar atenção e quais deve ignorar. Ou seja, as áreas que processam música são projetadas para procurar padrões e buscar familiaridade. Isso faz sentido. Música, afinal, é algo complicado. Os diversos tons, alturas, melodias sobrepostas e sons concorrentes dentro de quase todas as canções — ou qualquer pessoa falando numa rua movimentada, aliás — são uma quantidade de informação tão avassaladora que, sem a habilidade do nosso cérebro de focar alguns sons e ignorar outros, tudo pareceria uma cacofonia de ruídos.[20]

Nossos cérebros anseiam por familiaridade na música porque é através dela que conseguimos ouvir sem nos distrair com a quantidade de sons. Assim como os cientistas do MIT descobriram que os hábitos comportamentais evitam que fiquemos sobrecarregados com as inúmeras decisões que, de outro modo, precisaríamos tomar todo dia, os hábitos auditivos existem porque, sem eles, seria impossível determinar se devemos nos concentrar na voz do nosso filho, no apito do treinador ou no barulho de uma rua movimentada durante uma partida de futebol de sábado. Os hábitos auditivos permitem que separemos, inconscientemente, os barulhos importantes daqueles que podem ser ignorados.

É por isso que músicas que soam "familiares" — mesmo se você nunca as ouviu antes — são grudentas. Nossos cérebros são projetados para preferir padrões auditivos que parecem semelhantes àquilo que já ouvimos. Quando Celine Dion lança uma música nova — e essa música soa parecida com todas as outras músicas que ela já cantou —, nossos cérebros inconscientemente anseiam pelo reconhecimento, e a música se torna grudenta. Você talvez nunca vá a um show de Celine Dion, mas vai ouvir as músicas dela no rádio, pois é isso que você *espera* ouvir no carro a caminho do trabalho. Essas músicas correspondem perfeitamente aos seus hábitos.

Esta descoberta ajudou a explicar por que *Hey Ya!* estava indo mal no rádio, apesar de o Hit Song Science e os executivos de música terem certeza de que seria um hit. O problema não era que *Hey Ya!* fosse ruim. O problema era que *Hey Ya! não era familiar*. Os ouvintes de rádio não queriam tomar uma decisão consciente cada vez que uma nova música lhes era apresentada. Em vez disso, seus cérebros queriam seguir um hábito. Em boa parte do tempo, não escolhemos de fato se gostamos ou não gostamos de uma música. Isso exigiria muito esforço mental. Em vez disso, reagimos às deixas ("Isso soa como todas as outras músicas de que eu já gostei") e recompensas ("É divertido cantarolar junto!") e, sem pensar, ou começamos a cantar, ou estendemos o braço e mudamos de estação.

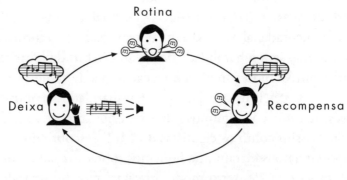

O LOOP DA FAMILIARIDADE

Em certo sentido, a Arista e os DJs de rádio se depararam com uma variação do problema que Andrew Pole estava enfrentando na Target. Os ouvintes ouvem de bom grado uma música inteira, mesmo talvez dizendo que não gostam dela, contanto que ela se pareça com algo que ouviram antes. As mulheres grávidas ficam felizes de usar cupons que recebem pelo correio, a não ser que estes cupons deixem óbvio que a Target está espiando dentro de seus úteros, o que é inusitado e meio sinistro. Receber um cupom que deixa claro que a Target sabe que você está grávida é algo que conflita com o que um consumidor espera. É como dizer a um economista de 42 anos que ele cantou junto com a Celine Dion. Parece simplesmente errado.

Então, como os DJs convencem os ouvintes a continuar ouvindo músicas como *Hey Ya!* por tempo suficiente para que elas se tornem familiares? Como a Target convence mulheres grávidas a usar cupons de fraldas sem deixá-las assustadas?

Vestindo uma coisa nova numa embalagem velha, e fazendo com que o desconhecido pareça familiar.

III.

No começo da década de 1940, o governo norte-americano começou a enviar boa parte do suprimento doméstico de carne do país para a Europa e o front do Pacífico, para apoiar tropas que lutavam na Segunda Guerra Mundial. Em território nacional, a disponibilidade de bifes e costeletas de porco começou a minguar. Quando os Estados Unidos entraram na guerra, no fim de 1941, os restaurantes de Nova York estavam usando carne de cavalo para fazer hambúrgueres, e um mercado negro de aves surgira.[21] Agentes federais começaram a recear que um esforço de guerra prolongado deixaria a nação faminta de proteínas. Este "problema vai ameaçar os Estados Unidos de forma crescente se a guerra continuar", escreveu o ex-presidente Herbert Hoover para os americanos num panfleto do governo em 1943. "Nossas fazendas estão carentes de mão de obra para cuidar do gado; e além de tudo precisamos fornecer suprimentos para os britânicos e russos. Carnes e gorduras são munição nesta guerra, tanto quanto tanques e aviões."

Preocupado, o Departamento de Defesa abordou dezenas dos maiores sociólogos, psicólogos e antropólogos do país — incluindo Margaret Mead e Kurt Lewin, que depois se tornariam celebridades acadêmicas — e lhes deu uma tarefa: descobrir como convencer os americanos a comer miúdos. Fazer com que as donas de casa servissem a seus maridos e filhos as partes ricas em proteínas, como fígados, corações, rins, miolos, estômagos e intestinos, que sobravam depois que a costela e a alcatra eram enviadas para o outro lado do oceano.

Na época, os miúdos não eram populares nos Estados Unidos. Uma mulher de classe média de 1940 preferiria morrer de fome a aviltar sua mesa com língua ou tripas. Então, quando os cientistas recrutados para o Comitê de Hábitos Alimentares se reuniram pela primeira vez em 1941, estabeleceram para si mesmos a meta de sistematicamente identificar as barreiras culturais que desencorajavam os americanos de comer miúdos. Ao todo, mais de duzentos estudos acabaram sendo publicados, e em sua essência, todos continham uma descoberta parecida: para mudar a dieta das pessoas, era preciso tornar o exótico familiar. E para fazer isso, era preciso camuflá-lo no aspecto do dia a dia.[22]

Para convencer os americanos a comer fígados e rins, as donas de casa precisavam saber como dar à comida uma aparência, sabor e aroma o mais semelhante possível àquilo que suas famílias *esperavam* ver na mesa do jantar toda noite, concluíram os cientistas. Por exemplo, quando a Divisão de Subsistência do Corpo de Quartéis-Mestres — as pessoas encarregadas de alimentar os soldados — começou a servir repolho fresco para as tropas em 1943, ele foi rejeitado. Então os refeitórios picaram e cozinharam o repolho até ele ficar parecido com qualquer outro legume na bandeja de um soldado — e as tropas comeram sem reclamar. "Os soldados tendiam mais a comer a comida, fosse conhecida ou estranha, quando ela era preparada de um modo parecido com suas experiências anteriores e servida de um jeito familiar", escreveu um pesquisador de hoje avaliando estes estudos.[23]

O segredo para mudar a dieta americana, concluiu o Comitê de Hábitos Alimentares, era a familiaridade. Em pouco tempo, as donas de casa estavam recebendo pelo correio panfletos do governo afirmando que "todo marido vai adorar torta de carne com rim".[24] Açougueiros começaram a distribuir receitas que explicavam como introduzir fígado num bolo de carne.

Uns poucos anos após o fim da Segunda Guerra Mundial, o Comitê de Hábitos Alimentares foi dissolvido. Àquela altura, no entanto, os miúdos tinham sido totalmente integrados à dieta americana. Um estudo indicou que o consumo de miúdos aumentara em 33% durante a guerra. Em 1955, ele crescera em 50%.[25] O rim tornara-se um alimento básico no jantar. Fígado era para ocasiões especiais. Os padrões alimentícios americanos tinham mudado de tal modo que os miúdos haviam se tornado emblemas de conforto.

Desde então, o governo americano já lançou dezenas de outros esforços para melhorar nossa dieta. Por exemplo, houve a campanha "Cinco por Dia", destinada a incentivar as pessoas a comer cinco frutas, verduras ou legumes, houve a pirâmide alimentar do Departamento da Agricultura dos Estados Unidos (USDA, na sigla em inglês), e uma campanha por queijos e leites com baixo teor de gordura. Nenhuma delas aderiu às descobertas do comitê. Nenhuma tentou camuflar suas recomendações em hábitos já existentes, e como consequência, todas as campanhas fracassaram. Até hoje, o único programa do governo que gerou uma mudança duradoura na dieta americana foi a campanha pelos miúdos da década de 1940.

No entanto, as estações de rádio e as empresas de grande porte — incluindo a Target — são um pouco mais espertas.

Os DJs logo perceberam que, para transformar *Hey Ya!* num hit, eles precisavam fazer com que a música se tornasse familiar. E para fazer isso, era necessário algo especial.

O problema era que programas de computador como o Hit Song Science eram muito bons para prever os hábitos das pessoas. Mas às vezes, estes algoritmos descobriam hábitos que na verdade ainda não tinham surgido, e quando uma empresa comercializa hábitos que ainda não adotamos ou, ainda pior, que relutamos em admitir para nós mesmos — como nosso apreço secreto por baladas piegas —, ela corre o risco de ir à falência. Se um mercado anuncia "Temos uma enorme variedade de cereais açucarados e sorvetes!", os consumidores passam longe. Se um açougueiro diz "Eis aqui um pedaço de intestino para o seu jantar", uma dona de casa dos anos 1940 prefere servir um enso-pado de atum. Quando uma estação de rádio promete "Celine Dion a cada meia hora!", ninguém sintoniza. Portanto, em vez disso, os donos de supermercados ostentam suas maçãs e tomates (enquanto se certifi-cam de que você passe pelos M&M's e Häagen-Dazs no caminho até o caixa), os açougueiros dos anos 1940 chamam fígado de "o novo bife", e os DJs discretamente inserem na sua playlist a música-tema de *Titanic*.

Hey Ya! precisava virar parte de um hábito de audição estabeleci-do para se tornar um hit. E para virar parte de um hábito, no começo a música precisava ser levemente camuflada, assim como as donas de casa camuflavam o fígado escondendo-o num bolo de carne. Por isso, na WIOQ da Filadélfia — assim como em outras estações de todo o país — os DJs começaram a garantir que, sempre que *Hey Ya!* era exe-cutada, ela ficasse ensanduichada entre músicas que já eram populares. "É um princípio básico das playlists", disse Tom Webster, um consultor de rádio. "Toque uma música nova entre dois hits populares que já são consenso."

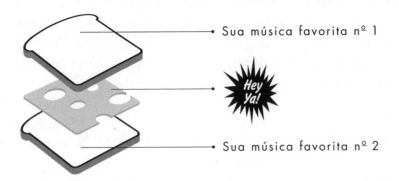

Sua música favorita nº 1

Hey Ya!

Sua música favorita nº 2

Os DJs, no entanto, não tocavam *Hey Ya!* junto com qualquer tipo de hit. Colocavam-na entre os tipos de músicas que Rich Meyer descobrira que eram especialmente grudentas, de artistas como Blu Cantrell, 3 Doors Down, Maroon 5 e Christina Aguilera. (Algumas estações, na verdade, estavam tão impacientes que usavam a mesma música duas vezes.)

Vejamos, por exemplo, a playlist da WIOQ de 19 de setembro de 2003:

11h43 *Here Without You*, de 3 Doors Down
11h54 *Breathe*, de Blu Cantrell
11h58 *Hey Ya!*, de OutKast
12h01 *Breathe*, de Blu Cantrell

Ou a playlist de 16 de outubro:

9h41 *Harder to Breathe*, de Maroon 5
9h45 *Hey Ya!*, de OutKast
9h49 *Can't Hold Us Down*, de Christina Aguilera
10h00 *Frontin'*, de Pharrell

12 de novembro:

9h58 *Here Without You*, de 3 Doors Down
10h01 *Hey Ya!*, de OutKast
10h05 *Like I Love You*, de Justin Timberlake
10h09 *Baby Boy*, de Beyoncé

"Gerenciar uma playlist tem tudo a ver com contenção de riscos", disse Webster. "As estações precisam correr riscos com músicas novas, senão as pessoas param de ouvir. Mas o que os ouvintes realmente querem são músicas de que já gostam. Por isso você tem que fazer com que as músicas novas pareçam familiares o mais rápido possível."

Quando a WIOQ começou a tocar *Hey Ya!* no começo de setembro — antes que a "operação sanduíche" começasse —, 26,6% dos ouvintes mudavam de estação sempre que a música surgia. Em outubro, após ela ter sido tocada junto com hits grudentos, esse "fator rejeição" baixou para 13,7%. Em dezembro, estava em 5,7%. Outras grandes estações de rádio de todo o país usaram a mesma técnica do sanduíche, e o índice de rejeição seguiu o mesmo padrão.

E conforme os ouvintes escutavam *Hey Ya!* repetidas vezes, a música foi virando familiar. Uma vez que ela se tornara popular, a WIOQ estava tocando *Hey Ya!* até 15 vezes por dia. Os hábitos de audição das pessoas haviam mudado de um modo que elas passaram a esperar — ou até ansiar — por *Hey Ya!*. Um hábito de *Hey Ya!* surgiu. A música viria a ganhar um Grammy, vender mais de 5,5 milhões de álbuns e render milhões de dólares para as estações de rádio. "Este álbum consolidou o OutKast no panteão dos superstars", me disse Bartels, o executivo de divulgação. "Foi isso que os apresentou às audiências de fora do hip-hop. Hoje, é uma satisfação muito grande quando um novo artista toca seu single para mim e diz: *Esse vai ser o próximo 'Hey Ya!'.*"

Depois que Andrew Pole criou sua máquina de previsão de gravidez, depois que ele identificou centenas de milhares de consumidoras que provavelmente estavam grávidas, depois que alguém observou que algumas — na verdade, a maioria — destas mulheres talvez ficassem meio incomodadas se recebessem uma propaganda deixando óbvio que a Target estava ciente de seu estado reprodutivo, todo mundo decidiu dar um passo atrás e ponderar as opções.

O departamento de marketing achou que talvez fosse sensato realizar alguns pequenos experimentos antes de lançar uma campanha nacional. Eles tinham a possibilidade de enviar mala direta criada especialmente para pequenos grupos de clientes, por isso escolheram aleatoriamente algumas mulheres da lista de gravidez de Pole e começaram a testar combinações de anúncios para ver como as consumidoras reagiam.

"Temos a capacidade de mandar para cada cliente um livreto de anúncios, especificamente projetado para ele, que diz: 'Eis aqui todas as coisas que você comprou na semana passada, e um cupom para elas'", me disse um executivo da Target com conhecimento em primeira mão do previsor de gravidez de Pole. "Fazemos isso com produtos alimentícios o tempo todo.

"Com os produtos para grávidas, no entanto, descobrimos que algumas mulheres reagem mal. Então começamos a misturar este monte de anúncios de coisas que sabíamos que uma mulher grávida nunca compraria, para que os anúncios de coisas para bebê parecessem aleatórios. Colocávamos um anúncio de cortador de grama ao lado de um anúncio de fraldas. Púnhamos um cupom para taças de vinho ao lado de um para roupa infantil. Assim, parecia que todos os produtos eram escolhidos ao acaso.

"E descobrimos que, contanto que uma grávida ache que não foi espionada, ela vai usar os cupons. Ela simplesmente assume que todas as outras pessoas do quarteirão receberam as mesmas propagandas de fraldas e berços. Contanto que não assustemos a consumidora, isso funciona."

A resposta para a pergunta da Target e de Pole — como fazer propaganda para uma mulher grávida sem revelar que você sabe que ela está grávida? — era essencialmente a mesma que os DJs usaram para deixar os ouvintes ligados em *Hey Ya!*. A Target começou a ensanduichar os cupons para fraldas entre produtos não relacionados à gravidez, que faziam os anúncios parecerem anônimos, familiares, confortáveis. Eles camuflaram o que sabiam.

Em pouco tempo, as vendas da seção "Mamãe e Bebê" da Target dispararam. A empresa não separa os números de vendas por departamento específico, mas entre 2002 — quando Pole foi contratado — e 2009, o faturamento da Target cresceu de 44 bilhões para 65 bilhões de dólares. Em 2005, o presidente da empresa, Gregg Steinhafel, gabou-se para uma sala cheia de investidores do "foco acentuado da empresa em produtos e categorias com apelo para segmentos específicos de visitantes, tais como mamãe e bebê.

"Conforme nossas ferramentas de base de dados ficam cada vez mais sofisticadas, o Target Mail adquiriu importância própria como uma ferramenta útil para promover valor e conveniência para segmentos específicos de visitantes, tais como novas mães ou adolescentes", ele disse. "Por exemplo, o Target Baby é capaz de acompanhar estágios de vida, desde os cuidados pré-natais até assentos para automóveis e carrinhos de bebê. Em 2004, o programa de mala direta do Target Baby gerou aumentos consideráveis nas visitas à loja e vendas."[26]

Seja vendendo uma nova música, uma nova comida ou um novo berço, a lição é a mesma: se você veste alguma coisa nova em hábitos antigos, fica mais fácil para o público aceitá-la.

IV.

A utilidade desta lição não se restringe a grandes corporações, órgãos do governo ou empresas de rádio tentando manipular nossos gostos.

Estas mesmas descobertas podem ser usadas para mudar o modo como vivemos.

Em 2000, por exemplo, dois estatísticos foram contratados pela ACM — uma das maiores organizações sem fins lucrativos do país — para usar os poderes da clarividência baseada em dados para fazer do mundo um lugar mais saudável. A ACM possui mais de 2.600 filiais nos Estados Unidos, a maioria delas academias e centros comunitários. Há cerca de uma década, os diretores da instituição começaram a se preocupar com um modo de se manterem competitivos. Pediram ajuda a um cientista social e um matemático — Bill Lazarus e Dean Abbott.

Os dois reuniram dados de mais de 150 mil pesquisas de satisfação da ACM que tinham sido coletados ao longo dos anos e começaram a procurar padrões. Naquele momento, a noção aceita entre os executivos da ACM era de que as pessoas queriam equipamentos esportivos chiques e instalações modernas, brilhando de novas. A ACM gastara milhões de dólares construindo salas de musculação e estúdios de ioga. Quando as pesquisas foram analisadas, no entanto, revelou-se que, embora a atratividade das instalações e a disponibilidade do equipamento esportivo talvez tivessem levado as pessoas a se matricular no começo, o que as fazia continuar na academia era outra coisa.

A retenção, diziam os dados, era motivada por fatores emocionais, tais como se os funcionários sabiam os nomes dos membros ou diziam oi quando eles entravam. Na verdade, as pessoas muitas vezes vão à academia procurando um contato humano, e não uma esteira ergométrica. Se um membro fazia um amigo na ACM, era muito mais provável que ele aparecesse para sessões de treino. Ou seja, as pessoas que se matriculam na ACM têm certos hábitos sociais. Se a ACM satisfazia esses hábitos, os membros ficavam felizes. Por isso, se a ACM queria incentivar as pessoas a fazer exercícios, precisava aproveitar padrões que já existiam e ensinar os funcionários a lembrar os nomes dos frequentadores. É uma variante da lição aprendida pela Target e pelos DJs de rádio: para vender um novo hábito — neste caso, os exercícios — é preciso embrulhá-lo em algo que as pessoas já conhecem e apreciam, tal como o instinto de ir a lugares onde é fácil fazer amigos.

"Estamos decifrando o código de como manter as pessoas na academia", me disse Lazarus. "As pessoas querem frequentar lugares que satisfaçam suas necessidades sociais. Fazer com que as pessoas se exercitem em grupos torna mais provável que elas continuem treinando. É possível mudar a saúde do país assim."

Num futuro próximo, dizem os experts em análise previsiva, as empresas poderão conhecer nossos gostos e prever nossos hábitos melhor do que nós mesmos nos conhecemos. No entanto, saber que alguém talvez prefira uma certa marca de manteiga de amendoim não é suficiente para levá-lo a agir com base nessa preferência. Para comercializar um novo hábito — seja ele um alimento ou um exercício aeróbico — é preciso entender como fazer com que o novo pareça familiar.

Da última vez em que falei com Andrew Pole, mencionei que minha mulher estava grávida de sete meses, esperando nosso segundo filho. Pole também tem filhos, e portanto conversamos um pouco sobre crianças. Minha mulher e eu compramos na Target de vez em quando, eu disse, e cerca de um ano antes tínhamos dado nosso endereço para a empresa, para que pudéssemos começar a receber cupons pelo correio. Recentemente, com o avanço da gravidez da minha mulher, eu vinha notando um sutil aumento no número de anúncios de fraldas, loções e roupas de bebê que chegavam na nossa casa.

Eu disse a ele que planejava usar alguns desses cupons naquele mesmo fim de semana. Também estava pensando em comprar um berço, e umas cortinas para o berçário, e talvez alguns brinquedos do Bob the Builder para o meu filho maior. Era muito conveniente que a Target estivesse me mandando exatamente os cupons certos para aquilo que eu precisava comprar.

"Espere só até o bebê chegar", disse Pole. "Vamos lhe mandar cupons para coisas que você quer, antes que você sequer saiba que quer essas coisas."

PARTE
TRÊS

Os hábitos de sociedades

8

A SADDLEBACK CHURCH E O BOICOTE AOS ÔNIBUS DE MONTGOMERY

Como os movimentos acontecem

I.

O ônibus Cleveland Avenue das seis da tarde encostou no meio-fio e a pequena mulher afro-americana de 42 anos, de óculos sem aro e casaco marrom austero, subiu no veículo, pôs a mão na bolsa e jogou uma moeda de dez centavos na bandeja para pagar a passagem.[1]

Era uma quinta-feira, 1º de dezembro de 1955, em Montgomery, Alabama, e ela acabara de cumprir um longo expediente na Montgomery Fair, a loja de departamentos em que trabalhava como costureira. O ônibus estava lotado e, por lei, as primeiras quatro fileiras de assentos eram reservadas para passageiros brancos. A área na qual os negros tinham permissão de sentar, no fundo, já estava cheia, e por isso a mulher — Rosa Parks — sentou-se numa fileira do meio, bem atrás da seção dos brancos, onde passageiros de qualquer raça podiam ocupar os assentos.

Conforme o ônibus continuou seu trajeto, mais pessoas embarcaram. Em pouco tempo todas as fileiras estavam cheias, e algumas pessoas — incluindo um passageiro branco — estavam em pé no corredor, segurando-se numa barra. O motorista do ônibus, James F. Blake, vendo o homem branco em pé, gritou para que os passageiros negros na área em que Parks estava liberassem os assentos, mas ninguém se mexeu. Havia barulho dentro do ônibus. Eles talvez não tivessem ouvido. Blake encostou o veículo num ponto em frente ao Empire Theater na Montgomery Street e andou até lá atrás.

"Melhor vocês facilitarem as coisas e liberarem esses assentos", ele disse. Três dos passageiros negros se levantaram e foram para o fundo, porém Parks não saiu do lugar. Disse ao motorista que não estava na seção dos brancos, e além disso só havia um único passageiro branco em pé.

"Se você não levantar", disse Blake, "vou chamar a polícia e mandar prender você".

"Pode fazer isso", disse Parks.[2]

O motorista saiu e achou dois policiais.

"Por que você não levanta?", um deles perguntou a Parks depois que eles subiram no ônibus.

"Por que vocês nos tratam assim?", ela disse.

"Não sei", respondeu o policial. "Mas a lei é a lei e você está presa."[3]

Naquele momento, embora ninguém naquele ônibus soubesse disso, o movimento pelos direitos civis deu uma guinada. Essa pequena recusa foi a primeira de uma série de ações que transformaram a batalha das relações raciais, antes uma luta travada por ativistas em tribunais e assembleias legislativas, num embate cuja força viria de comunidades inteiras e de protestos em massa. Ao longo do ano seguinte, a população negra de Montgomery iria erguer-se e boicotar os ônibus da cidade, terminando seu protesto apenas quando a lei de segregação de raças nos transportes públicos fosse revogada. O boicote aleijaria financeiramente a empresa de ônibus, atrairia dezenas de milhares de protestantes para manifestações, apresentaria ao país um jovem líder carismático chamado Martin Luther King Jr. e deflagraria um movimento que se propagaria para Little Rock, Greensboro, Raleigh, Birmingham e, por fim, para o Congresso. Parks se tornaria uma heroína, agraciada com a Medalha Presidencial da Liberdade, e um brilhante exemplo de como um único ato de desafio pode mudar o mundo.

Mas isso é só parte da história. Rosa Parks e o boicote aos ônibus de Montgomery tornaram-se o epicentro da campanha pelos direitos civis não só devido a um ato individual de desafio, mas também a padrões sociais. As experiências de Parks são uma lição sobre o poder dos hábitos sociais — os comportamentos que ocorrem, sem pensar, entre dezenas, centenas ou milhares de pessoas, que muitas vezes são difíceis de enxergar quando surgem, mas que contêm um poder capaz de mudar o mundo. São os hábitos sociais que enchem as ruas de manifestantes que talvez não se conheçam, que talvez estejam marchando por motivos diferentes, mas que estão todos avançando na mesma direção. É por causa dos hábitos sociais que algumas iniciativas se tornam movimentos que mudam o mundo, enquanto outras não conseguem vingar. E motivo de os hábitos sociais terem tanta influência é porque, na raiz de muitos movimentos — sejam eles revoluções em grande escala ou simples flutuações nas igrejas que as pessoas frequentam —, há um processo em três estágios que historiadores e sociólogos dizem que sempre reaparece:[4]

Um movimento começa devido aos hábitos sociais de amizade e aos laços fortes entre conhecidos próximos.

Ele cresce devido aos hábitos de uma comunidade e aos laços fracos que unem vizinhanças e clãs.

E ele perdura porque os líderes de um movimento dão aos participantes novos hábitos que criam um novo senso de identidade e um sentimento de propriedade.

Geralmente, apenas quando todas as três partes desse processo são preenchidas é que um movimento pode se tornar autopropulsor e atingir uma massa crítica. Há outras receitas para a mudança social bem-sucedida, e centenas de detalhes que diferem entre uma época e outra e entre uma luta e outra. Mas entender como os hábitos sociais funcionam pode ajudar a explicar por que Rosa Parks e a cidade de Montgomery tornaram-se catalisadores de uma cruzada pelos direitos civis.

Não era inevitável que o ato de rebeldia de Parks naquele dia de inverno resultasse em qualquer outra coisa além de sua prisão. Então os hábitos intervieram, e algo incrível aconteceu.

*

Rosa Parks não foi a primeira passageira negra a ser encarcerada por infringir as leis de segregação dos ônibus de Montgomery. Não foi nem a primeira naquele ano. Em 1946, Geneva Johnson tinha sido presa por retrucar com um motorista de ônibus de Montgomery sobre os assentos.[5] Em 1949, Viola White, Katie Wingfield e duas crianças negras foram presas por sentarem na seção dos brancos e recusarem-se a mudar de lugar.[6] Nesse mesmo ano, dois adolescentes negros de Nova Jersey (onde os ônibus eram integrados) que estavam ali de visita foram detidos e encarcerados após infringir a lei, sentando-se ao lado de um homem e um menino brancos.[7] Em 1952, um policial de Montgomery matou com um tiro um homem negro quando este discutiu com um motorista de ônibus. Em 1955, meses antes de Parks ser levada para a prisão, Claudette Colvin e Mary Louise Smith foram presas em incidentes diferentes por se recusarem a dar lugar a passageiros brancos.

No entanto, nenhuma dessas prisões resultou em boicotes ou protestos. "Não havia muitos ativistas de verdade em Montgomery na época", me disse Taylor Branch, historiador de direitos civis, vencedor do prêmio Pulitzer. "As pessoas não organizavam protestos nem marchas. O ativismo era algo que acontecia em tribunais. Não era algo que pessoas comuns fizessem."

Por exemplo, quando o jovem Martin Luther King Jr. chegou a Montgomery em 1954, um ano antes da prisão de Parks, ele descobriu que a maioria dos negros da cidade aceitava a segregação "sem nenhum protesto aparente. Não só eles pareciam resignados à segregação em si; também aceitavam os maus-tratos e humilhações que vinham junto com ela".[8]

Então por que, quando Parks foi presa, as coisas mudaram?

Uma explicação é que o clima político estava mudando. No ano anterior, a Suprema Corte dos Estados Unidos tinha pronunciado o veredito do caso *Brown vs. Conselho de Educação*, decretando que a segregação era ilegal dentro de escolas públicas; seis meses antes da prisão de Parks, a Corte tinha promulgado o que viria a ser conhecido como *Brown II* — uma decisão ordenando que a integração das escolas deveria avançar "numa velocidade deliberada". Havia em todo o país uma forte noção de que a mudança estava no ar.

Mas isso não é suficiente para explicar por que Montgomery se tornou o epicentro da luta pelos direitos civis. Claudette Colvin e Mary

Louise Smith tinham sido presas logo depois do caso *Brown vs. Conselho*, e no entanto isso não deflagrou um protesto. O caso *Brown*, para muitos moradores de Montgomery, era uma abstração vinda de um tribunal distante, e não estava claro como — ou se — seu impacto seria sentido localmente. Montgomery não era Atlanta ou Austin ou uma das outras cidades onde o progresso parecia possível. "Montgomery era um lugar bem cruel", disse Branch. "O racismo estava bem assentado ali."

Quando Parks foi presa, no entanto, isso deflagrou algo incomum dentro da cidade. Rosa Parks, diferente de outras pessoas que tinham sido encarceradas por violar a lei da segregação nos ônibus, era profundamente respeitada e inserida em sua comunidade. Portanto, quando foi presa, isso pôs em movimento uma série de hábitos locais — os hábitos de amizade — que incitaram um protesto inicial. A participação de Parks em dezenas de redes sociais em toda a cidade de Montgomery permitiu que seus amigos empreendessem uma reação antes que a apatia normal da comunidade pudesse se instalar.

A vida civil de Montgomery, na época, era dominada por centenas de pequenos grupos que formavam o tecido social da cidade. O *Catálogo de Organizações Civis e Sociais* da cidade era quase tão grosso quanto a lista telefônica. Ao que parecia, todo adulto — em especial, todo adulto negro — pertencia a algum tipo de clube, igreja, grupo social, centro comunitário ou organização de bairro, e muitas vezes a mais de um. E dentro dessas redes sociais, Rosa Parks era especialmente conhecida e estimada. "Rosa Parks era uma dessas raras pessoas sobre quem todos concordavam que dava mais do que recebia", Branch escreveu em sua história do movimento pelos direitos civis, *Parting the Waters* Dividindo as águas. "Seu caráter representava um dos picos isolados no gráfico da natureza humana, compensando uma dezena ou mais de sociopatas."[9] As muitas amizades e afiliações de Parks atravessavam as fronteiras raciais e econômicas da cidade. Ela era secretária da divisão local do NAACP,[9] frequentava a igreja metodista e ajudava a supervisionar uma organização de jovens na igreja luterana perto de sua casa. Passava alguns fins de semana fazendo trabalho voluntário num abrigo,

[9] National Association for the Advancement of Colored People, ou Associação Nacional pelo Progresso das Pessoas Negras. (N. do T.)

outros num clube de botânica, e nas noites de quarta-feira muitas vezes juntava-se a um grupo de mulheres que tricotavam cobertores para um hospital local. Fazia serviços voluntários de costureira para famílias pobres e oferecia alterações de vestido de última hora para debutantes brancas ricas. Na verdade, ela era tão profundamente inserida na comunidade que seu marido reclamava que ela comia mais em jantares comunitários do que em casa.

De modo geral, dizem os sociólogos, a maioria de nós tem amigos que são parecidos conosco. Talvez tenhamos uns poucos conhecidos próximos que são mais ricos, uns poucos que são mais pobres, e uns poucos de raças diferentes — mas, no total, nossos relacionamentos mais profundos tendem a ser com pessoas de aparência semelhante à nossa, que ganham mais ou menos o mesmo que nós e vêm de contextos similares.

Os amigos de Parks, no entanto, espalhavam-se pelas hierarquias sociais e econômicas de Montgomery. Ela tinha o que os sociólogos chamam de "laços fortes" — relacionamentos em primeira mão — com dezenas de grupos de toda a cidade que geralmente não entravam em contato uns com os outros. "Isso foi absolutamente crucial", disse Branch. "Rosa Parks transcendia as estratificações sociais da comunidade negra e de Montgomery como um todo. Ela era amiga de lavradores e de professores universitários."

E o poder dessas amizades tornou-se visível assim que Parks foi parar na cadeia.

Rosa Parks telefonou da delegacia para a casa dos pais. Ela estava em pânico, e sua mãe — que não tinha ideia do que fazer — começou a folhear um catálogo mental dos amigos de Parks, tentando pensar em alguém que talvez pudesse ajudar. A mãe ligou para a mulher de E. D. Nixon, o antigo diretor da NAACP de Montgomery, que por sua vez ligou para seu marido e lhe disse que Parks precisava ser libertada sob fiança. Ele imediatamente concordou em ajudar e telefonou para um proeminente advogado branco chamado Clifford Durr, que conhecia Parks porque ela fizera bainha de vestidos para suas três filhas.

Nixon e Durr foram até a prisão, pagaram a fiança de Parks e a levaram para casa. Eles vinham procurando o caso perfeito para desafiar as leis de segregação dos ônibus de Montgomery e, sentindo uma oportunidade, perguntaram a Parks se ela estaria disposta a deixar que eles contestassem sua prisão judicialmente. O marido de Parks foi contra a ideia. "Os brancos vão te matar, Rosa", ele disse a ela.[10]

Mas Parks passara anos trabalhando com Nixon na NAACP. Frequentara a casa de Durr e ajudara suas filhas a se preparar para bailes de debutantes. Seus amigos agora estavam lhe pedindo um favor.

"Se vocês acham que isso vai significar alguma coisa para Montgomery e fazer algum bem", ela disse a eles, "fico feliz em colaborar".[11]

Naquela noite — umas poucas horas após ela ser detida — a notícia da prisão de Parks começou a se espalhar pela comunidade negra. Jo Ann Robinson, presidente de um poderoso grupo político de professores e amiga de Parks de diversas organizações, ficou sabendo do ocorrido, assim como muitos dos professores do grupo de Robinson e muitos dos pais de seus alunos. Por volta da meia-noite, Robinson convocou uma reunião extraordinária e sugeriu que todos boicotassem os ônibus da cidade na segunda-feira, dali a quatro dias, quando Parks deveria comparecer ao tribunal.

Depois disso, Robinson entrou discretamente na sala do mimeógrafo de seu escritório e fez cópias de um panfleto.

"Outra mulher negra foi detida e jogada na cadeia por se recusar a levantar de seu assento no ônibus para que uma pessoa branca sentasse", dizia o panfleto. "O caso dessa mulher será julgado na segunda-feira. Estamos, portanto, pedindo que todos os negros deixem de pegar ônibus na segunda-feira, em protesto contra a prisão e o julgamento."[12]

Logo na manhã seguinte, Robinson deu pilhas dos panfletos a alguns professores e pediu que eles os distribuíssem aos pais e colegas. Menos de 24 horas após Parks ser detida, a notícia de sua prisão e do boicote já se espalhara para algumas das comunidades mais influentes da cidade — a NAACP local, um grande grupo político, uma série de professores negros e os pais de seus alunos. Muitas das pessoas que receberam um panfleto conheciam Rosa Parks pessoalmente — tinham sentado ao lado dela na igreja ou numa reunião de voluntários e a consideravam uma amiga. Há um instinto natural embutido na amizade, uma simpatia que nos torna dispostos a lutar por alguém de quem gostamos quando esse alguém é tratado injustamente. Estudos mostram que as pessoas não têm dificuldade de ignorar ofensas feitas a estranhos, porém quando um amigo é insultado, nosso senso de revolta é suficiente para superar a inércia que geralmente dificulta a organização de protestos. Quando os amigos de Parks ficaram sabendo de sua prisão e do boicote, os hábitos sociais de amizade — a inclinação natural de ajudar alguém que respeitamos — entraram em ação.

O primeiro movimento em massa da era moderna dos direitos civis poderia ter sido deflagrado por inúmeras prisões anteriores. Mas ele começou com Rosa Parks porque ela possuía um grupo grande, diversificado e conectado de amigos — que, quando ela foi presa, reagiram como os amigos naturalmente reagem, seguindo os hábitos sociais de amizade e concordando em demonstrar seu apoio.

Ainda assim, muitos esperavam que o protesto não seria nada mais que um evento de um único dia. Pequenos protestos surgem todo dia no mundo inteiro, e quase todos esmorecem rapidamente. Ninguém tem amigos suficientes para mudar o mundo.

E é por isso que o segundo aspecto dos hábitos sociais dos movimentos é tão importante. O boicote aos ônibus de Montgomery tornou-se uma ação disseminada na sociedade porque um senso de obrigação que mantinha a comunidade negra unida foi ativado logo após os amigos de Parks começarem a espalhar a notícia. Pessoas que mal conheciam Rosa Parks decidiram participar devido à pura pressão social dos conhecidos — uma influência conhecida como "o poder dos laços fracos" —, que tornava difícil deixar de colaborar.

II.

Imagine, por um momento, que você é um executivo de médio escalão já estabelecido numa empresa próspera. Você é bem-sucedido e prestigiado. Passou anos construindo uma reputação dentro da sua empresa e cultivando uma rede de amigos que você pode acionar para obter clientes, conselhos e fofocas do ramo. Você faz parte de uma igreja, uma academia e um country club, bem como da divisão local da associação de ex-alunos da sua faculdade. Você é respeitado e muitas vezes convidado a participar de diversos comitês. Quando as pessoas dentro da sua comunidade ficam sabendo de uma oportunidade de negócios, muitas vezes a encaminham para você.

Agora imagine que você recebe um telefonema. É um executivo de médio escalão de outra empresa procurando um novo emprego. Ele pergunta se você pode ajudá-lo fazendo uma recomendação para o seu chefe.

Se a pessoa no telefone é um completo desconhecido, a decisão é fácil. Por que arriscar sua reputação dentro da empresa ajudando alguém que você não conhece?

Por outro lado, se a pessoa no telefone é um amigo próximo, a escolha também é fácil. É claro que você pode ajudar. É isso que os amigos fazem.

Porém, e se a pessoa no telefone não for nem um grande amigo nem um estranho, mas sim algo intermediário? E se vocês têm amigos em comum, mas não se conhecem muito bem? Você apoia a pessoa quando seu chefe pergunta se ela vale uma entrevista? Em outras palavras, até que ponto você está disposto a empenhar sua própria reputação e energia para ajudar o amigo de um amigo a arranjar um emprego?

No fim dos anos 1960, um doutorando de Harvard chamado Mark Granovetter propôs-se a responder a essa pergunta estudando como 282 homens tinham achado seu emprego atual.[13] Ele rastreou como esses homens haviam ficado sabendo das vagas abertas, para quem eles tinham ligado pedindo indicações, os métodos que tinham usado para conseguir entrevistas e, o mais importante, quem havia fornecido ajuda. Como esperado, ele descobriu que, quando as pessoas em busca de emprego abordavam estranhos para pedir assistência, elas eram rejeitadas. Quando recorriam a amigos, a ajuda era fornecida.

O mais surpreendente, no entanto, era a frequência com que as pessoas em busca de empregos também recebiam ajuda de conhecidos casuais — amigos de amigos —, pessoas que não eram nem estranhos nem amigos próximos. Granovetter chamou essas conexões de "laços fracos", pois elas representavam os elos que ligam pessoas que têm conhecidos em comum, que participam simultaneamente de redes sociais, mas que não estão diretamente ligadas pelos laços fortes da amizade em si.

Granovetter descobriu que na verdade, para conseguir um emprego, os conhecidos por laços fracos eram muitas vezes *mais* importantes que os amigos com laços fortes, pois os laços fracos nos dão acesso a redes sociais às quais de outro modo nós não pertencemos.[14] Muitas das pessoas que Granovetter estudou tinham ficado sabendo de novas oportunidades de emprego através de laços fracos, e não de amigos próximos — o que faz sentido, pois falamos com nossos amigos mais próximos o tempo todo, ou trabalhamos ao lado deles ou lemos os mesmos blogs. Quando eles ficam sabendo de uma nova oportunidade, nós provavelmente já estamos sabendo também. Por outro lado, nossos conhecidos por laços fracos — as pessoas com quem esbarramos a cada seis meses — são aqueles que nos falam de empregos dos quais, de outro modo, nunca ficaríamos sabendo.

Quando os sociólogos investigaram como as opiniões se espalham pelas comunidades, como as fofocas se alastram ou os movimentos políticos têm início, eles descobriram um padrão comum: nossos conhecidos por laços fracos muitas vezes são tão influentes quanto — se não mais que — nossos amigos com laços estreitos. Como escreveu Granovetter: "Indivíduos com poucos laços fracos serão privados de informações de partes distantes do sistema social e ficarão confinados às notícias e visões localizadas de seus amigos próximos. Essa privação não só irá isolá-los das ideias e modas mais recentes, como também pode colocá-los numa posição desvantajosa no mercado de trabalho, onde a ascensão talvez dependa (...) de ficar sabendo de vagas apropriadas no momento certo.

"Além disso, tais indivíduos podem ter dificuldade de se organizar ou se integrar a movimentos políticos de qualquer espécie. (...) Embora membros de um ou dois pequenos grupos possam ser recrutados de forma eficiente, o problema é que, sem os laços fracos, qualquer impulso gerado dessa maneira não se espalha para *além* do grupo. Consequentemente, a maior parte da população continuará intacta."[15]

O poder dos laços fracos ajuda a explicar como um protesto pode se expandir de um grupo de amigos para um vasto movimento social. É difícil convencer milhares de pessoas a buscar o mesmo objetivo — principalmente quando essa busca implica dificuldades reais, tais como ir a pé para o trabalho em vez de pegar o ônibus, ou ser encarcerado, ou mesmo deixar de tomar uma xícara de café de manhã porque a empresa que o vende não apoia a produção orgânica. A maioria das pessoas não se importa o bastante com o mais recente ultraje a ponto de abrir mão de seu meio de transporte ou de sua cafeína, a não ser que tenha sido um amigo próximo que foi insultado ou preso. Por isso há uma ferramenta com a qual os ativistas vêm contando há muito tempo para fomentar protestos, mesmo quando um grupo de pessoas não *quer* necessariamente participar. É uma forma de persuasão que tem sido notavelmente eficaz há centenas de anos. É o senso de obrigação que as vizinhanças ou comunidades colocam sobre si mesmas.

Em outras palavras, a pressão social.

A pressão social — e os hábitos sociais que incentivam pessoas a se conformarem às expectativas de um grupo — é difícil de descrever, pois muitas vezes difere em forma e expressão de uma pessoa para a outra. Esses hábitos sociais não são tanto um único padrão consistente, mas sim dezenas de hábitos individuais que acabam fazendo com que todos se movam na mesma direção.

Os hábitos da pressão social, no entanto, têm algo em comum. Eles muitas vezes se espalham através dos laços fracos. E ganham sua autoridade através de expectativas comunitárias. Se você ignora as obrigações sociais da sua vizinhança, se despreza os padrões esperados da sua comunidade, você corre o risco de perder sua posição social. Põe em perigo seu acesso a muitos dos benefícios sociais que obteve ao entrar para o country club, a associação de ex-alunos ou a igreja.

Em outras palavras, se você não dá uma mãozinha para o cara que ligou procurando um emprego, ele talvez reclame para o parceiro de tênis dele, que talvez mencione essa queixa no vestiário para alguém que você estava tentando atrair como cliente, que agora está menos propenso a retornar sua ligação porque você tem a reputação de pessoa que não colabora. Num playground, a pressão social é perigosa. Na vida adulta, é assim que os negócios são feitos e as comunidades organizam a si mesmas.

Essa pressão social, por si só, não é suficiente para sustentar um movimento. Mas quando os laços fortes de amizade e os laços fracos da pressão social se fundem, eles criam um impulso incrível. É nesse momento que a mudança social disseminada pode começar.

Para ver como a combinação de laços fortes e fracos pode impulsionar um movimento, vamos avançar o filme até nove anos *depois* da prisão de

Rosa Parks, quando centenas de jovens se expuseram voluntariamente a riscos de vida em nome da cruzada pelos direitos civis.

Em 1964, estudantes de todo o país — muitos deles alunos brancos de Harvard, Yale e outras universidades do Norte — se inscreveram em algo chamado Mississippi Summer Project. Era um programa de dez semanas com o objetivo de registrar eleitores negros no Sul.[16] O projeto veio a ser conhecido como Freedom Summer, e muitos dos que se inscreveram estavam cientes de que seria perigoso. Nos meses anteriores ao início do programa, os jornais e as revistas estavam cheios de artigos prevendo violência (o que tragicamente provou ser verdade quando, logo uma semana depois que o programa começou, justiceiros brancos mataram três voluntários perto de Longdale, Mississippi). A ameaça de agressões impediu que muitos estudantes participassem do Mississippi Summer Project, mesmo depois que eles já tinham se inscrito. Mais de mil candidatos foram aceitos no Freedom Summer, mas quando chegou a hora de partir para o Sul em junho, mais de trezentos dos convidados a participar decidiram ficar em casa.[17]

Nos anos 1980, um sociólogo da Universidade do Arizona chamado Doug McAdam começou a se perguntar se era possível descobrir por que algumas pessoas tinham participado do Freedom Summer e outras tinham desistido.[18] Ele começou lendo 720 das inscrições que os estudantes tinham enviado décadas antes. Cada uma possuía cinco páginas de comprimento. Perguntava-se aos inscritos sobre seu histórico de vida, por que eles queriam ir ao Mississippi e que experiência eles tinham com o registro de eleitores. Pedia-se que fornecessem uma lista de pessoas que os organizadores deveriam contatar caso eles fossem presos. Houve ensaios, referências e, para alguns, entrevistas. Candidatar-se ao programa não era uma tarefa simples.

A hipótese inicial de McAdam era de que os estudantes que acabaram indo ao Mississippi provavelmente tinham motivações diferentes daqueles que ficaram em casa, o que explicava a divergência na participação. Para testar sua ideia, ele dividiu os candidatos em dois grupos. A primeira pilha eram pessoas que diziam que queriam ir ao Mississippi por motivos de "interesse próprio", tais como para "me testar", para "estar onde a ação está", ou para "aprender sobre o modo de vida sulista". O segundo grupo eram aqueles com motivos "voltados para os outros", tais como para "melhorar as condições dos negros", para "ajudar na realização completa da democracia", ou para "demonstrar o poder da não violência como veículo para a mudança social".

Os autocentrados, segundo a hipótese de McAdam, estariam mais propensos a ficar em casa uma vez que se deram conta dos riscos do Freedom Summer. Os "voltados para os outros" estariam mais propensos a entrar no ônibus.

A hipótese estava errada.

Os egoístas e os altruístas, de acordo com os dados, foram para o Sul em quantidades iguais. As diferenças de motivação não explicavam "nenhuma distinção significativa entre participantes e desistentes", escreveu McAdam.

Em seguida, McAdam comparou os custos da oportunidade para os participantes. Quem sabe aqueles que ficaram em casa tinham maridos ou namoradas que os detivessem de ir ao Mississippi? Talvez tivessem arranjado empregos, e não podiam tirar uma folga de dois meses sem salário?

Outra vez, ele estava errado.

"Ser casado ou possuir um emprego em período integral na verdade aumentava as chances de o candidato ir ao Sul", concluiu McAdam.

Ele tinha uma última hipótese. Pedia-se que cada candidato listasse as organizações estudantis e políticas de que era membro e pelo menos dez pessoas que ele queria manter informadas de suas atividades naquele verão; por isso McAdam pegou estas listas e as usou para mapear a rede social de cada candidato. Comparando as participações em clubes, ele conseguiu determinar quais candidatos tinham amigos que também se candidataram ao Freedom Summer.

Ao terminar de fazer isso, ele finalmente tinha uma resposta de por que alguns estudantes foram ao Mississippi e outros ficaram em casa: por causa de hábitos sociais — ou, mais especificamente, devido ao poder de laços fortes e fracos agindo em conjunto. Os estudantes que participaram do Freedom Summer estavam envolvidos nos tipos de comunidade em que tanto seus amigos próximos *quanto* seus conhecidos casuais esperavam que eles entrassem no ônibus. Aqueles que desistiram também estavam envolvidos em comunidades, porém de um tipo diferente — o tipo no qual as pressões e os hábitos sociais não os impeliam a ir ao Mississippi.

"Imagine que você é um dos estudantes que se candidataram", McAdam me disse. "No dia em que se inscreveu no Freedom Summer, você preencheu o formulário junto com cinco de seus amigos mais próximos, e vocês todos estavam se sentindo muito motivados.

"Agora, passaram-se seis meses e o dia da partida está chegando. Todas as revistas estão prevendo violência no Mississippi. Você ligou para os seus pais, e eles disseram para você ficar em casa. Seria estranho, nesse ponto, se você não estivesse tendo receios.

"Então, você está andando pelo campus e vê algumas pessoas do seu grupo de igreja, e elas dizem: 'Estamos coordenando as caronas — a que horas você quer que a gente te busque?' Estas pessoas não são seus amigos mais próximos, mas você as vê em reuniões de clubes e na moradia estudantil, e elas são importantes dentro da sua comunidade social. Todas sabem que você foi aceito para o Freedom Summer, e que você disse que quer ir. Boa sorte se você quiser dar para trás a essa altura. Você teria uma enorme perda na sua posição social. Mesmo se estiver receoso, há consequências reais se você desistir. Você perderá o respeito de pessoas cujas opiniões importam para você."

Quando McAdam examinou os candidatos com orientações religiosas — estudantes que mencionavam um "dever cristão de ajudar os necessitados" como motivação para se candidatar, por exemplo, ele encontrou níveis mistos de participação. No entanto, entre os candidatos que mencionaram uma orientação religiosa e *também* pertenciam a uma organização religiosa, McAdam descobriu que *todos eles*, sem exceção, fizeram a viagem ao Mississippi. Uma vez que suas comunidades sabiam que eles tinham sido aceitos para o Freedom Summer, era impossível desistir.[19]

Por outro lado, pensemos nas redes sociais de candidatos que foram aceitos no programa porém deixaram de ir ao Mississippi. Eles também estavam envolvidos em organizações no campus. Também pertenciam a clubes e se importavam com sua reputação dentro destas comunidades. Porém as organizações às quais eles pertenciam — o jornal e o grêmio estudantil, grupos acadêmicos e fraternidades — tinham expectativas diferentes. Dentro destas comunidades, alguém podia desistir do Freedom Summer e sofrer pouco ou nenhum declínio na hierarquia social prevalecente.

Quando confrontados com a perspectiva de ser presos (ou algo pior) no Mississippi, a maioria dos estudantes provavelmente teve receios. No entanto, alguns estavam envolvidos em comunidades nas quais os hábitos sociais — as expectativas de seus amigos e a pressão social de seus conhecidos — instigavam a participação, e por isso, a despeito de suas hesitações, eles compraram uma passagem de ônibus. Outros — que também se importavam com os direitos civis — pertenciam a comunidades nas quais os hábitos sociais apontavam numa direção levemente diferente, por isso pensaram consigo mesmos: *Quem sabe é melhor eu ficar em casa?*

Na manhã seguinte após ter pago a fiança para que Rosa Parks saísse da prisão, E. D. Nixon deu um telefonema para o novo pastor da Dexter Avenue Baptist Church, Martin Luther King Jr. Eram cinco e pouco da manhã, mas Nixon não disse olá nem perguntou se tinha acordado a filha de 2 anos de King quando o pastor atendeu — ele simplesmente desembestou num relato da prisão de Parks, de como ela tinha sido arrastada até a cadeia por se recusar a ceder o assento, e os planos deles para lutar judicialmente pelo caso dela e boicotar os ônibus da cidade na segunda-feira. Na época, King tinha 26 anos de idade. Morava em Montgomery havia apenas um ano e ainda estava tentando entender qual era seu papel dentro da comunidade. Nixon estava pedindo o endosso de King, além da permissão de usar sua igreja para fazer uma reunião sobre o boicote naquela noite. King estava receoso de se envolver demais. "Irmão Nixon", ele disse, "me deixe pensar a respeito e me ligue de volta".

Mas Nixon não parou por aí. Ele contatou um dos amigos mais próximos de King — um dos mais fortes dentre os laços fortes de King —, chamado Ralph D. Abernathy, e pediu que ele o ajudasse a convencer o jovem pastor a participar. Poucas horas depois, Nixon ligou para King de novo.

"Vou colaborar", King lhe disse.

"Fico feliz de ouvir você dizer isso", respondeu Nixon, "porque já falei com outras 18 pessoas e disse para elas se reunirem na sua igreja hoje à noite. Seria meio ruim fazer uma reunião ali sem você".[20] King logo foi recrutado para atuar como presidente da organização que surgira para coordenar o boicote.

No domingo, três dias após a prisão de Parks, os pastores negros da cidade — depois de falar com King e com outros membros da nova organização — explicaram para suas congregações que todas as igrejas de negros da cidade tinham concordado em fazer um protesto de um dia. A mensagem era clara: ficar olhando de fora seria constrangedor para qualquer congregado. Naquele mesmo dia, o jornal da cidade, o *Advertiser*, trazia um artigo sobre "uma reunião 'ultraconfidencial' de negros de Montgomery que planejam um boicote aos ônibus da cidade na segunda-feira".[21] O repórter conseguira cópias de panfletos que mulheres brancas tinham recebido de suas empregadas domésticas. As partes negras da cidade estavam "cobertas de milhares de cópias" dos panfletos, explicava o artigo, e previa-se que todos os cidadãos negros iam participar. Quando o artigo foi escrito, só os amigos de Parks, os pastores e os organizadores do boicote tinham se comprometido publicamente com o protesto — mas depois que os moradores negros da cidade leram o jornal, eles assumiram, assim como os leitores brancos, que todos os outros já estavam participando.

Muitos dos que estavam nos bancos de igreja ou lendo os jornais conheciam Rosa Parks pessoalmente e estavam dispostos a participar do boicote porque eram amigos dela. Outros não conheciam Parks, porém perceberam que a comunidade estava se unindo em prol da causa dela, e que se fossem vistos andando de ônibus na segunda-feira, isso pegaria mal. "Se você trabalha", dizia um panfleto distribuído nas igrejas, "pegue um táxi, ou peça uma carona, ou vá a pé". Então todo mundo ouviu dizer que os líderes do boicote tinham convencido — ou intimidado à força — todos os motoristas de táxi negros a concordar em levar passageiros negros na segunda-feira por dez centavos a viagem, o preço de uma passagem de ônibus. Os laços fracos da comunidade estavam aproximando todo mundo. Naquele ponto, ou você estava no boicote ou era contra ele.

Na manhã da segunda-feira do boicote, King acordou antes de o sol nascer e tomou seu café. Sua mulher, Coretta, ficou sentada na janela da frente e esperou o primeiro ônibus passar. Ela gritou quando viu os faróis do ônibus da linha South Jackson, normalmente cheio de empregadas domésticas a caminho do trabalho, passando sem nenhum passageiro. O ônibus seguinte também estava vazio. E o seguinte também.

King pegou seu carro e começou a dirigir pela cidade, conferindo outros itinerários. Em uma hora, ele contou oito passageiros negros. Uma semana antes, teria visto centenas.

"Eu fiquei extasiado", ele escreveu depois. "Um milagre tinha acontecido .(...) Viram-se homens indo trabalhar montados em mulas, e havia mais de uma carroça puxada por cavalos percorrendo as ruas de Montgomery .(...) Espectadores tinham se juntado nos pontos de ônibus para ver o que estava acontecendo. No começo ficaram quietos, mas conforme o dia foi passando, eles começaram a comemorar os ônibus vazios, dar risadas e fazer piadas. Ouviam-se jovens barulhentos fazendo um coro de 'Hoje não tem passageiros'."[22]

Naquela tarde, num tribunal da Church Street, Rosa Parks foi condenada por violar as leis estaduais de segregação. Havia mais de quinhentos negros apinhados nos corredores e parados na frente do prédio, aguardando o veredito. O boicote e a concentração improvisada no tribunal foram o evento de ativismo político negro mais significativo da história de Montgomery, e tudo aquilo se armara em cinco dias. O movimento começara entre os amigos próximos de Parks, mas ganhou força, como King e outros participantes disseram depois, devido a um senso de obrigação entre a comunidade — os hábitos sociais dos laços fracos. A comunidade foi pressionada a manter-se unida pelo medo de que qualquer pessoa que não participasse não seria mais digna de amizade.

Há muitas pessoas que teriam participado do boicote mesmo sem este incentivo. King, os taxistas e as congregações talvez tivessem feito as mesmas escolhas sem a influência dos laços fortes e fracos. Porém dezenas de milhares de pessoas da cidade inteira não teriam decidido deixar de pegar ônibus sem o incentivo dos hábitos sociais. "A comunidade negra, antes dormente e resignada, agora estava totalmente desperta", King escreveu depois.

Estes hábitos sociais, no entanto, não eram fortes o bastante por si sós para estender um boicote de um único dia num movimento de um ano inteiro. Dentro de poucas semanas, King estaria abertamente receoso de que a perseverança das pessoas estava enfraquecendo, que "a capacidade da comunidade negra de continuar lutando" estava em xeque.[23]

E então estes receios se dissipariam. King, como milhares de outros líderes de movimento, transferiria o comando da luta de suas próprias mãos para os ombros de seus seguidores, em grande parte conferindo-lhes novos hábitos. Ele ativaria a terceira parte da fórmula do movimento, e o boicote se formaria numa força autopropulsora.

III.

No verão de 1979, um jovem seminarista branco, que tinha um ano de idade quando Rosa Parks foi presa, e estava atualmente focado, acima de tudo, num jeito de sustentar sua família em expansão, pregou um mapa na parede de sua casa no Texas e começou a desenhar círculos em volta de grandes cidades dos Estados Unidos, de Seattle a Miami.[24]

Rick Warren era um pastor batista com uma mulher grávida e menos de 2 mil dólares no banco. Ele queria fundar uma nova congregação entre pessoas que ainda não frequentavam a igreja, mas não fazia ideia de onde ela deveria ser situada. "Pensei em ir para algum lugar onde todos os meus amigos seminaristas não queriam ir", ele me disse. Ele passou o verão em bibliotecas estudando registros de censo, listas telefônicas, artigos de jornais e mapas. Sua mulher estava no nono mês de gravidez, e por isso a cada poucas horas Warren dava uma corrida até um telefone público, ligava para casa para conferir se ela ainda não tinha entrado em trabalho de parto, e depois voltava para as pilhas de livros.

Uma tarde, Warren se deparou com uma descrição de um lugar chamado Saddleback Valley, em Orange County, Califórnia. O livro que Warren estava lendo dizia que era a região de mais rápido crescimento no condado de mais rápido crescimento num dos estados em mais rápido crescimento dos Estados Unidos. Havia uma série de igrejas na área, mas nenhuma delas grande o bastante para acomodar a população em veloz expansão. Intrigado, Warren entrou em contato com líderes religiosos da Califórnia do Sul, que lhe disseram que muitos moradores locais se identificavam como cristãos, mas não frequentavam o culto. "No porão empoeirado, mal iluminado daquela biblioteca de universidade, ouvi Deus falar comigo: 'É aqui que eu quero que você plante uma igreja!'", Warren escreveu depois. "Daquele momento em diante, nosso local de destino era uma questão resolvida."[25]

A intenção de Warren de construir uma congregação entre os que não frequentavam a igreja surgira cinco anos antes, quando, atuando como missionário no Japão, ele descobrira uma velha cópia de uma revista cristã com um artigo cuja manchete era "Por que este homem é perigoso?". Era sobre Donald McGavran, um controverso autor focado em construir igrejas em países onde a maioria das pessoas não tinha aceitado Cristo. No centro da filosofia de McGavran estava uma advertência de que os missionários deviam imitar as táticas de outros movimentos bem-sucedidos — incluindo a campanha pelos direitos civis —, apelando para os hábitos sociais das pessoas. "A estratégia constante deve ser a cristianização de todo o tecido que é o povo, ou partes dele grandes o bastante para que a vida social do indivíduo não seja destruída", McGavran escrevera em um de seus livros. Apenas o evangelista que ajuda as pessoas "a tornarem-se seguidores de Cristo *em sua relação social normal* tem alguma chance de libertar multidões".[26]

Esse artigo — e, mais tarde, os livros de McGavran — foram uma revelação para Rick Warren. Aqui, finalmente, estava alguém aplicando uma lógica racional para um tema que geralmente era tratado na linguagem dos milagres. Aqui estava alguém que entendia que a religião precisava, na falta de uma palavra melhor, de marketing.

McGavran esboçou uma estratégia que instruía os fundadores de igrejas a falar com as pessoas "na linguagem delas", a criar locais de culto onde os congregados viam seus amigos, escutavam os tipos de música que eles já ouviam e vivenciassem as lições da Bíblia em metáforas digeríveis. O mais importante, disse McGravan, era que os ministros precisavam converter *grupos* de pessoas, e não indivíduos, de modo que os hábitos sociais de uma comunidade incentivassem a participação religiosa, em vez de afastar as pessoas.

Em dezembro, após se formar no seminário e ter o filho, Warren carregou sua família e seus pertences num caminhão da U-Haul, dirigiu até Orange County e alugou um pequeno apartamento num conjunto residencial. Seu primeiro grupo de orações atraiu ao todo sete pessoas e aconteceu em sua sala de estar.

Hoje, trinta anos depois, a Saddleback Church é uma das maiores instituições religiosas do mundo, com mais de 20 mil paroquianos visitando seu centro de 120 acres — e oito centros-satélite — toda semana.

Um dos livros de Warren, *The Purpose-Driven Life* A vida voltada para um propósito, vendeu 30 milhões de cópias, entrando para a lista dos maiores best-sellers da história. Há milhares de outras igrejas modeladas em seus métodos. Warren foi escolhido para realizar a invocação na posse do presidente Obama, e é considerado um dos líderes religiosos mais influentes do mundo.

E a essência do crescimento de sua igreja e de seu sucesso é uma crença fundamental no poder dos hábitos sociais.

"Pensamos com muito empenho em como habitualizar a fé, decompô-la em pedaços", Warren me disse. "Se você tenta assustar as pessoas para que elas sigam o exemplo de Cristo, isso não vai funcionar por muito tempo. O único jeito de fazer com que as pessoas assumam compromisso por sua maturidade espiritual é lhes ensinar *hábitos* de fé.

"Uma vez que isso acontece, elas passam a se autoalimentar. As pessoas seguem Cristo não porque você as conduziu para isso, mas porque isso é quem elas são."

Quando Warren chegou ao Saddleback Valley pela primeira vez, passou semanas batendo de porta em porta, se apresentando e perguntando a desconhecidos por que eles *não* iam à igreja. Muitas das respostas eram práticas — as pessoas diziam que era entediante, a música era ruim, os sermões não pareciam se aplicar as suas vidas, eles precisavam de alguém para cuidar das crianças, odiavam vestir roupas formais, os bancos eram desconfortáveis.

A igreja de Warren abordaria cada uma destas reclamações. Ele disse às pessoas que usassem shorts e camisas havaianas, se preferissem. Foi adquirida uma guitarra elétrica. Os sermões de Warren, desde o começo, eram focados em temas práticos, com títulos como "Como lidar com a desmotivação", "Como se sentir bem consigo mesmo", "Como criar uma família saudável" e "Como sobreviver ao estresse".[27] Suas lições eram fáceis de entender, focadas em problemas reais, diários e podiam ser aplicadas assim que os paroquianos saíam da igreja.

Aquilo começou a dar certo. Warren alugou auditórios de escolas para os cultos e salas em prédios comerciais para os encontros de oração. A congregação atingiu cinquenta membros, depois cem, depois duzentos em menos de um ano. Warren estava trabalhando 18 horas por dia, sete dias por semana, atentendo telefonemas de congregados, dando aulas, indo às casas deles para prestar aconselhamento matrimonial e, em seu tempo livre, sempre procurando lugares novos para acomodar o tamanho crescente da igreja.

Um domingo no meio de dezembro, Warren levantou-se para pregar durante o culto das 11 horas. Sentiu-se fraco, tonto. Ele se agarrou no pódio e começou a falar, porém as palavras na página estavam embaçadas. Ele começou a cair, se segurou e fez um gesto para que o pastor assistente — seu único ajudante — assumisse o atril.

"Sinto muito, gente", Warren disse aos espectadores. "Vou ter que sentar."[28]

Havia anos que ele vinha sofrendo de ataques de ansiedade e ocasionais surtos de melancolia, que amigos lhe diziam parecer depressões leves. Mas nunca tinha sido tão grave antes. No dia seguinte, Warren e sua família partiram de carro para o Arizona, onde a família de sua mulher tinha uma casa. Lentamente, ele se recuperou. Havia dias em que ele dormia durante 12 horas e depois fazia uma caminhada pelo deserto, rezando, tentando entender por que aqueles ataques de pânico estavam ameaçando desmanchar tudo o que ele contruíra com tanto esforço. Ele passou quase um mês afastado da igreja. Sua melancolia tornou-se uma depressão de pleno porte, algo mais sombrio do que qualquer outra coisa que ele já tivesse vivido antes. Ele não tinha certeza de que algum dia estaria curado o bastante para voltar.

Warren, como cabe a um pastor, é um homem dado a epifanias. Elas tinham acontecido quando ele achou o artigo de revista sobre McGavran, e na biblioteca no Texas. Caminhando pelo deserto, ele foi acometido por outra.

"Você se concentre em construir pessoas", o Senhor lhe disse. "E eu vou construir a igreja."

No entanto, diferente de algumas de suas revelações anteriores, aquela não tornou o caminho claro de repente. Warren continuaria a lutar com a depressão durante meses — e depois durante períodos ao longo de toda a sua vida. Naquele dia, porém, ele tomou duas decisões: voltaria a Saddleback e descobriria um jeito de fazer com que administrar a igreja não desse tanto trabalho.

*

Quando Warren voltou a Saddleback, decidiu expandir um pequeno experimento iniciado uns poucos meses antes, que ele esperava facilitar a administração da igreja. Ele nunca tinha certeza de que teria salas de aula suficientes para acomodar todo mundo que aparecia para os estudos bíblicos, por isso pedira que alguns membros da igreja sediassem aulas dentro de suas casas. Ele receou que as pessoas talvez reclamassem de ter que ir à casa de alguém, e não a uma sala de aula de igreja decente. Porém os congregados diziam adorar aquilo. Os pequenos grupos lhes davam uma oportunidade de encontrar seus vizinhos. Por isso, ao voltar para casa após sua licença, Warren designou cada membro da Saddleback Church a um pequeno grupo que se reunia toda semana. Foi uma das decisões mais importantes que ele já tomou na vida, pois isso transformou a decisão de participar da igreja num hábito que extraía forças de pulsões e padrões sociais já existentes.

"Agora, quando as pessoas vêm à Saddleback e veem as multidões enormes nos fins de semana, elas acham que esse é nosso sucesso", Warren me disse. "Mas essa é só a ponta do iceberg; 95% desta igreja é o que acontece durante a semana dentro desses pequenos grupos.

"A congregação e os pequenos grupos são como um golpe duplo. Você tem essa grande multidão, para lhe lembrar por que você está fazendo isso afinal, e um pequeno grupo de amigos próximos para ajudar você a focar em como ser fiel. Juntos, eles funcionam como cola. Temos mais de 5 mil pequenos grupos agora. É a única coisa que faz com que uma igreja deste tamanho seja administrável. Se não fosse assim, eu ia morrer de trabalhar, e 95% da congregação jamais receberia a atenção que veio buscar aqui."

Sem se dar conta disso, Warren, em alguns aspectos, replicou a estrutura que impulsionou o boicote aos ônibus de Montgomery — embora tenha feito isso no sentido contrário. Aquele boicote começou entre pessoas que conheciam Rosa Parks e tornou-se um protesto de massa quando os laços fracos da comunidade compeliam a participação. Na Saddleback Church, a coisa funciona do jeito oposto. As pessoas são atraídas por um senso de comunidade e pelos laços fracos que uma congregação oferece. Então, uma vez que já estão dentro, são levadas para um pequeno grupo de vizinhos — uma placa de Petri, digamos, para cultivar laços íntimos —, onde sua fé se torna um aspecto de sua experiência social e de sua vida diária.

Criar pequenos grupos, no entanto, não é suficiente. Quando Warren perguntava às pessoas o que elas discutiam nas salas de estar da casa das outras, descobria que falavam sobre a Bíblia e rezavam juntas durante dez minutos, e depois passavam o resto do tempo discutindo filhos ou fofocando. O objetivo de Warren, no entanto, não era apenas ajudar as pessoas a fazer novos amigos. Era construir uma comunidade de fiéis, incentivar pessoas a aceitar as lições de Cristo e fazer da fé o foco de suas vidas. Seus pequenos grupos tinham criado laços estreitos, mas sem liderança não eram muito mais que um círculo de pessoas tomando café. Não estavam satisfazendo suas expectativas religiosas.

Warren pensou outra vez em McGavran, o autor. A filosofia de McGavran dizia que se você ensina as pessoas a viverem com hábitos cristãos, elas vão agir como cristãos sem precisar de orientação e supervisão constantes. Warren não podia liderar pessoalmente cada um dos pequenos grupos; não podia estar ali para garantir que a conversa fosse centrada em Cristo e não nos programas mais recentes de TV. Porém imaginou que, se desse novos hábitos às pessoas, não precisaria fazer isso. Quando as pessoas se reunissem, seus instintos seriam discutir a Bíblia, rezar juntas, dar corpo a sua fé.

Por isso Warren criou uma série de currículos, usados em aulas na igreja e em discussões em pequenos grupos, que eram explicitamente projetados para ensinar novos hábitos aos paroquianos.

"Se você quer ter um caráter parecido com o de Cristo, então basta desenvolver os hábitos que Cristo tinha", afirma o manual de um dos cursos de Saddleback. "Todos nós somos simplesmente um aglomerado de hábitos .(...) Nossa meta é ajudar você a substituir alguns hábitos ruins por alguns bons hábitos que vão lhe ajudar a crescer na semelhança com Cristo."[29] Pede-se que todo membro da Saddleback Church assine um "cartão de pacto de maturidade" prometendo aderir a três hábitos: ter um tempo de silêncio todo dia para refletir e rezar, pagar um dízimo de 10% de sua renda e participar de um pequeno grupo. Dar novos hábitos a todo mundo tornou-se um foco da igreja.

"Uma vez que fazemos isso, a responsabilidade pelo crescimento espiritual não está mais comigo, está com você. Nós lhe demos uma receita",

Warren me disse. "Não temos que guiar você, porque você está guiando a si mesmo. Esses hábitos se tornam uma nova identidade própria e, nesse ponto, só precisamos apoiar você e não atrapalhar seu avanço."[30]

A descoberta de Warren foi que ele podia expandir sua igreja do mesmo modo que Martin Luther King fez o boicote crescer: apoiando-se na combinação de laços fortes e fracos. Transformar sua igreja num movimento, no entanto — dimensioná-la de modo a acolher 20 mil paroquianos e milhares de outros pastores —, exigia algo mais, algo que a tornasse autoperpetuante. Warren precisava ensinar às pessoas hábitos que as levassem a viver com fé não por causa de seus laços, mas porque isso é quem elas são.

Este é o terceiro aspecto de como os hábitos sociais impelem movimentos: para que uma ideia cresça para além de uma comunidade, ela deve ser autopropulsora. E o jeito mais garantido de atingir isso é dar às pessoas novos hábitos que as ajudem a descobrir sozinhas aonde ir.

Conforme o boicote aos ônibus expandiu-se de uns poucos dias para uma semana, depois um mês e depois dois meses, o compromisso da comunidade negra de Montgomery começou a minguar.

O comissário de polícia, citando um decreto que exigia que os táxis cobrassem uma tarifa mínima, ameaçou prender os taxistas que levassem negros para o trabalho com desconto. Os líderes do boicote reagiram alistando duzentos voluntários para participar de um esquema de caronas. A polícia começou a aplicar multas e assediar pessoas nos pontos de encontro das caronas. Os motoristas começaram a desistir. "Foi ficando cada vez mais difícil pegar uma carona", King escreveu depois. "As reclamações começaram a aumentar. Desde manhã cedo até tarde da noite meu telefone tocava, e minha campainha raramente ficava em silêncio. Comecei a ter dúvidas sobre a capacidade da comunidade negra de continuar a luta."[31]

Uma noite, enquanto King estava pregando em sua igreja, um *usher*[10] chegou correndo com uma mensagem urgente. Uma bomba

---

[10] Nas igrejas protestantes, espécie de "assistente" do pastor, responsável por receber e acomodar os congregados durante o culto. (N. do T.)

explodira na casa de King enquanto a mulher e a filha pequena estavam dentro. King correu para casa e foi recebido por uma multidão de várias centenas de negros, assim como o prefeito e o chefe de polícia. Sua família não tinha se machucado, porém as janelas da frente da casa estavam estilhaçadas e havia uma cratera na sua varanda. Se alguém estivesse nos cômodos da frente quando a bomba explodiu, essa pessoa poderia ter morrido. Enquanto King avaliava os estragos, cada vez mais negros chegaram. Os policiais começaram a mandar a multidão se dispersar. Alguém empurrou um policial. Uma garrafa voou pelo ar. Um dos policiais brandiu um cacetete. O chefe de polícia, que meses antes declarara publicamente seu apoio ao Conselho dos Cidadãos Brancos, uma organização racista, puxou King de lado e pediu que ele fizesse alguma coisa — qualquer coisa — para impedir que eclodisse um tumulto.

King andou até a varanda.

"Não façam nada por pânico", ele gritou para a multidão. "Não saquem suas armas. Aquele que vive pela espada irá perecer pela espada."[32]

A multidão acalmou-se.

"Devemos amar nossos irmãos brancos, a despeito do que eles façam conosco", disse King. "Devemos fazer com que eles saibam que nós os amamos. Jesus ainda brada em palavras que ecoam através dos séculos: 'Amai vossos inimigos; abençoai os que vos amaldiçoam; orai por aqueles que vos tratam com desprezo.'"

Era a mensagem de não violência que King vinha pregando cada vez mais, havia semanas. Seu tema, baseado nas palavras de sermões de Gandhi e de Jesus, era em vários aspectos um argumento que os fiéis não tinham ouvido naquele contexto antes, uma invocação ao ativismo pacífico, ao amor triunfante e ao perdão de seus agressores, e uma promessa de que aquilo traria a vitória. Durante anos, o movimento pelos direitos civis vinha se mantendo vivo, apoiando-se em termos que remetiam a batalhas e conflitos. Havia contendas e reveses, vitórias e derrotas que exigiam que todos renovassem seu compromisso com a luta.

King deu às pessoas uma nova lente. Aquilo não era uma guerra, ele disse. Aquilo era um abraço.

E o que foi igualmente importante, King lançou uma luz nova e diferente sobre o boicote. A questão não era apenas a igualdade nos ônibus, disse King; aquilo era parte do plano de Deus, o mesmo destino que tinha dado fim ao colonialismo britânico na Índia e à escravidão nos Estados Unidos, e que levara Cristo a morrer na cruz para expurgar nossos pecados. Era o mais novo estágio num movimento que tivera início séculos antes. E como tal, exigia novas reações, estratégias e comportamentos diferentes. E era preciso que os participantes dessem a outra face. As pessoas podiam demonstrar sua lealdade adotando os novos hábitos sobre os quais King estava evangelizando.

"Precisamos retribuir o ódio com amor", King disse à multidão na noite do atentado. "Se eu for detido, nosso trabalho não vai se deter. Pois o que estamos fazendo é certo. O que estamos fazendo é justo. E Deus está conosco."

Quando King terminou de falar, a multidão andou de volta em silêncio para casa.

"Se não fosse aquele pastor preto", disse um policial branco depois, "estaríamos todos mortos".

Na semana seguinte, mais de vinte novos motoristas se inscreveram no esquema de caronas. Os telefonemas para a casa de King diminuíram. As pessoas começaram a se organizar sozinhas, assumindo a liderança do boicote, tocando o movimento. Quando mais bombas explodiram nos gramados de outros organizadores do boicote, o mesmo padrão se repetiu. Os negros de Montgomery apareciam em massa, testemunhavam sem violência nem confronto e depois voltavam para casa.

Não era apenas em resposta à violência que essa unidade autodirigida se tornava visível. As igrejas começaram a sediar assembleias toda semana — às vezes toda noite. "Elas eram mais ou menos como o discurso do dr. King depois do atentado com a bomba — pegavam ensinamentos cristãos e os tornavam políticos", Taylor Branch me disse. "Um movimento é uma saga. Para que ele funcione, a identidade de todo mundo tem que mudar. As pessoas de Montgomery tinham que aprender um novo jeito de agir."

Em boa parte como os Alcoólicos Anônimos — que tira sua força de reuniões de grupos em que os viciados aprendem novos hábitos e começam a acreditar observando os outros demonstrarem sua fé —, também os cidadãos de Montgomery aprenderam, nessas assembleias, novos comportamentos que se expandiram no movimento. "As pessoas iam para ver como as outras estavam lidando com aquilo", disse Branch. "Você começa a se ver como parte de uma vasta empreitada social e, depois de um tempo, você realmente acredita que é."

Quando a polícia de Montgomery recorreu a prisões em massa para deter o boicote três meses após ele ter começado, a comunidade aceitou a opressão. Quando noventa pessoas foram indiciadas por um tribunal superior, quase todas correram até o fórum e se apresentaram para ser presas. Algumas pessoas iam à delegacia para ver se seus nomes estavam na lista e ficavam "decepcionadas quando não estavam", King escreveu depois. "Um povo antigamente dominado pelo medo tinha sido transformado."

Nos anos seguintes, conforme o movimento se espalhou e houve ondas de assassinatos e ataques, prisões e espancamentos, os protestantes — em vez de revidar o golpe, recuar ou usar táticas que nos anos antes de Montgomery tinham sido o esteio dos ativistas — simplesmente fincavam o pé no chão e diziam aos justiceiros brancos que estavam prontos para perdoá-los quando o ódio deles tivesse acabado.

"Em vez de deter o movimento, a tática da oposição apenas servira para lhe dar mais impulso, e para aproximar todos nós", escreveu King. "Eles achavam que estavam lidando com um grupo que podia ser coagido ou forçado a fazer qualquer coisa que o homem branco quisesse. Não estavam cientes de que estavam lidando com negros que tinham sido libertados do medo."

Há, é claro, numerosos e complexos motivos para que o boicote aos ônibus de Montgomery tenha dado certo e se tornado o estopim de um movimento que se espalharia por todo o Sul dos Estados Unidos. Mas um fator essencial é esse terceiro aspecto dos hábitos sociais. Embutido na filosofia de King estava um conjunto de novos comportamentos que converteram os participantes de seguidores em líderes autogovernados. Esses não são hábitos do modo como costumamos pensar neles. No entanto, quando King reformulou a luta de Montgomery dando aos protestantes um novo senso de identidade própria, o protesto tornou-se um movimento alimentado por pessoas que estavam agindo porque tinham assumido a posse de um acontecimento histórico. E esse padrão social, ao longo do tempo, tornou-se automático e expandiu-se para outros lugares e grupos de estudantes e protestantes que King jamais conheceu, mas que podiam assumir a liderança do movimento simplesmente observando como seus participantes se comportavam habitualmente.

Em 5 de junho de 1956, um corpo de juízes determinou que a lei de segregação dos ônibus de Montgomery violava a Constituição.[33] A cidade apelou para a Suprema Corte dos Estados Unidos e em 17 de dezembro, mais de um ano após a prisão de Parks, a corte rejeitou o apelo final. Três dias depois, os oficiais da cidade receberam a ordem: os ônibus tinham que ser integrados.

Na manhã seguinte, às 5h55, King, E. D. Nixon, Ralph Abernathy e outros subiram num ônibus municipal pela primeira vez em mais de 12 meses e sentaram-se na frente.[34]

"Imagino que o senhor seja o reverendo King, não é?", perguntou o motorista branco.

"Sim, sou eu."

"Estamos muito contentes de ter o senhor esta manhã", disse o motorista.[35]

Mais tarde, Thurgood Marshall, advogado da NAACP e futuro juiz da Suprema Corte, alegaria que o boicote tivera pouco a ver com o fim da segregação nos ônibus de Montgomery. Tinha sido a Suprema Corte, não a capitulação de algum dos lados, que mudara a lei.

"Toda essa gente andando a pé a troco de nada", disse Marshall. "Eles podiam muito bem ter esperado enquanto o caso dos ônibus passava pelos tribunais, sem todo o esforço e transtorno do boicote."[36]

Marshall, no entanto, estava errado em um aspecto importante. O boicote aos ônibus de Montgomery ajudou a gerar um novo conjunto de hábitos sociais que se espalharam rapidamente para Greensboro, na Carolina do Norte; Selma, no Alabama; e Little Rock, no Arkansas. O movimento pelos direitos civis tornou-se uma onda de ocupações e protestos pacíficos, mesmo quando os participantes eram agredidos violentamente. No começo da década de 1960, ele alcançara a Flórida, a Califórnia, Washington D.C. e os salões do Congresso. Quando o presidente Lyndon Johnson assinou a Lei dos Direitos Civis de 1964 — que tornava ilegais todas as formas de segregação, assim como a discriminação contra minorias e mulheres —, ele equiparou os ativistas pelos direitos civis aos fundadores da nação, uma comparação que, uma década antes, teria sido um suicídio político. "Esta semana faz 188 anos que um pequeno bando de homens valentes deu início a uma longa luta pela liberdade", ele disse às câmeras de TV. "Agora, nossa geração de americanos foi conclamada a continuar a busca interminável por justiça dentro de nossas próprias fronteiras."

Os movimentos não surgem porque todo mundo de repente decide olhar na mesma direção ao mesmo tempo. Eles dependem de padrões sociais que começam com os hábitos de amizade, crescem através dos hábitos comunitários e são sustentados por novos hábitos que mudam a noção de identidade dos participantes.

King viu o poder desses hábitos já no caso de Montgomery. "Não posso encerrar sem dizer apenas uma palavra de cautela", ele disse a uma igreja abarrotada na noite em que anunciou o fim do boicote. Ainda havia quase uma década de protestos pela frente, mas ele tinha o desfecho em vista. "Quando voltarmos para os ônibus, tenhamos amor o bastante para transformar um inimigo num amigo. Agora devemos avançar do protesto para a reconciliação. (...) Com essa dedicação, conseguiremos sair da meia-noite sombria e desolada da desumanidade dos homens para com seus semelhantes rumo à alvorada clara e reluzente da liberdade e da justiça."

9

A NEUROLOGIA DO LIVRE-ARBÍTRIO

Somos responsáveis pelos nossos hábitos?

I.

Na manhã em que os problemas começaram — anos antes de ela sequer se dar conta de que tinha problemas — Angie Bachmann estava sentada em casa, olhando para a televisão, tão entediada que pensava seriamente em reorganizar a gaveta de talheres.[1]

Sua filha mais nova entrara no jardim de infância umas poucas semanas antes, e suas duas filhas mais velhas estavam no ensino médio, com a vida repleta de amigos, atividades e fofocas que a mãe não tinha como entender. Seu marido, um agrimensor, muitas vezes saía para trabalhar às oito e não voltava antes das seis. A casa estava vazia a não ser por Bachmann. Era a primeira vez em quase duas décadas — desde que ela se casara aos 19 anos e engravidara aos 20, e seus dias foram tomados pela necessidade de preparar almoço para as meninas levarem à escola, brincar com elas de princesa e operar um serviço de transporte familiar — que ela se sentia genuinamente sozinha. No colegial, seus amigos diziam que devia virar modelo — ela era tão bonita assim —, mas quando ela largou os estudos e casou-se com um guitarrista que acabou arranjando um emprego de verdade, contentou-se em apenas ser mãe. Agora eram dez e meia, suas três filhas estavam fora, e Bachmann recorrera — de novo — ao recurso de colar um papel em cima do relógio da cozinha para se impedir de olhar para ele a cada três minutos.

Ela não tinha ideia do que fazer depois disso.

Naquele dia, fez um pacto consigo mesma: se conseguisse aguentar até meio-dia sem enlouquecer nem comer o bolo que estava na geladeira, ela sairia de casa e faria algo divertido. Passou os noventa minutos seguintes tentando decidir exatamente o que isso seria. Quando o relógio marcou 12 em ponto, ela passou maquiagem, pôs um vestido bonito, pegou o carro e foi até um cassino flutuante a cerca de vinte minutos de sua casa. Mesmo ao meio-dia, numa quinta-feira, o cassino estava cheio de pessoas fazendo coisas que não eram assistir novela e dobrar a roupa limpa. Havia uma banda tocando perto da entrada. Uma mulher estava distribuindo drinques grátis. Bachmann comeu camarão de um bufê. Toda aquela experiência parecia uma excentricidade, como se ela estivesse cabulando aula. Ela andou até uma mesa de blackjack, onde um carteador pacientemente explicou as regras. Quando seus quarenta dólares de fichas acabaram, ela olhou para o relógio e viu que duas horas haviam passado voando, e ela precisava correr para casa para buscar sua filha mais nova. Naquela noite, no jantar, pela primeira vez em um mês, ela tinha algum assunto para conversar além de adivinhar os preços dos produtos antes dos participantes no programa *The Price is Right*.

O pai de Angie Bachmann era um caminhoneiro que refizera sua vida na meia-idade e tornara-se um compositor semifamoso. Seu irmão virara compositor também e ganhara prêmios. Bachmann, por outro lado, era muitas vezes apresentada por seus pais como "aquela que virou mãe".

"Eu sempre me senti a pessoa sem talento da família", ela me disse. "Acho que sou inteligente e sei que fui uma boa mãe. Mas não havia muita coisa que eu pudesse apontar e dizer: é por isso que eu sou especial."

Depois dessa primeira ida ao cassino flutuante, Bachmann começou a frequentá-lo uma vez por semana, nas tardes de sexta-feira. Era uma recompensa por ter suportado dias vazios, mantendo a casa limpa, mantendo sua própria sanidade. Ela sabia que jogar a dinheiro podia gerar problemas, por isso estabeleceu regras rígidas para si mesma. Não mais que uma hora na mesa de blackjack para cada ida ao cassino, e ela só apostava o que tinha na carteira. "Eu considerava aquilo uma espécie de emprego", ela me disse. "Nunca saía de casa antes do meio-dia e sempre voltava a tempo de buscar minha filha. Eu era muito disciplinada."

E ela ficou boa. No começo, mal conseguia fazer com que o dinheiro durasse uma hora. Após seis meses, no entanto, tinha aprendido tantos truques que modificou suas regras para que permitissem turnos de duas ou três horas, e ainda tinha dinheiro no bolso quando ia embora do cassino. Certa tarde, ela sentou-se à mesa de blackjack com oitenta dólares na bolsa e saiu com 530 — o bastante para comprar comida, pagar a conta de telefone e guardar um pouco para o fundo de emergências. Àquela altura, a empresa proprietária do cassino — Harrah's Entertainment — estava lhe enviando cupons para bufês grátis. Ela levava a família para jantar nas noites de sábado.

O estado onde Bachmann estava jogando, o Iowa, legalizara os jogos de apostas havia apenas alguns anos. Antes de 1989, os legisladores do estado receavam que as tentações das cartas e dados talvez fossem difíceis de resistir para alguns cidadãos. Era um receio tão antigo quanto o próprio país. O jogo de azar é "filho da avareza, irmão da iniquidade e pai da perversidade", escreveu George Washington em 1783. "Este é um vício que gera todos os males possíveis. (...) Resumindo, poucos ganham com esta prática abominável, enquanto milhares são prejudicados."[2] Proteger as pessoas de seus maus hábitos — na verdade, definir quais hábitos devem ser considerados "maus" para começo de conversa — é uma prerrogativa que os legisladores sempre tomaram avidamente para si. Prostituição, jogos de azar, venda de bebidas alcoólicas no dia de repouso, pornografia, empréstimos usurários, relações sexuais fora do casamento (ou, se seus gostos forem incomuns, dentro do casamento) são todos hábitos que diversas legislaturas já regularam, proibiram, ou tentaram desincentivar com leis rígidas (e muitas vezes ineficazes).

Quando o Iowa legalizou os cassinos, os legisladores estavam receosos a ponto de restringir a atividade aos barcos fluviais e determinar que ninguém podia arriscar mais de cinco dólares por aposta, com uma perda máxima de duzentos dólares por pessoa por visita. Dentro de uns poucos anos, no entanto, depois que alguns dos cassinos do estado mudaram-se para o Mississippi, onde não havia limites para as apostas, a assembleia legislativa do Iowa revogou essas restrições. Em 2010, os cofres do estado incharam com mais de 269 milhões de dólares de impostos sobre jogos de azar.[3]

Em 2000, os pais de Angie Bachmann, ambos fumantes de longa data, começaram a revelar indícios de doenças pulmonares. Ela passou a ir de avião ao Tennessee para visitá-los a cada duas semanas, comprando mantimentos e ajudando a preparar o jantar. Quando voltava para encontrar o marido e as filhas em casa, esses períodos agora pareciam ainda mais solitários. Às vezes, a casa ficava vazia o dia inteiro; era como se, na ausência dela, seus amigos tivessem se esquecido de convidá-la para fazer coisas e sua família tivesse aprendido a se virar sozinha.

Bachmann estava preocupada com os pais, chateada porque o marido parecia mais interessado no seu trabalho do que nas ansiedades dela e ressentida com as filhas, que não percebiam que ela precisava delas agora, depois de todos os sacrifícios que fizera quando eram pequenas. Mas sempre que ela chegava ao cassino, essas tensões evaporavam. Ela começou a ir duas vezes por semana quando não estava visitando os pais e depois toda segunda, quarta e sexta. Ela ainda tinha regras — mas agora jogava havia anos e conhecia os axiomas que regem a vida dos jogadores sérios. Nunca apostava menos de 25 dólares por mão e sempre jogava duas mãos ao mesmo tempo. "Você tem mais chances numa mesa com limite maior do que numa com limite menor", ela me disse. "Você precisa ser capaz de atravessar os trechos difíceis, até que sua sorte mude. Eu já vi pessoas entrarem com 150 dólares e ganharem 10 mil. Sabia que podia fazer isso se seguisse minhas regras. Eu estava no controle."[11] Àquela altura, ela não tinha que pensar se ia pedir outra carta ou dobrar a aposta — agia automaticamente, assim como Eugene Pauly, o amnésico, acabara aprendendo a sempre escolher o retângulo de cartolina certo.

Um dia em 2000, Bachmann saiu do cassino com 6 mil dólares — o bastante para pagar dois meses de aluguel e todas as contas de cartão de crédito que estavam se acumulando na porta de sua casa. Em outra ocasião, foi embora com 2 mil dólares. Às vezes ela perdia, mas aquilo era parte do jogo. Um jogador esperto sabia que é preciso descer para subir. Por fim, a Harrah's acabou lhe oferecendo uma linha de crédito, para que ela não precisasse carregar tanto dinheiro vivo. Outros jogadores a procuravam e sentavam à sua mesa porque ela sabia o que estava fazendo. No bufê, os funcionários a deixavam passar na frente da fila. "Eu sei jogar", ela me disse. "Sei que isso parece a fala de alguém que tem um problema e não admite, mas o único erro que eu cometia era não parar. Não havia nada de errado no jeito como eu jogava."

As regras de Bachmann tornaram-se mais flexíveis aos poucos, conforme aumentava o porte de seus ganhos e perdas. Houve um dia em que ela perdeu oitocentos dólares em uma hora, depois ganhou 1.200 em quarenta minutos. Então sua sorte mudou de novo e ela foi embora com 4 mil dólares de prejuízo. Em outra ocasião, perdeu 3.500 dólares de manhã, ganhou 5 mil antes de uma da tarde e perdeu mais 3 mil ao longo da tarde. O cassino mantinha registros do quanto ela devia e do quanto ganhara; ela própria parara de controlar isso. Então, certo mês, ela não tinha dinheiro suficiente no banco para pagar a conta

---

[11] Pode parecer irracional uma pessoa acreditar que pode vencer a banca num cassino. No entanto, como os jogadores habituais sabem, é possível vencer de forma consistente, principalmente em jogos como o blackjack. Don Johnson, de Bensalem, Pensilvânia, por exemplo, alegou ter ganhado 15,1 milhões de dólares no blackjack ao longo de um período de seis meses a partir de 2010. A banca sempre ganha na soma total, pois muitos jogadores apostam de um modo que não maximiza suas chances, e a maioria das pessoas não tem dinheiro suficiente para continuar apostando e recuperar o prejuízo. No entanto, um jogador pode vencer consistentemente ao longo do tempo se tiver memorizado as fórmulas e estatísticas complexas que orientam como cada mão deve ser jogada. A maioria dos jogadores, porém, não possui disciplina ou habilidade matemática suficiente para vencer a banca.

de eletricidade. Ela pediu um pequeno empréstimo aos pais, e depois outro. Pegou 2 mil emprestados num mês, 2.500 no mês seguinte. Não era nada de mais; eles tinham o dinheiro.

Bachmann nunca teve problemas com bebida, drogas ou comida em excesso. Era uma mãe normal, com os mesmos altos e baixos que todo mundo. Por isso a compulsão pelo jogo que ela sentia — a atração insistente que a deixava distraída ou irritadiça nos dias em que não ia ao cassino, o modo como ela se via pensando naquilo o tempo todo, a adrenalina que sentia quando estava ganhando — a pegou completamente desprevinida. Era uma sensação nova, tão inesperada que ela mal percebeu ser um problema enquanto aquilo não se apoderou completamente da sua vida. Pensando em retrospecto, parecia que não houvera uma linha divisória. Um dia era divertido, e no dia seguinte era incontrolável.

Em 2001, ela estava indo ao cassino todos os dias. Ia sempre que brigava com o marido ou sentia que suas filhas não lhe davam valor. Nas mesas, ela ficava ao mesmo tempo entorpecida e excitada, e suas ansiedades atenuavam-se de um modo que ela não podia mais ouvi-las. O êxtase de vencer era imediato. A dor de perder passava depressa.

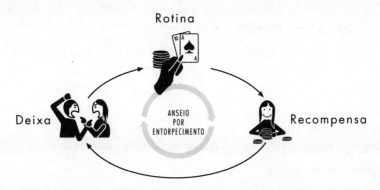

"Você quer dar uma de importante", sua mãe lhe dizia quando Bachmann ligava para pedir mais dinheiro emprestado. "Continua jogando porque quer chamar atenção."

Porém não era aquilo. "Eu só queria me sentir boa em alguma coisa", ela me disse. "Aquilo era a única coisa que eu já fizera na vida onde parecia que eu tinha uma habilidade."

No verão de 2001, a dívida de Bachmann com a Harrah's chegou a 20 mil dólares. Ela vinha mantendo as perdas em segredo do marido, mas quando sua mãe finalmente cortou os empréstimos, ela não aguentou mais e confessou. Eles contrataram um advogado especializado em falências, cortaram seus cartões de crédito e sentaram-se à mesa da cozinha para traçar um plano para uma vida mais austera e responsável. Ela levou seus vestidos para uma loja de roupas usadas e aguentou a humilhação de ver uma menina de 19 anos recusar quase todos, dizendo que estavam fora de moda.

Por fim, começou a parecer que a pior parte tinha passado. Ela pensou que a compulsão finalmente acabara.

Mas é claro que aquilo ainda não estava nem perto do fim. Anos depois, após ter perdido tudo e arruinado sua vida e a do marido, após ter jogado fora centenas de milhares de dólares e seu advogado ter alegado diante do supremo tribunal do estado que Angie Bachmann jogava não por escolha, mas por hábito, e portanto não devia ser culpabilizada por suas perdas, após ela se tornar objeto de escárnio na internet, onde as pessoas a comparavam com Jeffrey Dahmer e com pais que maltratam os filhos, ela se perguntaria: até que ponto eu sou realmente responsável?

"Sinceramente acredito que qualquer pessoa no meu lugar teria feito as mesmas coisas", Bachmann me disse.

II.

Numa manhã de julho de 2008, um homem desesperado que estava passando as férias na costa oeste do País de Gales pegou o telefone e ligou para a emergência.

"Acho que matei minha mulher", ele disse. "Ai, meu Deus. Achei que alguém tinha invadido a van. Eu estava brigando com aqueles meninos, mas era a Christine. Eu devia estar sonhando ou alguma coisa assim. O que foi que eu fiz? O que foi que eu fiz?"[4]

Dez minutos depois, os policiais chegaram e encontraram Brian Thomas chorando ao lado de sua van de acampamento. Ele explicou que, na noite anterior, ele e sua mulher estavam dormindo dentro da van quando foram acordados por garotos apostando corrida no estacionamento. Eles mudaram a van de lugar para a ponta do estacionamento e voltaram a dormir. Então, algumas horas depois, Thomas acordou e viu um homem de calça jeans e blusa de lã preta — um dos que estavam apostando corrida, ele pensou — deitado em cima de sua mulher. Ele gritou com o homem, agarrou-o pelo pescoço e tentou tirá-lo dali. Era como se estivesse reagindo automaticamente, ele disse à polícia. Quanto mais o homem lutava, mais forte Thomas apertava sua garganta. O homem arranhou o braço de Thomas e tentou revidar, porém Thomas o estrangulava cada vez mais, e por fim o homem parou de se mexer. Então, Thomas percebeu que não era um homem que ele tinha nas mãos, mas sim sua mulher. Ele soltou o corpo dela e começou a cutucar seu ombro de leve, tentando acordá-la, perguntando se ela estava bem. Era tarde demais.

"Achei que alguém tivesse invadido a van e eu a estrangulei", Thomas disse à polícia, aos prantos.[5] "Ela é o meu mundo."[6]

Ao longo dos dez meses seguintes, enquanto Thomas aguardava o julgamento na prisão, um retrato do assassino surgiu. Quando criança, Thomas começara a ter acessos de sonambulismo, às vezes vários por noite. Ele saía da cama, andava pela casa e brincava com brinquedos ou pegava alguma coisa para comer e, na manhã seguinte, não lembrava de nada do que tinha feito. Aquilo virou uma piada na família. Aparentemente, uma vez por semana, ele perambulava até o quintal ou até o quarto de outra pessoa, sempre dormindo. Era um hábito, sua mãe explicava quando os vizinhos perguntavam por que o filho dela estava cruzando o gramado deles, descalço e de pijama. Quando já era mais velho, ele acordava com cortes nos pés, sem lembrar de onde tinham vindo. Ele uma vez nadou num canal sem acordar. Quando se casou, sua mulher ficou tão preocupada com a possibilidade de ele sair de casa e entrar no meio do trânsito que passou a trancar a porta e dormir com as chaves embaixo do travesseiro. Toda noite, o casal ia para a cama e "dava um beijo e um carinho", Thomas disse depois, e então ele ia para o seu próprio quarto e dormia na sua própria cama. Não fosse assim, suas mexidas e viradas inquietas, os gritos, gemidos e ocasionais passeios mantinham Christine acordada a noite inteira.

"O sonambulismo é um lembrete de que a vigília e o sono não são mutuamente exclusivos", me disse Mark Mahowald, professor de neurologia da Universidade do Minnesota, um pioneiro na compreensão dos padrões de sono. "A parte do cérebro que monitora seu comportamento está dormindo, mas as partes capazes de atividades muito complexas estão acordadas. O problema é que não há nada guiando o cérebro além de padrões básicos, seus hábitos mais básicos. Você segue o que já existe na sua cabeça, pois não é capaz de fazer uma escolha."

Por lei, a polícia tinha que indiciar Thomas pelo assassinato. Mas todas as evidências pareciam indicar que ele e a mulher tinham um casamento feliz antes daquela noite terrível. Não havia nenhum histórico de maus-tratos. Eles tinham duas filhas adultas e recentemente haviam reservado um cruzeiro pelo Mediterrâneo para comemorar seu quadragésimo aniversário de casamento. Os procuradores pediram que um especialista em sono — o dr. Chris Idzikowski, do Edinburgh Sleep Centre — examinasse Thomas e avaliasse uma teoria: que ele estava inconsciente quando matou a mulher. Em duas sessões separadas, uma no laboratório de Idzikowski e outra dentro da prisão, o pesquisador instalou sensores em todo o corpo de Thomas e mediu suas ondas cerebrais, seu movimento ocular, os músculos do queixo e das pernas, seu fluxo nasal de ar, seu esforço respiratório e seus níveis de oxigênio enquanto ele dormia.

Thomas não era a primeira pessoa a alegar que cometera um crime enquanto estava dormindo e, consequentemente, não devia ser considerado responsável por seu ato. Há um longo histórico de réus afirmando que não são culpados devido ao "automatismo", como são conhecidos o sonambulismo e outros comportamentos inconscientes. E na década passada, conforme nossa compreensão da neurologia dos hábitos e do livre-arbítrio tornou-se mais sofisticada, essas defesas ficaram mais convincentes. A sociedade, como representada por nossos tribunais e júris, concordou que alguns hábitos são tão poderosos que sobrepujam nossa capacidade de fazer escolhas, e portanto não somos responsáveis pelo que fazemos.

O sonambulismo é um subproduto estranho de um aspecto normal do funcionamento do nosso cérebro durante o sono. Na maior parte do tempo, conforme o nosso corpo entra e sai das diferentes fases de repouso, nossa estrutura neurológica mais primitiva — o tronco encefálico

— paralisa os membros e o sistema nervoso, permitindo que o cérebro vivencie sonhos sem que nosso corpo se mexa. Geralmente, as pessoas podem transitar da mobilidade à paralisia e vice-versa várias vezes por noite sem nenhum problema. Dentro da neurologia, isso é conhecido como "a troca".

O cérebro de algumas pessoas, no entanto, sofre de erros de troca. Elas entram numa paralisia incompleta enquanto dormem, e seus corpos continuam ativos enquanto elas sonham ou passam de uma fase do sono à outra. Essa é a causa central do sonambulismo e, para a maioria dos que padecem desse distúrbio, é um problema incômodo porém benigno.[7] Alguém talvez sonhe que está comendo um bolo, por exemplo, e na manhã seguinte encontra uma caixa de donuts saqueada na cozinha. Alguém sonha que está indo ao banheiro e depois descobre uma poça no corredor. Os sonâmbulos podem agir de maneiras complexas — por exemplo, podem abrir os olhos, enxergar, se movimentar, dirigir um carro ou preparar uma refeição; tudo isso enquanto estão essencialmente inconscientes, pois as partes de seu cérebro associadas aos atos de enxergar, caminhar, dirigir e cozinhar podem funcionar enquanto eles estão dormindo, sem receber estímulos das partes mais avançadas do cérebro, como o córtex pré-frontal. Sabe-se de sonâmbulos que fervem água e fazem chá. Houve um que pilotou uma lancha. Outro ligou uma serra elétrica e começou a alimentá-la com pedaços de madeira antes de voltar para a cama. Mas em geral, os sonâmbulos não fazem coisas perigosas para si mesmos ou para os outros. Mesmo dormindo, há um instinto de evitar o perigo.

No entanto, ao examinar o cérebro de sonâmbulos, os cientistas encontraram uma distinção entre o *sonambulismo* — em que as pessoas podem sair da cama e começar a agir de acordo com seus sonhos ou outros impulsos leves — e algo chamado *terrores noturnos*.[8] Quando um terror noturno ocorre, a atividade dentro do cérebro da pessoa é marcadamente diferente de quando ela está acordada, semiconsciente ou mesmo sofrendo de sonambulismo. As pessoas em meio a terrores noturnos parecem ser tomadas por ansiedades terríveis, mas não estão sonhando no sentido normal da palavra. Seu cérebro fica inativo, a não ser pelas regiões neurológicas mais primitivas, o que inclui os chamados "geradores de padrões centrais". Essas áreas do cérebro são as mesmas estudadas pelo dr. Larry Squire e os cientistas do MIT, que descobriram o mecanismo neurológico do loop do hábito. Para um neurologista, na verdade, um cérebro vivenciando um terror noturno é muito parecido com um cérebro seguindo um hábito.

Os comportamentos de pessoas tomadas por terrores noturnos *são* hábitos, embora do tipo mais primitivo. Os "geradores de padrões centrais" que funcionam durante um terror noturno são o lugar do qual vêm padrões comportamentais como andar, respirar, esquivar-se de um barulho alto ou lutar contra um agressor. Geralmente não pensamos nesses comportamentos como hábitos, mas é isso que eles são: comportamentos automáticos tão arraigados na nossa neurologia que, como mostram os estudos, podem acontecer quase sem receber estímulos das regiões superiores do cérebro.

Porém esses hábitos, quando ocorrem durante terrores noturnos, são diferentes num aspecto crucial: já que o sono desativa o córtex pré--frontal e outras áreas superiores de cognição, quando um hábito de terror noturno é deflagrado, não há possibilidade de intervenção consciente. Se o hábito de lutar ou correr é ativado por um terror noturno, não há chance de alguém poder suplantá-lo com lógica ou razão.

"Pessoas com terrores noturnos não estão sonhando no sentido normal", disse Mahowald, o neurologista. "Não há enredos complexos como você e eu lembramos de um pesadelo. Se elas lembram de alguma coisa depois, é apenas uma imagem ou emoções — uma fatalidade iminente, um medo terrível, a necessidade de defender a si mesmas ou outra pessoa.

"Essas emoções são muito poderosas, no entanto. Estão entre as deixas mais básicas para todos os tipos de comportamento que aprendemos ao longo de nossas vidas. Reagir a uma ameaça fugindo ou nos defendendo é algo que todos praticamos desde que éramos bebês. E quando essas emoções acontecem e não há chance de o cérebro mais elevado situar as coisas num contexto, nós reagimos do modo como nossos hábitos mais profundos nos mandam reagir. Corremos, lutamos ou seguimos qualquer que seja o padrão comportamental onde for mais fácil o cérebro se agarrar."

Quando uma pessoa em meio a um terror noturno começa a se sentir ameaçada ou sexualmente excitada — duas das experiências de terror noturno mais comuns —, ela reage de acordo com os hábitos associados a esses estímulos. Já houve pessoas durante terrores noturnos que pularam de telhados altos porque acreditavam estar fugindo de agressores. Já houve as que mataram seus próprios bebês porque acreditavam estar lutando com animais selvagens. Já houve as que estupraram seus cônjuges, mesmo enquanto a vítima implorava que elas parassem, pois, uma vez que a pessoa dormindo ficou excitada, ela seguiu o hábito arraigado de satisfazer o impulso. O sonambulismo parece permitir alguma escolha, alguma participação de nosso cérebro mais elevado que nos manda ficar longe da beira do telhado. Alguém em meio a um terror noturno, no entanto, simplesmente segue o loop do hábito até onde quer que ele leve.

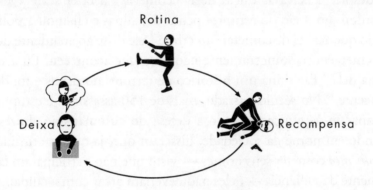

Rotina

Deixa

Recompensa

Alguns cientistas suspeitam que os terrores noturnos talvez sejam genéticos; outros dizem que doenças como o mal de Parkinson os tornam mais prováveis. Suas causas não são bem compreendidas, mas para várias pessoas os terrores noturnos envolvem impulsos violentos. "A violência relacionada aos terrores noturnos parece ser uma reação a uma imagem concreta e assustadora que o indivíduo é capaz de descrever depois", escreveu um grupo de pesquisadores suíços em 2009. Entre pessoas sofrendo de um certo tipo de distúrbio do sono, "registrou-se a ocorrência de tentativa de agressão do parceiro de cama em 64% dos casos, com ferimentos em 3%".[10]

Tanto nos Estados Unidos quanto no Reino Unido, há um histórico de assassinos alegando que terrores noturnos os levaram a cometer crimes que eles jamais teriam perpetrado conscientemente.[11][12] Quatro anos antes de Thomas ser preso, por exemplo, um homem chamado

Jules Lowe foi absolvido da acusação de assassinar seu pai de 83 anos, após alegar que o ataque ocorreu durante um terror noturno.[13] Os promotores argumentaram que era "extremamente implausível" acreditar que Lowe estava dormindo enquanto socou, chutou e pisoteou seu pai durante mais de vinte minutos, deixando-o com mais de noventa ferimentos. O júri discordou e o absolveu. Em setembro de 2008, Donna Sheppard-Saunders, de 33 anos, quase asfixiou sua mãe segurando um travesseiro contra o seu rosto durante trinta segundos. Ela depois foi absolvida da tentativa de assassinato alegando que agira enquanto estava dormindo.[14] Em 2009, um soldado britânico admitiu ter estuprado uma adolescente, mas disse que estava dormindo e inconsciente enquanto se despia, baixava as calças dela e começava a fazer sexo. Quando ele acordou, no meio do estupro, pediu desculpas e chamou a polícia. "Eu meio que acabei de cometer um crime", ele disse ao atendente do serviço de emergência. "Sinceramente não sei o que aconteceu. Eu acordei em cima dela." Ele tinha um histórico de terrores noturnos e foi declarado inocente.[15] No século passado, mais de 150 assassinos e estupradores já escaparam à punição usando a defesa do automatismo. Juízes e júris, agindo em nome da sociedade, disseram que, já que os criminosos não *escolheram* cometer seus crimes — visto que não participaram conscientemente da violência —, eles não deveriam arcar com a culpa.

Para Brian Thomas, também parecia uma situação em que um distúrbio do sono, e não um impulso assassino, era o responsável. "Eu nunca vou me perdoar, jamais", ele disse a um dos promotores. "Por que eu fiz isso?"[16]

Depois que o dr. Idzikowski, o especialista em distúrbios do sono, observou Thomas em seu laboratório, ele apresentou suas descobertas: Thomas estava dormindo quando matou a esposa. Não tinha conscientemente cometido um crime.

Quando o julgamento começou, os promotores apresentaram suas provas ao júri. Disseram aos jurados que Thomas admitira ter assassinado sua esposa. Ele sabia que tinha um histórico de sonambulismo. O fato de ele ter deixado de tomar precauções enquanto estava de férias, afirmaram eles, o tornava responsável por seu crime.

Mas conforme as discussões avançaram, ficou claro que os promotores estavam lutando por uma causa perdida. O advogado de Thomas argumentou que seu cliente não tivera a intenção de matar sua esposa — na verdade, ele nem estava no controle de suas próprias ações naquela noite. Estava, sim, reagindo automaticamente a uma percepção de ameaça. Estava obedecendo a um hábito quase tão antigo quanto nossa espécie: o instinto de lutar contra um agressor e proteger uma pessoa amada. Uma vez que as partes mais primitivas de seu cérebro foram expostas a uma deixa — alguém estrangulando sua mulher —, seu hábito assumiu o controle e ele revidou, sem chances de sua cognição superior intervir. Thomas não era culpado de nada além de ser um humano, argumentou o advogado, e de reagir do modo como sua neurologia — e seus hábitos mais primitivos — o obrigava a se comportar.

Mesmo as próprias testemunhas da promotoria pareciam sustentar a defesa. Embora Thomas soubesse que podia sofrer de sonambulismo, afirmaram os psicólogos da própria promotoria, não havia nada que lhe sugerisse, portanto, ser previsível que ele talvez matasse alguém. Ele nunca atacara ninguém durante o sono. Nunca tinha machucado sua esposa antes.

Quando o chefe dos psiquiatras da promotoria depôs, o advogado de Thomas deu início a seu interrogatório.

Parecia justo que Thomas fosse condenado por um ato que não tinha como saber que ia acontecer?

A dra. Caroline Jacob disse que, na sua opinião, Thomas não podia ter previsto razoavelmente seu crime. E se fosse considerado culpado e sentenciado ao Broadmoor Hospital, onde residiam alguns dos criminosos mais perigosos e perturbados da Inglaterra, bem, "o lugar dele simplesmente não é ali".

Na manhã seguinte, o chefe da promotoria dirigiu-se ao júri.

"No momento do assassinato, o réu estava dormindo e sua mente não tinha controle do que seu corpo estava fazendo", ele disse.[17] "Chegamos à conclusão de que não mais seria benéfico ao interesse público continuar pleiteando por um veredito especial dos senhores. Portanto, não oferecemos mais nenhuma evidência e os convidamos a pronunciar um veredito de inocente."[18] E foi o que o júri fez.

Antes de Thomas ser posto em liberdade, o juiz lhe disse: "Você é um homem decente e um marido devoto. Suspeito fortemente que você possa estar vivenciando uma sensação de culpa. Aos olhos da lei, você não carrega nenhuma responsabilidade.[19] Está dispensado."

Parece um resultado justo. Afinal, Thomas obviamente ficou devastado com seu crime. Não tinha ideia do que estava fazendo quando agiu — simplesmente seguia um hábito, e sua capacidade de tomar decisões se encontrava efetivamente incapacitada. Thomas é o assassino mais digno de compaixão que se pode conceber, alguém tão perto de ser ele próprio uma vítima que, quando o julgamento terminou, o juiz tentou consolá-lo.

No entanto, muitas dessas mesmas desculpas podem ser aplicadas ao caso de Angie Bachmann, a viciada em jogo. Ela também ficava devastada com as coisas que fazia. Ela diria depois que carrega uma sensação profunda de culpa. E, como ficou provado, também estava seguindo hábitos profundamente arraigados, que tornavam cada vez mais difícil a intervenção de uma decisão consciente.

Porém aos olhos da lei, Bachmann é responsável por seus hábitos, e Thomas não é. É certo dizer que Bachmann, uma viciada em jogo, é mais culpada do que Thomas, um assassino? O que isso nos diz sobre a ética do hábito e da escolha?

III.

Três anos depois de Angie Bachmann declarar falência, seu pai faleceu. Ela passara os cinco anos anteriores viajando de avião entre sua casa e a dos pais, cuidando deles enquanto ficavam cada vez mais doentes. A morte dele foi um golpe. Então, dois meses depois, a mãe de Angie morreu.

"Meu mundo inteiro se desintegrou", ela disse. "Eu acordava toda manhã e por um segundo esquecia que eles tinham falecido; então me assaltava o fato de que eles estavam mortos e eu sentia como se alguém estivesse pisando em cima do meu peito. Eu não conseguia pensar em mais nada. Não sabia o que fazer quando saía da cama."

Quando os testamentos deles foram lidos, Bachmann descobriu que tinha herdado quase um milhão de dólares.

Ela usou 275 mil para comprar uma casa nova para sua família no Tennessee, perto de onde sua mãe e seu pai haviam morado, e gastou um pouco mais para fazer com que suas filhas crescidas se mudassem para perto, para que todos ficassem próximos. O jogo em cassinos era ilegal no Tennessee, e "Eu não queria cair de novo em padrões ruins", ela me disse. "Queria viver longe de qualquer coisa que me lembrasse de quando eu me sentia fora do controle." Ela mudou seus números de telefone e não deu seu novo endereço aos cassinos. Assim parecia mais seguro.

Então, certa noite, passeando de carro por sua antiga cidade natal com o marido, recolhendo os últimos móveis de sua casa anterior, Angie começou a pensar nos seus pais. Como ela conseguiria viver sem eles? Por que não tinha sido uma filha melhor? Ela começou a hiperventilar. Parecia o começo de uma crise de pânico. Fazia anos desde a última vez que jogara, mas naquele momento ela sentiu que precisava achar alguma coisa que distraísse sua mente da dor. Ela olhou para o marido. Estava desesperada. Aquilo era coisa de uma vez só.

"Vamos ao cassino", ela disse.

Quando eles entraram, um dos gerentes a reconheceu de quando ela era frequentadora habitual e os convidou para o lounge dos jogadores. Ele perguntou como ela tinha andado, e tudo saiu numa enxurrada: a morte dos pais e como aquilo tinha sido duro para ela, como estava exausta o tempo inteiro, como sentia que estava à beira de um colapso. O gerente soube escutar bem. Era uma sensação muito boa finalmente dizer tudo aquilo em que ela estava pensando e ouvir que era normal se sentir desse jeito.

Então sentou-se numa mesa de blackjack e jogou durante três horas. Pela primeira vez em meses, a ansiedade dissipou-se e virou um ruído de fundo. Ela sabia como fazer aquilo. Sua mente ficou em branco. Ela perdeu alguns milhares de dólares.

A Harrah's Entertainment — empresa proprietária do cassino — era conhecida no ramo dos jogos de apostas pela sofisticação de seus sistemas de acompanhamento de clientes. A base desse sistema eram programas de computador bastante parecidos com os que Andrew Pole criou na Target, algoritmos previsivos que estudavam os hábitos dos jogadores e tentavam descobrir formas de convencê-los a gastar mais. A companhia atribuía aos jogadores um "valor previsto de vida", e os programas geravam calendários que previam a frequência com que eles frequentariam o cassino e o quanto gastariam. A empresa rastreava os clientes através de cartões de fidelidade, cupons para refeições grátis e vales-dinheiro enviados pelo correio; atendentes de telemarketing ligavam para a casa das pessoas para perguntar por onde elas tinham andado. Os funcionários do cassino eram treinados para incentivar os visitantes a discutir suas vidas, na esperança de que eles revelassem informações que pudessem ser usadas para prever quanto dinheiro eles tinham para apostar. Um executivo da Harrah's chamava essa abordagem de "marketing pavloviano". A empresa realizava milhares de testes todo ano para aperfeiçoar seus métodos.[20] O acompanhamento de clientes elevara os lucros da empresa em bilhões de dólares, e era tão preciso que eles podiam rastrear os gastos de um jogador até cada centavo e cada minuto.[12-21]

A Harrah's, é claro, estava muito ciente de que Bachmann declarara falência uns poucos anos antes e se livrara de ter que pagar 20 mil dólares em dívidas de jogo. Mas logo após sua conversa com o gerente do cassino, ela começou a receber telefonemas com ofertas de limusines grátis que a levariam para cassinos no Mississippi. Eles se ofereceram para levá-la de avião com seu marido para Lake Tahoe, colocá-los numa suíte e lhes dar ingressos para um show dos Eagles. "Eu falei que minha filha tinha que ir, e queria levar um amigo", disse Bachmann. Não havia problema algum, respondeu a empresa. As passagens aéreas e a hospedagem de todos eram grátis. No show, ela sentou na primeira fila. A Harrah's lhe deu 10 mil para jogar, como oferta da casa.

As ofertas continuaram vindo. Toda semana outro cassino telefonava, perguntando se ela queria uma limusine, ingressos para shows, passagens de avião. Bachmann resistiu no início, mas por fim começou a dizer sim toda vez que chegava um convite. Quando uma amiga da família mencionou que queria se casar em Las Vegas, Bachmann deu um telefonema, e no fim de semana seguinte eles estavam no Palazzo. "Há pessoas que nem sequer sabem que esse hotel existe", ela me disse. "Eu telefonei e perguntei, e o atendente disse que o hotel é exclusivo demais para passar informações por telefone. O quarto era algo saído de um filme. Tinha seis camas, um mezzanino e uma banheira aquecida particular para cada quarto. Eu tinha um mordomo."

---

[12] A Harrah's — agora conhecida como Caesars Entertainment — desmente algumas das alegações de Bachmann. Seus comentários podem ser lidos nas notas.

Quando ela chegava aos cassinos, seus hábitos de jogo assumiam o controle assim que entrava. Ela muitas vezes jogava durante horas seguidas. Primeiro começava com apostas pequenas, usando só o dinheiro do cassino. Depois as quantias ficavam maiores, e ela reabastecia suas fichas com saques do caixa automático. Não lhe parecia que havia um problema. No fim, estava jogando duzentos a trezentos dólares por mão, duas mãos por vez, às vezes durante 12 horas sem parar. Certa noite, ganhou 60 mil dólares. Duas vezes ela saiu com 40 mil dólares de lucro. Uma vez foi a Las Vegas com 100 mil dólares na bolsa e voltou para casa sem nada. Aquilo não mudava realmente seu estilo de vida. Sua conta bancária ainda era tão grande que ela nunca precisava pensar em dinheiro. Afinal era para isso que seus pais haviam lhe deixado a herança: para que ela pudesse desfrutar.

Ela tentou ir mais devagar, porém os apelos dos cassinos tornaram-se mais insistentes. "Um gerente me falou que seria demitido se eu não aparecesse naquele fim de semana", ela disse. "Eles diziam: 'Nós mandamos você para esse show e lhe demos esse quarto bom, e você não tem jogado muito ultimamente.' Bom, eles de fato faziam essas coisas legais para mim."[22]

Em 2005, a avó de seu marido morreu e a família voltou à sua antiga cidade natal para comparecer ao velório. Ela foi ao cassino na noite anterior à cerimônia para limpar a mente e se preparar psicologicamente para toda a atividade do dia seguinte. No decorrer de 12 horas, ela perdeu 250 mil dólares. Naquele momento, era quase como se sua mente não registrasse a escala do prejuízo. Quando ela pensava naquilo depois — *um quarto de um milhão de dólares evaporado* —, não parecia real. Ela já mentira para si mesma a respeito de tanta coisa: de que seu casamento era feliz, enquanto ela e o marido às vezes passavam dias sem conversar de verdade; de que seus amigos eram próximos, enquanto ela sabia que eles apareciam para viagens a Las Vegas e sumiam quando a viagem terminava; de que ela era uma boa mãe, enquanto via suas filhas cometendo os mesmos erros que cometera, engravidando cedo demais; de que seus pais teriam ficado contentes de ver seu dinheiro ser jogado no lixo daquele jeito. Parecia que havia apenas duas escolhas: continuar mentindo para si mesma ou admitir que desonrara tudo o que sua mãe e seu pai tinham trabalhado tão duro para conquistar.

Um quarto de um milhão de dólares. Ela não contou para o marido. "Eu me concentrava em alguma coisa nova sempre que aquela noite surgia na minha mente", disse.

No entanto, as perdas logo ficaram grandes demais para serem ignoradas. Em algumas noites, depois que seu marido adormecia, Bachmann saía da cama, sentava-se à mesa da cozinha e fazia contas, tentando entender quanto dinheiro ela tinha perdido. À depressão que começara depois da morte de seus pais parecia estar ficando mais profunda. Ela sentia-se muito cansada o tempo todo.

E a Harrah's continuava telefonando.

"Este desespero começa quando você se dá conta do quanto perdeu, e então sente que não pode parar porque precisa recuperar o dinheiro", ela disse. "Às vezes eu começava a me sentir agitada, como se não conseguisse pensar direito, e sabia que se fingisse que ia talvez fazer outra viagem em breve, isso me acalmaria. Então eles ligavam e eu dizia que sim, pois era tão fácil ceder. Eu realmente acreditava que podia recuperar o dinheiro. Já tinha recuperado antes. Se não fosse possível vencer, o jogo não seria permitido por lei, certo?"

Em 2010, um neurocientista cognitivo chamado Reza Habib pediu que 22 pessoas deitassem dentro de uma câmara de ressonância magnética e observassem um caça-níqueis girando.[23] Metade dos participantes era de "jogadores patológicos" — pessoas que tinham mentido para a família sobre seu vício no jogo, que tinham faltado ao trabalho para jogar, ou passado cheques sem fundo para um cassino —, enquanto a outra metade era de pessoas que jogavam socialmente mas não demonstravam nenhum comportamento problemático.[24] Todos foram deitados de costas dentro de um tubo estreito e receberam a instrução de observar rodas com números 7, maçãs e barras de ouro girarem numa tela de vídeo. O caça-níqueis estava programado para gerar três resultados: uma combinação vitoriosa, uma perdedora, e uma "quase vitória", em que as figuras quase combinavam, mas, no último segundo, deixavam de se alinhar. Nenhum dos participantes ganhava nem perdia dinheiro algum. Só o que eles tinham que fazer era observar a tela enquanto o equipamento de ressonância magnética registrava sua atividade neurológica.

"Estávamos especialmente interessados em investigar os sistemas cerebrais envolvidos nos hábitos e vícios", Habib me disse. "O que descobrimos foi que, neurologicamente falando, os jogadores patológicos ficavam mais entusiasmados com a vitória. Quando os símbolos se alinhavam, mesmo que eles não chegassem a ganhar nenhum dinheiro de verdade, as áreas em seu cérebro relacionadas à emoção e recompensa eram muito mais ativas do que em jogadores não patológicos.

"Mas o realmente interessante foram as *quase vitórias*. Para os jogadores patológicos, perder por pouco era um resultado parecido com uma vitória. Seu cérebro reagia quase do mesmo jeito. Mas para um jogador não patológico, uma quase vitória parecia uma derrota. Pessoas sem problemas com jogos eram mais capazes de reconhecer que perder por pouco continua querendo dizer que você perdeu."

Os dois grupos viam exatamente o mesmo acontecimento, mas de uma perspectiva neurológica, eles o viam de jeitos diferentes. Pessoas com problemas com jogo obtinham uma dose de prazer mental com as quase vitórias — o que, segundo a hipótese de Habib, é provavelmente o motivo de elas jogarem por muito mais tempo do que as outras pessoas: porque a quase vitória deflagra esses hábitos que os instigam a fazer outra aposta. Os jogadores não compulsivos, ao ver uma quase vitória, recebiam uma dose de apreensão que deflagrava um hábito diferente, aquele que diz *Eu deveria parar antes que fique pior*.

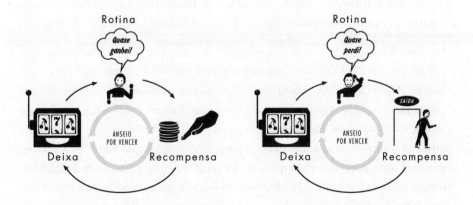

Não está claro se os cérebros dos jogadores compulsivos são diferentes porque eles nasceram assim, ou se a exposição prolongada a caça-níqueis, pôquer on-line e cassinos pode alterar o funcionamento do cérebro. O que está claro é que diferenças neurológicas reais influenciam o modo como os jogadores patológicos processam informações — o que ajuda a explicar por que Angie Bachmann perdia o controle toda vez que entrava num cassino. As empresas de jogos estão muito cientes dessa tendência, é claro, e é por isso que, nas últimas décadas, os caça-níqueis têm sido reprogramados para gerar uma quantidade mais constante de quase vitórias.[13] Os jogadores que continuam apostando depois de quase vencer são aquilo que torna os cassinos, pistas de corrida e loterias estaduais tão lucrativos. "Acrescentar uma quase vitória a uma loteria é como jogar gasolina numa fogueira", disse um consultor da loteria estadual que falou comigo sob a condição de anonimato. "Quer saber por que as vendas dispararam? Um em cada dois bilhetes de raspadinha é programado para fazer você sentir que quase ganhou."

As áreas do cérebro que Habib examinou em seu experimento — os gânglios basais e o tronco cerebral — são as mesmas regiões em que os hábitos residem (e também em que os comportamentos relacionados a terrores noturno começam). Na última década, conforme surgiram novas classes de medicamentos que afetam essa região — tais como remédios para o mal de Parkinson —, aprendemos muita coisa sobre o quanto alguns hábitos podem ser sensíveis a estímulos externos. Ações judiciais coletivas nos Estados Unidos, na Austrália e no Canadá foram movidas contra fabricantes de medicamentos, alegando que os remédios levavam os pacientes a apostar, comer, comprar e se masturbar compulsivamente, afetando os circuitos envolvidos no loop do hábito.[25] Em 2008, um júri

---

[13] No final dos anos 1990, um dos maiores fabricantes de caça-níqueis contratou um antigo executivo do ramo dos video games para ajudar a projetar novas máquinas. A inovação desse executivo foi programar as máquinas para gerar mais combinações quase vitoriosas. Agora, quase todo caça-níqueis contém diversas sofisticações — como rodadas de bônus e sons que tocam quando os símbolos quase se alinham —, assim como pequenas recompensas que fazem os jogadores sentirem que estão ganhando quando, na verdade, estão gastando mais dinheiro do que recebem de volta. "Nenhum outro jogo de aposta manipula a mente humana de forma tão bela quanto essas máquinas", um pesquisador de distúrbios compulsivos da Faculdade de Medicina da Universidade do Connecticut disse a um repórter do *New York Times* em 2004.

federal do Minnesota concedeu 8,2 milhões de dólares a um paciente num processo contra uma empresa farmacêutica, após o homem ter alegado que seu medicamento o fizera perder mais de 250 mil dólares em jogos de azar. Há centenas de casos similares pendentes.[26]

"Nesses casos, podemos seguramente dizer que os pacientes não têm controle sobre suas obsessões, pois podemos apontar uma droga que afeta sua neuroquímica", disse Habib. "Porém quando examinamos os cérebros de jogadores obsessivos, a aparência é muito semelhante — tirando o fato de que eles não podem pôr a culpa num medicamento. Eles dizem aos pesquisadores que não querem jogar, mas não conseguem resistir ao anseio. Então por que dizemos que esses jogadores estão no controle de suas ações e os pacientes de Parkinson não estão?"[27]

Em 18 de março de 2006, Angie Bachmann viajou de avião para um cassino, a convite da Harrah's. Àquela altura, sua conta bancária estava quase zerada. Quando tentou calcular o quanto tinha perdido ao longo de sua vida inteira, chegou ao valor aproximado de 900 mil dólares. Ela dissera à Harrah's que estava praticamente sem dinheiro, mas o homem ao telefone lhe disse para ir assim mesmo. Disse que eles abririam uma linha de crédito para ela.

"Era como se eu não pudesse dizer não, como se, sempre que eles balançavam a mínima tentação na minha frente, meu cérebro desligasse. Eu sei que isso parece uma desculpa, mas eles sempre prometiam que seria diferente dessa vez, e eu sabia que, por mais que lutasse contra aquilo, no fim ia acabar cedendo."

Ela levou consigo todo o dinheiro que lhe restava. Começou apostando quatrocentos dólares por mão, duas mãos por vez. Dizia a si mesma que, se conseguisse se erguer um pouquinho, apenas 100 mil dólares, ela podia parar e ter algo para dar às filhas. Seu marido jogou junto com ela por um tempo, mas à meia-noite foi dormir. Por volta das duas da manhã, o dinheiro que ela trouxera tinha acabado. Um funcionário da Harrah's lhe deu uma nota promissória para assinar. Seis vezes ela assinou para receber mais dinheiro, num total de 125 mil dólares.

Por volta das seis da manhã, ela teve uma maré de sorte e suas pilhas de fichas começaram a crescer. Um punhado de gente se reuniu em volta.

Ela fez uma conta rápida: não era o suficiente para pagar as promissórias que assinara, mas se continuasse jogando com inteligência, sairia no lucro, e depois pararia para sempre. Ela venceu cinco vezes seguidas. Só precisava ganhar mais 20 mil dólares para zerar a dívida. Então o carteador fez 21.[14] Depois fez 21 de novo. Umas poucas mãos depois, ele fez 21 uma terceira vez. Às dez da manhã, todas as fichas de Bachmann tinham acabado. Ela pediu mais crédito, mas o cassino recusou.

Bachmann saiu da mesa atordoada e andou até sua suíte. Era como se o chão estivesse tremendo. Ela caminhava com a mão na parede para ter onde se apoiar se caísse. Quando chegou ao quarto, seu marido estava esperando.

"Acabou", ela disse para ele.

"Por que você não toma um banho e vai para a cama?", ele disse. "Está tudo bem. Não é a primeira vez que você perde."

"Acabou tudo", ela disse.

"Como assim?"

"O dinheiro acabou", ela disse. "O dinheiro todo."

"Pelo menos ainda temos a casa", ele disse.

Ela não contou a ele que hipotecara a casa por uma linha de crédito alguns meses antes e perdera tudo no jogo.

IV.

Brian Thomas assassinou sua esposa. Angie Bachmann desperdiçou sua herança. Há uma diferença em como a sociedade deveria atribuir responsabilidade?

O advogado de Thomas argumentou que seu cliente não era culpado da morte da esposa porque agira inconscientemente, automaticamente, porque sua reação fora deflagrada por acreditar que um intruso a estava atacando. Ele nunca *escolheu* matar, disse seu advogado, e portanto não deveria ser considerado responsável pela morte dela. Por essa mesma lógica, Bachmann — como sabemos pela pesquisa de Reza Habib sobre o cérebro dos jogadores compulsivos — também foi movida

[14] O que, no blackjack, significa que ele venceu. (N. do T.)

por anseios poderosos. Ela talvez tenha feito uma escolha naquele primeiro dia em que se vestiu bem e decidiu passar a tarde num cassino, e quem sabe nas semanas ou meses seguintes. Porém anos depois, quando estava perdendo 250 mil dólares numa única noite, quando estava tão desesperada para enfrentar o impulso que se mudou para um estado onde o jogo era ilegal, ela não estava mais tomando decisões conscientes. "Historicamente, na neurociência, vem-se dizendo que pessoas com lesões cerebrais perdem parte de seu livre-arbítrio", disse Habib. "Mas quando um jogador patológico vê um cassino, o caso parece muito semelhante. Parece que ele está agindo sem escolha."[28]

O advogado de Thomas argumentou, de um modo que todos acreditaram, que seu cliente cometera um engano terrível e carregaria a culpa pelo resto da vida. No entanto, não está claro que Bachmann sente quase a mesma coisa? "Me sinto tão culpada, tão envergonhada pelo que fiz", ela me disse. "Sinto que decepcionei todo mundo. Sei que jamais vou conseguir compensar isso, não importa o que eu faça."

Dito isso, há uma distinção fundamental entre o caso de Thomas e o de Bachmann: Thomas assassinou uma pessoa inocente. Cometeu o que sempre foi o mais grave dos crimes. Angie Bachmann perdeu dinheiro. As únicas vítimas foram ela mesma, sua família, e uma empresa de 27 bilhões de dólares que lhe emprestou 125 mil dólares.

Thomas foi libertado pela sociedade. Bachmann foi considerada responsável por seus atos.

Dez meses depois que Bachmann perdeu tudo, a Harrah's tentou receber o dinheiro do seu banco. As notas promissórias que ela assinou voltaram, e por isso a Harrah's a processou, exigindo que Bachmann pagasse suas dívidas com um adicional de 375 mil dólares de multa — efetivamente, uma punição civil por ter cometido um crime. Ela os processou de volta, alegando que, ao estender seu crédito, as suítes grátis e a bebida, a Harrah's se aproveitara de alguém que eles sabiam que não tinha controle sobre seus hábitos. Seu caso percorreu todas as instâncias até a Suprema Corte estadual. O advogado de Bachmann — usando argumentos parecidos com os que o de Thomas usara em defesa do assassino — disse que ela não deveria ser considerada culpada porque estava reagindo automaticamente a tentações que a Harrah's pôs na frente dela. Ele argumentou que, uma vez que as ofertas começavam a vir, quando ela entrava no cassino, seus hábitos assumiam o comando e era impossível controlar seu comportamento.

Os juízes, agindo em nome da sociedade, disseram que Bachmann estava errada. "Não há nenhum dever legal comum que obrigue um operador de cassino a abster-se de tentar atrair ou contatar jogadores que ele sabe ou deveria saber que são compulsivos", escreveu a corte. O estado tinha um "programa de exclusão voluntária", no qual qualquer pessoa podia pedir que seu nome fosse incluído numa lista que exigia que os cassinos a proibissem de jogar, e "a existência do programa de exclusão voluntária sugere que o legislativo pretendia que os jogadores patológicos assumam pessoalmente a responsabilidade por evitar a compulsão pelo jogo e se proteger contra ela", escreveu o juiz Robert Rucker.

Talvez a diferença entre o resultado do caso de Thomas e o de Bachmann seja justa. Afinal, é mais fácil se compadecer de um viúvo arrasado que de uma dona de casa que jogou tudo fora.

Mas *por que* é mais fácil? Por que parece que o marido de luto é uma vítima, enquanto a jogadora falida recebeu a punição que merecia? Por que alguns hábitos parecem que deveriam ser tão fáceis de controlar, enquanto outros parecem estar fora de alcance?

E o mais importante, é correto sequer fazer uma distinção?

"Alguns pensadores", escreveu Aristóteles na *Ética a Nicômaco*, "afirmam que é por natureza que as pessoas se tornam boas, outros que é por hábito, e outros que é por instrução". Para Aristóteles, os hábitos eram soberanos. Os comportamentos que acontecem sem pensar são a evidência da nossa natureza mais verdadeira, ele disse. Portanto, "assim como um terreno precisa ser preparado de antemão, se deve nutrir a semente, também a mente do aluno tem que ser preparada em seus hábitos, a fim de gostar e desgostar das coisas certas".

Os hábitos não são tão simples quanto parecem. Como tentei demonstrar ao longo deste livro, os hábitos — mesmo depois que estão arraigados em nossas mentes — não são um destino inevitável. Podemos escolhê-los, uma vez que sabemos como fazer isso. Tudo o que sabemos sobre os hábitos, através de neurologistas estudando pacientes de amnésia e experts organizacionais reestruturando empresas, é que qualquer um deles pode ser alterado, se entendermos como funcionam.

Centenas de hábitos influenciam nossos dias — eles orientam o modo como nos vestimos de manhã, como falamos com nossos filhos e adormecemos à noite; eles afetam o que comemos no almoço, como realizamos negócios e se vamos fazer exercícios ou tomar uma cerveja depois do trabalho. Cada um deles tem uma deixa diferente e oferece uma recompensa única. Alguns são simples e outros são complexos, apoiando-se em gatilhos emocionais e oferecendo prêmios neuroquímicos sutis. Porém todo hábito, por maior que seja sua complexidade, é maleável. Os alcoólatras mais viciados podem ficar sóbrios. As empresas mais disfuncionais podem se transformar. Um menino que largou o ensino médio pode se tornar um gerente bem-sucedido.

No entanto, para modificar um hábito, você precisa *decidir* mudá-lo. Deve aceitar conscientemente a dura tarefa de identificar as deixas e recompensas que impulsionam as rotinas do hábito e encontrar alternativas. Você precisa saber que possui o controle e ser autoconsciente o bastante para usá-lo — e cada capítulo deste livro é dedicado a ilustrar um aspecto diferente de por que esse controle é real.

Por isso, embora tanto Angie Bachmann quanto Brian Thomas tenham feito variações da mesma alegação — de que eles haviam agido por hábito, de que não tinham controle sobre suas ações porque esses comportamentos aconteciam automaticamente —, parece justo que eles devam ser tratados de modo diferente. Angie Bachmann só deve ser considerada responsável e Brian Thomas libertado porque Thomas nunca soube que os padrões que o levaram a matar sequer existiam — muito menos que ele podia dominá-los. E uma vez que sabe que um hábito existe, você tem a responsabilidade de mudá-lo. E se ela tivesse tentado com um pouco mais de empenho, talvez conseguisse ter tomado as rédeas de suas compulsões. Outras pessoas já fizeram isso, mesmo diante de tentações maiores.

Isso, em alguns aspectos, é o que este livro procura mostrar. Talvez um assassino sonâmbulo possa argumentar de forma plausível que não estava ciente de seu hábito, e que portanto não é responsável por seu crime. Mas quase todos os outros padrões que existem na vida da maioria das pessoas — o modo como comemos, dormimos e falamos com nossos filhos, como gastamos sem pensar o nosso tempo, atenção e dinheiro — *são* hábitos que sabemos que existem. E uma vez que você entende que os hábitos podem mudar, você tem a liberdade — e a responsabilidade — de transformá-los. Quando você entende que os hábitos podem ser reconstruídos, o poder do hábito torna-se mais fácil de controlar, e a única opção que resta é pôr as mãos à obra.

"Toda a nossa vida", nos disse William James no prólogo, "na medida em que tem forma definida, não passa de uma massa de hábitos — práticos, emocionais e intelectuais — sistematicamente organizados para nossa felicidade ou nosso sofrimento e nos conduzindo irresistivelmente rumo a nosso destino, qualquer que seja ele".[29]

James, que morreu em 1910, vinha de uma família cheia de realizações. Seu pai era um teólogo rico e prestigiado. Seu irmão, Henry, era um escritor brilhante e bem-sucedido, cujos romances ainda são estudados hoje em dia. William, já com mais de 30 anos, era a pessoa não realizada da família. Ele foi doente quando criança. Quis tornar-se pintor, depois se inscreveu na faculdade de medicina e mais tarde partiu para juntar-se a uma expedição pelo rio Amazonas. Então abandonou isso também. Ele se torturava em seu diário por não ser bom em nada. E além disso, não tinha certeza se podia melhorar. Na faculdade de medicina, visitara um hospital para doentes mentais e vira um homem se jogando contra uma parede. Um médico explicou que o paciente sofria de alucinações. James não disse que, muitas vezes, sentia como se tivesse mais em comum com os pacientes do que com seus colegas médicos.

"Hoje cheguei mais ou menos ao fundo e percebo claramente que preciso enfrentar a escolha de olhos abertos", James escreveu em seu diário em 1870, aos 28 anos. "Devo francamente deitar fora toda a questão moral, como se fosse inadequado para minhas aptidões inatas?"

Em outras palavras, será que o suicídio é uma opção melhor?

Dois meses depois, James tomou uma decisão. Antes de cometer qualquer ato precipitado, faria um experimento de um ano. Passaria 12 meses acreditando que tinha controle sobre si mesmo e seu destino, que podia melhorar, que possuía livre-arbítrio para mudar. Não havia prova de que isso era verdade. Mas ele se libertaria para *acreditar*, apesar de todas as evidências contrárias, que a mudança era possível. "Acho que ontem foi uma crise na minha vida", ele escreveu em seu diário. No que dizia respeito a sua capacidade de mudar, "Vou assumir por enquanto — até o ano que vem — que não é uma ilusão. Meu primeiro ato de livre-arbítrio será acreditar no livre-arbítrio."

Ao longo do ano seguinte, ele praticou todo dia. Em seu diário, escrevia como se nunca houvesse dúvida de seu controle sobre si mesmo e suas escolhas. Ele se casou. Começou a lecionar em Harvard. Começou a conviver com Oliver Wendell Holmes Jr., que mais tarde se tornaria juiz da Suprema Corte, e Charles Sanders Pierce, um pioneiro no estudo da semiótica, num grupo de discussão chamado por eles de Clube Metafísico.[30] Dois anos após escrever aquele registro no diário, James mandou uma carta para o filósofo Charles Renouvier, que teorizara extensamente sobre o livre-arbítrio. "Não posso perder essa oportunidade de lhe falar da admiração e gratidão que foram inspiradas em mim pela leitura dos seus *Essais*", escreveu James. "Graças ao senhor, possuo pela primeira vez um conceito inteligível e razoável de liberdade. (...) Posso dizer que, através dessa filosofia, estou começando a vivenciar um renascimento da vida moral; e posso lhe garantir, senhor, que isso não é pouca coisa."

Mais tarde, ele escreveria a famosa afirmação de que a vontade de ter fé é o ingrediente mais importante para criar fé na mudança. E que um dos métodos mais importantes para criar essa crença eram os hábitos. Os hábitos, ele notou, são o que nos permite "fazer uma coisa com dificuldade da primeira vez, mas logo fazê-la de modo cada vez mais fácil e, por fim, com prática suficiente, fazê-la de modo semimecânico, ou com praticamente nenhuma consciência". Uma vez que escolhem quem querem ser, as pessoas crescem "na maneira como foram exercitadas, assim como uma folha de papel ou um casaco, quando vincado ou dobrado, tende a depois cair sempre nas mesmas dobras idênticas".

Se você acredita que pode mudar — se faz disso um hábito —, a mudança se torna real. Este é o verdadeiro poder do hábito: a revelação de que seus hábitos são o que você escolhe que eles sejam. Uma vez que essa escolha ocorre — e torna-se automática —, ela não apenas é real, como começa a parecer inevitável, a coisa, como escreveu James, que nos conduz "irresistivelmente rumo ao nosso destino, qualquer que seja ele".

O modo como habitualmente pensamos em nosso ambiente e em nós mesmos cria os mundos onde cada um de nós habita. "Tem dois peixes jovens nadando juntos, e eles por acaso encontram um peixe mais velho nadando no outro sentido, que acena para eles e diz: 'Bom dia, meninos. Como vai a água?'", disse o escritor David Foster Wallace a uma classe de graduandos em 2005. "E os dois peixes jovens continuam nadando um pouco; então uma hora um deles olha para o outro e diz: 'Água? O que é água?'"

A água são os hábitos, as escolhas impensadas e decisões invisíveis que nos cercam todos os dias — e que, pelo simples ato de olharmos para elas, se tornam visíveis de novo.

Ao longo de toda a sua vida, Willam James escreveu sobre os hábitos e seu papel central em gerar felicidade e sucesso. Ele acabou dedicando um capítulo inteiro de sua obra-prima *The Principles of Psychology* Os princípios da psicologia a esse assunto. A água, disse ele, é a analogia mais apropriada para como um hábito funciona. A água "escava um canal para si mesma, que vai ficando mais largo e mais profundo; e, após ter deixado de fluir, ela retoma, ao fluir novamente, o caminho antes traçado por ela própria".[31]

Você agora sabe como redirecionar esse caminho. Você agora tem o poder de nadar.

APÊNDICE

Um guia para o leitor de como usar estas ideias

A parte difícil de estudar a ciência dos hábitos é que a maioria das pessoas, quando ouvem falar nesse campo de pesquisa, querem saber a fórmula secreta para mudar rapidamente qualquer hábito. Se os cientistas descobriram como esses padrões funcionam, então é razoável pensar que eles também devem ter achado uma receita para a mudança rápida, certo?

Se ao menos fosse assim tão fácil.

Não é que fórmulas não existam. O problema é que não há uma única fórmula para mudar hábitos. Há milhares.

Os indivíduos e os hábitos são todos diferentes, e por isso as maneiras específicas de diagnosticar e mudar os padrões em nossas vidas diferem de uma pessoa para a outra e de um comportamento para o outro. Parar de fumar é diferente de deixar de comer compulsivamente, que é diferente de mudar o modo como você se comunica com seu cônjuge, que é diferente de como você prioriza as tarefas no trabalho. Além disso, os hábitos de cada pessoa são guiados por anseios diferentes.

Consequentemente, este livro não contém uma única prescrição. Em vez disso, esperei ter proporcionado algo diferente: um modelo para entender como os hábitos funcionam e um guia para experimentar com o modo como eles podem mudar. Alguns hábitos prestam-se facilmente à análise e influência. Outros são mais complexos e persistentes, e exigem estudo prolongado. E para outros, a mudança é um processo que jamais se conclui totalmente.

Mas isso não significa que ela não pode acontecer. Cada capítulo deste livro explica um aspecto diferente de por que os hábitos existem e como funcionam. O modelo descrito neste apêndice é uma tentativa de sintetizar, de um modo muito básico, as táticas que os pesquisadores descobriram para diagnosticar e moldar hábitos dentro de nossas próprias vidas. Não pretendo que esse esquema seja abrangente. Isto é apenas um guia prático, um ponto de partida. E acompanhado de lições mais profundas dos capítulos deste livro, é um manual de como tomar o próximo passo.

A mudança pode não ser rápida e nem sempre é fácil. Mas com tempo e esforço, qualquer hábito pode ser remodelado.

O MODELO:
- Identifique a rotina
- Experimente com recompensas
- Isole a deixa
- Tenha um plano

PRIMEIRO PASSO: IDENTIFIQUE A ROTINA

Os pesquisadores do MIT no capítulo 1 descobriram um loop neurológico simples no cerne de todo hábito, que consiste em três partes: uma deixa, uma rotina e uma recompensa.

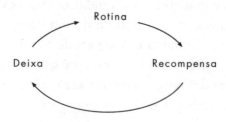

Para entender seus próprios hábitos, você precisa identificar os componentes dos seus loops. Uma vez que você diagnosticou o loop do hábito de um comportamento específico, pode procurar formas de suplantar velhos atos nocivos com novas rotinas.

Por exemplo, digamos que você tem o mau hábito, como eu tinha quando comecei a fazer a pesquisa para este livro, de ir até a cafeteria e comprar um cookie com chocolate toda tarde. Digamos que esse hábito fez com que você ganhasse alguns quilos a mais. Na verdade, digamos que esse hábito fez você ganhar exatamente 4 quilos, e que a sua mulher fez alguns comentários bem diretos. Você tentou se forçar a parar — até chegou a colar um Post-it no computador dizendo CHEGA DE COOKIES.

Mas toda tarde você dá um jeito de ignorar esse bilhete, andar até a cafeteria, comprar um cookie e, enquanto conversa com colegas perto do caixa, comer o cookie. Você se sente bem e depois se sente mal. Promete a si mesmo que, amanhã, vai se obrigar a ter força de vontade para resistir. Amanhã vai ser diferente.

Mas amanhã o hábito se instaura de novo.

Como você começa a diagnosticar e depois a mudar esse comportamento? Descobrindo qual é o loop do hábito. E o primeiro passo é identificar a rotina. Nesse exemplo dos cookies — como com a maioria dos hábitos — a rotina é o aspecto mais óbvio: é o comportamento que você quer mudar. Sua rotina é que você levanta da mesa durante a tarde, anda até a cafeteria, compra um cookie de chocolate e come enquanto conversa com amigos. Então é isso que você coloca no loop:

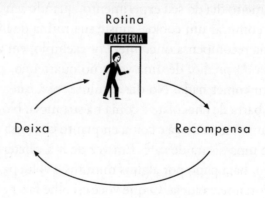

Rotina
CAFETERIA

Deixa   Recompensa

Agora, algumas perguntas menos óbvias: qual é a deixa para essa rotina? É a fome? O tédio? Pouco açúcar no sangue? É que você precisa de uma pausa antes de mergulhar em outra tarefa?

E qual é a recompensa? O cookie em si? A mudança de cenário? A distração temporária? Socializar com colegas? Ou o surto de energia que vem dessa explosão de açúcar?

Para descobrir isso, você precisará fazer um pequeno experimento.

SEGUNDO PASSO: EXPERIMENTE COM RECOMPENSAS

As recompensas são poderosas porque satisfazem anseios. Mas muitas vezes não estamos cientes dos anseios que impelem nossos comportamentos. Quando a equipe de marketing do Febreze descobriu que os consumidores desejavam um aroma de frescor no fim de um ritual de limpeza, por exemplo, eles tinham descoberto um anseio que ninguém nem sabia que existia. Estava escondido em plena vista de todos. Os anseios, na maioria, são assim: óbvios quando pensamos neles depois, mas incrivelmente difíceis de ver quando estamos sob seu domínio.

Para descobrir quais anseios estão movendo hábitos específicos, é útil experimentar com recompensas diferentes. Isso talvez leve alguns dias, ou uma semana, ou mais. Durante esse período, você não deve sentir nenhuma pressão para fazer uma mudança real — pense que você é um cientista no estágio de coleta de dados.

No primeiro dia do seu experimento, quando sentir o impulso de ir à cafeteria e comprar um cookie, ajuste sua rotina de modo que ela proporcione uma recompensa diferente. Por exemplo, em vez de andar até a cafeteria, saia do prédio, dê uma volta no quarteirão, e então volte para sua mesa sem comer nada. No dia seguinte, vá à cafeteria e compre um donut, uma barra de chocolate e coma na sua mesa. No dia seguinte, vá à cafeteria, compre uma maçã e coma enquanto conversa com seus amigos. Então, tente uma xícara de café. Em vez de ir à cafeteria, ande até a sala do seu amigo, bata papo por alguns minutos e volte para sua mesa.

Você entendeu a ideia. O que você escolhe fazer *em vez de* comprar um cookie não é importante. O objetivo é testar hipóteses diferentes para determinar qual anseio está impulsionando sua rotina. A sua vontade é do cookie em si, ou de fazer uma pausa no trabalho? Se é o cookie, é só porque você está com fome? (E nesse caso a maçã deveria servir tão bem quanto.) Ou é porque você quer a dose de energia que o cookie proporciona? (E então o café deveria bastar.) Ou você está indo à cafeteria como desculpa para socializar, e o cookie é só uma desculpa conveniente? (Se for, andar até a mesa de alguém e bater papo por alguns minutos deve satisfazer o impulso.)

Enquanto testa quatro ou cinco recompensas diferentes, você pode usar um velho truque para procurar padrões: depois de cada atividade, anote num pedaço de papel as primeiras três coisas que vierem à sua mente quando você voltar para sua mesa. Podem ser emoções, pensamentos aleatórios, reflexões sobre como você está se sentindo, ou apenas as primeiras três palavras que surgirem na sua cabeça.

Então, programe um alarme no seu relógio ou computador para 15 minutos. Quando ele tocar, pergunte a si mesmo: Você ainda sente o impulso de comer aquele cookie?

Escrever três coisas — mesmo se forem palavras sem sentido — é importante por dois motivos. Primeiro, isso força uma consciência momentânea do que você está pensando ou sentindo. Assim como Mandy, a roedora de unhas do capítulo 3, carregava uma ficha cheia de marquinhas para forçá-la a estar ciente de seus impulsos habituais, escrever três palavras obriga você a ter um momento de atenção. Além disso, estudos indicam que anotar umas poucas palavras ajuda você a lembrar depois do que estava pensando naquele momento. Ao fim do experimento, quando você reler suas anotações, será muito mais fácil lembrar o que estava pensando e sentindo naquele exato instante, pois as palavras que você escreveu vão despertar uma onda de memória.

E por que o alarme de 15 minutos? Porque a ideia desses testes é determinar qual é a recompensa pela qual você está ansiando. Se, 15 minutos depois de comer um donut, você *ainda* sentir um impulso de levantar e ir à cafeteria, então seu hábito não é motivado pelo desejo de açúcar. Se, depois de bater papo na mesa de um colega, você ainda quiser um cookie, então a necessidade de contato humano não é o que está movendo seu comportamento.

Por outro lado, se 15 minutos após conversar com um amigo você achar fácil voltar ao trabalho, então você identificou a recompensa — distração temporária e socialização — que seu hábito procurava satisfazer.

Experimentando diferentes recompensas, você pode isolar qual é *realmente* o seu anseio, algo essencial para reestruturar o hábito.

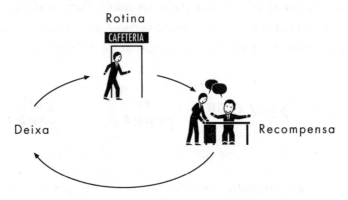

Uma vez que você descobriu a rotina e a recompensa, só falta identificar a deixa.

TERCEIRO PASSO: ISOLE A DEIXA

Há cerca de uma década, uma psicóloga da University of Western Ontario tentou responder uma pergunta que vinha deixando os cientistas sociais perplexos havia anos: por que algumas testemunhas oculares de crimes se enganam ao se lembrar do que viram, enquanto outras lembram corretamente dos acontecimentos?

As lembranças de testemunhas oculares, é claro, são importantíssimas. No entanto, estudos indicam que testemunhas oculares muitas vezes lembram equivocadamente do que observaram. Insistem que o ladrão era um homem, por exemplo, quando na verdade era uma mulher de saia; ou que o crime ocorreu quando estava escurecendo, embora os boletins da polícia digam que foi às duas da tarde. Outras testemunhas oculares, por outro lado, conseguem se lembrar de crimes que viram com uma memória quase perfeita.

Dezenas de estudos investigaram esse fenômeno, tentando descobrir por que algumas pessoas são melhores testemunhas oculares do que outras. Pesquisadores especularam que algumas pessoas simplesmente têm memórias melhores, ou que um crime que ocorre num lugar bem conhecido é mais fácil de lembrar. Mas essas teorias não se provaram verdadeiras — pessoas com memórias fortes e fracas, ou mais e menos familiaridade com a cena de um crime, estavam igualmente sujeitas a lembrar incorretamente o que aconteceu.

A psicóloga da University of Western Ontario tentou uma abordagem diferente. Imaginou que talvez os pesquisadores estivessem cometendo um engano ao focar naquilo que os interrogadores e as testemunhas tinham dito, e não em *como* eles estavam dizendo isso. Ela suspeitava haver deixas sutis que estavam influenciando o processo do interrogatório. Mas quando assistiu a fitas e mais fitas de entrevistas com testemunhas, procurando essas deixas, ela não conseguiu ver nada. Havia tanta atividade em cada entrevista — todas as expressões faciais, os jeitos diferentes como as perguntas eram feitas, as emoções flutuantes — que ela não conseguiu detectar nenhum padrão.

Então ela teve uma ideia: fez uma lista com uns poucos elementos nos quais ia se concentrar — o tom de voz dos interrogadores, as expressões faciais da testemunha, e quão perto um do outro a testemunha e o interrogador estavam sentados. Então ela retirou quaisquer informações que fossem distraí-la desses elementos. Baixou o volume da televisão para que, em vez de ouvir as palavras, só conseguisse detectar o tom de voz do interrogador. Colou uma folha de papel no rosto do interrogador, para que só pudesse ver as expressões das testemunhas. Pôs uma fita métrica na tela para medir a distância entre um e outro.

E depois que ela começou a estudar esses elementos específicos, os padrões saltaram aos seus olhos. Ela viu que testemunhas que se lembravam de fatos incorretos geralmente eram interrogadas por policiais com um tom de voz gentil, amistoso. Quando as testemunhas sorriam mais, ou sentavam mais perto da pessoa que estava fazendo as perguntas, elas tinham mais chances de se enganar ao lembrar.

Em outras palavras, quando as deixas da situação diziam "somos amigos" — um tom gentil, um rosto sorridente —, as testemunhas tinham mais chances de lembrar incorretamente do que acontecera. Talvez fosse porque, inconscientemente, essas deixas de amizade deflagrassem um hábito de agradar o interrogador.

Mas a importância desse experimento é que as mesmas fitas tinham sido assistidas por dezenas de outros pesquisadores. Várias pessoas inteligentes tinham visto os mesmos padrões, mas ninguém os reconhecera antes. Porque havia informações *demais* em cada fita para que alguém visse uma deixa sutil.

Uma vez que a psicóloga decidiu focar apenas três categorias de comportamento, no entanto, e eliminar as informações que não fossem relevantes a elas, os padrões saltaram aos olhos.

Nossas vidas são assim também. O motivo para que seja tão difícil identificar as deixas que deflagram nossos hábitos é porque há informações demais nos bombardeando enquanto nossos comportamentos se manifestam. Pergunte a você mesmo, você toma café da manhã num certo horário todo dia porque está com fome? Ou porque o relógio diz que são sete e meia? Ou porque seus filhos começaram a comer? Ou porque você está vestido, e é nesse momento que o hábito do café da manhã entra em ação?

Quando você automaticamente vira seu carro à esquerda no caminho para o trabalho, o que desencadeia seu comportamento? Uma placa de rua? Uma árvore específica? Saber que esta é, de fato, a rota certa? Todos esses fatores juntos? Quando você está levando seu filho para a escola e descobre que, por distração, começou a fazer o caminho para o trabalho — e não para a escola —, o que provocou o erro? Qual foi a deixa que fez com que o hábito "dirigir para o trabalho" entrasse em ação em vez do padrão "dirigir para a escola"?

Para identificar uma deixa em meio ao ruído, podemos usar o mesmo sistema que a psicóloga: identificar de antemão categorias de comportamentos para examiná-los e enxergar os padrões. Por sorte, a ciência nos oferece alguma ajuda nesse sentido. Experimentos mostraram que quase todas as deixas habituais se encaixam em uma entre cinco categorias:

Lugar
Hora
Estado emocional
Outras pessoas
Ação imediatamente anterior

Por isso, se está tentando descobrir a deixa para o hábito "ir à cafeteria e comprar um cookie de chocolate", você anota cinco coisas no instante em que o impulso surge (estas são minhas notas reais de quando eu estava tentando diagnosticar meu hábito):

Onde você está? (sentado na minha mesa)
Que horas são? (3h36 da tarde)
Qual é seu estado emocional? (entediado)
Quem mais está por perto? (ninguém)
Qual foi a ação anterior ao impulso? (respondi um e-mail)

No dia seguinte:

Onde você está? (voltando da copiadora)
Que horas são? (3h18 da tarde)
Qual é seu estado emocional? (feliz)
Quem mais está por perto? (o Jim, da seção de Esportes)
Qual foi a ação anterior ao impulso? (tirei uma cópia)

No terceiro dia:

Onde você está? (sala de reuniões)
Que horas são? (3h41 da tarde)
Qual é seu estado emocional? (cansado, empolgado com o projeto no qual estou trabalhando)
Quem mais está por perto? (editores que estão vindo para esta reunião)
Qual foi a ação anterior ao impulso? (sentei porque a reunião está prestes a começar)

Depois de três dias, ficou bastante claro qual era a deixa que estava deflagrando meu hábito de comer cookies — eu sentia um impulso de fazer um lanche numa certa hora do dia. Eu já tinha descoberto, no segundo passo, que não era a fome que estava movendo meu comportamento. A recompensa que eu estava buscando era uma distração temporária — do tipo que alguém obtém batendo papo com um amigo. E o hábito, eu agora sabia, era despertado entre três e quatro horas.

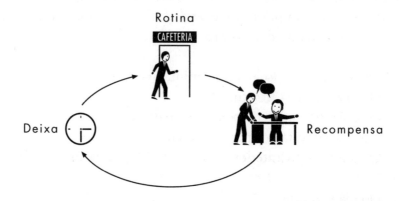

QUARTO PASSO: TENHA UM PLANO

Uma vez que descobriu qual é o loop do seu hábito — você identificou a recompensa que está movendo seu comportamento, a deixa que o deflagra e a rotina em si —, você pode começar a alterar o comportamento. Pode mudar para uma rotina melhor, planejando-se para a deixa e escolhendo um comportamento que ofereça a recompensa pela qual você está ansiando. É de um plano que você precisa.

No prólogo, aprendemos que um hábito é uma escolha que em algum momento tomamos deliberadamente, e depois paramos de pensar a respeito, porém continuamos fazendo, às vezes todo dia.

Dito de outro modo, um hábito é uma fórmula que nosso cérebro segue automaticamente: Quando eu vejo DEIXA, vou fazer ROTINA para obter RECOMPENSA.

Para reprogramar essa fórmula, precisamos começar a fazer escolhas outra vez. E o jeito mais fácil de fazer isso, de acordo com inúmeros estudos, é ter um plano. Dentro da psicologia, esses planos são conhecidos como "intenções de implementação".

Pensemos, por exemplo, no meu hábito de comer um cookie à tarde. Usando este modelo, descobri que minha deixa era por volta das três e meia. Eu sabia que minha rotina era ir à cafeteria, comprar um cookie e conversar com amigos. E fazendo experimentos, descobri que na verdade não era pelo cookie que eu ansiava — mas sim por um momento de distração e uma oportunidade de socializar.

Então eu tracei um plano:

> Às três e meia, todo dia, vou andar até a mesa
> de um amigo e conversar por dez minutos.

Para garantir que me lembraria de fazer isso, programei o alarme no meu relógio para as três e meia.

O plano não funcionou imediatamente. Havia dias em que eu estava ocupado demais e ignorava o alarme, e então caía do cavalo. Outras vezes parecia ser trabalhoso demais encontrar um amigo disposto a bater papo — era mais fácil comprar um cookie, e por isso eu cedia ao impulso. Porém, nos dias em que seguia meu plano — quando meu alarme tocava, eu me forçava a andar até a mesa de um amigo e conversar por dez minutos —, eu descobria que terminava o expediente me sentindo melhor. Eu não tinha ido à cafeteria, não tinha comido um cookie e me sentia bem. Por fim, passou a ser automático: quando o alarme tocava, eu achava um amigo e terminava o dia com uma pequena, porém real sensação de conquista. Após umas poucas semanas, eu quase nem pensava mais na rotina. E quando não achava ninguém para bater papo, ia à cafeteria, comprava um chá e o bebia com amigos.

Isso tudo aconteceu há cerca de seis meses. Já não tenho mais esse relógio — eu o perdi em algum momento. Mas todo dia, por volta das três e meia, eu distraidamente levanto da mesa, procuro na sala da redação alguém para conversar, passo dez minutos batendo papo sobre as notícias, e então volto para minha mesa. Isso acontece quase sem que eu pense a respeito. Tornou-se um hábito.

Rotina

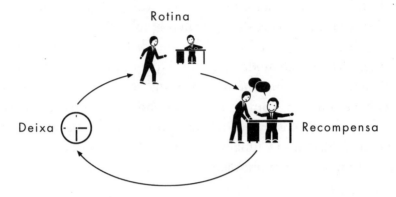

Deixa

Recompensa

Obviamente, alguns hábitos podem ser mais difíceis de mudar. Mas esse modelo é um ponto de partida. Às vezes a mudança leva um bom tempo. Às vezes exige uma série de experimentos e fracassos. Mas, uma vez que você entende como um hábito funciona — que diagnostica a deixa, a rotina e a recompensa —, você ganha poder sobre ele.

AGRADECIMENTOS

Sem fazer nada para merecer, tive a sorte de trabalhar ao longo de toda a minha vida com pessoas mais talentosas do que eu, e de poder roubar sua sabedoria e elegância e fazer passar como se fossem minhas.

É por isso que você está lendo este livro, e é por isso que tenho tantas pessoas a agradecer.

Andy Ward adquiriu *O poder do hábito* mesmo antes de começar a trabalhar como editor na Random House. Na época, não sabia que ele era um editor gentil, generoso e incrivelmente — assustadoramente — talentoso. Eu ouvira alguns amigos dizerem que ele elevara a prosa deles e segurado suas mãos com tanta elegância que eles quase tinham esquecido o toque. Mas imaginei que estivessem exagerando, já que muitos deles estavam bebendo naquela hora. Caro leitor: é tudo verdade. A humildade de Andy, sua paciência e — acima de tudo — o esforço que ele dedica a ser um bom amigo fazem todos à sua volta quererem ser pessoas melhores. Este livro é dele tanto quanto meu, e sou grato por ter tido a chance de conhecê-lo, de trabalhar e aprender com ele. Igualmente, tenho uma enorme dívida para com alguma divindade desconhecida por me colocar na Random House sob a sábia orientação de Susan Kamil, a liderança de Gina Centrello, e os conselhos e esforços de Avideh Bashirrad, Tom Perry, Sanyu Dillon, Sally Marvin, Barbara Fillon, Maria Braeckel, Erika Greber e a sempre paciente Kaela Myers.

Um golpe de sorte semelhante me permitiu trabalhar com Scott Moyers, Andrew Wylie e James Pullen da Wylie Agency. A assessoria e a amizade de Scott — como muitos escritores sabem — é tão inestimável quanto generosa. Scott mudou-se de volta para o mundo editorial, e leitores de toda parte deveriam se considerar sortudos. Andrew Wylie é sempre obstinado e astuto em fazer do mundo um lugar mais seguro (e mais confortável) para seus escritores, e sou imensamente grato. E James Pullen me ajudou a entender como escrever em línguas que eu nem sabia que existiam.

Além disso, tenho uma dívida enorme para com o *New York Times*. Meu muito obrigado para Larry Ingrassia, o editor de negócios do *Times*, cuja amizade, conselhos e compreensão permitiram que eu escrevesse este livro e exercesse o jornalismo entre tantos outros repórteres talentosos numa atmosfera onde nosso trabalho — e a missão do *Times* — é constantemente elevado pelo seu exemplo. Vicki Ingrassia também foi um excelente apoio. Como qualquer escritor que conheceu Adam Bryant sabe, ele é um ótimo advogado e amigo, com mãos abençoadas. E é um privilégio trabalhar para Bill Keller, Jill Abramson, Dean Baquet e Glenn Kramon, e seguir seus exemplos de como os jornalistas deveriam se portar no mundo.

Mais alguns obrigados: sou grato a meus colegas do *Times*, Dean Murphy, Winnie O'Kelly, Jenny Anderson, Rick Berke, Andrew Ross Sorkin, David Leonhardt, Walt Bogdanich, David Gillen, Eduardo Porter, Jodi Kantor, Vera Titunik, Amy O'Leary, Peter Lattman, David Segal, Christine Haughney, Jenny Schussler, Joe Nocera e Jim Schacter (ambos leram capítulos para mim), Jeff Cane, Michael Barbaro e outros que foram tão generosos com sua amizade e suas ideias.

Do mesmo modo, sou grato a Alex Blumberg, Adam Davidson, Paula Szuchman, Nivi Nord, Alex Berenson, Nazanin Rafsanjani, Brendan Koerner, Nicholas Thompson, Kate Kelly, Sarah Ellison, Kevin

Bleyer, Amanda Schaffer, Dennis Potami, James Wynn, Noah Kotch, Greg Nelson, Caitlin Pike, Jonathan Klein, Amanda Klein, Donnan Steele, Stacey Steele, Wesley Morris, Adir Waldman, Rich Frankel, Jennifer Couzin, Aaron Bendikson, Richard Rampell, Mike Bor, David Lewicki, Beth Waltemath, Ellen Martin, Russ Uman, Erin Brown, Jeff Norton, Raj De Datta, Ruben Sigala, Dan Costello, Peter Blake, Peter Goodman, Alix Spiegel, Susan Dominus, Jenny Rosenstrach, Jason Woodard, Taylor Noguera e Matthew Bird, todos que ofereceram apoio e orientação. A capa do livro e os maravilhosos gráficos internos vêm da mente do incrivelmente talentoso Anton Ioukhnovets.

Também tenho uma dívida para com as muitas pessoas que foram generosas com seu tempo ao oferecer relatos para este livro. Muitas são mencionadas nas notas, mas eu queria agradecer especialmente a Tom Andrews da SYPartners, Tony Dungy e DJ Snell, Paul O'Neill, Warren Bennis, Rick Warren, Anne Krumm, Paco Underhill, Larry Squire, Wolfram Schultz, Ann Graybiel, Todd Heatherton, J. Scott Tonigan, Taylor Branch, Bob Bowman, Travis Leach, Howard Schultz, Mark Muraven, Angela Duckworth, Jane Bruno, Reza Habib, Patrick Mulkey e Terry Noffsinger. Recebi uma imensa ajuda de pesquisadores e verificadores de fatos, incluindo Dax Proctor, Josh Friedman, Cole Louison, Alexander Provan e Neela Saldanha.

Serei eternamente grato a Bob Sipchen, que me deu meu primeiro trabalho de verdade no jornalismo, e lamento não poder compartilhar este livro com dois amigos que perdi cedo demais, Brian Ching e L. K. Case.

Por fim, minha gratidão mais profunda vai para minha família. Katy Duhigg, Jacquie Jenkusky, David Duhigg, Toni Martorelli, Daniel Duhigg, Alexandra Alter e Jake Goldstein foram amigos maravilhosos. Meus filhos, Oliver e John Harry, foram fontes de inspiração e insônia. Meus pais, John e Doris, me incentivaram a escrever desde pequeno, ainda enquanto eu estava botando fogo nas coisas e lhes dando motivos para imaginar que a correspondência futura viria em envelopes da prisão.

E, é claro, à minha mulher, Liz, cujo amor, apoio, orientação, inteligência e amizade constantes tornaram este livro possível.

— Setembro de 2011.

UMA NOTA SOBRE AS FONTES

As informações deste livro são baseadas em centenas de entrevistas e em outros milhares de artigos e estudos. Muitas destas fontes são explicitadas no próprio texto ou nas notas, junto com indicações de recursos adicionais para os leitores interessados.

Na maioria das situações, os indivíduos que forneceram as principais fontes de informações ou que publicaram pesquisas fundamentais para o livro receberam a oportunidade — depois que a pesquisa estava completa — de revisar fatos e oferecer comentários adicionais, apontar discrepâncias ou indicar problemas no modo como as informações são apresentadas. Muitos desses comentários são reproduzidos nas notas. (Nenhuma fonte teve acesso ao texto completo do livro — todos os comentários são baseados em resumos fornecidos às fontes.)

Em um número muito pequeno de casos, o caráter confidencial foi estendido a fontes que, por diversos motivos, não podiam ter seus nomes citados nos depoimentos. E num número mínimo de casos, algumas características identificáveis foram ocultadas ou levemente modificadas, em cumprimento às leis de proteção da privacidade dos pacientes ou por outros motivos.

NOTAS

PRÓLOGO

[1] O relato da história de Lisa Allen é baseado em entrevistas com Allen. Este estudo de pesquisa está em andamento e é inédito, e portanto os pesquisadores não estavam disponíveis para entrevistas. Os resultados básicos, no entanto, foram confirmados por estudos e entrevistas com cientistas que estavam trabalhando em projetos similares, incluindo A. DelParigi et al., "Successful Dieters Have Increased Neural Activity in Cortical Areas Involved in the Control of Behavior", *International Journal of Obesity* 31 (2007): 440-48; Duc Son NT Le et al., "Less Activation in the Left Dorsolateral Prefrontal Cortex in the Reanalysis of the Response to a Meal in Obese than in Lean Women and Its Association with Successful Weight Loss", *American Journal of Clinical Nutrition* 86, nº 3 (2007): 573-79; A.

DelParigi et al., "Persistence of Abnormal Neural Responses to a Meal in Postobese Individuals", *International Journal of Obesity* 28 (2004): 370-77; E. Stice et al., "Relation of Reward from Food Intake and Anticipated Food Intake to Obesity: A Functional Magnetic Resonance Imaging Study", *Journal of Abnormal Psychology* 117, nº 4 (novembro de 2008): 924-35; A. C. Janes et al., "Brain fMRI Reactivity to Smoking-Related Images Before and During Extended Smoking Abstinence", *Experimental and Clinical Psychopharmacology* 17 (dezembro de 2009): 365-73; D. McBride et al., "Effects of Expectancy and Abstinence on the Neural Response to Smoking Cues in Cigarette Smokers: An fMRI Study", *Neuropsychopharmacology* 31 (dezembro de 2006): 2728-38; R. Sinha e C. S. Li, "Imaging Stress- and Cue-Induced Drug and Alcohol Craving: Association with Relapse and Clinical Implications", *Drug and Alcohol Review* 26, nº 1 (janeiro de 2007): 25-31; E. Tricomi, B. W. Balleine e J. P. O'Doherty, "A Specific Role for Posterior Dorsolateral Striatum in Human Habit Learning", *European Journal of Neuroscience* 29, nº 11 (junho de 2009): 2225-32; D. Knoch, P. Bugger e M. Regard, "Suppressing Versus Releasing a Habit: Frequency-Dependent Effects of Prefrontal Transcranial Magnetic Stimulation", *Cerebral Cortex* 15, nº 7 (julho de 2005): 885-87.

[2] William James, *Talks to Teachers on Psychology and to Students on Some of Life's Ideals*, publicado originalmente em 1899.

[3] Bas Verplanken e Wendy Wood, "Interventions to Break and Create Consumer Habits", *Journal of Public Policy and Marketing* 25, nº 1 (2006): 90-103; David T. Neal, Wendy Wood e Jeffrey M. Quinn, "Habits — A Repeat Performance", *Current Directions in Psychological Science* 15, nº 4 (2006): 198-202.

[4] Pela minha compreensão do fascinante tema do uso militar do treinamento de hábitos, sou grato ao dr. Peter Schifferle da School of Advanced Military Studies (SAMS), ao dr. James Lussier e aos muitos comandantes e soldados que cederam generosamente seu tempo tanto no Iraque quanto na SAMS. Para saber mais sobre este assunto, ver

Scott B. Shadrick e James W. Lussier, "Assessment of the Think Like a Commander Training Program", U.S. Army Research Institute for the Behavioral and Social Sciences Research Report 1824, julho de 2004; Scott B. Shadrick et al., "Positive Transfer of Adaptive Battlefield Thinking Skills", U.S. Army Research Institute for the Behavioral and Social Sciences Research Report 1873, julho de 2007; Thomas J. Carnahan et al., "Novice Versus Expert Command Groups: Preliminary Findings and Training Implications for Future Combat Systems", U.S. Army Research Institute for the Behavioral and Social Sciences Research Report 1821, março de 2004; Carl W. Lickteig et al., "Human Performance Essential to Battle Command: Report on Four Future Combat Systems Command and Control Experiments", U.S. Army Research Institute for the Behavioral and Social Sciences Research Report 1812, novembro de 2003; e Army Field Manual 5-2 20, fevereiro de 2009.

CAPÍTULO UM

[1] Lisa Stefanacci et al., "Profound Amnesia After Damage to the Medial Temporal Lobe: A Neuroanatomical and Neuropsychological Profile of Patient E.P.", *Journal of Neuroscience* 20, nº 18 (2000): 7024-36.

[2] Sou grato às famílias Pauly e Rayes, assim como à cobertura do laboratório Squire, tal como Joshua Foer, "Remember This", *National Geographic,* novembro de 2007, 32-57; "Don't Forget", *Scientific American Frontiers,* programa de televisão, produzido pela Chedd-Angier Production Company, PBS, episódio transmitido originalmente em 11 de maio de 2004, apresentado por Alan Alda; "Solved: Two Controversial Brain Teasers", *Bioworld Today,* agosto de 1999; David E. Graham, "UCSD Scientist Unlocks Working of Human Memory", *The San Diego Union- Tribune,* 12 de agosto de 1999.

[3] Richard J. Whitley e David W. Kimberlan, "Viral Encephalitis", *Pediatrics in Review* 20, nº 6 (1999): 192-98.

[4] Alguns artigos publicados dizem que H.M. sofreu a lesão aos 9 anos; outros dizem 7.

[5] As pesquisas anteriores indicam que H.M. foi atropelado por uma bicicleta. Novos documentos, ainda inéditos, indicam que ele talvez tenha caído de uma bicicleta.

[6] Luke Dittrich, "The Brain That Changed Everything", *Esquire,* outubro de 2010.

[7] Eric Hargreaves, "H.M.", *Page O'Neuroplasticity,* http://homepages. nyu.edu/~eh597/HM.htm.

[8] Benedict Carey, "H. M., Whose Loss of Memory Made Him Unforgettable, Dies", *The New York Times,* 5 de dezembro de 2008.

[9] Esta era uma prática comum na época.

[10] Dittrich, "The Brain That Changed Everything"; Larry R. Squire, "Memory and Brain Systems: 1969-2009", *Journal of Neuroscience* 29, nº 41 (2009): 12711-26; Larry R. Squire, "The Legacy of Patient H.M. for Neuroscience", *Neuron* 61, nº 1 (2009): 6-9.

[11] Jonathan M. Reed et al., "Learning About Categories That Are Defined by Object-Like Stimuli Despite Impaired Declarative Memory", *Behavioral Neuroscience* 113 (1999): 411-19; B. J. Knowlton, J. A. Mangels e L. R. Squire, "A Neostriatal Habit Learning System in Humans", *Science* 273 (1996): 1399-1402; P. J. Bayley, J. C. Frascino e L. R. Squire, "Robust Habit Learning in the Absence of Awareness and Independent of the Medial Temporal Lobe", *Nature* 436 (2005): 550-53.

[12] B. Bendriem et al., "Quantitation of the Human Basal Ganglia with Positron Emission Tomography: A Phantom Study of the Effect of Contrast and Axial Positioning", *IEEE Transactions on Medical Imaging* 10, nº 2 (1991): 216-22.

[13] G. E. Alexander e M. D. Crutcher, "Functional Architecture of Basal Ganglia Circuits: Neural Substrates of Parallel Processing", *Trends in Neurosciences* 13 (1990): 266-71; André Parent e Lili-Naz Hazrati, "Functional Anatomy of the Basal Ganglia", *Brain Research Reviews* 20 (1995): 91-127; Roger L. Albin, Anne B. Young e John B. Penney, "The Functional Anatomy of Basal Ganglia Disorders", *Trends in Neurosciences* 12 (1989): 366-75.

[14] Alain Dagher e T. W. Robbins, "Personality, Addiction, Dopamine: Insights from Parkinson's Disease", *Neuron* 61 (2009): 502-10.

[15] Sou grato às seguintes fontes por aprofundar minha compreensão do trabalho nos laboratórios do MIT, dos gânglios basais e de seu papel nos hábitos e na memória: F. Gregory Ashby e John M. Ennis, "The Role of the Basal Ganglia in Category Learning", *Psychology of Learning and Motivation* 46 (2006): 1-36; F. G. Ashby, B. O. Turner e J. C. Horvitz, "Cortical and Basal Ganglia Contributions to Habit Learning and Automaticity", *Trends in Cognitive Sciences* 14 (2010): 208-15; C. Da Cunha e M. G. Packard, "Preface: Special Issue on the Role of the Basal Ganglia in Learning and Memory", *Behavioural Brain Research* 199 (2009): 1-2; C. Da Cunha et al., "Learning Processing in the Basal Ganglia: A Mosaic of Broken Mirrors", *Behavioural Brain Research* 199 (2009): 157-70; M. Desmurget e R. S. Turner, "Motor Sequences and the Basal Ganglia: Kinematics, Not Habits", *Journal of Neuroscience* 30 (2010): 7685-90; J. J. Ebbers e N. M. Wijnberg, "Organizational Memory: From Expectations Memory to Procedural Memory", *British Journal of Management* 20 (2009): 478-90; J. A. Grahn, J. A. Parkinson e A. M. Owen, "The Role of the Basal Ganglia in Learning and Memory: Neuropsychological Studies", *Behavioural Brain Research* 199 (2009): 53-60; Ann M. Graybiel, "The Basal Ganglia: Learning New Tricks and Loving It", *Current Opinion in Neurobiology* 15 (2005): 638-44; Ann M. Graybiel, "The Basal Ganglia and Chunking of Action Repertoires", *Neurobiology of Learning and Memory* 70, nos 1-2 (1998): 119-36; F. Gregory Ashby e V. Valentin, "Multiple Systems of Perceptual Category Learning: Theory and Cognitive Tests", in *Handbook of Categorization in Cognitive Science*, ed. Henri Cohen and Claire Lefebvre (Oxford: Elsevier Science, 2005);

S. N Haber e M. Johnson Gdowski, "The Basal Ganglia", in *The Human Nervous System*, 2ª ed., ed. George Paxinos e Jürgen K. Mai (San Diego: Academic Press, 2004), 676-738; T. D. Barnes et al., "Activity of Striatal Neurons Reflects Dynamic Encoding and Recoding of Procedural Memories", *Nature* 437 (2005): 1158-61; M. Laubach, "Who's on First? What's on Second? The Time Course of Learning in Corticostriatal Systems", *Trends in Neurosciences* 28 (2005): 509-11; E. K. Miller e T. J. Buschman, "Bootstrapping Your Brain: How Interactions Between the Frontal Cortex and Basal Ganglia May Produce Organized Actions and Lofty Thoughts", in *Neurobiology of Learning and Memory*, 2ª ed., ed. Raymond P. Kesner e Joe L. Martinez (Burlington, Vt.: Academic Press, 2007), 339-54; M. G. Packard, "Role of Basal Ganglia in Habit Learning and Memory: Rats, Monkeys, and Humans", in *Handbook of Behavioral Neuroscience*, ed. Heinz Steiner e Kuei Y. Tseng, 561-69; D. P. Salmon e N. Butters, "Neurobiology of Skill and Habit Learning", *Current Opinion in Neurobiology* 5 (1995): 184-90; D. Shohamy et al., "Role of the Basal Ganglia in Category Learning: How Do Patients with Parkinson's Disease Learn?" *Behavioral Neuroscience* 118 (2004): 676-86; M. T. Ullman, "Is Broca's Area Part of a Basal Ganglia Thalamocortical Circuit?" *Cortex* 42 (2006): 480-85; N. M. White, "Mnemonic Functions of the Basal Ganglia", *Current Opinion in Neurobiology* 7 (1997): 164-69.

[16] Ann M. Graybiel, "Overview at Habits, Rituals, and the Evaluative Brain", *Annual Review of Neuroscience* 31 (2008): 359-87; T. D. Barnes et al., "Activity of Striatal Neurons Refl ects Dynamic Encoding and Recoding of Procedural Memories", *Nature* 437 (2005): 1158-61; Ann M. Graybiel, "Network-Level Neuroplasticity in Cortico-Basal Ganglia Pathways", *Parkinsonism and Related Disorders* 10 (2004): 293-96; N. Fujii e Ann M. Graybiel, "Time-Varying Covariance of Neural Activities Recorded in Striatum and Frontal Cortex as Monkeys Perform Sequential-Saccade Tasks", *Proceedings of the National Academy of Sciences* 102 (2005): 9032-37.

[17] Os gráficos deste capítulo foram simplificados para exibir aspectos salientes. No entanto, uma descrição completa destes estudos pode ser encontrada entre os artigos e as palestras da dra. Graybiel.

[18] Ann M. Graybiel, "The Basal Ganglia and Chunking of Action Repertoires", *Neurobiology of Learning and Memory* 70 (1998): 119-36.

[19] Para mais informações, ver A. David Smith e J. Paul Bolam, "The Neural Network of the Basal Ganglia as Revealed by the Study of Synaptic Connections of Identified Neurones", *Trends in Neurosciences* 13 (1990): 259-65; John G. McHaffle et al., "Subcortical Loops Through the Basal Ganglia", *Trends in Neurosciences* 28 (2005): 401-7; Ann M. Graybiel, "Neurotransmitters and Neuromodulators in the Basal Ganglia", *Trends in Neurosciences* 13 (1990): 244-54; J. Yelnik, "Functional Anatomy of the Basal Ganglia", *Movement Disorders* 17 (2002): 15-21.

[20] Para mais informações, ver Catherine A. Thorn et al., "Differential Dynamics of Activity Changes in Dorsolateral and Dorsomedial Striatal Loops During Learning", *Neuron* 66 (2010): 781-95; Ann M. Graybiel, "The Basal Ganglia: Learning New Tricks and Loving It", *Current Opinion in Neurobiology* 15 (2005): 638-44.

[21] Para mais informações, ver Peter J. Bayley, Jennifer C. Frascino e Larry R. Squire, "Robust Habit Learning in the Absence of Awareness and Independent of the Medial Temporal Lobe", *Nature* 436 (2005): 550-53; J. M. Reed et al., "Learning About Categories That Are Defined by Object-Like Stimuli Despite Impaired Declarative Memory", *Behavioral Neuroscience* 133 (1999): 411-19; B. J. Knowlton, J. A. Mangels e L. R. Squire, "A Neostriatal Habit Learning System in Humans", *Science* 273 (1996): 1399-1402.

[22] Vale notar que o trabalho de Squire com Pauly não se restringe aos hábitos e também forneceu visões reveladoras sobre temas como a memória espacial e os efeitos do adestramento no cérebro. Para uma discussão mais completa das descobertas que o caso de Pauly possibilitou, ver a homepage de Squire em http://psychiatry.ucsd.edu/faculty/lsquire.html.

[23] Para uma discussão a esse respeito, ver Monica R. F. Hilario et al., "Endocannabinoid Signaling Is Critical for Habit Formation", *Frontiers in*

Integrative Neuroscience 1 (2007): 6; Monica R. F. Hilario e Rui M. Costa, "High on Habits", *Frontiers in Neuroscience* 2 (2008): 208-17; A. Dickinson, "Appetitive-Aversive Interactions: Superconditioning of Fear by an Appetitive CS", *Quarterly Journal of Experimental Psychology* 29 (1977): 71-83; J. Lamarre e P. C. Holland, "Transfer of Inhibition After Serial Feature Negative Discrimination Training", *Learning and Motivation* 18 (1987): 319-42; P. C. Holland, "Differential Effects of Reinforcement of an Inhibitory Feature After Serial and Simultaneous Feature Negative Discrimination Training", *Journal of Experimental Psychology: Animal Behavior Processes* 10 (1984): 461-75.

[24] Jennifer L. Harris, Marlene B. Schwartz e Kelly D. Brownell, "Evaluating Fast Food Nutrition and Marketing to Youth", Yale Rudd Center for Food Policy and Obesity, 2010; H. Qin e V. R. Prybutok, "Determinants of Customer-Perceived Service Quality in Fast-Food Restaurants and Their Relationship to Customer Satisfaction and Behavioral Intentions", *The Quality Management Journal* 15 (2008): 35; H. Qin e V. R. Prybutok, "Service Quality, Customer Satisfaction, and Behavioral Intentions in Fast-Food Restaurants", *International Journal of Quality and Service Sciences* 1 (2009): 78. Para mais informações sobre esse assunto, ver K. C. Berridge, "Brain Reward Systems for Food Incentives and Hedonics in Normal Appetite and Eating Disorders", in *Appetite and Body Weight*, ed. Tim C. Kirkham e Steven J. Cooper (Burlington, Vt.: Academic Press, 2007), 91-215; K. C. Berridge et al., "The Tempted Brain Eats: Pleasure and Desire Circuits in Obesity and Eating Disorders", *Brain Research* 1350 (2010): 43-64; J. M. Dave et al., "Relationship of Attitudes Toward Fast Food and Frequency of Fast-Food Intake in Adults", *Obesity* 17 (2009): 1164-70; S. A. French et al., "Fast Food Restaurant Use Among Adolescents: Associations with Nutrient Intake, Food Choices and Behavioral and Psychosocial Variables", *International Journal of Obesity and Related Metabolic Disorders* 25 (2001): 1823; N. Ressler, "Rewards and Punishments, Goal-Directed Behavior and Consciousness", *Neuroscience and Biobehavioral Reviews* 28 (2004): 27-39; T. J. Richards, "Fast Food, Addiction, and Market Power", *Journal of Agricultural and Resource Economics* 32 (2007): 425-47; M. M. Torregrossa, J. J. Quinn e J. R. Taylor, "Impulsivity, Compulsivity, and

Habit: The Role of Orbitofrontal Cortex Revisited", *Biological Psychiatry* 63 (2008): 253-55; L. R. Vartanian, C. P. Herman e B. Wansink, "Are We Aware of the External Factors That Influence Our Food Intake?" *Health Psychology* 27 (2008): 533-38; T. Yamamoto e T. Shimura, "Roles of Taste in Feeding and Reward", in *The Senses: A Comprehensive Reference*, ed. Allan I. Basbaum et al. (Nova York: Academic Press, 2008), 437-58; F. G. Ashby, B. O. Turner e J. C. Horvitz, "Cortical and Basal Ganglia Contributions to Habit Learning and Automaticity", *Trends in Cognitive Sciences* 14 (2010): 208-15.

[25] K. C. Berridge e T. E. Robinson, "Parsing Reward", *Trends in Neurosciences* 26 (2003): 507-13; Kelly D. Brownell e Katherine Battle Horgen, *Food Fight: The Inside Story of the Food Industry, America's Obesity Crisis, and What We Can Do About It* (Chicago: Contemporary Books, 2004); Karl Weber, ed., *Food, Inc.: How Industrial Food Is Making Us Sicker, Fatter, and Poorer — and What You Can Do About It* (Nova York: Public Affairs, 2004); Ronald D. Michman e Edward M. Mazze, *The Food Industry Wars: Marketing Triumphs and Blunders* (Westport, Conn.: Quorum Books, 1998); M. Nestle, *Food Politics: How the Food Industry Influences Nutrition and Health* (Berkeley: University of California Press, 2002); D. R. Reed e A. Knaapila, "Genetics of Taste and Smell: Poisons and Pleasures", in *Progress in Molecular Biology and Translational Science*, ed. Claude Bouchard (Nova York: Academic Press); N. Ressler, "Rewards and Punishments, Goal-Directed Behavior and Consciousness", *Neuroscience and Biobehavioral Reviews* 28 (2004): 27-39; T. Yamamoto e T. Shimura, "Roles of Taste in Feeding and Reward", in *The Senses: A Comprehensive Reference*, ed. Allan I. Basbaum et al. (Nova York: Academic Press, 2008), 437-58.

CAPÍTULO DOIS

[1] Sobre a história de Hopkins, da Pepsodent e da higiene dentária nos Estados Unidos, sou grato a Scott Swank, curador do dr. Samuel D. Harris National Museum of Dentistry; James L. Gutmann, DDS; e David A. Chemin, editor do *Journal of the History of Dentistry*. Além disso, me baseei fortemente em James Twitchell, *Twenty Ads That Shook the*

World (Nova York: Three Rivers Press, 2000); the dr. Samuel D. Harris National Museum of Dentistry; the *Journal of the History of Dentistry;* Mark E. Parry, "Crest Toothpaste: The Innovation Challenge", *Social Science Research Network,* outubro de 2008; Robert Aunger, "Tooth Brushing as Routine Behavior", *International Dental Journal* 57 (2007): 364-76; Jean-Paul Claessen et al., "Designing Interventions to Improve Tooth Brushing", *International Dental Journal* 58 (2008): 307-20; Peter Miskell, "Cavity Protection or Cosmetic Perfection: Innovation and Marketing of Toothpaste Brands in the United States and Western Europe, 1955-1985", *Business History Review* 78 (2004): 29-60; James L. Gutmann, "The Evolution of America's Scientific Advancements in Dentistry in the Past 150 Years", *The Journal of the American Dental Association* 140 (2009): 8S-15S; Domenick T. Zero et al., "The Biology, Prevention, Diagnosis and Treatment of Dental Caries: Scientific Advances in the United States", *The Journal of the American Dental Association* 140 (2009): 25S-34S; Alyssa Picard, *Making of the American Mouth: Dentists and Public Health in the Twentieth Century* (New Brunswick, N.J.: Rutgers University Press, 2009); S. Fischman, "The History of Oral Hygiene Products: How Far Have We Come in 6,000 Years?" *Periodontology 2000* 15 (1997): 7-14; Vincent Vinikas, *Soft Soap, Hard Sell: American Hygiene in the Age of Advertisement* (Ames: University of Iowa Press, 1992).

² H. A. Levenstein, *Revolution at the Table: The Transformation of the American Diet* (Nova York: Oxford University Press, 1988); Scott Swank, *Paradox of Plenty: The Social History of Eating in Modern America* (Berkeley: University of California Press, 2003).

³ Alyssa Picard, *Making of the American Mouth: Dentists and Public Health in the Twentieth Century* (New Brunswick, N.J.: Rutgers University Press, 2009).

⁴ Para mais informações sobre celebridades em anúncios de creme dental, ver Steve Craig, "The More They Listen, the More They Buy: Radio and the Modernizing of Rural America, 1930-1939", *Agricultural History* 80 (2006): 1-16.

[5] Kerry Seagrave, *America Brushes Up: The Use and Marketing of Toothpaste and Toothbrushes in the Twentieth Century* (Jefferson, N.C.: McFarland, 2010); Alys Eve Weinbaum, et al., *The Modern Girl Around the World: Consumption, Modernity, and Globalization* (Durham, N.C.: Duke University Press, 2008), 28-30.

[6] Scripps-Howard, *Market Records, from a Home Inventory Study of Buying Habits and Brand Preferences of Consumers in Sixteen Cities* (Nova York: Scripps-Howard Newspapers, 1938).

[7] C. McGaughey e E. C. Stowell, "The Adsorption of Human Salivary Proteins and Porcine Submaxillary Mucin by Hydroxyapatite", *Archives of Oral Biology* 12, nº 7 (1967): 815-28; Won-Kyu Park et al., "Influences of Animal Mucins on Lysozyme Activity in Solution and on Hydroxyapatite Surface", *Archives of Oral Biology* 51, nº 10 (2006): 861-69.

[8] William J. Gies, "Experimental Studies of the Validity of Advertised Claims for Products of Public Importance in Relation to Oral Hygiene or Dental Therapeutics", *Journal of Dental Research* 2 (setembro de 1920): 511-29.

[9] Sou grato ao acervo digital de anúncios da Duke University.

[10] Kerry Seagrave, *America Brushes Up: The Use and Marketing of Toothpaste and Toothbrushes in the Twentieth Century* (Jefferson, N.C.: McFarland, 2010); Jeffrey L. Cruikshank e Arthur W. Schultz, *The Man Who Sold America: The Amazing (but True!) Story of Albert D. Lasker and the Creation of the Advertising Century* (Cambridge, Mass.: Harvard Business Press, 2010), 268-81.

[11] Pepsodent acabou sendo superada em vendas pela Crest, que continha flúor — o primeiro ingrediente de creme dental que de fato o tornava eficaz na luta contra as cáries.

[12] Peter Miskell, "Cavity Protection or Cosmetic Perfection: Innovation and Marketing of Toothpaste Brands in the United States and

Western Europe, 1955-1985", *Business History Review* 78 (2004): 29-60.

[13] H. Aarts, T. Paulussen e H. Schaalma, "Physical Exercise Habit: On the Conceptualization and Formation of Habitual Health Behaviours", *Health Education Research* 3 (1997): 363-74.

[14] Krystina A. Finlay, David Trafimow e Aimee Villarreal, "Predicting Exercise and Health Behavioral Intentions: Attitudes, Subjective Norms, and Other Behavioral Determinants", *Journal of Applied Social Psychology* 32 (2002): 342-56.

[15] Tara Parker-Pope, "P&G Targets Textiles Tide Can't Clean", *The Wall Street Journal,* abril de 29, 1998.

[16] Peter Sander e John Slatter, *The 100 Best Stocks You Can Buy* (Avon, Mass.: Adams Business, 2009), 294.

[17] A história do Febreze vem de entrevistas e artigos, incluindo "Procter & Gamble — Jager's Gamble", *The Economist,* 28 de outubro de 1999; Christine Bittar, "P&G's Monumental Repackaging Project", *Brandweek,* março de 2000, 40-52; Jack Neff, "Does P&G Still Matter?" *Advertising Age* 71 (2000): 48-56; Roderick E. White e Ken Mark, "Procter & Gamble Canada: The Febreze Decision", Ivey School of Business, Londres, Ontario, 2001. A Procter & Gamble foi convidada a comentar os relatos contidos neste capítulo e afirmou numa declaração: "A P&G se compromete a garantir o caráter confidencial das informações compartilhadas conosco por nossos consumidores. Portanto, não podemos confirmar ou corrigir informações que você recebeu de fontes externas à P&G."

[18] Christine Bittar, "Freshbreeze at P&G", *Brandweek,* outubro de 1999.

[19] American Veterinary Medical Association, dados estatísticos de pesquisa de mercado de 2001.

[20] A. J. Lafley e Ram Charan, *The Game Changer: How You Can Drive Revenue and Profit Growth with Innovation* (Nova York: Crown Business, 2008).

[21] Uma visão geral da pesquisa de Wolfram Schultz pode ser encontrada em "Behavioral Theories and the Neurophysiology of Reward", *Annual Review of Psychology* 57 (2006): 87-115; Wolfram Schultz, Peter Dayan e P. Read Montague, "A Neural Substrate of Prediction and Reward", *Science* 275 (1997): 1593-99; Wolfram Schultz, "Predictive Reward Signal of Dopamine Neurons", *Journal of Neurophysiology* 80 (1998): 1-27; L. Tremblya e Wolfram Schultz, "Relative Reward Preference in Primate Orbitofrontal Cortex", *Nature* 398 (1999): 704-8; Wolfram Schultz, "Getting Formal with Dopamine and Reward", *Neuron* 36 (2002): 241-63; W. Schultz, P. Apicella e T. Ljungberg, "Responses of Monkey Dopamine Neurons to Reward and Conditioned Stimuli During Successive Steps of Learning a Delayed Response Task", *Journal of Neuroscience* 13 (1993): 900-913.

[22] É importante notar que Schultz não afirma que esses picos representam felicidade. Para um cientista, um pico de atividade neural é apenas um pico, e conferir-lhe atributos subjetivos vai além do domínio dos resultados comprováveis. Num e-mail de verificação de fatos, Schultz esclareceu: "Não podemos falar em prazer e felicidade, pois desconhecemos os sentimentos de um animal. (...) Tentamos evitar afirmações sem fundamento e simplesmente observar os fatos." Dito isso, como pode atestar qualquer pessoa que tenha visto um macaco ou um humano de 3 anos receber suco, o resultado parece muito indicar felicidade.

[23] Schultz, num e-mail de verificação de fatos, esclarece que sua pesquisa era focada não só em hábitos, mas também em outros comportamentos: "Nossos dados não se restringem a hábitos, que são uma forma particular de comportamento. As recompensas, e os erros de previsão de recompensa, desempenham um papel geral em todos os comportamentos. Independentemente da existência de hábitos ou não, quando não conseguimos aquilo que esperamos, sentimo-nos decepcionados. Isso nós

chamamos de erro negativo de previsão (a diferença negativa entre o que obtemos e o que esperamos)."

[24] Brian Wansink, *Mindless Eating: Why We Eat More Than We Think* (Nova York: Bantam, 2006); Sheila Sasser e David Moore, "Aroma-Driven Craving and Consumer Consumption Impulses", apresentação, sessão 2.4, American Marketing Association Summer Educator Conference, San Diego, California, 8-11 de agosto de 2008; David Fields, "In Sales, Nothing You Say Matters", Ascendant Consulting, 2005.

[25] Harold E. Doweiko, *Concepts of Chemical Dependency* (Belmont, Calif.: Brooks Cole, 2008), 362-82.

[26] K. C. Berridge e M. L. Kringelbach, "Affective Neuroscience of Pleasure: Reward in Humans and Animals", *Psychopharmacology* 199 (2008): 457-80; Wolfram Schultz, "Behavioral Theories and the Neurophysiology of Reward", *Annual Review of Psychology* 57 (2006): 87-115.

[27] T. E. Robinson e K. C. Berridge, "The Neural Basis of Drug Craving: An Incentive- Sensitization Theory of Addiction", *Brain Research Reviews* 18 (1993): 247-91.

[28] Krystina A. Finlay, David Trafimow, e Aimee Villarreal, "Predicting Exercise and Health Behavioral Intentions: Attitudes, Subjective Norms, and Other Behavioral Determinants", *Journal of Applied Social Psychology* 32 (2002): 342-56.

[29] Henk Aarts, Theo Paulussen e Herman Schaalma, "Physical Exercise Habit: On the Conceptualization and Formation of Habitual Health Behaviours", *Health Education Research* 12 (1997): 363-74.

[30] Christine Bittar, "Freshbreeze at P&G", *Brandweek*, outubro de 1999.

[31] Patente 1,619,067, concedida a Rudolph A. Kuever.

[32] J. Brug, E. de Vet, J. de Nooijer e B. Verplanken, "Predicting Fruit Consumption: Cognitions, Intention, and Habits", *Journal of Nutrition Education and Behavior* 38 (2006): 73-81.

[33] Para um inventário completo de estudos do National Weight Control Registry, ver http://www.nwcr.ws/Research/published%20research.htm.

[34] D. I. McLean e R. Gallagher, "Sunscreens: Use and Misuse", *Dermatologic Clinics* 16 (1998): 219-26.

CAPÍTULO TRÊS

[1] Sou grato pelo tempo e pelos textos de Tony Dungy e Nathan Whitacker, incluindo *Quiet Strength: The Principles, Practices, and Priorities of a Winning Life* (Carol Stream, Ill.: Tyndale House, 2008); *The Mentor Leader: Secrets to Building People and Teams That Win Consistently* (Carol Stream, Ill.: Tyndale House, 2010); *Uncommon: Finding Your Path to Significance* (Carol Stream, Ill.: Tyndale House, 2011). Também sou grato a Jene Bramel do Footballguys.com; Matthew Bowen do National Football Post e aos St. Louis Rams, Green Bay Packers, Washington Redskins e Buffalo Bills; Tim Layden da *Sports Illustrated* e seu livro *Blood, Sweat, and Chalk: The Ultimate Football Playbook: How the Great Coaches Built Today's Teams* (Nova York: Sports Illustrated, 2010); Pat Kirwan, *Take Your Eye Off the Ball: How to Watch Football by Knowing Where to Look* (Chicago: Triumph Books, 2010); Nunyo Demasio, "The Quiet Leader", *Sports Illustrated*, fevereiro de 2007; Bill Plaschke, "Color Him Orange", *Los Angeles Times*, 1º de setembro de 1996; Chris Harry, "'Pups' Get to Bark for the Bucs", *Orlando Sentinel*, 5 de setembro de 2001; Jeff Legwold, "Coaches Find Defense in Demand", *Rocky Mountain News*, 11 de novembro de 2005; e Martin Fennelly, "Quiet Man Takes Charge with Bucs", *The Tampa Tribune*, 9 de agosto de 1996.

[2] Sou grato à Fox Sports, por fornecer fitas de jogos gravados, e a Kevin Kernan, "The Bucks Stomp Here", *The San Diego Union-Tribune*, 18 de novembro 1996; Jim Trotter, "Harper Says He's Done for Season",

The San Diego Union-Tribune, 18 de novembro de 1996; Les East, "Still Worth the Wait", *The Advocate* (Baton Rouge, La.), 21 de novembro de 1996.

[3] Mitch Albom, "The Courage of Detroit", *Sports Illustrated,* 22 de setembro de 2009.

[4] Pat Yasinskas, "Behind the Scenes", *The Tampa Tribune,* 19 de novembro de 1996.

[5] Numa carta de verificação de fatos, Dungy enfatizou que estas não eram estratégias novas, mas sim abordagens que "eu aprendera no meu trabalho com os Steelers nos anos 1970 e 1980. O que era original, e que acho que se espalhou, era a ideia de como comunicar essas ideias. (...) Meu plano era não sobrecarregar os adversários com estratégias ou com uma abundância de jogadas e formações, mas sim vencer pela execução precisa. Ter muita certeza do que estávamos fazendo, e fazer isso bem. Minimizar os erros que cometeríamos. Jogar com velocidade por não estarmos focando em coisas demais".

[6] Para mais informações sobre a defesa Tampa 2, ver Rick Gosselin, "The Evolution of the Cover Two", *The Dallas Morning News,* 3 de novembro de 2005; Mohammed Alo, "Tampa 2 Defense", *The Football Times,* 4 de julho de 2006; Chris Harry, "Duck and Cover", *Orlando Sentinel,* 26 de agosto de 2005; Jason Wilde, "What to Do with Tampa-2?" *Wisconsin State Journal,* 22 de setembro de 2005; Jim Thomas, "Rams Take a Run at Tampa 2", *St. Louis Post-Dispatch,* 16 de outubro de 2005; Alan Schmadtke, "Dungy's 'D' No Secret", *Orlando Sentinel,* 6 de setembro de 2006; Jene Bramel, "Guide to NFL Defenses", *The Fifth Down* (blog), *The New York Times,* 6 de setembro de 2010.

[7] William L. White, *Slaying the Dragon* (Bloomington, Ill.: Lighthouse Training Institute, 1998).

[8] Alcoholics Anonymous World Service, *The A.A. Service Manual Combined with Twelve Concepts for World Service* (Nova York: Alcoholics

Anonymous, 2005); Alcoholics Anonymous World Service, *Alcoholics Anonymous: The Story of How Many Thousands of Men and Women Have Recovered from Alcoholism* (Nova York: Alcoholics Anonymous, 2001); AlcoholicsAnonymous World Service, *Alcoholics Anonymous Comes of Age: A Brief History of A.A.* (Nova York: Alcoholics Anonymous, 1957); Alcoholics Anonymous World Service, *As Bill Sees It* (Nova York: Alcoholics Anonymous, 1967); Bill W., *Bill W.: My First 40 Years — An Autobiography by the Cofounder of Alcoholics Anonymous* (Hazelden Center City, Minn.: Hazelden Publishing, 2000); Francis Hartigan, *Bill W.: A Biography of Alcoholics Anonymous Cofounder Bill Wilson* (Nova York: Thomas Dunne Books, 2009).

[9] Susan Cheever, *My Name Is Bill: Bill Wilson — His Life and the Creation of Alcoholics Anonymous* (Nova York: Simon and Schuster, 2004).

[10] Ibid.

[11] Ernest Kurtz, *Not-God: A History of Alcoholics Anonymous* (Hazelden Center City, Minn.: Hazelden Publishing, 1991).

[12] Dados fornecidos por funcionários administrativos do Serviço Geral do A.A., baseados em números de 2009.

[13] Obter números confiáveis sobre a quantidade de membros do A.A. ou sobre aqueles que alcançaram a sobriedade é notoriamente difícil, em parte porque a participação é anônima, e em parte porque não há exigência de que o membro se registre junto a uma autoridade central. No entanto, o número de 10 milhões de pessoas, baseado em conversas com pesquisadores do A.A., parece razoável (embora não verificável), dada a longa história do programa.

[14] Na psicologia, este tipo de tratamento — voltado para os hábitos — é muitas vezes referido sob o termo genérico de "terapia cognitivo-comportamental" ou, num período anterior, "prevenção de recaídas". A TCC, como é geralmente utilizada dentro da comunidade de tratamento, muitas vezes incorpora cinco técnicas básicas: 1. Aprendizagem, em

que o terapeuta explica o distúrbio ao paciente e ensina-lhe a identificar os sintomas; 2. Monitoramento, em que o paciente usa um diário para monitorar o comportamento e as situações que o deflagram; 3. Reação concorrente, em que o paciente cultiva novas rotinas, como métodos de relaxamento, para compensar o comportamento problemático; 4. Reelaboração, em que um terapeuta orienta o paciente a reavaliar o modo como vê as situações; e 5. Exposição, em que o terapeuta ajuda o paciente a expor-se a situações que deflagram o comportamento.

[15] Escrever sobre o A.A. é sempre uma proposta difícil, pois o programa tem inúmeros críticos e defensores, e há dezenas de interpretações de como e por que o programa funciona. Num e-mail, por exemplo, Lee Ann Kaskutas, uma cientista sênior do Alcohol Research Group, escreveu que o A.A. indiretamente "fornece um método para atacar os hábitos que cercam o uso do álcool. Mas isso é através das pessoas no A.A., não do programa do A.A. O programa do A.A. ataca o problema de base, o ego alcoólico, o alcoólatra autocentrado, espiritualmente debilitado". É correto dizer, escreveu Kaskutas, que o A.A. oferece soluções para hábitos alcoólicos, tais como os slogans "vá a um encontro se você quiser beber" e "evite pessoas, lugares e coisas escorregadias". Porém, escreveu Kaskutas: "Os slogans não são o programa. O programa são os passos. O A.A. visa a uma profundidade muito maior do que abordar a parte do alcoolismo relacionada aos hábitos, e os fundadores do A.A. argumentariam que atacar o hábito é uma medida parcial que não servirá numa situação crítica; você vai acabar sucumbindo à bebida, a não ser que mude as coisas básicas." Para mais detalhes sobre as investigações da ciência do A.A. e debates sobre a eficácia do programa, ver C. D. Emrick et al., "Alcoholics Anonymous: What Is Currently Known?" in B. S. McCrady e W. R. Miller, eds., *Research on Alcoholics Anonymous: Opportunities and Alternatives* (New Brunswick, N.J.: Rutgers, 1993), 41-76; John F. Kelly e Mark G. Myers, "Adolescents' Participation in Alcoholics Anonymous and Narcotics Anonymous: Review, Implications, and Future Directions", *Journal of Psychoactive Drugs* 39, nº 3 (setembro de 2007): 259-69; D. R. Groh, L. A. Jason e C. B. Keys, "Social Network Variables in Alcoholics Anonymous: A Literature Review", *Clinical Psychology Review* 28, nº 3 (março de 2008): 430-50; John Francis Kelly, Molly Magill e Robert Lauren Stout,

"How Do People Recover from Alcohol Dependence? A Systematic Review of the Research on Mechanisms of Behavior Change in Alcoholics Anonymous", *Addiction Research and Theory* 17, nº 3 (2009): 236-59.

[16] Kurtz, *Not-God.*

[17] Sou grato a Brendan I. Koerner por seus pareceres, e a seu artigo, "Secret of A.A.: After 75 Years, We Don't Know How It Works", *Wired,* julho de 2010; D. R. Davis e G. G. Hansen, "Making Meaning of Alcoholics Anonymous for Social Workers: Myths, Metaphors, and Realities", *Social Work* 43, nº 2 (1998): 169-82.

[18] Alcoholics Anonymous World Services, *Twelve Steps and Twelve Traditions* (Nova York: Alcoholics Anonymous World Services, Inc., 2002), 34. Alcoholics Anonymous World Services, *Alcoholics Anonymous: The Big Book,* 4ª ed. (Nova York: Alcoholics Anonymous World Services, Inc., 2002), 59.

[19] Arthur Cain, "Alcoholics Anonymous: Cult or Cure?" *Harper's Magazine,* fevereiro de 1963, 48-52; M. Ferri, L. Amato e M. Davoli, "Alcoholics Anonymous and Other 12-Step Programmes for Alcohol Dependence", *Addiction* 88, nº 4 (1993): 555-62; Harrison M. Trice e Paul Michael Roman, "Delabeling, Relabeling, and Alcoholics Anonymous", *Social Problems* 17, nº 4 (1970): 538-46; Robert E. Tournie, "Alcoholics Anonymous as Treatment and as Ideology", *Journal of Studies on Alcohol* 40, nº 3 (1979): 230-39; P. E. Bebbington, "The Efficacy of Alcoholics Anonymous: The Elusiveness of Hard Data", *British Journal of Psychiatry* 128 (1976): 572-80.

[20] Emrick et al., "Alcoholics Anonymous: What Is Currently Known?"; J. S. Tonigan, R. Toscova e W. R. Miller, "Meta-analysis of the Literature on Alcoholics Anonymous: Sample and Study Characteristics Moderate Findings", *Journal of Studies on Alcohol* 57 (1995): 65-72; J. S. Tonigan, W. R. Miller e G. J. Connors, "Project MATCH Client Impressions About Alcoholics Anonymous: Measurement Issues and Relationship to Treatment Outcome", *Alcoholism Treatment Quarterly*

18 (2000): 25-41; J. S. Tonigan, "Spirituality and Alcoholics Anonymous", *Southern Medical Journal* 100, nº 4 (2007): 437-40.

[21] Heinze et al., "Counteracting Incentive Sensitization in Severe Alcohol Dependence Using Deep Brain Stimulation of the Nucleus Accumbens: Clinical and Basic Science Aspects", *Frontiers in Human Neuroscience* 3, nº 22 (2009).

[22] "Mandy" é um pseudônimo usado pelo autor do estudo de caso no qual esse trecho se baseia.

[23] B. A. Dufrene, Steuart Watson e J. S. Kazmerski, "Functional Analysis and Treatment of Nail Biting", *Behavior Modification* 32 (2008): 913-27.

[24] Numa carta de verificação de fatos, o autor deste estudo, Brad Dufrene, escreveu que a paciente "aceitara serviços numa clínica universitária voltada para treinamento e pesquisa. No início da participação na terapia, ela consentiu que usássemos dados de seu caso em apresentações de pesquisa ou publicações".

[25] N. H. Azrin e R. G. Nunn, "Habit-Reversal: A Method of Eliminating Nervous Habits and Tics", *Behaviour Research and Therapy* 11, nº 4 (1973): 619-28; Nathan H. Azrin e Alan L. Peterson, "Habit Reversal for the Treatment of Tourette Syndrome", *Behaviour Research and Therapy* 26, nº 4 (1988): 347-51; N. H. Azrin, R. G. Nunn e S. E. Frantz, "Treatment of Hairpulling (Trichotillomania): A Comparative Study of Habit Reversal and Negative Practice Training", *Journal of Behavior Therapy and Experimental Psychiatry* 11 (1980): 13-20; R. G. Nunn e N. H. Azrin, "Eliminating Nail- Biting by the Habit Reversal Procedure", *Behaviour Research and Therapy* 14 (1976): 65-67; N. H. Azrin, R. G. Nunn e S. E. Frantz- Renshaw, "Habit Reversal Versus Negative Practice Treatment of Nervous Tics", *Behavior Therapy* 11, nº 2 (1980): 169-78; N. H. Azrin, R. G. Nunn e S. E. Frantz- Renshaw, "Habit Reversal Treatment of Thumbsucking", *Behaviour Research and Therapy* 18, nº 5 (1980): 395-99.

[26] Numa carta de verificação de fatos, Dufrene enfatizou que métodos tais como o utilizado com Mandy — conhecidos como "treinamento de reversão simplificada de hábitos" — às vezes diferem de outros métodos de terapia de reversão. "No meu entendimento, a Reversão Simplificada de Hábitos é eficaz na redução de hábitos (ex.: arrancar cabelos, roer unhas, chupar dedos), tiques (motores e vocais) e gagueira", escreveu ele. No entanto, outros problemas podem exigir formas mais intensas de terapia de reversão. "Tratamentos eficazes para depressão, tabagismo, problemas com jogo etc. se encaixam no termo genérico 'terapia cognitivo-comportamental'", escreveu Dufrene, enfatizando que a substituição simplificada de hábitos muitas vezes não é eficaz contra esses problemas, que exigem intervenções mais intensivas.

[27] R. G. Nunn, K. S. Newton e P. Faucher, "2.5 Years Follow-up of Weight and Body Mass Index Values in the Weight Control for Life! Program: A Descriptive Analysis", *Addictive Behaviors* 17, nº 6 (1992): 579-85; D. J. Horne, A. E. White e G. A. Varigos, "A Preliminary Study of Psychological Therapy in the Management of Atopic Eczema", *British Journal of Medical Psychology* 62, nº 3 (1989): 241-48; T. Deckersbach et al., "Habit Reversal Versus Supportive Psychotherapy in Tourette's Disorder: A Randomized Controlled Trial and Predictors of Treatment Response", *Behaviour Research and Therapy* 44, nº 8 (2006): 1079-90; Douglas W. Woods e Raymond G. Miltenberger, "Habit Reversal: A Review of Applications and Variations", *Journal of Behavior Therapy and Experimental Psychiatry* 26, nº 2 (1995): 123-31; D. W. Woods, C. T. Wetterneck e C. A. Flessner, "A Controlled Evaluation of Acceptance and Commitment Therapy Plus Habit Reversal for Trichotillomania", *Behaviour Research and Therapy* 44, nº 5 (2006): 639-56.

[28] J. O. Prochaska e C. C. DiClemente, "Stages and Processes of Self--Change in Smoking: Toward an Integrative Model of Change", *Journal of Consulting and Clinical Psychology* 51, nº 3 (1983): 390-95; James Prochaska, "Strong and Weak Principles for Progressing from Precontemplation to Action on the Basis of Twelve Problem Behaviors", *Health*

Psychology 13 (1994): 47-51; James Prochaska et al., "Stages of Change and Decisional Balance for 12 Problem Behaviors", *Health Psychology* 13 (1994): 39-46; James Prochaska e Michael Goldstein, "Process of Smoking Cessation: Implications for Clinicians", *Clinics in Chest Medicine* 12, nº 4 (1991): 727-35; James O. Prochaska, John Norcross e Carlo DiClemente, *Changing for Good: A Revolutionary Six-Stage Program for Overcoming Bad Habits and Moving Your Life Positively Forward* (Nova York: HarperCollins, 1995).

[29] Devin Gordon, "Coach Till You Drop", *Newsweek,* 2 de setembro de 2002, 48.

[30] Em correspondência de verificação de fatos, Dungy disse que "não caracterizaria isso como 'tudo caía por terra' em jogos importantes. Eu chamaria isso de não jogar bem o bastante em situações críticas, não ser capaz de pôr essas lições em prática quando estava tudo na corda bamba. O St. Louis tinha um dos ataques que mais marcaram pontos na história do NFL. Eles conseguiram fazer um *touchdown* naquele jogo com cerca de três minutos restantes. Um time que estava marcando quase 38 pontos por jogo conseguiu um *touchdown* e um *field goal* contra a defesa, por isso acho difícil dizer que 'tudo caiu por terra'".

[31] Em correspondência de verificação de fatos, Dungy disse que "na verdade nós perdemos nas finais para os Philadelphia Eagles, em outra atuação ruim. Esse provavelmente foi nosso pior jogo de finais e aconteceu sob uma maré de rumores, por isso todo mundo sabia que (...) os dirigentes fariam uma mudança de treinador. Acho que tivemos ocasiões no passado em que não confiamos realmente no sistema, mas não sei bem se esse foi o caso aqui. Os Eagles eram apenas um páreo difícil para nós, e não conseguimos passar por eles. E jogando mal, o placar acabou sendo feio. No entanto, foi um dos nossos piores jogos desde a temporada de 1996".

[32] John W. Traphagan, "Multidimensional Measurement of Religiousness/Spirituality for Use in Health Research in Cross-Cultural Perspective", *Research on Aging* 27 (2005): 387-419. Muitos desses estudos

usam a escala publicada em G. J. Conners et al., "Measure of Religious Background and Behavior for Use in Behavior Change Research", *Psychology of Addictive Behaviors* 10, n⁰ 2 (junho de 1996): 90-96.

[33] Sarah Zemore, "A Role for Spiritual Change in the Benefits of 12-Step Involvement", *Alcoholism: Clinical and Experimental Research* 31 (2007): 76s-79s; Lee Ann Kaskutas et al., "The Role of Religion, Spirituality, and Alcoholics Anonymous in Sustained Sobriety", *Alcoholism Treatment Quarterly* 21 (2003): 1-16; Lee Ann Kaskutas et al., "Alcoholics Anonymous Careers: Patterns of AA Involvement Five Years After Treatment Entry", *Alcoholism: Clinical and Experimental Research* 29, n⁰ 11 (2005): 1983-1990; Lee Ann Kaskutas, "Alcoholics Anonymous Effectiveness: Faith Meets Science", *Journal of Addictive Diseases* 28, n⁰ 2 (2009): 145-57; J. Scott Tonigan, W. R. Miller, and Carol Schermer, "Atheists, Agnostics, and Alcoholics Anonymous", *Journal of Studies on Alcohol* 63, n⁰ 5 (2002): 534-54.

[34] Jarrett Bell, "Tragedy Forces Dungy 'to Live in the Present'", *USA Today,* 1⁰ de setembro de 2006; Ohm Youngmisuk, "The Fight to Live On", New York *Daily News,* 10 de setembro de 2006; Phil Richards, "Dungy: Son's Death Was a 'Test'", *The Indianapolis Star,* 25 de janeiro de 2007; David Goldberg, "Tragedy Lessened by Game", *Tulsa World,* 30 de janeiro de 2007; "Dungy Makes History After Rough Journey", *Akron Beacon Journal,* 5 de fevereiro de 2007; "From Pain, a Revelation", *The New York Times,* julho de 2007; "Son of Colts' Coach Tony Dungy Apparently Committed Suicide", Associated Press, 22 de dezembro de 2005; Larry Stone, "Colts Take Field with Heavy Hearts", *The Seattle Times,* 25 de dezembro de 2005; Clifton Brown, "Dungy's Son Is Found Dead; Suicide Suspected", *The New York Times,* 23 de dezembro de 2005; Peter King, "A Father's Wish", *Sports Illustrated,* fevereiro de 2007.

[35] Todd F. Heatherton e Patricia A. Nichols, "Personal Accounts of Successful Versus Failed Attempts at Life Change", *Personality and Social Psychology Bulletin* 20, n⁰ 6 (1994): 664-75.

[36] Sou grato a Michael Smith, "'Simple' Scheme Nets Big Gains for Trio of Defenses", ESPN.com, 26 de dezembro de 2005.

[37] Michael Silver, "This Time, It's Manning's Moment", *Sports Illustrated*, fevereiro de 2007.

CAPÍTULO QUATRO

[1] Quanto aos detalhes sobre a vida de O'Neill e a Alcoa, sou grato a Paul O'Neill por ceder generosamente seu tempo, assim como a diversos executivos da Alcoa. Também me apoiei em Pamela Varley, "Vision and Strategy: Paul H. O'Neill at OMB and Alcoa", Kennedy School of Government, 1992; Peter Zimmerman, "Vision and Strategy: Paul H. O'Neill at OMB and Alcoa Sequel", Kennedy School of Government, 1994; Kim B. Clark e Joshua Margolis, "Workplace Safety at Alcoa (A)", *Harvard Business Review*, 31 de outubro de 1999; Steven J. Spear, "Workplace Safety at Alcoa (B)", *Harvard Business Review*, 22 de dezembro de 1999; Steven Spear, *Chasing the Rabbit: How Market Leaders Outdistance the Competition and How Great Companies Can Catch Up and Win* (Nova York: McGraw-Hill, 2009); Peter Kolesar, "Vision, Values, and Milestones: Paul O'Neill Starts Total Quality at Alcoa", *California Management Review* 35, nº 3 (1993): 133-65; Ron Suskind, *The Price of Loyalty: George W. Bush, the White House, and the Education of Paul O'Neill* (Nova York: Simon and Schuster, 2004); Michael Arndt, "How O'Neill Got Alcoa Shining", *BusinessWeek*, fevereiro de 2001; Glenn Kessler, "O'Neill Offers Cure for Workplace Injuries", *The Washington Post*, 31 de março de 2001; "Pittsburgh Health Initiative May Serve as US Model", Reuters, 31 de maio; S. Smith, "America's Safest Companies: Alcoa: Finding True North", *Occupational Hazards* 64, nº 10 (2002): 53; Thomas A. Stewart, "A New Way to Wake Up a Giant", *Fortune*, outubro de 1990; "O'Neill's Tenure at Alcoa Mixed", Associated Press, 21 de dezembro de 2000; Leslie Wayne, "Designee Takes a Deft Touch and a Firm Will to Treasury", *The New York Times*, 16 de janeiro de 2001; Terence Roth, "Alcoa Had Loss of $14.7 Million in 4th Quarter", *The Wall Street Journal*, 21 de janeiro de 1985; Daniel

F. Cuff, "Alcoa Hedges Its Bets, Slowly", *The New York Times,* 24 de outubro de 1985; "Alcoa Is Stuck as Two Unions Reject Final Bid", *The Wall Street Journal,* 2 de junho de 1986; Mark Russell, "Alcoa Strike Ends as Two Unions Agree to Cuts in Benefits and to Wage Freezes", *The Wall Street Journal,* 7 de julho de 1986; Thomas F. O'Boyle e Peter Pae, "The Long View: O'Neill Recasts Alcoa with His Eyes Fixed on the Decade Ahead", *The Wall Street Journal,* 9 de abril de 1990; Tracey E. Benson, "Paul O'Neill: True Innovation, True Values, True Leadership", *Industry Week* 242, nº 8 (1993): 24; Joseph Kahn, "Industrialist with a Twist", *The New York Times,* 21 de dezembro de 2000.

[2] Michael Lewis, "O'Neill's List", *The New York Times,* 12 de janeiro de 2002; Ron Suskind, *The Price of Loyalty: George W. Bush, the White House, and the Education of Paul O'Neill* (Nova York: Simon and Schuster, 2004).

[3] Numa conversa de verificação de fatos, O'Neill deixou claro que entende e concorda com a comparação entre rotinas organizacionais e hábitos individuais, mas isso não lhe ocorreu explicitamente na época. "Sou simpático a essa ideia, mas ela não me pertence", ele me disse. Na época, como agora, ele reconhece as rotinas tais como o programa de construção de hospitais, que é conhecido como o Hill-Burton Act, como uma excrescência de um padrão. "O motivo de elas continuarem construindo era porque ainda estão presentes os instintos políticos de que trazer dinheiro de volta para o distrito é como as pessoas acham que serão reeleitas, por mais que estivéssemos criando um excesso de capacidade", ele me disse.

[4] Geoffrey M. Hodgson, "The Nature and Replication of Routines", manuscrito inédito, University of Hertfordshire, 2004, http://www.gredeg.cnrs.fr/routines/workshop/papers/Hodgson.pdf.

[5] Numa conversa de verificação de fatos, O'Neill quis enfatizar que esses exemplos da NASA e da EPA, embora ilustrativos, não são baseados em suas ideias ou experiências. Eles são relatados independentemente.

[6] Karl E. Weick, "Small Wins: Redefining the Scale of Social Problems", *American Psychologist* 39 (1984): 40-49.

[7] http://www.epa.gov/history/topics/epa/15b.htm.

[8] Numa conversa de verificação de fatos, O'Neill enfatizou que acredita que promoções e comissões não devem ser atrelados à segurança no trabalho, assim como à honestidade. Em vez disso, a segurança é um valor que todo funcionário da Alcoa deveria adotar, independentemente das recompensas. "É como dizer: 'Agora vamos pagar melhor as pessoas se elas não mentirem', o que sugere que não tem problema se você mentir um pouquinho, porque vamos lhe pagar um pouquinho menos", ele me disse. No entanto, é importante notar que, em entrevistas com outros executivos da Alcoa deste período, eles disseram ser amplamente sabido que as promoções só estavam disponíveis para aqueles empregados que deixavam claro um compromisso com a segurança, e que essa promessa de promoção servia como recompensa, mesmo que essa não fosse a intenção de O'Neill.

[9] Numa conversa de verificação de fatos, O'Neill deixou claro que, na época, o conceito de "loop do hábito" era desconhecido para ele. Ele não necessariamente pensava nesses programas como algo que satisfaça um critério para ser considerado um hábito, embora reconheça, pensando em retrospecto, o quanto seus esforços estão em sintonia com pesquisas mais recentes que indicam como surgem os hábitos organizacionais.

[10] P. Callaghan, "Exercise: A Neglected Intervention in Mental Health Care?" *Journal of Psychiatric and Mental Health Nursing* 11 (2004): 476-83; S. N. Blair, "Relationships Between Exercise or Physical Activity and Other Health Behaviors", *Public Health Reports* 100 (2009): 172-80; K. J. Van Rensburg, A. Taylor e T. Hodgson, "The Effects of Acute Exercise on Attentional Bias Toward Smoking-Related Stimuli During Temporary Abstinence from Smoking", *Addiction* 104, nº 11 (2009): 1910-17; E. R. Ropelle et al., "IL-6 and IL-10 Anti-inflammatory Activity Links Exercise to Hypothalamic Insulin and Leptin Sensitivity Through IKKb and ER Stress Inhibition", *PLoS Biology* 8, nº 8 (2010);

P. M. Dubbert, "Physical Activity and Exercise: Recent Advances and Current Challenges", *Journal of Consulting and Clinical Psychology* 70 (2002): 526-36; C. Quinn, "Training as Treatment", *Nursing Standard* 24 (2002): 18-19.

[11] S. K. Hamilton e J. H. Wilson, "Family Mealtimes: Worth the Effort?" *Infant, Child, and Adolescent Nutrition* 1 (2009): 346-50; American Dietetic Association, "Eating Together as a Family Creates Better Eating Habits Later in Life", ScienceDaily.com, 4 de setembro de 2007, acessado em 1º de abril de 2011.

[12] Richard Layard, *Happiness: Lessons from a New Science* (Nova York: Penguin Press, 2005); Daniel Nettle, *Happiness: The Science Behind Your Smile* (Oxford: Oxford University Press, 2005); Marc Ian Barasch, *Field Notes on the Compassionate Life: A Search for the Soul of Kindness* (Emmaus, Penn.: Rodale, 2005); Alfie Kohn, *Unconditional Parenting: Moving from Rewards and Punishments to Love and Reason* (Nova York: Atria Books, 2005); P. Alex Linley e Stephen Joseph, eds., *Positive Psychology in Practice* (Hoboken, N.J.: Wiley, 2004).

[13] Sou grato a Bob Bowman pelo seu tempo e ajuda para entender o treinamento de Phelps, assim como a Michael Phelps e Alan Abrahamson, *No Limits: The Will to Succeed* (Nova York: Free Press, 2009); Michael Phelps e Brian Cazeneuve, *Beneath the Surface* (Champaign, Ill.: Sports Publishing LLC, 2008); Bob Schaller, *Michael Phelps: The Untold Story of a Champion* (Nova York: St. Martin's Griffi n, 2008); Karen Crouse, "Avoiding the Deep End When It Comes to Jitters", *The New York Times*, 26 de julho de 2009; Mark Levine, "Out There", *The New York Times*, 3 de agosto de 2008; Eric Adelson, "And After That, Mr. Phelps Will Leap a Tall Building in a Single Bound", ESPN.com, 28 de julho de 2008; Sean Gregory, "Michael Phelps: A Real GOAT", *Time*, 13 de agosto de 2008; Norman Frauenheim, "Phelps Takes 4th, 5th Gold Medals", *The Arizona Republic*, 12 de agosto de 2008.

[14] Karl E. Weick, "Small Wins: Redefining the Scale of Social Problems", *American Psychologist* 39 (1984): 40-49.

[15] "Small Wins — The Steady Application of a Small Advantage", Center for Applied Research, 1998, acessado em 24 de junho de 2011, http://www.cfar.com/Documents/Smal_win.pdf.

[16] Para mais detalhes sobre este incidente, veja o maravilhoso "81 Words" de Alix Spiegel, transmitido em *This American Life*, 18 de janeiro de 2002, http://www.thisamericanlife.org/.

[17] Malcolm Spector e John I. Kitsuse, *Constructing Social Problems* (New Brunswick, N.J.: Transaction Publishers, 2001).

[18] Phelps e Abrahamson, *No Limits*.

[19] Para uma discussão mais aprofundada sobre hábitos e nadadores olímpicos, ver Daniel Chambliss, "The Mundanity of Excellence", *Sociological Theory* 7 (1989): 70-86.

[20] Discurso de Paul O'Neill 25 de junho de 2002, no Juran Center, Carlson School of Management, University of Minnesota, Minneapolis.

[21] "Infant Mortality Rates, 1950-2005", http://www.infoplease.com/ipa/A0779935.html; William H. Berentsen, "German Infant Mortality 1960-1980", *Geographical Review* 77 (1987): 157-70; Paul Norman et al., "Geographical Trends in Infant Mortality: England and Wales, 1970-2006", *Health Statistics Quarterly* 40 (2008): 18-29.

[22] World Bank, World Development Indicators. Num e-mail enviado em resposta a perguntas de verificação de fatos, O'Neill escreveu: "Isto é correto, mas eu não assumiria o crédito pelo fato de a nossa sociedade conseguir reduzir a mortalidade infantil de forma mais eficaz."

[23] T. A. Wadden, M. L. Butryn e C. Wilson, "Lifestyle Modification for the Management of Obesity", *Gastroenterology* 132 (2007): 2226-38.

[24] J. F. Hollis et al., "Weight Loss During the Intensive Intervention Phase of the Weight-Loss Maintenance Trial", *American Journal of*

Preventative Medicine 35 (2008): 118-26. Ver também L. P. Svetkey et al., "Comparison of Strategies for Sustaining Weight Loss, the Weight Loss Maintenance Randomized Controlled Trial", *JAMA* 299 (2008): 1139-48; A. Fitch e J. Bock, "Effective Dietary Therapies for Pediatric Obesity Treatment", *Reviews in Endocrine and Metabolic Disorders* 10 (2009): 231-36; D. Engstrom, "Eating Mindfully and Cultivating Satisfaction: Modifying Eating Patterns in a Bariatric Surgery Patient", *Bariatric Nursing and Surgical Patient Care* 2 (2007): 245-50; J. R. Peters et al., "Eating Pattern Assessment Tool: A Simple Instrument for Assessing Dietary Fat and Cholesterol Intake", *Journal of the American Dietetic Association* 94 (1994): 1008-13; S. M. Rebro et al., "The Effect of Keeping Food Records on Eating Patterns", *Journal of the American Dietetic Association* 98 (1998): 1163-65.

[25] Para mais informações a respeito de estudos sobre perda de peso, ver R. R. Wing e James O. Hill, "Successful Weight Loss Maintenance", *Annual Review of Nutrition* 21 (2001): 323-41; M. L. Klem et al., "A Descriptive Study of Individuals Successful at Long-Term Maintenance of Substantial Weight Loss", *American Journal of Clinical Nutrition* 66 (1997): 239-46; M. J. Mahoney, N. G. Moura e T. C. Wade, "Relative Efficacy of Self-Reward, Self-Punishment, and Self-Monitoring Techniques for Weight Loss", *Journal of Consulting and Clinical Psychology* 40 (1973): 404-7; M. J. Franz et al., "Weight Loss Outcomes: A Systematic Review and Meta-Analysis of Weight-Loss Clinical Trials with a Minimum 1-Year Follow-up", *Journal of the American Dietetic Association* 107 (2007): 1755-67; A. DelParigi et al., "Successful Dieters Have Increased Neural Activity in Cortical Areas Involved in the Control of Behavior", *International Journal of Obesity* 31 (2007): 440-48.

[26] Jonah Lehrer, "The Truth About Grit", *The Boston Globe,* 2 de agosto de 2009.

[27] A. L. Duckworth et al., "Grit: Perseverance and Passion for Long-Term Goals", *Journal of Personality and Social Psychology* 92 (2007): 1087-1101.

CAPÍTULO CINCO

[1] J. P. Tangney, R. F. Baumeister e A. L. Boone, "High Self-Control Predicts Good Adjustment, Less Pathology, Better Grades, and Interpersonal Success", *Journal of Personality* 72, nº 2 (2004): 271-324; Paul Karoly, "Mechanisms of Self- Regulation: A Systems View", *Annual Review of Psychology* 44 (1993): 23-52; James J. Gross, Jane M. Richards e Oliver P. John, "Emotional Regulation in Everyday Life", in *Emotion Regulation in Families: Pathways to Dysfunction and Health,* ed. Douglas K. Snyder, Jeffry A. Simpson e Jan N. Hughes (Washington, D.C.: American Psychological Association, 2006); Katleen De Stobbeleir, Susan Ashford e Dirk Buyens, "From Trait and Context to Creativity at Work: Feedback-Seeking Behavior as a Self-Regulation Strategy for Creative Performance", Vlerick Leuven Gent Working Paper Series, 17 de setembro de 2008; Babette Raabe, Michael Frese e Terry A. Beehr, "Action Regulation Theory and Career Self-Management", *Journal of Vocational Behavior* 70 (2007): 297-311; Albert Bandura, "The Primacy of Self-Regulation in Health Promotion", *Applied Psychology* 54 (2005): 245-54; Robert G. Lord et al., "Self-Regulation at Work", *Annual Review of Psychology* 61 (2010): 543-68; Colette A. Frayne e Gary P. Latham, "Application of Social Learning Theory to Employee Self--Management of Attendance", *Journal of Applied Psychology* 72 (1987): 387-92; Colette Frayne e J. M. Geringer, "Self-Management Training for Improving Job Performance: A Field Experiment Involving Salespeople", *Journal of Applied Psychology* 85 (2000): 361-72.

[2] Angela L. Duckworth e Martin E. P. Seligman, "Self-Discipline Outdoes IQ in Predicting Academic Performance of Adolescents", *Psychological Science* 16 (2005): 939-44.

[3] As informações sobre os métodos de treinamento da Starbucks são baseadas em inúmeras entrevistas, assim como no material de treinamento da empresa. As informações sobre o material de treinamento vêm de cópias fornecidas por empregados da Starbucks e autos jurídicos, incluindo os seguintes documentos internos e manuais de treinamento da Starbucks: *Starbucks Coffee Company Partner Guide,*

U.S. Store Version; Learning Coach Guide; In-Store Learning Coaches Guide; Shift Supervisor Learning Journey; Retail Management Training; Supervisory Skills Facilitator Guide; Supervisory Skills Partner Workbook; Shift Supervisor Training: Store Manager's Planning and Coaches Guide; Managers' Guide: Learning to Lead, Level One and Two; Supervisory Skills: Learning to Lead Facilitators Guide; First Impressions Guide; Store Manager Training Plan/Guide; District Manager Training Plan/Guide; Partner Resources Manual; Values Walk. Numa declaração enviada em resposta a perguntas de verificação de fatos, um representante da Starbucks escreveu: "Ao revisar o material, sentimos que seu tema geral é focado em inteligência emocional (EQ) e que atraímos parceiros que necessitam de desenvolvimento nesta área — isto não é verdade holisticamente. É importante notar que 70% dos parceiros americanos são estudantes, pessoas que estão aprendendo na vida, em diversos aspectos. O que a Starbucks oferece — e os parceiros ficam inclinados a se juntar a nós por causa disso — é um ambiente que combina com os valores deles, um lugar onde é possível fazer parte de algo maior (como uma comunidade), uma abordagem focada em resolver problemas, mostrando, não falando, e um jeito bem-sucedido de prestar um serviço inspirado." A empresa acrescentou que "gostaríamos de observar que, como parte da nossa Visão de Atendimento ao Cliente, nossos parceiros recebem total confiança e têm autonomia para usar seu discernimento. Acreditamos que este nível de confiança e autonomia é único, e que os parceiros se colocam à altura da ocasião quando nós os tratamos com respeito".

[4] Harriet Mischel e Walter Mischel, "The Development of Children's Knowledge of Self-Control Strategies", *Child Development* 54 (1983), 603-19; W. Mischel, Y. Shoda e M. I. Rodriguez, "Delay of Gratification in Children", *Science* 244 (1989): 933-38; Walter Mischel et al., "The Nature of Adolescent Competencies Predicted by Preschool Delay of Gratification", *Journal of Personality and Social Psychology* 54 (1988): 687-96; J. Metcalfe e W. Mischel, "A Hot /Cool-System Analysis of Delay of Gratification: Dynamics of Will Power", *Psychological Review* 106 (1999): 3-19; Jonah Lehrer, "The Secret of Self Control", *The New Yorker,* 18 de maio de 2009.

⁵ Num e-mail de verificação de fatos, Muraven escreveu: "Há pesquisas sugerindo que problemas conjugais têm origem em baixo autocontrole, e que o esgotamento contribui para desfechos ruins quando casais estão discutindo assuntos tensos do relacionamento. De modo semelhante, descobrimos que, em dias que exigem mais autocontrole do que a média, as pessoas estão mais propensas a perder o controle sobre a bebida. Também há pesquisas sugerindo que indivíduos esgotados tomam decisões piores do que os não esgotados. Estas descobertas podem ser extrapoladas para entender casos extraconjugais ou erros médicos, mas até agora não houve demonstrações diretas de que essa é uma relação de causa e efeito."

⁶ Roy F. Baumeister et al., "Ego-Depletion: Is the Active Self a Limited Resource?" *Journal of Personality and Social Psychology* 18 (1998): 130-50; R. F. Baumeister, M. Muraven e D. M. Tice, "Self-Control as a Limited Resource: Regulatory Depletion Patterns", *Psychological Bulletin* 126 (1998): 247-59; R. F. Baumeister, M. Muraven e D. M. Tice, "Longitudinal Improvement of Self-Regulation Through Practice: Building Self-Control Strength Through Repeated Exercise", *Journal of Social Psychology* 139 (1999): 446-57; R. F. Baumeister, M. Muraven e D. M. Tice, "Ego Depletion: A Resource Model of Volition, Self--Regulation, and Controlled Processing", *Social Cognition* 74 (2000): 1252-65; Roy F. Baumeister e Mark Muraven, "Self-Regulation and Depletion of Limited Resources: Does Self-Control Resemble a Muscle?" *Psychological Bulletin* 126 (2000): 247-59; Ver também M. S. Hagger et al., "Ego Depletion and the Strength Model of Self-Control: A Meta--Analysis", *Psychological Bulletin* 136 (2010): 495-25; R. G. Baumeister, K. D. Vohs e D. M. Tice, "The Strength Model of Self-Control", *Current Directions in Psychological Science* 16 (2007): 351-55; M. I. Posne e M. K. Rothbart, "Developing Mechanisms of Self-Regulation", *Development and Psychopathology* 12 (2000): 427-41; Roy F. Baumeister e Todd F. Heatherton, "Self-Regulation Failure: An Overview", *Psychological Inquiry* 7 (1996): 1-15; Kathleen D. Vohs et al., "Making Choices Impairs Subsequent Self-Control: A Limited-Resource Account of Decision Making, Self-Regulation, and Active Initiative", *Journal of Personality and Social Psychology* 94 (2008): 883-98; Daniel Romer et al.,

"Can Adolescents Learn Self-Control? Delay of Gratification in the Development of Control over Risk Taking", *Prevention Science* 11 (2010): 319-30. Num e-mail de verificação de fatos, Muraven escreveu: "Nossa pesquisa sugere que as pessoas muitas vezes nem se dão conta de que estão esgotadas e de que o primeiro ato de autocontrole as afetou. Em vez disso, exercer o autocontrole faz com que as pessoas estejam menos dispostas a se empenhar em esforços de autocontrole subsequentes (em última instância, esta é uma teoria da motivação, não da cognição). (...) Mesmo após o dia mais exaustivo, as pessoas ainda assim não urinam no chão. Novamente, isso sugere o aspecto motivacional da teoria — elas carecem da motivação para se forçar a fazer coisas que são menos importantes para elas. Eu entendo que isso talvez pareça uma distinção desnecessária, mas é essencial entender que o autocontrole não falha porque a pessoa não consegue reunir os recursos necessários. Mas, sim, ele falha porque o esforço parece ser grande demais para a recompensa. Basicamente, não quero que algum assassino venha dizer que estava exausto e por isso não conseguiu se controlar."

[7] Megan Oaten e K. Cheng, "Longitudinal Gains in Self-Regulation from Regular Physical Exercise", *Journal of Health Psychology* 11 (2006): 717-33. Ver também Roy F. Baumeister et al., "Self-Regulation and Personality: How Interventions Increase Regulatory Success, and How Depletion Moderates the Effects of Traits on Behavior", *Journal of Personality* 74 (2006): 1773-1801.

[8] Megan Oaten e K. Cheng, "Improvements in Self-Control from Financial Monitoring", *Journal of Economic Psychology* 28 (2007): 487-501.

[9] Roy F. Baumeister et al., "Self- Regulation and Personality".

[10] Ibid.

[11] Para conhecer uma seleção da fascinante obra de Heatherton, ver *Todd F. Heatherton, Ph.D.*, http://www.dartmouth.edu/~heath/#Pubs, última modificação junho de 2009.

[12] Lehrer, "The Secret of Self Control".

[13] Num e-mail de verificação de fatos, o dr. Heatherton elaborou essa ideia: "Não é muito claro exatamente como o cérebro faz isso, embora eu proponha que as pessoas desenvolvam melhor controle frontal sobre os centros de recompensa subcorticais. (...) A prática reiterada ajuda a fortalecer o 'músculo' (embora claramente não seja um músculo; mais provavelmente é um melhor controle crítico pré-frontal, ou o desenvolvimento de uma forte rede de regiões cerebrais envolvidas no controle do comportamento)." Para mais informações, ver Todd F. Heatherton e Dylan D. Wagner, "Cognitive Neuroscience of Self- Regulation Failure", *Trends in Cognitive Sciences* 15 (2011): 132-39.

[14] Num e-mail de verificação de fatos, um porta-voz da Starbucks escreveu: "Atualmente, a Starbucks oferece descontos em diversos clubes esportivos nacionais. Acreditamos que essa discussão deveria ser mais sobre a saúde geral e opções de bem-estar oferecidas a nossos parceiros, e não tão focada especificamente em matrículas em academias. Sabemos que nossos parceiros querem encontrar jeitos de estar bem, e continuamos buscando programas que lhes permitam fazer isso."

[15] Michael Herriman et al., "A Crack in the Mug: Can Starbucks Mend It?" *Harvard Business Review*, outubro de 2008.

[16] Sheina Orbell e Paschal Sheeran, "Motivational and Volitional Processes in Action Initiation: A Field Study of the Role of Implementation Intentions", *Journal of Applied Social Psychology* 30, nº 4 (abril de 2000): 780-97.

[17] Numa declaração de verificação de fatos, um porta-voz da Starbucks escreveu: "Avaliação geral correta, no entanto nós argumentaríamos que qualquer trabalho é estressante. Como mencionado anteriormente, um dos elementos centrais da nossa Visão de Atendimento ao Cliente é que cada parceiro tem controle sobre a experiência do cliente. Essa autonomia deixa claro aos parceiros que a empresa confia neles para resolver

problemas, e os ajuda a criar a confiança necessária para lidar com esses momentos de forma bem-sucedida."

[18] Esses detalhes foram confirmados com empregados e executivos da Starbucks. Numa declaração de verificação de fatos, no entanto, um porta-voz da Starbucks escreveu: "Isto não é correto." O porta-voz recusou-se a fornecer maiores detalhes.

[19] Numa declaração de verificação de fatos, um porta-voz da Starbucks escreveu: "Embora certamente não seja incorreto ou equivocado referir-se a ele, o LATTE não é mais parte do nosso treinamento formal. Na verdade, estamos nos afastando de passos mais prescritivos como o LATTE e alargando os limites para permitir que os parceiros das lojas participem da solução de problemas, de modo a abordar as diversas questões singulares que surgem nas nossas lojas. Esse modelo é muito dependente de um treinamento efetivo contínuo feito por supervisores de turno, de loja, e gerentes de distrito."

[20] Numa declaração de verificação de fatos, um porta-voz da Starbucks escreveu: "Avaliação geral correta — nos esforçamos para oferecer ferramentas e treinamento tanto para habilidades quanto para comportamentos, para exercer um atendimento de primeira classe para cada cliente em cada visita. Gostaríamos de observar, no entanto, que, assim como o LATTE (e pelo mesmo motivo), não usamos formalmente Conectar, Descobrir, Reagir."

[21] Constance L. Hays, "These Days the Customer Isn't Always Treated Right", *The New York Times,* 23 de dezembro de 1998.

[22] As informações sobre Schultz vêm de Adi Ignatius, "We Had to Own the Mistakes", *Harvard Business Review,* julho-agosto de 2010; William W. George e Andrew N. McLean, "Howard Schultz: Building Starbucks Community (A)", *Harvard Business Review,* junho de 2006; Koehn, Besharov e Miller, "Starbucks Coffee Company in the 21st Century", *Harvard Business Review,* junho de 2008; Howard Schultz e Dori Jones Yang, *Pour Your Heart Into It: How Starbucks Built a Company One Cup*

at a Time (Nova York: Hyperion, 1997); Taylor Clark, *Starbucked: A Double Tall Tale of Caffeine, Commerce, and Culture* (Nova York: Little, Brown, 2007); Howard Behar, *It's Not About the Coffee: Lessons on Putting People First from a Life at Starbucks* (Nova York: Portfolio Trade, 2009); John Moore, *Tribal Knowledge* (Nova York: Kaplan, 2006); Bryant Simon, *Everything but the Coffee: Learning About America from Starbucks* (Berkeley: University of California Press, 2009). Numa declaração de verificação de fatos, um porta-voz da Starbucks escreveu: "Embora a história geral esteja correta num nível muito superficial, boa parte dos detalhes está incorreta ou não pode ser verificada." Esse porta-voz recusou-se a detalhar o que estava incorreto ou a fornecer quaisquer esclarecimentos.

[23] M. Muraven, M. Gagné e H. Rosman, "Helpful Self-Control: Autonomy Support, Vitality, and Depletion", *Journal of Experimental and Social Psychology* 44, nº 3 (2008): 573-85. Ver também Mark Muraven, "Practicing Self-Control Lowers the Risk of Smoking Lapse", *Psychology of Addictive Behaviors* 24, nº 3 (2010): 446-52; Brandon J. Schmeichel e Kathleen Vohs, "Self-Affirmation and Self-Control: Affirming Core Values Counteracts Ego Depletion", *Journal of Personality and Social Psychology* 96, nº 4 (2009): 770-82; Mark Muraven, "Autonomous Self-Control Is Less Depleting", *Journal of Research in Personality* 42, nº 3 (2008): 763-70; Mark Muraven, Dikla Shmueli e Edward Burkley, "Conserving Self- Control Strength", *Journal of Personality and Social Psychology* 91, nº 3 (2006): 524-37; Ayelet Fishbach, "The Dynamics of Self-Regulation", in *11th Sydney Symposium of Social Psychology* (Nova York: Psychology Press, 2001); Tyler F. Stillman et al., "Personal Philosophy and Personnel Achievement: Belief in Free Will Predicts Better Job Performance", *Social Psychological and Personality Science* 1 (2010): 43-50; Mark Muraven, "Lack of Autonomy and Self-Control: Performance Contingent Rewards Lead to Greater Depletion", *Motivation and Emotion* 31, nº 4 (2007): 322-30.

[24] Tal estudo, na época em que este livro foi escrito, ainda era inédito e foi compartilhado comigo sob a condição de que seus autores não fossem revelados. No entanto, maiores detalhes sobre estudos de delegação de autonomia a funcionários podem ser encontrados em C. O.

Longenecker, J. A. Scazzero e T. T. Standfield, "Quality Improvement Through Team Goal Setting, Feedback, and Problem Solving: A Field Experiment", *International Journal of Quality and Reliability Management* 11, nº 4 (1994): 45-52; Susan G. Cohen e Gerald E. Ledford, "The Effectiveness of Self-Managing Teams: A Quasi-Experiment", *Human Relations* 47, nº 1 (1994): 13-43; Ferris, Rosen e Barnum, *Handbook of Human Resource Management* (Cambridge, Mass.: Blackwell Publishers, 1995); Linda Honold, "A Review of the Literature on Employee Empowerment", *Empowerment in Organizations* 5, nº 4 (1997): 202-12; Thomas C. Powell, "Total Quality Management and Competitive Advantage: A Review and Empirical Study", *Strategic Management Journal* 16 (1995): 15-37.

CAPÍTULO SEIS

[1] Os detalhes sobre este caso vêm de diversas fontes, incluindo entrevistas com os profissionais envolvidos, testemunhas na sala de operação e no pronto-socorro, bem como relatos, noticiários e documentos publicados pelo Departamento de Saúde de Rhode Island. Isso inclui ordens de consentimento publicadas pelo Departamento de Saúde de Rhode Island; o Statement of Deficiencies and Plan of Correction publicado pelo Rhode Island Hospital em 8 de agosto de 2007; Felicia Mello, "Wrong-Site Surgery Case Leads to Probe", *The Boston Globe,* 4 de agosto de 2007; Felice Freyer, "Doctor to Blame in Wrong-Side Surgery, Panel Says", *The Providence Journal,* 14 de outubro de 2007; Felice Freyer, "R.I. Hospital Cited for Wrong- Side Surgery", *The Providence Journal,* 3 de agosto de 2007; "Doctor Disciplined for Wrong-Site Brain Surgery", Associated Press, 3 de agosto de 2007; Felice Freyer, "Surgeon Relied on Memory, Not CT Scan", *The Providence Journal,* 24 de agosto de 2007; Felicia Mello, "Wrong-Site Surgery Case Leads to Probe 2nd Case of Error at R.I. Hospital This Year", *The Boston Globe,* 4 de agosto de 2007; "Patient Dies After Surgeon Operates on Wrong Side of Head", Associated Press, 24 de agosto de 2007; "Doctor Back to Work After Wrong-Site Brain Surgery", Associated Press, 15 de outubro de 2007; Felice Freyer, "R.I. Hospital Fined After Surgical Error", *The Providence Journal,* 27 de novembro de 2007.

² Depoimentos sobre este caso foram fornecidos por diversos indivíduos, e algumas versões dos acontecimentos diferem entre si. Essas diferenças, onde apropriado, são apontadas nas notas.

³ http://www.rhodeislandhospital.org/rih/about/milestones.htm.

⁴ Mark Pratt, "Nurses Rally on Eve of Contract Talks", Associated Press, 22 de junho de 2000; "Union Wants More Community Support During Hospital Contract Dispute", Associated Press, 25 de junho de 2000; "Nurses Say Staff Shortage Hurting Patients", Associated Press, 31 de agosto de 2000; "Health Department Surveyors Find Hospitals Stressed", Associated Press, 18 de novembro de 2001; "R.I. Hospital Union Delivers Strike Notice", Associated Press, 20 de junho de 2000.

⁵ Numa declaração, uma porta-voz do Rhode Island Hospital disse: "A greve não era devido à relação entre médicos e enfermeiros, era a respeito de salários e normas de trabalho. A hora extra obrigatória é uma prática comum e tem sido um ponto de conflito em hospitais sindicalizados de todo o país. Não sei se havia placas com estas mensagens durante as negociações sindicais de 2000, mas, caso tenha havido, elas teriam se referido à hora extra obrigatória, não à relação entre médicos e enfermeiros."

⁶ American Academy of Orthopaedic Surgeons Joint Commission Guidelines, http://www3.aaos.org/member/safety/guidelines.cfm.

⁷ RIDH Statement of Deficiencies and Plan of Correction, 7 de agosto de 2007.

⁸ Numa declaração, o Rhode Island Hospital disse que alguns destes detalhes estão incorretos e referiu-se ao RIDH Statement of Deficiencies and Plan of Correction de 7 de agosto de 2007. Esse documento diz: "Não há evidência no registro médico de que o enfermeiro clínico utilizado pelo neurocirurgião de plantão tenha recebido, ou tentado obter, as informações necessárias relacionadas à tomografia do paciente (...) para confirmar o lado correto do sangramento e antes que o formulário

de consentimento para a cirurgia de craniotomia fosse assinado. (...) O relatório médico indica que o consentimento cirúrgico foi obtido por um enfermeiro clínico a serviço do neurocirurgião que estava de plantão. Embora o consentimento cirúrgico indique que o procedimento a ser executado era uma 'Craniotomia e evacuação de hematoma subdural do lado direito', o lado (direito) não foi inicialmente registrado no formulário de consentimento. Uma entrevista no dia 2/8/2007 às 14h05 com o Diretor de Cirurgia Perioperativa indicou que o paciente (...) foi transportado do departamento de emergência com um consentimento cirúrgico assinado porém incompleto (quanto ao lado). A enfermeira da sala de cirurgia notou que o local da craniotomia não estava incluído no formulário de consentimento cirúrgico assinado, conforme exigido pela política do hospital. Ela indicou que o local da cirurgia de craniotomia foi então acrescentado pelo neurocirurgião, na sala de operação, após ele ser questionado pela enfermeira da sala a respeito do local da cirurgia." Numa declaração posterior, o Rhode Island Hospital escreveu que o cirurgião "e seu assistente terminaram a cirurgia de coluna, a sala de cirurgia foi praparada, e quando eles estavam no corredor, prestes a voltar à sala de cirurgia, a enfermeira da sala viu que o formulário de consentimento não incluía o lado da cirurgia e disse isso ao cirurgião. O médico tomou o formulário de consentimento da enfermeira e escreveu 'direito' nele".

[9] Numa carta enviada em resposta a perguntas de verificação de fatos, o médico envolvido neste caso contradisse ou desmentiu alguns dos acontecimentos descritos neste capítulo. O médico escreveu que o enfermeiro neste caso não estava receoso de que o médico estivesse operando do lado errado. A preocupação do enfermeiro era focada em questões burocráticas. O médico alegou que o enfermeiro não questionou sua competência ou sua precisão. O enfermeiro não pediu que o médico puxasse os filmes, de acordo com o médico. O médico disse que pediu ao enfermeiro que achasse a família para ver se era possível "refazer o formulário de consentimento corretamente", e não o contrário. Quando a família não pôde ser encontrada, de acordo com o médico, ele pediu esclarecimentos do enfermeiro a respeito do procedimento, para melhorar a documentação. O enfermeiro, de acordo

com o médico, disse que não tinha certeza e, por conta disso, o médico decidiu "fazer uma correção no formulário de consentimento e escrever uma observação no quadro, detalhando que precisávamos prosseguir". O médico disse que jamais falou palavrões e não estava exaltado.

O Rhode Island Hospital, quando questionado sobre esta versão dos fatos, disse que ela não era correta e referiu-se ao RIDH Statement of Deficiencies and Plan of Correction de 7 de agosto de 2007. Numa declaração, o hospital escreveu: "Durante nossa investigação, ninguém disse que ouviu o cirurgião dizer que o paciente ia morrer."

"Estas menções à exaltação e irritação na minha atitude, mesmo os xingamentos, foram completamente imprecisas", escreveu o médico. "Eu fui calmo e profissional. Demonstrei emoção apenas por um breve instante, quando percebi que tinha começado do lado errado. O problema crucial era que não teríamos filmes para olhar durante o procedimento. (...) Não ter filmes para ver durante o caso é uma incompetência do hospital; no entanto, não tínhamos escolha senão prosseguir sem filmes."

O Rhode Island Hospital respondeu que a instituição "não pode comentar a declaração do cirurgião, mas gostaria de observar que o hospital pressupunha que os cirurgiões exibissem filmes enquanto realizavam cirurgias caso houvesse alguma dúvida sobre o caso. Depois desta ocorrência, o hospital decretou que os filmes deviam ficar disponíveis para que a equipe consultasse". Numa segunda declaração, o hospital escreveu que o cirurgião "não disse palavrões durante esta conversa. O enfermeiro disse ao cirurgião que não tinha recebido um relatório do departamento de emergência e passou vários minutos na sala tentando contatar a pessoa certa no departamento de emergência. O enfermeiro clínico indicou que recebera um relatório do médico do departamento de emergência. No entanto, a enfermeira anestesista precisava saber quais medicamentos tinham sido aplicados no departamento de emergência, e por isso o enfermeiro estava procurando no relatório para conseguir estas informações para ela".

O Rhode Island Board of Medical Licensure and Discipline, numa ordem de consentimento, escreveu que o médico "deixou de fazer uma avaliação precisa da localização do hematoma antes de realizar a evacuação cirúrgica". O Departamento Estadual de Saúde considerou que "uma análise inicial deste incidente revela que as medidas de segurança

344 ● O PODER DO HÁBITO

cirúrgica do hospital são deficientes e que alguns sistemas não foram seguidos".

Representantes tanto da Board of Medical Licensure and Discipline quanto do Departamento de Saúde recusaram-se a fazer maiores comentários.

[10] Numa declaração, um representante do Rhode Island Hospital escreveu: "Acredito que foi o cirurgião quem notou que não havia sangramento — há diversas versões a respeito do que ele disse nesse momento. Ele pediu que os filmes fossem puxados, confirmou o erro, e logo em seguida fechou e realizou o procedimento do lado correto. A não ser pelos comentários do cirurgião, a equipe disse que um grande silêncio instaurou-se na sala quando eles perceberam o erro."

[11] Na carta do médico em resposta a perguntas de verificação de fatos, ele escreveu que "ninguém alegou que esse erro custou a vida do paciente. A família jamais alegou morte por negligência e expressou pessoalmente sua gratidão a mim por ter salvo a vida dele naquele dia. O hospital e o enfermeiro clínico, juntos, pagaram mais do que eu para um acordo de 140 mil dólares". O Rhode Island Hospital, ao ser questionado sobre esta declaração, recusou-se a comentar.

[12] R. R. Nelson e S. G. Winter, *An Evolutionary Theory of Economic Change* (Cambridge, Mass.: Belknap Press of Harvard University Press, 1982).

[13] R. R. Nelson e S. G. Winter, "The Schumpeterian Tradeoff Revisited", *The American Economic Review* 72 (1982): 114-32. Winter, numa nota em resposta a perguntas de verificação de fatos, escreveu: "A 'compensação de Schumpeter' (assunto de um artigo da AER e um capítulo relacionado, 14, em nosso livro) era apenas uma faceta do projeto, e não uma faceta motivadora. Nelson e eu estávamos discutindo uma série de questões relativas à mudança tecnológica, crescimento econômico e comportamento empresarial muito antes de 1982, muito antes de estudarmos juntos em Yale, e especialmente na RAND em 1966-68. Nelson entrou para Yale em 1968; eu fui para Michigan nesse ano e me juntei

ao corpo docente de Yale em 1976. Estávamos 'seguindo a pista' do livro de 1982 desde 1967 e começamos a publicar trabalhos relacionados em 1973. (...) Resumindo, embora a influência de 'Schumpeter' obviamente seja forte em seu legado, o aspecto específico da 'compensação de Schumpeter' não é."

[14] Para uma visão geral da pesquisa subsequente, ver M. C. Becker, "Organizational Routines: A Review of the Literature", *Industrial and Corporate Change* 13 (2004): 643-78; Marta S. Feldman, "Organizational Routines as a Source of Continuous Change", *Organization Science* 11 (2000): 611-29.

[15] Winter, numa nota em resposta a perguntas de verificação de fatos, escreveu: "Houve muito pouco trabalho empírico próprio meu, e menos ainda que tenha sido publicado — a maior parte tendo sido publicada por Nelson sobre aspectos da mudança tecnológica. No domínio do comportamento empresarial, baseamo-nos acima de tudo na obra dos gigantes da Carnegie School (Simon, Cyert e March), e nos apoiamos num vasto escopo de outras fontes — estudos sobre tecnologia, histórias empresariais, economia de desenvolvimento, alguns psicólogos (...) e Michael Polanyi, como quer que você o classifique."

[16] Winter, numa nota em resposta a perguntas de verificação de fatos, esclareceu que esses padrões que surgem das decisões independentes de milhares de funcionários são um aspecto das rotinas, porém as rotinas também "são moldadas a partir de várias direções diferentes, uma das quais é o planejamento gerencial deliberado. Enfatizamos, no entanto, que quando isso acontece, a rotina real que surge, em oposição à rotina nominal que foi projetada deliberadamente, é influenciada, novamente, por diversas escolhas no nível individual, assim como outras considerações (ver o livro *Evolutionary Theory of Economic Change* p. 108)".

[17] Para saber mais sobre o assunto fascinante de como as rotinas organizacionais surgem e funcionam, ver Paul S. Adler, Barbara Goldoftas e David I. Levine, "Flexibility Versus Efficiency? A Case Study of Model Changeovers in the Toyota Production System", *Organization Science* 10

(1999): 43-67; B. E. Ashforth e Y. Fried, "The Mindlessness of Organisational Behaviors", *Human Relations* 41 (1988): 305-29; Donde P. Ashmos, Dennis Duchon e Reuben R. McDaniel, "Participation in Strategic Decision Making: The Role of Organisational Predisposition and Issue Interpretation", *Decision Sciences* 29 (1998): 25-51; M. C. Becker, "The Influence of Positive and Negative Normative Feedback on the Development and Persistence of Group Routines", tese de doutorado, Purdue University, 2001; M. C. Becker e N. Lazaric, "The Role of Routines in Organizations: An Empirical and Taxonomic Investigation", tese de doutorado, Judge Institute of Management, University of Cambridge, 2004; Bessant, Caffyn e Gallagher, "The Influence of Knowledge in the Replication of Routines", *Economie Appliquée* LVI, 65-94; "An Evolutionary Model of Continuous Improvement Behaviour", *Technovation* 21 (2001): 67-77; Tilmann Betsch, Klaus Fiedler e Julia Brinkmann, "Behavioral Routines in Decision Making: The Effects of Novelty in Task Presentation and Time Pressure on Routine Maintenance and Deviation", *European Journal of Psychology* 28 (1998): 861-78; Tilmann Betsch et al., "When Prior Knowledge Overrules New Evidence: Adaptive Use of Decision Strategies and Role Behavioral Routines", *Swiss Journal of Psychology* 58 (1999): 151-60; Tilmann Betsch et al., "The Effects of Routine Strength on Adaptation and Information Search in Recurrent Decision Making", *Organisational Behaviour and Human Decision Processes* 84 (2001): 23-53; J. Burns, "The Dynamics of Accounting Change: Interplay Between New Practices, Routines, Institutions, Power, and Politics", *Accounting, Auditing and Accountability Journal* 13 (2000): 566-86; M. D. Cohen, "Individual Learning and Organisational Routine: Emerging Connections", *Organisation Science* 2 (1991): 135-39; M. Cohen e P. Bacdayan, "Organisational Routines Are Stored as Procedural Memory: Evidence from a Laboratory Study", *Organisation Science* 5 (1994): 554-68; M. D. Cohen et al., "Routines and Other Recurring Action Patterns of Organisations: Contemporary Research Issues", *Industrial and Corporate Change* 5 (1996): 653-98; B. Coriat, "Variety, Routines, and Networks: The Metamorphosis of Fordist Firms", *Industrial and Corporate Change* 4 (1995): 205-27; B. Coriat e G. Dosi, "Learning How to Govern and Learning How to Solve Problems: On the Co-evolution of Competences, Conflicts, and Organisational Routines", in *The Role of Technology, Strategy, Organisation, and Regions*, ed. A. D. J. Chandler, P. Hadstroem ed O. Soelvell (Oxford: Oxford University Press, 1998); L. D'Adderio, "Configuring Software, Reconfiguring Memories: The Influence of Integrated Systems on the Reproduction of Knowledge and Routines", *Industrial and Corporate Change* 12 (2003): 321-50; P. A. David, *Path Dependence and the Quest for Historical Economics: One More Chorus of the Ballad of QWERTY* (Oxford: Oxford University Press, 1997); G. Delmestri, "Do All Roads Lead to Rome . . . or Berlin? The Evolution of Intra- and Inter-organisational Routines in the Machine-Building Industry", *Organisation Studies* 19 (1998): 639-65; Giovanni Dosi, Richard R. Nelson e Sidney Winter, "Introduction: The Nature and Dynamics of Organisational Capabilities", *The Nature and Dynamics of Organisational Capabilities*, ed. G. Dosi, R. R. Nelson e S. G. Winter (Oxford: Oxford University Press, 2000), 1-22; G. Dowell e A. Swaminathan, "Racing and Back-pedalling into the Future: New Product Introduction and Organisational Mortality in the US Bicycle Industry, 1880-1918", *Organisation Studies* 21 (2000): 405-31; A. C. Edmondson, R. M. Bohmer e G. P. Pisano, "Disrupted Routines: Team Learning and New Technology Implementation in Hospitals", *Administrative Science Quarterly* 46 (2001): 685-716; M. Egidi, "Routines, Hierarchies of Problems, Procedural Behaviour: Some Evidence from Experiments", in *The Rational Foundations of Economic Behaviour*, ed. K. Arrow et al. (London: Macmillan, 1996), 303-33; M. S. Feldman, "Organisational Routines as a Source of Continuous Change", *Organisation Science* 11 (2000): 611-29; Marta S. Feldman, "A Performative Perspective on Stability and Change in Organizational Routines", *Industrial and Corporate Change* 12 (2003): 727-52; Marta S. Feldman e B. T. Pentland, "Reconceptualizing Organizational Routines as a Source of Flexibility and Change", *Administrative Science Quarterly* 48 (2003): 94-118; Marta S. Feldman e A. Rafaeli, "Organisational Routines as Sources of Connections and Understandings", *Journal of Management Studies* 39 (2002): 309-31; A. Garapin e A. Hollard, "Routines and Incentives in Group Tasks", *Journal of Evolutionary Economics* 9 (1999): 465-86; C. J. Gersick e J. R. Hackman, "Habitual Routines in Task- Performing Groups", *Organisational Behaviour and Human Decision Processes* 47 (1990): 65-97; R. Grant, "Toward a Knowledge-Based Theory of the

Firm", *Strategic Management Journal* 17 (1996): 109-22; R. Heiner, "The Origin of Predictable Behaviour", *American Economic Review* 73 (1983): 560-95; G. M. Hodgson, "The Ubiquity of Habits and Rules", *Cambridge Journal of Economics* 21 (1997): 663-84; G. M. Hodgson, "The Mystery of the Routine: The Darwinian Destiny of *An Evolutionary Theory of Economic Change*", *Revue Économique* 54 (2003): 355-84; G. M. Hodgson e T. Knudsen, "The Firm as an Interactor: Firms as Vehicles for Habits and Routines", *Journal of Evolutionary Economics* 14, nº 3 (2004): 281-307; A. Inam, "Institutions, Routines, and Crises: Post--earthquake Housing Recovery in Mexico City and Los Angeles", tese de doutorado, University of Southern California, 1997; A. Inam, "Institutions, Routines, and Crises — Post-earthquake Housing Recovery in Mexico City and Los Angeles", *Cities* 16 (1999): 391-407; O. Jones e M. Craven, "Beyond the Routine: Innovation Management and the Teaching Company Scheme", *Technovation* 21 (2001): 267-79; M. Kilduff, "Performance and Interaction Routines in Multinational Corporations", *Journal of International Business Studies* 23 (1992): 133-45; N. Lazaric, "The Role of Routines, Rules, and Habits in Collective Learning: Some Epistemological and Ontological Considerations", *European Journal of Economic and Social Systems* 14 (2000): 157-71; N. Lazaric e B. Denis, "How and Why Routines Change: Some Lessons from the Articulation of Knowledge with ISO 9002 Implementation in the Food Industry", *Economies et Sociétés* 6 (2001): 585-612; B. Levitt e J. March, "Organisational Learning", *Annual Review of Sociology* 14 (1988): 319-40; P. Lillrank, "The Quality of Standard, Routine, and Nonroutine Processes", *Organization Studies* 24 (2003): 215-33; S. Massini et al., "The Evolution of Organizational Routines Among Large Western and Japanese Firms", *Research Policy* 31 (2002): 1333-48; T. J. McKeown, "Plans and Routines, Bureaucratic Bargaining, and the Cuban Missile Crisis", *Journal of Politics* 63 (2001): 1163-90; A. P. Minkler, "The Problem with Dispersed Knowledge: Firms in Theory and Practice", *Kyklos* 46 (1993): 569-87; P. Morosini, S. Shane e H. Singh, "National Cultural Distance and Cross-Border Acquisition Performance", *Journal of International Business Studies* 29 (1998): 137-58; A. Narduzzo, E. Rocco e M. Warglien, "Talking About Routines in the Field", in *The Nature and Dynamics of Organizational Capabilities*, ed.

G. Dosi, R. Nelson e S. Winter (Oxford: Oxford University Press, 2000), 27-50; R. R. Nelson, "Routines", in *The Elgar Companion to Institutional and Evolutionary Economics,* vol. 2, ed. G. Hodgson, W. Samuels e M. Tool (Aldershot, U.K.: Edward Elgar, 1992), 249-53; B. T. Pentland, "Conceptualizing and Measuring Variety in the Execution of Organizational Work Processes", *Management Science* 49 (2003): 857-70; B. T. Pentland e H. Rueter, "Organisational Routines as Grammars of Action", *Administrative Sciences Quarterly* 39 (1994): 484-510; L. Perren e P. Grant, "The Evolution of Management Accounting Routines in Small Businesses: A Social Construction Perspective", *Management Accounting Research* 11 (2000): 391-411; D. J. Phillips, "A Genealogical Approach to Organizational Life Chances: The Parent-Progeny Transfer Among Silicon Valley Law Firms, 1946-1996", *Administrative Science Quarterly* 47 (2002): 474-506; S. Postrel e R. Rumelt, "Incentives, Routines, and Self-Command", *Industrial and Corporate Change* 1 (1992): 397-425; P. D. Sherer, N. Rogovksy e N. Wright, "What Drives Employment Relations in Taxicab Organisations?" *Organisation Science* 9 (1998): 34-48; H. A. Simon, "Programs as Factors of Production", *Proceedings of the Nineteenth Annual Winter Meeting, 1966,* Industrial Relations Research Association, 1967, 178-88; L. A. Suchman, "Office Procedure as Practical Action: Models of Work and System Design", *ACM Transactions on Office Information Systems* 1 (1983): 320-28; G. Szulanski, "Appropriability and the Challenge of Scope: Banc One Routinizes Replication", in *Nature and Dynamics of Organisational Capabilities,* ed. G. Dosi, R. R. Nelson e S. G. Winter (Oxford: Oxford University Press, 1999), 69-97; D. Tranfield e S. Smith, "The Strategic Regeneration of Manufacturing by Changing Routines", *International Journal of Operations and Production Management* 18 (1998): 114-29; Karl E. Weick, "The Vulnerable System: An Analysis of the Tenerife Air Disaster", *Journal of Management* 16 (1990): 571-93; Karl E. Weick, "The Collapse of Sensemaking in Organizations: The Mann-Gulch Disaster", *Administrative Science Quarterly* 38 (1993): 628-52; H. M. Weiss e D. R. Ilgen, "Routinized Behaviour in Organisations", *Journal of Behavioral Economics* 14 (1985): 57-67; S. G. Winter, "Economic 'Natural Selection' and the Theory of the Firm", *Yale Economic Essays* 4 (1964): 225-72; S. G. Winter, "Optimization and Evolution in the Theory of the Firm", in *Adaptive*

Economic Models, ed. R. Day e T. Groves (Nova York: Academic Press, 1975), 73-118; S. G. Winter e G. Szulanski, "Replication as Strategy", *Organization Science* 12 (2001): 730-43; S. G. Winter e G. Szulanski, "Replication of Organisational Routines: Conceptualizing the Exploitation of Knowledge Assets", in *The Strategic Management of Intellectual Capital and Organisational Knowledge: A Collection of Readings*, ed. N. Bontis e C. W. Choo (Nova York: Oxford University Press, 2001), 207-21; M. Zollo, J. Reuer, e H. Singh, "Interorganizational Routines and Performance in Strategic Alliances", *Organization Science* 13 (2002): 701-13.

[18] Esbjoern Segelod, "The Content and Role of the Investment Manual: A Research Note", *Management Accounting Research* 8, n⁰ 2 (1997): 221-31; Anne Marie Knott e Bill McKelvey, "Nirvana Efficiency: A Comparative Test of Residual Claims and Routines", *Journal of Economic Behavior and Organization* 38 (1999): 365-83; J. H. Gittell, "Coordinating Mechanisms in Care Provider Groups: Relational Coordination as a Mediator and Input Uncertainty as a Moderator of Performance Effects", *Management Science* 48 (2002): 1408-26; A. M. Knott e Hart Posen, "Firm R&D Behavior and Evolving Technology in Established Industries", *Organization Science* 20 (2009): 352-67.

[19] G. M. Hodgson, *Economics and Evolution* (Cambridge: Polity Press, 1993); Richard N. Langlois, "Transaction-Cost Economics in Real Time", *Industrial and Corporate Change* (1992): 99-127; R. R. Nelson, "Routines"; R. Coombs e J. S. Metcalfe, "Organizing for Innovation: Co-ordinating Distributed Innovation Capabilities", in *Competence, Governance, and Entrepreneurship*, ed. J. N. Foss e V. Mahnke (Oxford: Oxford University Press, 2000); R. Amit e M. Belcourt, "HRM Processes: A Value-Creating Source of Competitive Advantage", *European Management Journal* 17 (1999): 174-81.

[20] G. Dosi, D. Teece e S. G. Winter, "Toward a Theory of Corporate Coherence: Preliminary Remarks", in *Technology and Enterprise in a Historical Perspective*, ed. G. Dosi, R. Giannetti e P. A. Toninelli (Oxford: Clarendon Press, 1992), 185-211; S. G. Winter, Y. M. Kaniovski e G.

Dosi, "A Baseline Model of Industry Evolution", *Journal of Evolutionary Economics* 13, n⁰ 4 (2003): 355-83; B. Levitt e J. G. March, "Organizational Learning", *Annual Review of Sociology* 14 (1988): 319-40; D. Teece e G. Pisano, "The Dynamic Capabilities of Firms: An Introduction", *Industrial and Corporate Change* 3 (1994): 537-56; G. M. Hodgson, "The Approach of Institutional Economics", *Journal of Economic Literature* 36 (1998): 166-92; Phillips, "Genealogical Approach to Organizational Life Chances"; M. Zollo, J. Reuer e H. Singh, "Interorganizational Routines and Performance in Strategic Alliances", *Organization Science* 13 (2002): 701-13; P. Lillrank, "The Quality of Standard, Routine, and Nonroutine Processes", *Organization Studies* 24 (2003): 215-33.

[21] M. C. Becker, "Organizational Routines: A Review of the Literature", *Industrial and Corporate Change* 13, n⁰ 4 (2004): 643-78.

[22] B. Coriat e G. Dosi, "Learning How to Govern and Learning How to Solve Problems: On the Co-evolution of Competences, Conflicts, and Organisational Routines", in *The Role of Technology, Strategy, Organisation, and Regions*, ed. A. D. J. Chandler, P. Hadstroem e O. Soelvell (Oxford: Oxford University Press, 1998); C. I. Barnard, *The Functions of the Executive* (Cambridge, Mass.: Harvard University Press, 1938); P. A. Mangolte, "La dynamique des connaissances tacites et articulées: une approche socio-cognitive", *Economie Appliquée* 50, n⁰ 2 (1997): 105-34; P. A. Mangolte, "Le concept de 'routine organisationelle' entre cognition et institution", tese de doutorado, Université Paris-Nord, U.F.R. de Sciences Economiques et de Gestion, Centre de Recherche en Economie Industrielle, 1997; P. A. Mangolte, "Organisational Learning and the Organisational Link: The Problem of Conflict, Political Equilibrium and Truce", *European Journal of Economic and Social Systems* 14 (2000): 173-90; N. Lazaric e P. A. Mangolte, "Routines et mémoire organisationelle: un questionnement critique de la perspective cognitiviste", *Revue Internationale de Systémique* 12 (1998): 27-49; N. Lazaric e B. Denis, "How and Why Routines Change: Some Lessons from the Articulation of Knowledge with ISO 9002 Implementation in the Food Industry", *Economies et Sociétés* 6 (2001): 585-612; N.

Lazaric, P. A. Mangolte e M. L. Massué, "Articulation and Codification of Know-How in the Steel Industry: Some Evidence from Blast Furnace Control in France", *Research Policy* 32 (2003): 1829-47; J. Burns, "The Dynamics of Accounting Change: Interplay Between New Practices, Routines, Institutions, Power, and Politics", *Accounting, Auditing and Accountability Journal* 13 (2000): 566-86.

[23] Winter, numa nota em resposta a questões de verificação de fatos, escreveu: "A formulação 'rotina como trégua' revelou-se especialmente frutífera, e acho que isso é porque qualquer pessoa com alguma experiência trabalhando numa organização reconhece rapidamente que este é um termo conveniente para o tipo de caso com o qual se tem muita familiaridade. (...) Mas parte do seu exemplo sobre o vendedor evoca questões de confiança, cooperação e cultura organizacional que vão além do escopo da 'rotina como trégua'. Essas são questões sutis, que podem ser esclarecidas a partir de uma série de direções diferentes. A ideia de 'rotina como trégua' é muito mais específica do que ideias relacionadas sobre 'cultura'. Ela diz: 'Se você, sr. ou sra. gerente, VISIVELMENTE DIVERGIR de uma compreensão amplamente compartilhada de 'como fazemos as coisas por aqui', você enfrentará uma forte resistência, alimentada por níveis de desconfiança dos seus motivos que vão muito além de qualquer coisa que você poderia esperar razoavelmente. E se estas reações não forem totalmente independentes da qualidade dos argumentos que você apresentar, elas serão quase completamente independentes, e você achará difícil ver qualquer diferença.' Assim, por exemplo, vamos supor que levemos seu exemplo do 'vermelho este ano' um pouco mais além, para a fase de implementação, em que um enorme esforço de marketing foi feito para garantir que o vermelho do suéter fosse o mesmo da capa e da p. 17 do catálogo, e que ambos conferissem com aquilo que o diretor executivo tem em mente, e que esse vermelho também fosse o mesmo produzido de acordo com contratos com fornecedores na Malásia, Tailândia e Guatemala. Essas questões estão na outra ponta do espectro, oposta à decisão sobre 'vermelho'; há pessoas envolvidas num comportamento coordenado complexo — é mais como o caso do semicondutor. As pessoas na organização acham que sabem o que estão fazendo (porque

fizeram mais ou menos o mesmo com os pulôveres verdes do ano passado) e estão trabalhando como condenadas para fazer isso, relativamente dentro do prazo. Isto é questão de gerenciamento por instinto, um trabalho muito difícil, o que se deve parcialmente, neste caso, ao fato (alegado) de que o olho humano pode distinguir 7 milhões de cores diferentes. Em meio a isso, VOCÊ, sr. ou sra. gerente, intervém e diz 'Desculpe, é um erro, deveria ser roxo. Eu sei que já estamos bem avançados no nosso compromisso com o vermelho, mas escutem o que eu vou dizer, porque (...)' Se você tiver reunido aliados fortes dentro da organização que também sejam a favor de uma mudança tardia para o roxo, você acaba de deflagrar outra batalha na 'guerra civil', com consequências incertas. Se você não tiver tais aliados, tanto você quanto a causa que você defende estão mortos na organização, a curto prazo. E não importam a lógica e as evidências que você oferecer depois do seu 'porque'."

[24] Nelson e Winter, *Evolutionary Theory of Economic Change*, 110.

[25] Rik Wenting, "Spinoff Dynamics and the Spatial Formation of the Fashion Design Industry, 1858-2005", *Journal of Economic Geography* 8, nº 5 (2008): 593-614. Wenting, em resposta a perguntas de verificação de fatos, escreveu: "Nelson e Winter falam de rotinas organizacionais como atos coletivos repetitivos que determinam o comportamento e o desempenho de empresas. Notavelmente, eles argumentam que as rotinas são difíceis de codificar e fazem parte da cultura de uma empresa, e como tal são difíceis de mudar. Além disso, as rotinas são um dos principais motivos que fazem com que as empresas tenham desempenhos diferentes, e que haja uma diferença contínua ao longo do tempo entre empresas. A literatura iniciada por Steven Klepper interpretava este aspecto das rotinas como parte do motivo pelo qual as empresas surgidas de outras têm desempenho semelhante à matriz. Uso este mesmo raciocínio na indústria da moda: em larga medida, os empreendedores da moda constroem o modelo de sua nova empresa com base nas rotinas organizacionais aprendidas em seu antigo empregador. Na minha pesquisa de doutorado, encontrei evidências de que, desde o começo da indústria da alta-costura (Paris, 1858), empresas de moda

originadas de outras (fossem elas situadas em Nova York, Paris, Milão ou Londres etc.) de fato têm um desempenho semelhante ao das empresas matrizes."

[26] Os detalhes referentes às tréguas — e não às rotinas — dentro da indústria da moda são baseados em entrevistas com os próprios estilistas. Wenting, numa resposta a perguntas de verificação de fatos, escreveu: "Note que eu não falo de tréguas entre o empreendedor e seu antigo empregador. Esta é uma extensão da literatura sobre rotinas organizacionais que eu não exploro especificamente. No entanto, em minha pesquisa sobre o efeito 'herança' entre empresa matriz e empresa derivada, o papel da 'reputação' e da 'rede social' muitas vezes é mencionado por estilistas no modo como eles sentem as vantagens de sua empresa matriz."

[27] Rodney Cowton e Tony Dawe, "Inquiry Praises PC Who Helped to Fight King's Cross Blaze", *The Times*, 5 de fevereiro de 1988.

[28] Os detalhes sobre este incidente vêm de uma variedade de fontes, incluindo entrevistas, bem como D. Fennell, *Investigation into the King's Cross Underground Fire* (Norwich, Reino Unido: Stationery Office Books, 1988); P. Chambers, *Body 115: The Story of the Last Victim of the King's Cross Fire* (Nova York: John Wiley and Sons, 2006); K. Moodie, "The King's Cross Fire: Damage Assessment and Overview of the Technical Investigation", *Fire Safety Journal* 18 (1992): 13-33; A. F. Roberts, "The King's Cross Fire: A Correlation of the Eyewitness Accounts and Results of the Scientific Investigation", *Fire Safety Journal*, 1992; "Insight: Kings Cross", *The Sunday Times*, 22 de novembro de 1987; "Relatives Angry Over Tube Inquest; King's Cross Fire", *The Times*, 5 de outubro de 1988.

[29] No relatório de Fennell, o investigador se posiciona de forma ambígua sobre até que ponto a tragédia poderia ter sido evitada se o lenço de papel em chamas tivesse sido relatado. O relatório de Fennell é deliberadamente cético neste ponto: "Continuará sendo assunto de conjectura o que poderia ter acontecido se a Brigada de Incêndio de Londres tivesse

sido acionada para lidar com o lenço de papel em chamas .(...) É assunto de especulação que curso as coisas teriam tomado se ele tivesse seguido o novo procedimento e chamado a Brigada de Incêndio de Londres imediatamente."

[30] "Answers That Must Surface — The King's Cross Fire Is Over but the Controversy Continues", *The Times,* 2 de dezembro de 1987; "Businessman Praised for Rescuing Two from Blazing Station Stairwell; King's Cross Fire Inquest", *The Times,* 6 de outubro de 1998.

[31] Numa declaração em resposta a perguntas de verificação de fatos, um porta-voz da Empresa Ferroviária e Metroviária de Londres escreveu: "O Metrô de Londres considerou esta questão atentamente e não poderá, nesta ocasião, fornecer maiores comentários ou assistência. A reação do Metrô de Londres ao incêndio em King's Cross e as mudanças organizacionais realizadas para abordar os problemas estão bem documentadas, e a sequência de eventos que levaram ao incêndio é coberta com grande nível de detalhes no relatório do sr. Fennell, por isso o Metrô de Londres não considera necessário acrescentar mais comentários ao já extenso corpus de trabalhos sobre o assunto. Imagino que esta não seja a resposta que o senhor estava esperando."

[32] Felice Freyer, "Another Wrong-Site Surgery at R.I. Hospital", *The Providence Journal,* 28 de outubro de 2009; "Investigators Probing 5th Wrong-Site Surgery at Rhode Island Hospital Since 2007", Associated Press, 23 de outubro de 2009; "R.I. Hospital Fined $150,000 in 5th Wrong-Site Surgery Since 2007, Video Cameras to Be Installed", Associated Press, 2 de novembro de 2009; Carta para o Rhode Island Hospital do Rhode Island Department of Health, 2 de novembro de 2009; Carta para o Rhode Island Hospital do Rhode Island Department of Health, 26 de outubro de 2010; Carta para o Rhode Island Hospital dos Centers for Medicare and Medicaid Services, 25 de outubro de 2010.

[33] "'The Problem's Not Going Away': Mistakes Lead to Wrong-Side Brain Surgeries at R.I. Hospital", Associated Press, 15 de dezembro de 2007.

³⁴ Numa declaração, uma porta-voz do Rhode Island Hospital escreveu: "Nunca ouvi falar de nenhum repórter que tenha armado uma 'emboscada' para um médico — e nunca vi nenhum incidente deste gênero em nenhuma agência de notícias. Embora eu não possa comentar as percepções individuais, a citação insinua um frenesi da mídia, o que não aconteceu. Embora os incidentes tenham recebido atenção nacional, nenhum órgão da mídia nacional veio a Rhode Island."

³⁵ Numa declaração, uma porta-voz do Rhode Island Hospital escreveu: "Eu não descreveria o clima como sendo de crise — era mais precisamente de desmoralização entre muitos funcionários. Muitas pessoas se sentiam aborrecidas."

³⁶ As câmeras foram instaladas como parte de uma ordem em conjunto com o departamento de saúde estadual.

³⁷ Era o Rhode Island Hospital Surgical Safety Backgrounder, fornecido pelos administradores do hospital. Mais informações sobre as iniciativas de segurança do Rhode Island Hospital estão disponíveis no site http://rhodeislandhospital.org/rih/quality/.

³⁸ Para saber mais sobre como as crises podem criar uma atmosfera em que a mudança é possível na medicina, e como as cirurgias no lugar errado acontecem, ver Douglas McCarthy e David Blumenthal, "Stories from the Sharp End: Case Studies in Safety Improvement", *Milbank Quarterly* 84 (2006): 165-200; J. W. Senders et al., "The Egocentric Surgeon or the Roots of Wrong Side Surgery", *Quality and Safety in Health Care* 17 (2008): 396-400; Mary R. Kwaan et al., "Incidence, Patterns, and Prevention of Wrong-Site Surgery", *Archives of Surgery* 141, nº 4 (abril de 2006): 353-57.

³⁹ Para uma discussão sobre este assunto, ver McCarthy e Blumenthal, "Stories from the Sharp End"; Atul Gawande, *Better: A Surgeon's Notes on Performance* (Nova York: Metropolitan Books, 2008); Atul Gawande, *The Checklist Manifesto: How to Get Things Right* (Nova York: Metropolitan Books, 2009).

[40] NASA, "Report to the President: Actions to Implement the Recommendations of the Presidential Commission on the Space Shuttle *Challenger* Accident", 14 de julho de 1986; Matthew W. Seeger, "The *Challenger* Tragedy and Search for Legitimacy", *Communication Studies* 37, n.º 3 (1986): 147-57; John Noble Wilford, "New NASA System Aims to Encourage Blowing the Whistle", *The New York Times,* 5 de junho de 1987; Joseph Lorenzo Hall, "*Columbia* and *Challenger*: Organizational Failure at NASA", Space Policy 19, n.º 4 (novembro de 2003), 239-47; Barbara Romzek e Melvin Dubnick, "Accountability in the Public Sector: Lessons from the *Challenger* Tragedy", *Public Administration Review* 47, n.º 3 (maio-junho de 1987): 227-38.

[41] Karl E. Weick, "The Vulnerable System: An Analysis of the Tenerife Air Disaster", *Journal of Management* 16, n.º 3 (1990): 571-93; William Evan e Mark Manion, *Minding the Machines: Preventing Technological Disasters* (Upper Saddle River, N.J.: Prentice Hall Professional, 2002); Raimo P. Hämäläinen e Esa Saarinen, *Systems Intelligence: Discovering a Hidden Competence in Human Action and Organizational Life* (Helsinki: Helsinki University of Technology, 2004).

CAPÍTULO SETE

[1] Os detalhes sobre as táticas subliminares que os varejistas usam vêm de Jeremy Caplan, "Supermarket Science", *Time,* 24 de maio de 2007; Paco Underhill, *Why We Buy: The Science of Shopping* (Nova York: Simon and Schuster, 2000); Jack Hitt; "The Theory of Supermarkets", *The New York Times,* 10 de março de 1996; "The Science of Shopping: The Way the Brain Buys", *The Economist,* 20 de dezembro de 2008; "Understanding the Science of Shopping", *Talk of the Nation,* National Public Radio, 12 de dezembro de 2008; Malcolm Gladwell, "The Science of Shopping", *The New Yorker,* 4 de novembro de 1996.

[2] Há literalmente milhares de estudos que investigaram minuciosamente como os hábitos influenciam o comportamento dos consumidores — e como desejos inconscientes e semiconscientes influenciam decisões que, de outro modo, poderiam parecer imunes a gatilhos habituais. Para

saber mais sobre estes assuntos fascinantes, ver H. Aarts, A. van Knippenberg e B. Verplanken, "Habit and Information Use in Travel Mode Choices", *Acta Psychologica* 96, nos 1-2 (1997): 1-14; J. A. Bargh, "The Four Horsemen of Automaticity: Awareness, Efficiency, Intention, and Control in Social Cognition", in *Handbook of Social Cognition*, ed. R. S. Wyer, Jr. e T. K. Srull (Hillsdale, N.J.: Lawrence Erlbaum Associates, 1994); D. Bell, T. Ho e C. Tang, "Determining Where to Shop: Fixed and Variable Costs of Shopping", *Journal of Marketing Research* 35, nº 3 (1998): 352-69; T. Betsch, S. Haberstroh, B. Molter, A. Glöckner, "Oops, I Did It Again — Relapse Errors in Routinized Decision Making", *Organizational Behavior and Human Decision Processes* 93, nº 1 (2004): 62-74; M. Cunha, C. Janiszewski, Jr. e J. Laran, "Protection of Prior Learning in Complex Consumer Learning Environments", *Journal of Consumer Research* 34, nº 6 (2008): 850-64; H. Aarts, U. Danner e N. de Vries, "Habit Formation and Multiple Means to Goal Attainment: Repeated Retrieval of Target Means Causes Inhibited Access to Competitors", *Personality and Social Psychology Bulletin* 33, nº 10 (2007): 1367-79; E. Ferguson e P. Bibby, "Predicting Future Blood Donor Returns: Past Behavior, Intentions, and Observer Effects", *Health Psychology* 21, nº 5 (2002): 513-18; Edward Fox e John Semple, "Understanding 'Cherry Pickers': How Retail Customers Split Their Shopping Baskets", manuscrito inédito, Southern Methodist University, 2002; S. Gopinath, R. Blattberg e E. Malthouse, "Are Revived Customers as Good as New?", manuscrito inédito, Northwestern University, 2002; H. Aarts, R. Holland e D. Langendam, "Breaking and Creating Habits on the Working Floor: A Field-Experiment on the Power of Implementation Intentions", *Journal of Experimental Social Psychology* 42, nº 6 (2006): 776-83; Mindy Ji e Wendy Wood, "Purchase and Consumption Habits: Not Necessarily What You Intend", *Journal of Consumer Psychology* 17, nº 4 (2007): 261-76; S. Bellman, E. J. Johnson e G. Lohse, "Cognitive Lock-In and the Power Law of Practice", *Journal of Marketing* 67, nº 2 (2003): 62-75; J. Bettman et al., "Adapting to Time Constraints", in *Time Pressure and Stressing Human Judgment and Decision Making*, ed. O. Svenson e J. Maule (Nova York: Springer, 1993); Adwait Khare e J. Inman, "Habitual Behavior in American Eating Patterns: The Role of Meal Occasions", *Journal of Consumer Research* 32, nº

4 (2006): 567-75; David Bell e R. Lal, "The Impact of Frequent Shopper Programs in Grocery Retailing", *Quantitative Marketing and Economics* 1, n.º 2 (2002): 179-202; Yuping Liu, "The Long-Term Impact of Loyalty Programs on Consumer Purchase Behavior and Loyalty", *Journal of Marketing* 71, n.º 4 (2007): 19-35; Neale Martin, *Habit: The 95% of Behavior Marketers Ignore* (Upper Saddle River, N.J.: FT Press, 2008); H. Aarts, K. Fujia e K. C. McCulloch, "Inhibition in Goal Systems: A Retrieval-Induced Forgetting Account", *Journal of Experimental Social Psychology* 44, n.º 3 (2008): 614-23; Gerald Häubl e K. B. Murray, "Explaining Cognitive Lock-In: The Role of Skill- Based Habits of Use in Consumer Choice", *Journal of Consumer Research* 34 (2007) 77-88; D. Neale, J. Quinn e W. Wood, "Habits: A Repeat Performance", *Current Directions in Psychological Science* 15, n.º 4 (2006) 198-202; R. L. Oliver, "Whence Consumer Loyalty?" *Journal of Marketing* 63 (1999): 33-44; C. T. Orleans, "Promoting the Maintenance of Health Behavior Change: Recommendations for the Next Generation of Research and Practice", *Health Psychology* 19 (2000): 76-83; Andy Ouellette e Wendy Wood, "Habit and Intention in Everyday Life: The Multiple Processes by Which Past Behavior Predicts Future Behavior", *Psychological Bulletin* 124, n.º 1 (1998) 54-74; E. Iyer, D. Smith e C. Park, "The Effects of Situational Factors on In-Store Grocery Shopping Behavior: The Role of Store Environment and Time Available for Shopping", *Journal of Consumer Research* 15, n.º 4 (1989): 422-33; O. Amir, R. Dhar e A. Pocheptsova, "Deciding Without Resources: Resource Depletion and Choice in Context", *Journal of Marketing Research* 46, n.º 3 (2009): 344-55; H. Aarts, R. Custers e P. Sheeran, "The Goal- Dependent Automaticity of Drinking Habits", *British Journal of Social Psychology* 44, n.º 1 (2005): 47-63; S. Orbell e P. Sheeran, "Implementation Intentions and Repeated Behavior: Augmenting the Predictive Validity of the Theory of Planned Behavior", *European Journal of Social Psychology* 29, n.ºs 2-3 (1999): 349-69; P. Sheeran, P. Gollwitzer e P. Webb, "The Interplay Between Goal Intentions and Implementation Intentions", *Personality and Social Psychology Bulletin* 31, n.º 1 (2005): 87-98; H. Shen e R. S. Wyer, "Procedural Priming and Consumer Judgments: Effects on the Impact of Positively and Negatively Valenced Information", *Journal of Consumer Research* 34, n.º 5 (2007): 727-37; Itamar Simonson, "The Effect of Purchase Quantity

and Timing on Variety-Seeking Behavior", *Journal of Marketing Research* 27, nº 2 (1990): 150-62; G. Taylor e S. Neslin, "The Current and Future Sales Impact of a Retail Frequency Reward Program", *Journal of Retailing* 81, nº 4, 293-305; H. Aarts e B. Verplanken, "Habit, Attitude, and Planned Behavior: Is Habit an Empty Construct or an Interesting Case of Goal-Directed Automaticity?" *European Review of Social Psychology* 10 (1999): 101-34; B. Verplanken, Henk Aarts e Ad Van Knippenberg, "Habit, Information Acquisition, and the Process of Making Travel Mode Choices", *European Journal of Social Psychology* 27, nº 5 (1997): 539-60; B. Verplanken et al., "Attitude Versus General Habit: Antecedents of Travel Mode Choice", *Journal of Applied Social Psychology* 24, nº 4 (1994): 285-300; B. Verplanken et al., "Consumer Style and Health: The Role of Impulsive Buying in Unhealthy Eating", *Psychology and Health* 20, nº 4 (2005): 429-41; B. Verplanken et al., "Context Change and Travel Mode Choice: Combining the Habit Discontinuity and Self-Activation Hypotheses", *Journal of Environmental Psychology* 28 (2008): 121-27; Bas Verplanken and Wendy Wood, "Interventions to Break and Create Consumer Habits", *Journal of Public Policy and Marketing* 25, nº 1 (2006): 90-103; H. Evanschitzky, B. Ramaseshan e V. Vogel, "Customer Equity Drivers and Future Sales", *Journal of Marketing* 72 (2008): 98-108; P. Sheeran e T. L. Webb, "Does Changing Behavioral Intentions Engender Behavioral Change? A Meta-Analysis of the Experimental Evidence", *Psychological Bulletin* 132, nº 2 (2006): 249-68; P. Sheeran, T. L. Webb e A. Luszczynska, "Planning to Break Unwanted Habits: Habit Strength Moderates Implementation Intention Effects on Behavior Change", *British Journal of Social Psychology* 48, nº 3 (2009): 507-23; D. Wegner e R. Wenzlaff, "Thought Suppression", *Annual Review of Psychology* 51 (2000): 59-91; L. Lwin, A. Mattila e J. Wirtz, "How Effective Are Loyalty Reward Programs in Driving Share of Wallet?" *Journal of Service Research* 9, nº 4 (2007): 327-34; D. Kashy, J. Quinn e W. Wood, "Habits in Everyday Life: Thought, Emotion, and Action", *Journal of Personality and Social Psychology* 83, nº 6 (2002): 1281-97; L. Tam, M. Witt e W. Wood (2005), "Changing Circumstances, Disrupting Habits", *Journal of Personality and Social Psychology* 88, nº 6 (2005): 918-33; Alison Jing Xu e Robert S. Wyer, "The Effect of Mindsets on Consumer Decision Strategies", *Journal of Consumer Research* 34, nº 4

(2007): 556-66; C. Cole, M. Lee e C. Yoon, "Consumer Decision Making and Aging: Current Knowledge and Future Directions", *Journal of Consumer Psychology* 19 (2009): 2-16; S. Dhar, A. Krishna e Z. Zhang, "The Optimal Choice of Promotional Vehicles: Front- Loaded or Rear- -Loaded Incentives?" *Management Science* 46, nº 3 (2000): 348-62.

[3] Park, E. Iyer e D. Smith, "The Effects of Situational Factors on In- -Store Grocery Shopping Behavior: The Role of Store Environment and Time Available for Shopping", *The Journal of Consumer Research* 15, nº 4 (1989): 422-33. Para saber mais sobre este assunto, ver J. Belyavsky Bayuk, C. Janiszewski e R. Leboeuf, "Letting Good Opportunities Pass Us By: Examining the Role of Mindset During Goal Pursuit", *Journal of Consumer Research* 37, nº 4 (2010): 570-83; Ab Litt e Zakary L. Torma- la, "Fragile Enhancement of Attitudes and Intentions Following Diffi- cult Decisions", *Journal of Consumer Research* 37, nº 4 (2010): 584-98.

[4] D. Neal e W. Wood, "The Habitual Consumer", *Journal of Consumer Psychology* 19, nº 4 (2009): 579-92. Para saber mais sobre pesquisas se- melhantes, ver R. Fazio e M. Zanna, "Direct Experience and Attitude- -Behavior Consistency", in *Advances in Experimental Social Psychology*, ed. L. Berkowitz (Nova York: Academic Press, 2005); R. Abelson e R. Schank, "Knowledge and Memory: The Real Story", in *Knowledge and Memory: The Real Story*, ed. R. S. Wyer, Jr. (Hillsdale, N.J.: Lawren- ce Erlbaum, 2004); Nobert Schwarz, "Meta-Cognitive Experiences in Consumer Judgment and Decision Making", *Journal of Consumer Psychology* 14, nº 4 (setemobro de 2004): 332-48; R. Wyer e A. Xu, "The Role of Behavioral Mindsets in Goal-Directed Activity: Con- ceptual Underpinnings and Empirical Evidence", *Journal of Consumer Psychology* 20, nº 2 (2010): 107-25.

[5] Julia Angwin e Steve Stecklow, "'Scrapers' Dig Deep for Data on Web", *The Wall Street Journal*, 12 de outubro de 2010; Mark Maremont e Leslie Scism, "Insurers Test Data Profiles to Identify Risky Clients", *The Wall Street Journal*, 19 de novembro de 2010; Paul Sonne e Steve Stecklow, "Shunned Profiling Technology on the Verge of Comeback", *The Wall Street Journal*, 24 de novembro de 2010.

⁶ Este slide é de um discurso de abertura feito por Pole na Predicted Analytics World em Nova York, em 20 de outubro de 2009. Ele não está mais disponível on-line. Adicionalmente, ver Andrew Pole, "Challenges of Incremental Sales Modeling in Direct Marketing".

⁷ É difícil fazer correlações específicas entre tipos de mudanças de vida e produtos específicos. Por isso, embora saibamos que pessoas que mudam de casa ou se divorciam vão mudar seus padrões de compra, não sabemos se o divórcio sempre influencia a cerveja, ou se uma nova casa sempre influencia a compra de cereais matinais. Mas a tendência geral se mantém. Alan Andreasen, "Life Status Changes and Changes in Consumer Preferences and Satisfaction", *Journal of Consumer Research* 11, nº 3 (1984): 784-94. Para saber mais sobre este assunto, ver E. Lee, A. Mathur e G. Moschis, "A Longitudinal Study of the Effects of Life Status Changes on Changes in Consumer Preferences", *Journal of the Academy of Marketing Science* 36, nº 2 (2007): 234-46; L. Euehun, A. Mathur e G. Moschis, "Life Events and Brand Preferences Changes", *Journal of Consumer Behavior* 3, nº 2 (2003): 129-41.

⁸ Para saber mais sobre o fascinante assunto de como momentos especiais oferecem oportunidades para que marqueteiros (ou agências de governo, ativistas da saúde, ou qualquer outra pessoa, aliás), influenciem hábitos, ver Bas Verplanken e Wendy Wood, "Interventions to Break and Create Consumer Habits", *Journal of Public Policy and Marketing* 25, nº 1 (2006): 90-103; D. Albarracin, A. Earl e J. C. Gillette, "A Test of Major Assumptions About Behavior Change: A Comprehensive Look at the Effects of Passive and Active HIV-Prevention Interventions Since the Beginning of the Epidemic", *Psychological Bulletin* 131, nº 6 (2005): 856-97; T. Betsch, J. Brinkmann e K. Fiedler, "Behavioral Routines in Decision Making: The Effects of Novelty in Task Presentation and Time Pressure on Routine Maintenance and Deviation", *European Journal of Social Psychology* 28, nº 6 (1998): 861-78; L. Breslow, "Social Ecological Strategies for Promoting Healthy Lifestyles", *American Journal of Health Promotion* 10, nº 4 (1996), 253-57; H. Buddelmeyer e R. Wilkins, "The Effects of Smoking Ban Regulations on Individual Smoking Rates",

Melbourne Institute Working Paper Series nº 1737, Melbourne Institute of Applied Economic and Social Research, University of Melbourne, 2005; P. Butterfield, "Thinking Upstream: Nurturing a Conceptual Understanding of the Societal Context of Health Behavior", *Advances in Nursing Science* 12, nº 2 (1990): 1-8; J. Derzon e M. Lipsey, "A Meta--Analysis of the Effectiveness of Mass Communication for Changing Substance-Use Knowledge, Attitudes, and Behavior", in *Mass Media and Drug Prevention: Classic and Contemporary Theories and Research*, ed. W. D. Crano e M. Burgoon (East Sussex, Reino Unido: Psychology, 2001); R. Fazio, J. Ledbetter e T. Ledbetter, "On the Costs of Accessible Attitudes: Detecting That the Attitude Object Has Changed", *Journal of Personality and Social Psychology* 78, nº 2 (2000): 197-210; S. Fox et al., "Competitive Food Initiatives in Schools and Overweight in Children: A Review of the Evidence", *Wisconsin Medical Journal* 104, nº 8 (2005): 38-43; S. Fujii, T. Gärling e R. Kitamura, "Changes in Drivers' Perceptions and Use of Public Transport During a Freeway Closure: Effects of Temporary Structural Change on Cooperation in a Real-Life Social Dilemma", *Environment and Behavior* 33, nº 6 (2001): 796-808; T. Heatherton e P. Nichols, "Personal Accounts of Successful Versus Failed Attempts at Life Change", *Personality and Social Psychology Bulletin* 20, nº 6 (1994): 664-75; J. Hill e H. R. Wyatt, "Obesity and the Environment: Where Do We Go from Here?" *Science* 299, nº 5608 (2003): 853-55; P. Johnson, R. Kane e R. Town, "A Structured Review of the Effect of Economic Incentives on Consumers' Preventive Behavior", *American Journal of Preventive Medicine* 27, nº 4 (2004): 327-52; J. Fulkerson, M. Kubrik e L. Lytle, "Fruits, Vegetables, and Football: Findings from Focus Groups with Alternative High School Students Regarding Eating and Physical Activity", *Journal of Adolescent Health* 36, nº 6 (2005): 494-500; M. Abraham, S. Kalmenson e L. Lodish, "How T.V. Advertising Works: A Meta- Analysis of 389 Real World Split Cable T.V. Advertising Experiments", *Journal of Marketing Research* 32, nº 5 (1995): 125-39; J. McKinlay, "A Case for Re-Focusing Upstream: The Political Economy of Illness", in *Applying Behavioral Science to Cardiovascular Risk*, ed. A. J. Enelow e J. B. Henderson (Nova York: American Heart Association, 1975); N. Milio, "A Framework for Prevention: Changing Health-Damaging to Health-Generating Life Patterns", *American Journal of Public Health* 66,

nº 5 (1976): 435-39; S. Orbell, "Intention- Behavior Relations: A Self-
-Regulatory Perspective", in *Contemporary Perspectives on the Psychology
of Attitudes*, ed. G. Haddock e G. Maio (Nova York: Psychology Press,
2004); C. T. Orleans, "Promoting the Maintenance of Health Behavior
Change: Recommendations for the Next Generation of Research and
Practice", *Health Psychology* 19, nº 1 (2000): 76-83; C. G. DiClemente,
J. C. Norcross e J. Prochaska, "In Search of How People Change: Applications to Addictive Behaviors", *American Psychologist* 47, nº 9 (1992):
1102-14; J. Quinn e W. Wood, "Inhibiting Habits and Temptations:
Depends on Motivational Orientation", manuscrito de 2006 sob avaliação editorial; T. Mainieri, S. Oskamp e P. Schultz, "Who Recycles and
When? A Review of Personal and Structural Factors", *Journal of Environmental Psychology* 15, nº 2 (1995): 105-21; C. D. Jenkins, C. T. Orleans
e T. W. Smith, "Prevention and Health Promotion: Decades of Progress,
New Challenges, and an Emerging Agenda", *Health Psychology* 23, nº 2
(2004): 126-31; H. C. Triandis, "Values, Attitudes, and Interpersonal
Behavior", *Nebraska Symposium on Motivation* 27 (1980): 195-259.

[9] "Parents Spend £5,000 on Newborn Baby Before Its First Birthday",
Daily Mail, 20 de setembro de 2010.

[10] Brooks Barnes, "Disney Looking into Cradle for Customers", *The
New York Times,* 6 de fevereiro de 2011.

[11] Os nomes neste parágrafo são pseudônimos, usados para ilustrar os
tipos de clientes que os modelos da Target são capazes de detectar. Estas
não são pessoas reais.

[12] "McDonald's, CBS, Mazda, and Microsoft Sued for 'History Sni-
ffing'", Forbes.com, 3 de janeiro de 2011.

[13] Terry Baynes, "California Ruling Sets Off More Credit Card Suits",
Reuters, 16 de fevereiro de 2011.

[14] A. Elberse, J. Eliashbert e J. Villanueva, "Polyphonic HMI: Mixing
Music with Math", *Harvard Business Review,* 24 de agosto de 2005.

[15] Meus agradecimentos a Adam Foster, diretor de serviços de dados, Nielsen BDS.

[16] Meus agradecimentos a Paul Heine, agora da *Inside Radio;* Paul Heine, "Fine-tuning People Meter", *Billboard,* 6 de novembro de 2004; Paul Heine, "Mscore Data Shows Varying Relationship with Airplay", *Billboard,* 3 de abril de 2010.

[17] Em comunicações de verificação de fatos, Steve Bartels, o executivo de divulgação da Arista, enfatizou que via o fato de *Hey Ya!* estar polarizando opiniões como uma coisa boa. A música foi lançada e promovida junto com outra faixa — *The Way You Move* — que foi o outro grande single do lançamento duplo do OutKast *Speakerboxxx/The Love Below.* "Você quer que haja uma reação", Bartels me disse. "Alguns dos diretores de programa mais espertos viram a polarização como uma oportunidade para dar identidade a sua rádio. O fato de que havia uma reação rápida de mudar de estação não significa, para mim, que não estamos tendo sucesso. É meu trabalho convencer os diretores de programa de que é por isso que eles deveriam prestar atenção nesta música."

[18] Stephanie Clifford, "You Never Listen to Celine Dion? Radio Meter Begs to Differ", *The New York Times,* 15 de dezembro de 2009; Tim Feran, "Why Radio's Changing Its Tune", *The Columbus Dispatch,* 13 de junho de 2010.

[19] G. S. Berns, C. M. Capra e S. Moore, "Neural Mechanisms of the Influence of Popularity on Adolescent Ratings of Music", *NeuroImage* 49, nº 3 (2010): 2687-96; J. Bharucha, F. Musiek e M. Tramo, "Music Perception and Cognition Following Bilateral Lesions of Auditory Cortex", *Journal of Cognitive Neuroscience* 2, nº 3 (1990): 195-212; Stefan Koelsch e Walter Siebel, "Towards a Neural Basis of Music Perception", *Trends in Cognitive Sciences* 9, nº 12 (2005): 578-84; S. Brown, M. Martinez e L. Parsons, "Passive Music Listening Spontaneously Engages Limbic and Paralimbic Systems", *NeuroReport* 15, nº 13 (2004): 2033-37; Josef Rauschecker, "Cortical Processing of Complex Sounds", *Current Opinion in Neurobiology* 8, nº 4 (1998): 516-21; J. Kaas, T. Hackett

e M. Tramo, "Auditory Processing in Primate Cerebral Cortex", *Current Opinion in Neurobiology* 9, nº 2 (1999): 164-70; S. Koelsch, "Neural Substrates of Processing Syntax and Semantics in Music", *Current Opinion in Neurobiology* 15 (2005): 207-12; A. Lahav, E. Saltzman e G. Schlaug, "Action Representation of Sound: Audiomotor Recognition Network While Listening to Newly Acquired Actions", *Journal of Neuroscience* 27, nº 2 (2007): 308-14; D. Levitin e V. Menon, "Musical Structure Is Processed in 'Language' Areas of the Brain: A Possible Role for Brodmann Area 47 in Temporal Coherence", *NeuroImage* 20, nº 4 (2003): 2142-52; J. Chen, V. Penhume e R. Zatorre, "When the Brain Plays Music: Auditory-Motor Interactions in Music Perception and Production", *Nature Reviews Neuroscience* 8, 547-58.

[20] N. S. Rickard e D. Ritossa, "The Relative Utility of 'Pleasantness' and 'Liking' Dimensions in Predicting the Emotions Expressed by Music", *Psychology of Music* 32, nº 1 (2004): 5-22; G. Berns, C. Capra e S. Moore, "Neural Mechanisms of the Influence of Popularity on Adolescent Ratings of Music", *NeuroImage* 49, nº 3 (2010): 2687-96; David Hargreaves e Adrian North, "Subjective Complexity, Familiarity, and Liking for Popular Music", *Psychomusicology* 14, nº 1996 (1995): 77-93. Para saber mais sobre o assunto fascinante de como a familiaridade influencia a atratividade em diversos sentidos, ver também G. Berns, S. McClure e G. Pagnoni, "Predictability Modulates Human Brain Response to Reward", *Journal of Neuroscience* 21, nº 8 (2001): 2793-98; D. Brainard, "The Psychophysics Toolbox", *Spatial Vision* 10 (1997): 433-36; J. Cloutier, T. Heatherton e P. Whalen, "Are Attractive People Rewarding? Sex Differences in the Neural Substrates of Facial Attractiveness", *Journal of Cognitive Neuroscience* 20, nº 6 (2008): 941-51; J. Kable e P. Glimcher, "The Neural Correlates of Subjective Value During Intertemporal Choice", *Nature Neuroscience* 10, nº 12 (2007): 1625-33; S. McClure et al., "Neural Correlates of Behavioral Preference for Culturally Familiar Drinks", *Neuron* 44, nº 2 (2004): 379-87; C. J. Assad e Padoa-Schioppa, "Neurons in the Orbitofrontal Cortex Encode Economic Value", *Nature* 441, nº 7090 (2006): 223-26; H. Plassmann et al., "Marketing Actions Can Modulate Neural Representations of Experienced Pleasantness", *Proceedings of the National Academy of Science*

105, nº 3 (2008): 1050-54; Muzafer Sherif, *The Psychology of Social Norms* (Nova York: Harper and Row, 1936); Wendy Wood, "Attitude Change: Persuasion and Social Influence", *Annual Review of Psychology* 51 (2000): 539-70; Gustave Le Bon, *The Crowd: A Study of the Popular Mind* (Mineola, N.Y.: Dover Publications, 2001); G. Berns et al., "Neural Mechanisms of Social Influence in Consumer Decisions", artigo em elaboração, 2009; G. Berns et al., "Nonlinear Neurobiological Probability Weighting Functions for Aversive Outcomes", *NeuroImage* 39, nº 4 (2008): 2047-57; G. Berns et al., "Neurobiological Substrates of Dread", *Science* 312, nº 5 (2006): 754-58; G. Berns, J. Chappelow e C. Zink, "Neurobiological Correlates of Social Conformity and Independence During Mental Rotation", *Biological Psychiatry* 58, nº 3 (2005): 245-53; R. Bettman, M. Luce e J. Payne, "Constructive Consumer Choice Processes", *Journal of Consumer Research* 25, nº 3 (1998): 187-217; A. Blood e R. Zatorre, "Intensely Pleasurable Responses to Music Correlate with Activity in Brain Regions Implicated in Reward and Emotion", *Proceedings of the National Academy of Science* 98, nº 20 (2001): 11818-23; C. Camerer, G. Loewenstein e D. Prelec, "Neuroeconomics: How Neuroscience Can Inform Economics", *Journal of Economic Literature* 43, nº 1 (2005): 9-64; C. Capra et al., "Neurobiological Regret and Rejoice Functions for Aversive Outcomes", *NeuroImage* 39, nº 3 (2008): 1472-84; H. Critchley et al., "Neural Systems Supporting Interoceptive Awareness", *Nature Neuroscience* 7, nº 2 (2004): 189-95; H. Bayer, M. Dorris e P. Glimcher, "Physiological Utility Theory and the Neuroeconomics of Choice", *Games and Economic Behavior* 52, nº 2, 213-56; M. Brett e J. Grahn, "Rhythm and Beat Perception in Motor Areas of the Brain", *Journal of Cognitive Neuroscience* 19, nº 5 (2007): 893-906; A. Hampton e J. O'Doherty, "Decoding the Neural Substrates of Reward-Related Decision-Making with Functional MRI", *Proceedings of the National Academy of Science* 104, nº 4 (2007): 1377-82; J. Birk et al., "The Cortical Topography of Tonal Structures Underlying Western Music", *Science* 298 (2002): 2167-70; B. Knutson et al., "Neural Predictors of Purchases", *Neuron* 53, nº 1 (2007): 147-56; B. Knutson et al., "Distributed Neural Representation of Expected Value", *Journal of Neuroscience* 25, nº 19 (2005): 4806-12; S. Koelsch, "Neural Substrates of Processing Syntax and Semantics in Music", *Current Opinion in Neurobiology* 15, nº 2 (2005): 207-12; T. Fritz et al., "Adults and Children Processing Music: An fMRI Study", *NeuroImage* 25 (2005): 1068-76; T. Fritz et al., "Investigating Emotion with Music: An fMRI Study", *Human Brain Mapping* 27 (2006): 239-50; T. Koyama et al., "The Subjective Experience of Pain: Where Expectations Becomes Reality", *Proceedings of the National Academy of Science* 102, nº 36 (2005): 12950-55; A. Lahav, E. Saltzman e G. Schlaug, "Action Representation of Sound: Audiomotor Recognition Network While Listening to Newly Acquired Actions", *Journal of Neuroscience* 27, nº 2 (2007): 308-14; D. Levitin e V. Menon, "Musical Structure Is Processed in 'Language' Areas of the Brain: A Possible Role for Brodmann Area 47 in Temporal Coherence", *NeuroImage* 20, nº 4 (2003): 2142-52; G. Berns e P. Montague, "Neural Economics and the Biological Substrates of Valuation", *Neuron* 36 (2002): 265-84; C. Camerer, P. Montague e A. Rangel, "A Framework for Studying the Neurobiology of Value-Based Decision Making", *Nature Reviews Neuroscience* 9 (2008): 545-56; C. Chafe et al., "Neural Dynamics of Event Segmentation in Music: Converging Evidence for Dissociable Ventral and Dorsal Networks", *Neuron* 55, nº 3 (2007): 521-32; Damian Ritossa e Nikki Rickard, "The Relative Utility of 'Pleasantness' and 'Liking' Dimensions in Predicting the Emotions Expressed by Music", *Psychology of Music* 32, nº 1 (2004): 5-22; Gregory S. Berns et al., "Neural Mechanisms of the Influence of Popularity on Adolescent Ratings of Music", *NeuroImage* 49, nº 3 (2010): 2687-96; Adrian North e David Hargreaves, "Subjective Complexity, Familiarity, and Liking for Popular Music", *Psychomusicology* 14, nºˢ 1-2 (1995): 77-93; Walter Ritter, Elyse Sussman e Herbert Vaughan, "An Investigation of the Auditory Streaming Effect Using Event-Related Brain Potentials", *Psychophysiology* 36, nº 1 (1999): 22-34; Elyse Sussman, Rika Takegata e István Winkler, "Event-Related Brain Potentials Reveal Multiple Stages in the Perceptual Organization of Sound", *Cognitive Brain Research* 25, nº 1 (2005): 291-99; Isabelle Peretz e Robert Zatorre, "Brain Organization for Music Processing", *Annual Review of Psychology* 56, nº 1 (2005): 89-114.

[21] Charles Grutzner, "Horse Meat Consumption by New Yorkers Is Rising", *The New York Times,* 25 de setembro de 1946.

[22] Vale notar que esta foi apenas uma das muitas descobertas do comitê (que cobriram um vasto escopo). Para um fascinante estudo sobre o comitê e seus impactos, ver Brian Wansink, "Changing Eating Habits on the Home Front: Lost Lessons from World War II Research", *Journal of Public Policy and Marketing* 21, nº 1 (2002): 90-99.

[23] Wansink, "Changing Eating Habits on the Home Front".

[24] Brian Wansink, *Marketing Nutrition: Soy, Functional Foods, Biotechnology, and Obesity* (Champaign: University of Illinois, 2007).

[25] Dan Usher, "Measuring Real Consumption from Quantity Data, Canada 1935-1968", in *Household Production and Consumption*, ed. Nestor Terleckyj (Nova York: National Bureau of Economic Research, 1976). É muito difícil conseguir dados sobre o consumo de miúdos nos Estados Unidos, e por isso estes cálculos são baseados em tendências do Canadá, onde os dados sobre o tópico são mais abundantes. Em entrevistas, oficiais americanos disseram que o Canadá é um parâmetro razoável para as tendências dos Estados Unidos. Os cálculos no artigo de Usher são baseados em cálculos de "carne enlatada", que continham miúdos.

[26] Target Corporation Analyst Meeting, 18 de outubro de 2005.

CAPÍTULO OITO

[1] Pela minha compreensão do boicote aos ônibus de Montgomery, sou grato aos historiadores que se colocaram à minha disposição, incluindo John A. Kirk e Taylor Branch. Minha compreensão desses eventos também é baseada em John A. Kirk, *Martin Luther King, Jr.: Profiles in Power* (Nova York: Longman, 2004); Taylor Branch, *Parting the Waters: America in the King Years, 1954-63* (Nova York: Simon and Schuster, 1988); Taylor Branch, *Pillar of Fire: America in the King Years, 1963-65* (Nova York: Simon and Schuster, 1998); Taylor Branch, *At Canaan's Edge: America in the King Years, 1965-68* (Nova York: Simon and Schuster, 2006); Douglas Brinkley, *Mine Eyes Have Seen the Glory: The Life of Rosa*

Parks (Londres: Weidenfeld and Nicolson, 2000); Martin Luther King, Jr., *Stride Toward Freedom: The Montgomery Story* (Nova York: Harper and Brothers, 1958); Clayborne Carson, ed., *The Papers of Martin Luther King, Jr.,* vol. 1, *Called to Serve* (Berkeley: University of California, 1992), vol. 2, *Rediscovering Precious Values* (1994), vol. 3, *Birth of a New Age* (1997), vol. 4, *Symbol of the Movement* (2000), vol. 5, *Threshold of a New Decade* (2005); Aldon D. Morris, *The Origins of the Civil Rights Movement* (Nova York: Free Press, 1986); James Forman, *The Making of Black Revolutionaries* (Seattle: University of Washington, 1997). Onde não há citação, os fatos são baseados principalmente nestas fontes.

[2] Henry Hampton e Steve Fayer, eds., *Voices of Freedom: An Oral History of the Civil Rights Movement from the 1950s Through the 1980s* (Nova York: Bantam Books, 1995); Rosa Parks, *Rosa Parks: My Story* (Nova York: Puffin, 1999).

[3] John A. Kirk, *Martin Luther King, Jr.: Profiles in Power* (Nova York: Longman, 2004).

[4] Para saber mais sobre a sociologia dos movimentos, ver G. Davis, D. McAdam e W. Scott, *Social Movements and Organizations* (Nova York: Cambridge University, 2005); Robert Crain e Rita Mahard, "The Consequences of Controversy Accompanying Institutional Change: The Case of School Desegregation", *American Sociological Review* 47, nº 6 (1982): 697-708; Azza Salama Layton, "International Pressure and the U.S. Government's Response to Little Rock", *Arkansas Historical Quarterly* 56, nº 3 (1997): 257-72; Brendan Nelligan, "The Albany Movement and the Limits of Nonviolent Protest in Albany, Georgia, 1961-1962", Tese para o Providence College, 2009; Charles Tilly, *Social Movements, 1768-2004* (Londres: Paradigm, 2004); Andrew Walder, "Political Sociology and Social Movements", *Annual Review of Sociology* 35 (2009): 393-412; Paul Almeida, *Waves of Protest: Popular Struggle in El Salvador, 1925-2005* (Minneapolis: University of Minnesota, 2008); Robert Benford, "An Insider's Critique of the Social Movement Framing Perspective", *Sociological Inquiry* 67, nº 4 (1997): 409-30; Robert Benford e David Snow, "Framing Processes and Social Movements: An

Overview and Assessment", *Annual Review of Sociology* 26 (2000): 611-39; Michael Burawoy, *Manufacturing Consent: Changes in the Labor Process Under Monopoly Capitalism* (Chicago: University of Chicago, 1979); Carol Conell e Kim Voss, "Formal Organization and the Fate of Social Movements: Craft Association and Class Alliance in the Knights of Labor", *American Sociological Review* 55, nº 2 (1990): 255-69; James Davies, "Toward a Theory of Revolution", *American Sociological Review* 27, nº 1 (1962): 5-18; William Gamson, *The Strategy of Social Protest* (Homewood, Ill.: Dorsey, 1975); Robert Benford, "An Insider's Critique of the Social Movement Framing Perspective", *Sociological Inquiry* 67, nº 4 (1997): 409-30; Jeff Goodwin, *No Other Way Out: States and Revolutionary Movements, 1945-1991* (Nova York: Cambridge University, 2001); Jeff Goodwin e James Jasper, eds., *Rethinking Social Movements: Structure, Meaning, and Emotion* (Lanham, Md.: Rowman and Littlefield, 2003); Roger Gould, "Multiple Networks and Mobilization in the Paris Commune, 1871", *American Sociological Review* 56, nº 6 (1991): 716-29; Joseph Gusfield, "Social Structure and Moral Reform: A Study of the Woman's Christian Temperance Union", *American Journal of Sociology* 61, nº 3 (1955): 221-31; Doug McAdam, *Political Process and the Development of Black Insurgency, 1930-1970* (Chicago: University of Chicago, 1982); Doug McAdam, "Recruitment to High-Risk Activism: The Case of Freedom Summer", *American Journal of Sociology* 92, nº 1 (1986): 64-90; Doug McAdam, "The Biographical Consequences of Activism", *American Sociological Review* 54, nº 5 (1989): 744-60; Doug McAdam, "Conceptual Origins, Current Problems, Future Directions", in *Comparative Perspectives on Social Movements: Political Opportunities, Mobilizing Structures, and Cultural Framings*, ed. Doug McAdam, John McCarthy e Mayer Zald (Nova York: Cambridge University, 1996); Doug McAdam e Ronnelle Paulsen, "Specifying the Relationship Between Social Ties and Activism", *American Journal of Sociology* 99, nº 3 (1993): 640-67; D. McAdam, S. Tarrow e C. Tilly, *Dynamics of Contention* (Cambridge: Cambridge University, 2001); Judith Stepan-Norris e Judith Zeitlin, "'Who Gets the Bird?' or How the Communists Won Power and Trust in America's Unions", *American Sociological Review* 54, nº 4 (1989): 503-23; Charles Tilly, *From Mobilization to Revolution* (Reading, Mass.: Addison-Wesley, 1978).

[5] Phillip Hoose, *Claudette Colvin: Twice Toward Justice* (Nova York: Farrar, Straus and Giroux, 2009).

[6] Ibid.

[7] Russell Freedman, *Freedom Walkers: The Story of the Montgomery Bus Boycott* (Nova York: Holiday House, 2009).

[8] Martin Luther King, Jr., *Stride Toward Freedom* (Nova York: Harper and Brothers, 1958).

[9] Taylor Branch, *Parting the Waters: America in the King Years, 1954-63* (Nova York: Simon and Schuster, 1988).

[10] Douglas Brinkley, *Mine Eyes Have Seen the Glory: The Life of Rosa Parks* (Londres: Weidenfeld and Nicolson, 2000).

[11] John A. Kirk, *Martin Luther King, Jr.: Profiles in Power* (Nova York: Longman, 2004).

[12] Carson, *Papers of Martin Luther King, Jr.*

[13] Mark Granovetter, *Getting a Job: A Study of Contacts and Careers* (Chicago: University of Chicago, 1974).

[14] Andreas Flache e Michael Macy, "The Weakness of Strong Ties: Collective Action Failure in a Highly Cohesive Group", *Journal of Mathematical Sociology* 21 (1996): 3-28. Para saber mais sobre este assunto, ver Robert Axelrod, *The Evolution of Cooperation* (Nova York: Basic Books, 1984); Robert Bush e Frederick Mosteller, *Stochastic Models for Learning* (Nova York: Wiley, 1984); I. Erev, Y. Bereby-Meyer e A. E. Roth, "The Effect of Adding a Constant to All Payoffs: Experimental Investigation and Implications for Reinforcement Learning Models", *Journal of Economic Behavior and Organization* 39, nº 1 (1999): 111-28; A. Flache e R. Hegselmann, "Rational vs. Adaptive Egoism in Support Networks: How Different Micro Foundations Shape Different

Macro Hypotheses", in *Game Theory, Experience, Rationality: Foundations of Social Sciences, Economics, and Ethics in Honor of John C. Harsanyi (Yearbook of the Institute Vienna Circle)*, ed. W. Leinfellner e E. Köhler (Boston: Kluwer, 1997), 261-75; A. Flache e R. Hegselmann, "Rationality vs. Learning in the Evolution of Solidarity Networks: A Theoretical Comparison", *Computational and Mathematical Organization Theory* 5, nº 2 (1999): 97-127; A. Flache e R. Hegselmann, "Dynamik Sozialer Dilemma-Situationen", relatório final de pesquisa do Projeto DFG – Dynamics of Social Dilemma Situations, Universidade de Bayreuth, Departamento de Filosofia, 2000; A. Flache e Michael Macy, "Stochastic Collusion and the Power Law of Learning", *Journal of Conflict Resolution* 46, nº 5 (2002): 629-53; Michael Macy, "Learning to Cooperate: Stochastic and Tacit Collusion in Social Exchange", *American Journal of Sociology* 97, nº 3 (1991): 808-43; E. P. H. Zeggelink, "Evolving Friendship Networks: An Individual-Oriented Approach Implementing Similarity", *Social Networks* 17 (1996): 83-110; Judith Blau, "When Weak Ties Are Structured", manuscrito inédito, Departamento de Sociologia, State University of New York, Albany, 1980; Peter Blau, "Parameters of Social Structure", *American Sociological Review* 39, nº 5 (1974): 615-35; Scott Boorman, "A Combinatorial Optimization Model for Transmission of Job Information Through Contact Networks", *Bell Journal of Economics* 6, nº 1 (1975): 216-49; Ronald Breiger e Philippa Pattison, "The Joint Role Structure of Two Communities' Elites", *Sociological Methods and Research* 7, nº 2 (1978): 213-26; Daryl Chubin, "The Conceptualization of Scientific Specialties", *Sociological Quarterly* 17, nº 4 (1976): 448-76; Harry Collins, "The TEA Set: Tacit Knowledge and Scientific Networks", *Science Studies* 4, nº 2 (1974): 165-86; Rose Coser, "The Complexity of Roles as Seedbed of Individual Autonomy", in *The Idea of Social Structure: Essays in Honor of Robert Merton,* ed. L. Coser (Nova York: Harcourt, 1975); John Delany, "Aspects of Donative Resource Allocation and the Efficiency of Social Networks: Simulation Models of Job Vacancy Information Transfers Through Personal Contacts", dissertação de mestrado, Yale University, 1980; E. Ericksen e W. Yancey, "The Locus of Strong Ties", manuscrito inédito, Departamento de Sociologia, Temple University, 1980.

[15] Mark Granovetter, "The Strength of Weak Ties: A Network Theory Revisited", *Sociological Theory* 1 (1983): 201-33.

[16] McAdam, "Recruitment to High-Risk Activism".

[17] Ibid.; Paulsen, "Specifying the Relationship Between Social Ties and Activism".

[18] Num e-mail de verificação de fatos, McAdam forneceu alguns detalhes sobre a gênese do estudo: "Meu interesse inicial era tentar entender os elos entre o movimento pelos direitos civis e os outros primeiros movimentos da nova esquerda, especificamente o movimento estudantil, o movimento contra a guerra e o movimento pela libertação feminina. Foi só depois de eu encontrar as inscrições e perceber que algumas eram de voluntários e outras de 'não compareceu' que eu me interessei em explicar a) por que alguns realmente foram ao Mississippi e outros não; e b) o impacto de mais longo prazo que ir ou não ir surtiu nos dois grupos."

[19] Em outro e-mail de verificação de fatos, McAdam escreveu: "Para mim, o significado dos laços organizacionais não é que eles fazem com que seja 'impossível' o voluntário desistir, mas sim que eles garantem que o candidato provavelmente receberá muito apoio pelo elo entre a identidade saliente em questão (ou seja, cristão) e a participação no projeto. Como observei em um artigo, 'é uma forte identificação subjetiva com uma identidade particular, *reforçada por laços organizacionais,* que tende especificamente a incentivar a participação'."

[20] Tom Mathews e Roy Wilkins, *Standing Fast: The Autobiography of Roy Wilkins* (Cambridge, Mass.: Da Capo, 1994).

[21] Branch, *Parting the Waters.*

[22] King, *Stride Toward Freedom*; James M. Washington, *A Testament of Hope: The Essential Writings and Speeches of Martin Luther King, Jr.* (Nova York: HarperCollins, 1990).

²³ King, *Stride Toward Freedom.*

²⁴ Por minha compreensão da história do pastor Warren, sou grato a Rick Warren, Glenn Kruen, Steve Gladen, Jeff Sheler, Anne Krum e aos seguintes livros: Jeffrey Sheler, *Prophet of Purpose: The Life of Rick Warren* (Nova York: Doubleday, 2009); Rick Warren, *The Purpose-Driven Church* (Grand Rapids, Michigan: Zondervan, 1995); e aos seguintes artigos: Barbara Bradley, "Marketing That New-Time Religion", *Los Angeles Times,* 10 de dezembro de 1995; John Wilson, "Not Just Another Mega Church", *Christianity Today,* 4 de dezembro de 2000; "Therapy of the Masses", *The Economist,* 6 de novembro de 2003; "The Glue of Society", *The Economist,* 14 de julho de 2005; Malcolm Gladwell, "The Cellular Church", *The New Yorker,* 12 de setembro de 2005; Alex MacLeod, "Rick Warren: A Heart for the Poor", *Presbyterian Record,* 1º de janeiro de 2008; Andrew, Ann e John Kuzma, "How Religion Has Embraced Marketing and the Implications for Business", *Journal of Management and Marketing Research* 2 (2009): 1-10.

²⁵ Warren, *Purpose-Driven Church.*

²⁶ Donald McGavran, *The Bridges of God* (Nova York: Friendship Press, 1955). Itálico acrescentado.

²⁷ Sheler, *Prophet of Purpose.*

²⁸ Num e-mail de verificação de fatos, um porta-voz da Saddleback forneceu detalhes adicionais: "Rick sofre de um distúrbio químico no cérebro que o torna alérgico a adrenalina. Este problema genético é resistente a medicamentos e faz com que seja doloroso falar em público, com visão embaçada, dores de cabeça, acessos de calor e pânico. Os sintomas geralmente duram cerca de 15 minutos; neste tempo, adrenalina suficiente é gasta, de modo que o corpo pode voltar a seu funcionamento normal. (Sua adrenalina sobe, como talvez aconteça a qualquer orador, sempre que ele se levanta para pregar.) O pastor Rick diz que esta fraqueza o mantém dependente de Deus."

[29] *Discovering Spiritual Maturity*, Class 201, publicado pela Saddleback Church, http://www.saddlebackresources.com/CLASS-201-Discovering-Spiritual-Maturity-Complete-Kit-Download-P3532.aspx.

[30] Num e-mail de verificação de fatos, um porta-voz da Saddleback disse que, embora um princípio importante da Saddleback seja ensinar as pessoas a guiar a si mesmas, "isto implica que cada pessoa pode ir em qualquer direção que escolher. Os princípios/diretrizes da Bíblia têm uma direção clara. O objetivo do estudo em pequenos grupos é ensinar às pessoas as disciplinas espirituais da fé *e* hábitos diários que podem ser aplicados à vida cotidiana".

[31] Martin Luther King, Jr., *The Autobiography of Martin Luther King, Jr.*, ed. Clayborne Carson (Nova York: Grand Central, 2001).

[32] Carson; King.

[33] *Browder v. Gayle*, 352 U.S. 903 (1956).

[34] Washington, *Testament of Hope*.

[35] Kirk, *Martin Luther King, Jr.*

[36] Ibid.

CAPÍTULO NOVE

[1] "Angie Bachmann" é um pseudônimo. O relato de sua história é baseado em mais de dez horas de entrevistas com Bachmann, entrevistas adicionais com pessoas que conhecem Bachmann e dezenas de artigos de jornal e arquivos de tribunais. No entanto, quando lhe foram apresentadas perguntas de verificação de fatos, Bachmann recusou-se a participar, exceto para afirmar que quase todos os detalhes eram imprecisos — incluindo aqueles que ela tinha confirmado anteriormente, bem como fatos confirmados por outras fontes, em registros de tribunais, ou por documentos públicos — e depois ela cortou a comunicação.

[2] *The Writings of George Washington,* vol. 8, ed. Jared Sparks (1835).

[3] Iowa Racing and Gaming Commission, Des Moines, Iowa, 2010.

[4] Simon de Bruxelles, "Sleepwalker Brian Thomas Admits Killing Wife While Fighting Intruders in Nightmare", *The Times,* 18 de novembro de 2009.

[5] Jane Mathews, "My Horror, by Husband Who Strangled Wife in Nightmare", *Daily Express,* 16 de dezembro de 2010.

[6] Simon de Bruxelles, "Sleepwalker Brian Thomas Admits Killing Wife While Fighting Intruders in Nightmare". *The Times,* 18 de novembro de 2009.

[7] Em alguns casos de sonambulismo, as pessoas caminham durante o sono enquanto vivenciam sonhos, uma condição conhecida como distúrbio de comportamento de sono REM (ver C. H. Schenck et al., "Motor Dyscontrol in Narcolepsy: Rapid-Eye-Movement REM Sleep Without Atonia and REM Sleep Behavior Disorder", *Annals of Neurology* 32, n° 1 julho de 1992: 3-10). Em outros casos, as pessoas não estão sonhando, mas se mexem assim mesmo.

[8] C. Bassetti, F. Siclari e R. Urbaniok, "Violence in Sleep", *Schweizer Archiv Fur Neurologie und Psychiatrie* 160, n° 8 (2009): 322-33.

[9] C. A. Tassinari et al., "Biting Behavior, Aggression, and Seizures", *Epilepsia* 46, n° 5 (2005): 654-63; C. Bassetti et al., "SPECT During Sleepwalking", *The Lancet* 356, n° 9228 (2000): 484-85; K. Schindler et al., "Hypoperfusion of Anterior Cingulate Gyrus in a Case of Paroxysmal Nocturnal Dustonia", *Neurology* 57, n° 5 (2001): 917-20; C. A. Tassinari et al., "Central Pattern Generators for a Common Semiology in Fronto-Limbic Seizures and in Parasomnias", *Neurological Sciences* 26, n° 3 (2005): 225-32.

[10] P. T. D'Orban e C. Howard, "Violence in Sleep: Medico-Legal Issues and Two Case Reports", *Psychological Medicine* 17, n° 4 (1987): 915-25;

B. Boeve, E. Olson e M. Silber, "Rapid Eye Movement Sleep Behavior Disorder: Demographic, Clinical, and Laboratory Findings in 93 Cases", *Brain* 123, nº 2 (2000): 331-39.

[11] John Hudson, "Common Law — Henry II and the Birth of a State", BBC, 17 de fevereiro de 2011; Thomas Morawetz, "Murder and Manslaughter: Degrees of Seriousness, Common Law and Statutory Law, the Model Penal Code", Law Library — American Law and Legal Information, http://law.jrank.org/pages/18652/Homicide.html.

[12] M. Diamond, "Criminal Responsibility of the Addiction: Conviction by Force of Habit", *Fordham Urban Law Journal* 1, nº 3 (1972); R. Broughton et al., "Homicidal Somnambulism: A Case Report", *Sleep* 17, nº 3 (1994): 253-64; R. Cartwright, "Sleepwalking Violence: A Sleep Disorder, a Legal Dilemma, and a Psychological Challenge", *American Journal of Psychiatry* 161, nº 7 (2004): 1149-58; P. Fenwick, "Automatism, Medicine, and the Law", *Psychological Medicine Monograph Supplement*, nº 17 (1990): 1-27; M. Hanson, "Toward a New Assumption in Law and Ethics", *The Humanist* 66, nº 4 (2006).

[13] L. Smith-Spark, "How Sleepwalking Can Lead to Killing", *BBC News*, 18 de março de 2005.

[14] Beth Hale, "Sleepwalk Defense Clears Woman of Trying to Murder Her Mother in Bed", *Daily Mail*, 3 de junho de 2009.

[15] John Robertson e Gareth Rose, "Sleepwalker Is Cleared of Raping Teenage Girl", *The Scotsman*, 22 de junho de 2011.

[16] Stuart Jeffries, "Sleep Disorder: When the Lights Go Out", *The Guardian*, 5 de dezembro de 2009.

[17] Richard Smith, "Grandad Killed His Wife During a Dream", *The Mirror*, 18 de novembro de 2009.
[18] Anthony Stone, "Nightmare Man Who Strangled His Wife in a 'Night Terror' Walks Free", *Western Mail*, 21 de novembro de 2009.

[19] Ibid.

[20] Christina Binkley, "Casino Chain Mines Data on Its Gamblers, and Strikes Pay Dirt", *The Wall Street Journal*, 22 de novembro de 2004; Rajiv Lal, "Harrah's Entertainment, Inc.", Harvard Business School, caso nº 9-604-016, 14 de junho de 2004; K. Ahsan et al., "Harrah's Entertainment, Inc.: Real-Time CRM in a Service Supply Chain", *Harvard Business Review*, caso nº GS50, 8 de maio de 2006; V. Chang e J. Pfeffer, "Gary Loveman and Harrah's Entertainment", *Harvard Business Review*, caso nº OB45, 4 de novembro de 2003; Gary Loveman, "Diamonds in the Data Mine", *Harvard Business Review*, caso nº R0305H, 1º de maio de 2003.

[21] Numa declaração, a Caesars Entertainment escreveu: "Sob os termos do acordo firmado em maio de 2011 entre o Caesars Riverboat Casino e Bachmann, ambas as partes (incluindo seus representantes) ficam proibidas de discutir certos detalhes do caso. (...) Há diversos pontos específicos que contestaríamos, mas não podemos fazê-lo neste momento. Você fez diversas perguntas referentes a conversas que supostamente aconteceram entre Bachmann e funcionários sem nome associados à Caesars. Por ela não ter fornecido nomes, não há verificação independente de suas alegações, e esperamos que seu relato vá refletir isso, seja omitindo as histórias ou deixando claro que elas não foram verificadas. Como a maioria das grandes empresas no ramo dos serviços, prestamos atenção às decisões de compras de nossos clientes como modo de monitorar a satisfação do consumidor e avaliar a eficácia de nossas campanhas de marketing. Como a maioria das empresas, procuramos maneiras de atrair consumidores e fazemos esforços para conservá-los como clientes fiéis. E como a maioria das empresas, quando nossos clientes mudam seus padrões estabelecidos, tentamos entender por quê, e os incentivamos a voltar. Isso não é diferente de uma cadeia de hotéis, uma companhia aérea ou uma empresa de lavagem a seco. É nisso que consiste um bom atendimento ao cliente. (...) A Caesars Entertainment (anteriormente conhecida como Harrah's Entertainment) e seus associados têm sido, há muito tempo, um líder

do ramo em termos de prática responsável de jogos. Não somos a primeira empresa de jogos a desenvolver um Código de Compromisso escrito que governa o modo como tratamos nossos visitantes. Fomos a primeira empresa de cassino com um programa de autoexclusão nacional que permite que os clientes se proíbam de entrar em todas as nossas dependências caso sintam que têm um problema, ou por qualquer outro motivo. E somos a única empresa de cassino a financiar uma campanha publicitária nacional de televisão para promover a prática responsável de jogos. Esperamos que seu texto vá refletir essa história, assim como o fato de que nenhuma das declarações de Bachmann que você cita foi verificada independentemente."

[22] Numa declaração, a Caesars Entertainment escreveu: "Jamais demitiríamos ou penalizaríamos um funcionário se um de seus visitantes parasse de frequentar o cassino (a não ser que isso fosse resultado direto de algo que o funcionário fez). E nenhum dos nossos funcionários teria permissão de dizer a um visitante que seria demitido, ou penalizado de outro modo, caso esse visitante não frequentasse o cassino."

[23] M. Dixon e R. Habib, "Neurobehavioral Evidence for the 'Near-Miss' Effect in Pathological Gamblers", *Journal of the Experimental Analysis of Behavior* 93, nº 3 (2010): 313-28; H. Chase e L. Clark, "Gambling Severity Predicts Midbrain Response to Near-Miss Outcomes", *Journal of Neuroscience* 30, nº 18 (2010): 6180-87; L. Clark et al., "Gambling Near-Misses Enhance Motivation to Gamble and Recruit Win-Related Brain Circuitry", *Neuron* 61, nº 3 (2009): 481-90; Luke Clark, "Decision-Making During Gambling: An Integration of Cognitive and Psychobiological Approaches", *Philosophical Transactions of the Royal Society of London, Series B: Biological Sciences* 365, nº 1538 (2010): 319-30.

[24] H. Lesieur e S. Blume, "The South Oaks Gambling Screen (SOGS): A New Instrument for the Identification of Pathological Gamblers", *American Journal of Psychiatry* 144, nº 9 (1987): 1184-88. Numa carta de verificação de fatos, Habib escreveu: "Muitos de nossos sujeitos foram categorizados como jogadores patológicos com base em outros

tipos de comportamento, de acordo com perguntas no formulário de filtragem. Por exemplo, teria sido suficiente para um participante ser considerado um jogador patológico se ele simplesmente: 1. já tivesse jogado para recuperar dinheiro que havia anteriormente perdido em jogos; e 2. em algumas ocasiões ele jogasse mais do que pretendia. Usamos um parâmetro muito baixo para classificar nossos sujeitos como jogadores patológicos."

[25] M. Potenza, V. Voon e D. Weintraub, "Drug Insight: Impulse Control Disorders and Dopamine Therapies in Parkinson's Disease", *Nature Clinical Practice Neurology* 12, nº 3 (2007): 664-72; J. R. Cornelius et al., "Impulse Control Disorders with the Use of Dopaminergic Agents in Restless Legs Syndrome: A Case Control Study", *Sleep* 22, nº 1 (2010): 81-87.

[26] Ed Silverman, "Compulsive Gambler Wins Lawsuit Over Mirapex", *Pharmalot*, 31 de julho de 2008.

[27] Para saber mais sobre a neurologia dos jogos de apostas, ver A. J. Lawrence et al., "Problem Gamblers Share Deficits in Impulsive Decision--Making with Alcohol- Dependent Individuals", *Addiction* 104, nº 6 (2009): 1006-15; E. Cognat et al., "'Habit' Gambling Behaviour Caused by Ischemic Lesions Affecting the Cognitive Territories of the Basal Ganglia", *Journal of Neurology* 257, nº 10 (2010): 1628-32; J. Emshoff, D. Gilmore e J. Zorland, "Veterans and Problem Gambling: A Review of the Literature", Georgia State University, fevereiro de 2010, http://www2.gsu.edu/~psyjge/Rsrc/PG_IPV_Veterans.pdf; T. van Eimeren et al., "Drug-Induced Deactivation of Inhibitory Networks Predicts Pathological Gambling in PD", *Neurology* 75, nº 19 (2010): 1711-16; L. Cottler e K. Leung, "Treatment of Pathological Gambling", *Current Opinion in Psychiatry* 22, nº 1 (2009): 69-74; M. Roca et al., "Executive Functions in Pathologic Gamblers Selected in an Ecologic Setting", *Cognitive and Behavioral Neurology* 21, nº 1 (2008): 1-4; E. D. Driver-Dunckley et al., "Gambling and Increased Sexual Desire with Dopaminergic Medications in Restless Legs Syndrome", *Clinical Neuropharmacology* 30, nº 5 (2007): 249-55; Erin Gibbs Van Brunschot,

"Gambling and Risk Behaviour: A Literature Review", University of Calgary, março de 2009.

28 Num e-mail, Habib esclareceu suas ideias sobre esse assunto: "É uma questão de livre-arbítrio e autocontrole, e pertence tanto ao domínio da filosofia quanto ao da neurociência cognitiva. (...) Se dizemos que o comportamento de jogo do paciente de Parkinson está fora de suas próprias mãos e é movido por seu medicamento, por que não podemos usar o mesmo argumento no caso do jogador patológico, dado o fato de que as mesmas áreas do cérebro parecem estar ativas? A única resposta (um tanto insatisfatória) que posso imaginar é (uma resposta que você próprio menciona) que, enquanto sociedade, ficamos mais à vontade para retirar a responsabilidade de alguém quando existe um agente externo ao qual ela possa ser atribuída. Portanto, é fácil no caso do paciente de Parkinson dizer que a patologia de jogo resultou do medicamento, mas no caso do jogador patológico, por não haver nenhum agente externo influenciando seu comportamento (bem, na verdade há — pressões sociais, outdoors anunciando cassinos, os estresses da vida etc. —, mas nada tão invasivo quanto um medicamento que a pessoa precisa tomar), ficamos mais relutantes em culpar o vício e preferimos colocar a responsabilidade por seu comportamento patológico sobre eles mesmos — 'eles deveriam ser mais sensatos e parar de jogar', por exemplo. Acho que, conforme os neurocientistas cognitivos aprenderem mais — e o mapeamento cerebral 'moderno' só tem cerca de 20-25 anos como campo —, talvez algumas destas crenças sociais equivocadas (que às vezes nós próprios neurocientistas cognitivos possuímos) irão lentamente começar a mudar. Por exemplo, a partir de nossos dados, embora eu possa seguramente concluir que há diferenças inegáveis entre os cérebros de jogadores patológicos e os de jogadores não patológicos, pelo menos enquanto eles estão jogando, e talvez até consiga fazer algumas afirmações como a de que uma 'quase vitória' parece mais uma vitória para o jogador patológico e mais uma derrota para o jogador não patológico, não posso afirmar com nenhuma confiança ou certeza que estas diferenças implicam portanto que o jogador patológico não tem escolha quando vê um outdoor anunciando um cassino local — que ele é um escravo de seus impulsos. Na falta de evidência clara e direta, acho que o melhor

que podemos fazer é traçar inferências por analogia, porém há muita incerteza associada a esse tipo de comparação."

[29] William James, *Talks to Teachers on Psychology: and to Students on Some of Life's Ideals.*

[30] Louis Menand, *The Metaphysical Club: A Story of Ideas in America* (Nova York: Farrar, Straus, and Giroux, 2002).

[31] James está citando o ensaio "De l'habitude", do psicólogo e filósofo francês Léon Dumont.

ÍNDICE REMISSIVO

governo, 117-20, 133-35
e alimentação, 217-19
Grã-Bretanha, 15
Granovetter, Mark, 237-38
grávidas, mulheres, 205-8, 217,
222-23, 225
gravidez, 134-35, 195, 197, 204-10
e data prevista do parto, 207-8
Graybiel, Ann, 37
greves, 121, 169, 343n
grupos de apoio, 109
grupos, ver Alcoólicos Anônimos;
grupos sociais
grupos sociais:
e mudança, 105-06, 108-09
poder dos, 102

H

H.M. (Henry Molaison), 25-26
Habib, Reza, 276-79, 280-81, 386n
hábitos de compra, 13, 211
e acontecimentos de vida,
204-05, 365n
em mercados alimentícios,
198-200
hábitos de rádio, 211-17, 219-22, 224
hábitos de segurança, 122-24, 132,
136, 192
em hospitais, 190, 191, 193
da NASA, 191
hábitos de trabalho, 16-17
hábitos diários, 13-14, 51
hábitos organizacionais, 14, 16,
113-225
hábitos sociais, 229-86
e exercícios físicos, 224-25
de Montgomery, 15, 229-36,
243-45, 250, 252-57
poder dos, 231

e processo em três partes, 231
e Saddleback Valley, 15, 246-52
hábitos, força dos, 43-44, 64-65
ver também assuntos específicos
Hallmark, 196
Harrah's Entertainment, 260, 262,
263-64, 273-74, 276, 279-80,
281
Harvard, Universidade de, 42, 88,
105-6, 190-91
Hayes, Christopher, 182-83
Heatherton, Todd, 106, 154, 338n
hematoma subdural, 168-69, 171-73,
344n, 346n
"Here Without You" (música), 214
heroína, 142, 143
Hey Ya! (música), 211-13, 216, 217,
219-23, 368n
hidroxipropil-beta-ciclodextrina
(HPBCD), 55
Hill-Burton Act, 239n
hipocampo, 25
Hit Song Science, 211, 216, 219
Hodgson, Geoffrey, 119
Holanda, 42
Hollywood Video, 144
Holmes, Oliver Wendell, Jr., 285
Home Depot, 198
homicídio, 264-65, 269-72, 280-81
e hábitos, 15, 266, 272
homofobia, 128
homossexualidade, 128-29
Hoover, Herbert, 217
Hopkins, Claude C., 48-54, 72, 73,
74, 88
regras de, 49, 53, 58 158
hospitais comunitários, 118-19
hospitais, 84, 141, 156, 167, 271,
329n
alas de maternidade em, 206
comunitários, 118-19

L

Este livro foi impresso na
LIS GRÁFICA E EDITORA LTDA.
Rua Felício Antônio Alves, 370 – Bonsucesso
CEP 07175-450 – Guarulhos – SP
Fone: (11) 3382-0777 – Fax: (11) 3382-0778
lisgrafica@lisgrafica.com.br – www.lisgrafica.com.br